《庄子》新解

ZHUANGZI XINJIE

侯柯芳 编著

四川大学出版社

责任编辑:高庆梅
责任校对:陈月霖
封面设计:墨创文化
责任印制:王　炜

图书在版编目(CIP)数据

《庄子》新解 / 侯柯芳编著. —成都：四川大学出版社，2014.8
ISBN 978-7-5614-7988-9

Ⅰ.①庄…　Ⅱ.①侯…　Ⅲ.①道家②《庄子》-译文③《庄子》-注释　Ⅳ.①B223.5

中国版本图书馆 CIP 数据核字（2014）第 200537 号

书名　**庄子新解**

编　　著	侯柯芳
出　　版	四川大学出版社
地　　址	成都市一环路南一段 24 号 (610065)
发　　行	四川大学出版社
书　　号	ISBN 978-7-5614-7988-9
印　　刷	郫县犀浦印刷厂
成品尺寸	148 mm×210 mm
印　　张	11.75
字　　数	329 千字
版　　次	2014 年 9 月第 1 版
印　　次	2014 年 9 月第 1 次印刷
定　　价	39.00 元

◆读者邮购本书,请与本社发行科联系。
电话:(028)85408408/(028)85401670/(028)85408023　邮政编码:610065
◆本社图书如有印装质量问题,请寄回出版社调换。
◆网址:http://www.scup.cn

前 言

古今注译《庄子》的人很多，却都陈陈相因，不见真正新解。例如：都陈陈相因地说《庄子》主张“无己”（否定一切，包括自己），“无为”（无所作为，休养生息），把《庄子》真实的主旨“无己而不失己”“无为而无不为”肢解了（“无己”与“无己而不失己”“无为”与“无为而无不为”有天壤之别）。而且，大概由于注译者都是大学者、大教授或宗教高人，能够随口吐珠阐释哲学奥义，随手拈花指点宗教迷津吧；大概由于注译者都从小熟读不成文章的《论语》，就把缜密的论文当成零散的语句去阐释性解释吧。历来注译《庄子》就大多存在两大毛病：支离破碎，甚至前言不搭后语；玄虚艰涩，甚至比原文还难读懂。

不是哲学家不是宗教徒只是社会最底层凡人的笔者以为，虽然《庄子》属于哲学著作，虽然后世道教依托《庄子》，但是《庄子》原本不是书斋哲学、庙观教义，而是深味社会人生的苦笑。本书不从书斋哲学、庙观教义的视角审视，而从人生、社会的视角审视；不用阐释意解说原文意，而从字、词、句本身和语法规律，并顾及全书、相关篇、相关段、相关句释词译句，准确解说原意，再据具体词义句意扼要分析文意。因而，断句、释词、译句都新解随处可见，各篇文意、全书思想分析更是全新见解，变玄虚为切实，变深奥为浅明，变艰涩为晓畅，变误解为新意，是别开生面、前所未有的新解，是大众化学术，是普及性经典。

《逍遥游》第 1 段指出事物的依赖性，第 2 段辩析事物的相对性、认识的局限性，第 3 段以结论形式阐明超越自我。却被无视三段间逻辑联系，更不管全书的一贯思想，而把 1、2 段解说成反复赞美鹏程高远，把庄子强调的“有待”抹煞了，把庄子强调大小高低久暂等都是相对的说成是绝对的，是赞美高大久否定低小暂，看不到鹏程高远只相对于蓬间鴳腾，与无己的至人逍遥于无穷时空不可同日而语！就把与鹏程比高远和与彭祖比长寿同样可悲的类比论证，解说成简单重复前段意思——赞美鹏程高远。殊不知庄子正要破除俗人以鹏程自许从而阐明超越自我，达到无己无待。

《大宗师》（段 1①）“泉涸，鱼相与处于陆，相呴以湿，相濡以沫，不如相忘于江湖”，没有注译者把本文后面的“鱼相造乎水，人相造乎道……鱼相忘乎江湖，人相忘乎道术”联系起来看，更没有人虑及全书多篇“至人无己”的思想内容，就都把“相”解成“互相”。其实文中前后都是用鱼在水中忘我作比喻，说人应在道中忘我（“相”可代各人称，都作前置宾语），不过前用借喻后用明喻罢了。《天运》中相同语句也是这意思，《徐无鬼》“鱼得计”也指这喻意，更可见前人误解了。由于误解出现很早，又历代传讹，以致“鹏程万里”“相濡以沫”这些词后来的词义都不是《庄子》原意。

《齐物论》（段 1）写天籁：“夫吹万不同而使其自己也。”绝大多数人注译成“各种不同声响全由自己发出”，有人说前人都解错了，“天籁是吹，地籁是声”。其实两者都没顾及这一段（且不说全篇）的整体意思，以致前者不管“吹”“使”，后者不管“其自己”。这一段用三籁作论据，形象论述超越自我。人籁略提；地籁详写，突出“吹”的效果（套用一句，地籁写吹）作铺垫；结穴到天籁：万种吹（外因）都只是使发声器任由自我因素决定发出声音。是的，如吹笛，各个孔发出不同声音，是由各外孔的自身因素决定的。这是把外因和自身因素联系起来辩明主次，突出自身因素起决定作用。因此要超越自我。从思维到表述都如此缜密，却被支离破

① 本书所标段目都指本书所分段。

碎地注译，弄得比原文还艰涩繁难。

《达生》（段3）“痀偻者承蜩犹掇之也”，注译者既不管“承”的字义，也不管下文当事人自道玄机“吾处身也若厥株，拘吾执臂也若槁木之枝”，硬说是举着安装网兜或饵丸的竹竿去网蝉或粘蝉。“承”是用手接住或捧住，所以说像捡拾。但毕竟不是捡拾不动的东西，所以自道“我置身如同那树桩，控制我捉蝉的手臂使它像枯枝”，蝉飞经这枯“枝”就抓住它了。关键在身子和手臂必须纹丝不动，所以归结到“用志不分”“凝神”。用手接住才是特异技能。举竿去网或粘需向蝉移去，即使身子不动，手臂必须灵敏，不能如枯枝木然。奇怪的是，所有注译都按常见捕蝉方式去解说，弄得前言不搭后语，还广泛流传，无人质疑。

以上就篇段句间而言，更有甚者，一句话内也常被弄得支离破碎，玄虚艰涩。

《庚桑楚》（段3）“灭而有实，鬼之一也，以有形者象无形者而定矣”是个复句，“以”关联判断（精神消亡还有形体是鬼的一种）和原因（凭据）：因（凭）有形人像无形人就断定了。这么浅明一句话，“以”后却被译成“能以有形的形体效法无形的道，那就安定了”，“用有形的事物来拟象无形的事物，天地间的事物就确定了”，“如果当作没有形骸，人的思想自然而然就安定了”，等等。这种揭示深奥哲理或玄虚教义的解说举不胜举，高深倒是高深，只可惜弄得一句之中都后语不搭前言，支离破碎，玄虚艰涩，比原文还繁难了。准确理解原意据以阐释深意是无可非议的，用阐释意臆说原意就不可取。

《人间世》（段2）“吾食也执粗而不臧爨无欲清之人”是个单句：我是食物选取粗粝不选取精细烧火就不想清凉的人。却被译成“我吃粗粮粗食不求精细，家里没有图清凉的人”；“我的食物又粗糙又简单，烧火的人用不着去找清凉的地方”等。“我是……的人”这么简明的单句也被把定语中分，弄成前后各说一方面的人和事，从而支离破碎，比原文还艰涩难懂。

《德充符》（段 2）"自状其过以不当亡者众"，是申徒嘉针对子产说"计子之德不足以自反邪"反唇相讥，说所谓反省大多是为自己辩护：自己说按自己的过错不应当失去脚的人多。却被断成"自状其过，以不当亡者众"，译成"自己表明自己过错的人，认为自己不应当没有的东西缺得很多"。

《应帝王》（段 2）"正而后行确乎能其事者已矣"，是承上句"圣人之知也治外乎"说"正已然后让确实能胜任那些事务的人行动罢了"。也是一个单句，却被断成两句，译成"正已然后感化他人，任人各尽其能罢了"；"正其性然后感化他人，人民确实能做到罢了"等。

《大宗师》（段 1）"其心志其容寂其颡頯"，被断成"其心志，其容寂，其颡頯"，这样就前后两节都讲不通。但有办法，校改"志"为"忘"，注释"頯"为"朴质"（还关联）、"宽大"（不沾边）；译成"他的心里忘掉了一切，他的容貌静寂安闲，他的额头宽大恢宏"等。大学者大教授真了不得，在短短九个字中就作出一处校改创新一项词义，真令人五体投地。笔者没这才气，也没这胆气，只好苦苦琢磨，终于发现：《说文》释"頯"为"权（颧）"，指脸颊，与"颡"（额）合起来指面容；"志其容"即现在说的"写在他脸上"；"寂"作使动词，九个字原来是一句话，顶多断成两节：他的心性表现在他脸上（,）使他的面容平静。文字无需校改，词义无需创新，却更贴切浅明晓畅，消除了误解。

这种臆度加猜测，解说得支离破碎、玄虚艰涩的例子太多，不再列举。本书从断句、释词、译句到简析文意随处可见的崭新见解，留待专家、读者评判教正。

本书各篇均包括原文、略注、直译、简析。

原文：经长期传抄，各版本（今可见最早版本也离原著好几百年）都难免有衍脱误字；古人引书多凭记忆，难免有误；他人著作中相同内容并非互相照录无误。所以据他本、引录、他人著作都难校准。已有的纷纭校改虽合校者意，因上述原因未必真是原著用字，或如前举校例；更有因用某字为优而校改，就成了润色，故不轻易采用。所以本书原则上不校改，取手头原有的王先谦集注本（《诸子集成》版）原文，个别于文意或语法明显欠妥者在“略注”中说明，同时在原文中改动的极少。改繁体字为简化字，改异体字为通行字。《新华字典》没有其字或读音的加注拼音。

略注：不注文意，尽量少注句意。字词注释以注补译，已对应译出含义的字词不注，译文中用引申义则注出引申所据义，译文中用字面义又必要点明蕴含义的扼要注出。常见或书中屡见或译文中对应可见的通假字不注。只注字词的文中义，且只注到能疏通句意为止，不注所据不出考辩（不必与前人争执，也避免繁琐难读）。人、事、物、地等，绝大多数都是虚构或假托，虚构者无从注，假托者注出也与理解文意无关紧要甚至方枘圆凿，所以除极个别不注不能疏通句意者外一概不注。注释用语尽量简略。

直译：译文力求准确、简明、通俗，尽量对应译出字词义，力求不添加阐释性、补充性、焊接性文字。

简析：《庄子》是诸子的最高峰，与《孟子》同为民主思想源头，与《楚辞》同为浪漫主义源头，思想内容和艺术造诣都言之不能尽。笔者不愿一本书文字太多（略注、直译也为此）；也鉴于前人把原本浑然一体的文意分析得支离破碎（甚至干脆把不少原文说成是杂凑成的）、玄虚艰涩，所以现在只作内容提要或略加评说，力求切实浅明扼要集中。各篇简析先点出全文中心，再逐段点出大意，然后就全文内容提要或点评。书前论文聊充全书要义简析。

本书编排去掉内篇、外篇、杂篇的分类。考分类原因，有人说内篇“谈于理本”，外篇“语其事实”，其实根本不合实际，开卷就显而易见。有人说内篇是庄子自著，外篇、杂篇非庄子自著，这是划分者的意思。从《应帝王》到《天运》集中论述治国理想。《应帝王》正面立论开启，《骈拇》到《在宥》侧重批判三代以来的专制统治致使人吃人，在破中立，揭露尖锐深刻，批判犀利鲜明。《应帝王》点出“君人者以己出经式义度”整治驯服人，《骈拇》就展开论述三代以来用专制统治规范——仁义礼乐等改变天下人的本性，毁掉人的常态，逼使诱使人为利名家国殉葬，紧密呼应，简直是一气呵成；《应帝王》和接下去的几篇内容关联都很紧密，都论治国理想，怎么存在庄子自著和他人所作的区别？从《骈拇》开始划为外篇、杂篇，实际上是把重在揭露批判专制统治及专制思想的篇目都指为非庄子自著，以削弱这部分文章的影响力，从而维护专制统治。这样的分类，早该废弃。而且，庄子只是个漆园小吏，也不见有孔子收束脩授徒众、孟子带大群学生“传食于诸侯”那样的记载，《庄子》当是个人著述。书中“庄子”可能和《史记》“太史公”一样是自称。

笔者珍视前人成果，尽量择善采用，择简明者采用。为减少全书字数，恕不注明，并非掠美。只可惜身处穷乡僻壤，资源奇缺，不能广采博取。加之才疏学浅，孤陋寡闻，舛错谬误在所难免，乞方家及读者不吝赐教。

侯柯芳

2011 年 9 月于营山

目 录

《庄子》的主旨是救人心求民主

《庄子》为什么以救人心求民主为主旨？对现实的立场和认识成就学者及其学说。孔子站在统治者立场，认为社会弊病是专制规范和专制等级被损坏，不能确保民众不犯上，于是主张复礼、正名以维护专制统治；孟子站在老百姓立场，认为是统治者残暴致使“惟救死而恐不赡，奚暇治礼义哉”，就提出仁政倡导民主。因此，《论语》和《孟子》思想差异很大，主要思想几乎完全相反。孔子被专制统治者吹捧成圣人，《孟子》被维护专制者扭曲（参见拙著《〈孟子〉新解》）。荀子和孔子一样站在统治者立场，认为专制统治需要强化，就上承孔子，由侧重从文化心理层面确立和维护专制等级的“礼”迈入注重从暴力惩治层面确立和维护专制等级的“法”，“隆礼重法”，使儒家法家从此联袂成为专制统治的思想奴化和暴力摧残（因思想奴化而名正言顺）两手，为专制体制最终完成鸣锣呐喊，以致他的两个学生韩非子和李斯分别在理论和实践方面成为专制暴君秦始皇的帮凶。庄子和孟子都与梁惠王、齐宣王大致同时，生活在战国中期。那是原始民主因素即将绝迹、百家争鸣局面即将万劫不复、专制统治体制即将最终完备、统治者凭残暴和奸诈争权夺利使人们仅仅只能但求躲避刑罚的时代，即“往世不可追”“来世不可待”“方今之时仅免刑焉”（《人间世》段6）的时代。他们都站在老百姓立场，都认为残酷奸诈的现实毁灭人性、摧残民命，于是《孟子》和《庄子》都以保人性、保民命的民主思想为全书主旨。

孟子和庄子对现实的认识也有很大差异，所以两书探求民主的方向就不同（虽然也有两人身分地位差异的因素）。孟子注重的是专制统治摧残人的残暴一面："今夫天下之人牧，未有不嗜杀人者。""民之憔悴于虐政，未有甚于此时者。"因此，孟子慷慨激昂地以改造社会自许，想由民主社会带给人们独立自主、平等包容。庄子不仅看到专制统治摧残人的残酷一面：汤武以来皆乱人之徒（《盗跖》段1）；统治者好杀成性，凶恶如虎（《人间世》段3）；"今世殊死者相枕也，桁杨者相推也，刑戮者相望也"（《在宥》段2）；更深入认识到专制统治奴化人的阴险一面：实行思想意识专制——用暴力逼迫和利名诱骗两手使人接受专制统治的思想意识、道德规范、是非标准、社会观念等，从而禁锢国民思想，制约国民言行，造成奴性；以举贤任能为幌子，以官爵利禄为诱饵，以形名赏罚为手段，牢笼奴才，使人失去精神生命，从心灵杀人。"自三代以下者匈匈焉终以赏（利名诱骗）罚（暴力逼迫）为事"，"使人喜怒失位，居处无常，思虑不自得，中道不成章，于是乎天下始乔诘卓鸷"；"吾未知圣知之不为桁杨接槢也，仁义之不为桎梏凿枘也"，"天下脊脊大乱，罪在撄人心"（《在宥》段1、2）。正是把圣智仁义忠信等专制思想意识作为刑具的关键来禁锢国民思想，制约国民言行，扰乱了人心，损毁了人性，奴化了国民，才形成并维护了专制统治。这是庄子比孟子认识更深刻的地方。因此，庄子毅然选取了更艰巨的任务和更深远的目标：针对专制统治奴化国民心性的阴险一面，主张解救人的思想，由独立自主、平等包容的人心催生民主社会，从救人心求民主。

两千多年前《孟》《庄》就形成了民主美梦，不幸被秦始皇独裁天下、汉武帝独尊儒术打破了，继而被维护专制的腐儒扭曲了。推翻专制百年际，难识《孟》《庄》真面目。这是历史的悲剧！

救人心求民主的人生理想

《庄子》以无己（丧我、忘己、忘我）而不失己（不自丧）为人生理想。无己即超越私欲己意制约的自我（不同于《老子》体现

"知足"的"少私寡欲")，不失已即不失保全本性并提高精神境界的自我。从而获得灵魂自由，解放自己；达到胸怀广阔，包容一切；养成个人独立自主、人际平等包容的民主思想素质。

私欲主要是物欲及植根于物欲的生死、权位、利名等。人的欲求损毁人的本性（《天地》段 11)，嗜欲强烈本性就降低（《大宗师》段 1)，"盈耆欲，长好恶，则性命之情病矣"（《徐无鬼》段 1)。物欲使人损毁本性，好生恶死，争权争利争名，处于患得患失心态百变终日不安的恐惧中（《齐物论》段 2)，因而奔走钻营、卖身投靠，就被专制统治者牢笼成奴才，被专制统治的思想意识、道德规范、是非标准、社会观念等禁锢成奴性。专制统治也靠利用世人的物欲，以逼使诱使诸手段造成奴才来维护。物欲损毁人的本性，使"人心险于山川，难于知天"（《列御寇》段 5)；使世态炎凉，人际以实惠为准则，虚伪应酬，即使父子君臣间也互相龃龉、互相攻克，自已矫伪还苛责别人（《外物》段 3、2、1、4)，甚至倾轧暗算，互相吞食（《庚桑楚》段 1)，陷入吃人又被吃的怪圈（《山木》段 7)，以致"自三代以下"天下没有人不因物欲改变自己的本性去殉利殉名殉家殉天下（《骈拇》段 2)，"小人殉财，君子殉名"（《盗跖》段 2)。人们都为物欲殉葬成为奴才，专制统治就安然无恙。所以主张"不以物易己"（《徐无鬼》段 9)，"不以利自累"，不要为物欲殉葬（《让王》段 9、4)，生死、利害、爵禄都不能改变自己（《齐物论》段 6、《田子方》段 10)，"不知说生不知恶死"（《大宗师》段 1)，净心无欲不用权谋（《知北游》段 2)，不做"丧己于物失性于俗"的"倒置之民"，"不为轩冕肆志，不为穷约趋俗"（《缮性》段 4)。超越物欲才能也就能超越权、利、名的诱惑，以至超越生死、毁誉、喜怒等，像婴儿那样天真无欲、自由无拘（《庚桑楚》段 4、2)。指出心系利益就是罪过（《寓言》段 3)，束缚身心去观名求利是冒天下之至害（《盗跖》段 3)；颂扬甘居贫贱不接受爵禄（《让王》段 6)；抱定"曳尾于涂中""非梧桐不止，非练实不食，非醴泉不饮"的情愫（《秋水》段 10)；怒斥给统治者舔屁股去求利名的曹商（《列御寇》段3）；说求显贵的人与猪没区别（《达生》段5），都是主张超越物欲和植根物欲的生死、权位、利名等，主张在物欲横流中摆脱物欲。

超越己意主要是超越自我中心和主观排他，明确相对性和对立平衡，消除绝对化和主观对立；净心明察事物，客观认识现实。贵贱大小有无是非等对立都是相对的、互为参照存在的，要“知天地之为稊米也，知毫末之为丘山也”，“知东西之相反而不可以相无”（《秋水》段4），“天下莫大于秋毫之末而太山为小，莫寿于殇子而彭祖为夭”（《齐物论》段4），“安危相易，祸福相生，缓急相摩，聚散相成”（《则阳》段9）；彭祖长寿、鹏程高远（《逍遥游》段2）及事物的数量多少、历时长短、因素变化、终始经过各方面不同以至相反（《秋水》段2），都是相对的，不应绝对化；“不以生生死，不以死死生，死生有待邪？”（《知北游》段9）事物互相依存、互相转化（《齐物论》段8、9），相反相成是事物的自然属性和变化的客观规律。事物既是这样的，又是那样的；既有这一面，又有那一面；事物都有是，也都有非；“物无非彼，物无非是”；“是亦彼也，彼亦是也；彼亦一是非，此亦一是非”。从不同角度和方面去净心明察、客观认识，从而获得的不同以至相反的见解，也是相反相成的，可以对立并行，能够自然平衡。因此不能各以自己的主观认识为标准，把事物和认知绝对化、主观对立起来，是己非人，争论不休。“圣人和之以是非而休乎天钧”（《齐物论》段3），“致道者忘心（主观）矣”（《让王》段8），就不会把事物和认知绝对化、主观对立起来取舍去就，就不会是己非人、贵己贱人、崇己卑人，就能平等包容各种不同以至相反的人物和见解。超越己意不仅要超越主观认识还要超越主观意愿，客观认识专制统治的残酷性和阴险性。专制统治者好杀成性，凶恶如虎，只喜欢养自己的人顺从（《人世间》段3）；专制社会只容忍奴才、庸才，不给人提供施展才志的舞台，使人有优点有长处就受困顿，低能屈从就通达（《列御寇》段6），清廉就受挫折，谦逊就遭非议，有为就受损害，贤能就被图谋，不成器就被欺侮，无才无用也被屠杀，处乎材与不材之间也未免乎累（《山木》段 1）；使人走投无路，无所适从（《人世间》段 1）。仁义忠信等统治思想、道德规范、是非标准及其造成的社会观念禁锢思想，奴化人性，使人失去精神生命，从心灵杀人，更阴险可怕。而人们把出于私欲的主观意愿绝对化，看不到目标达成的依赖性（《逍遥游》段 1），看不到在专制现实中只有自鬻为奴去给统治者舔屁股才能讨得其欢心而显达亨通（《列御寇》段 3），因而不知“处势不便，未足以逞其能也”（《山木》段 5），就凭主观意愿“不知务而轻用吾身”（《德充符》段 3），凭鹏程自许去钻营投靠，殉利殉名，就使鹏程万里的梦想成为惨遭摧残或沦为奴才的孽缘。所以要认清专制现实，抑制主观意愿。

私欲生已意，主观常植根物欲但不全决定于物欲，且已意往往比嗜欲更难超越。所以《齐物论》首段提出“丧我”，第 2 段就论要超越私欲，第 3 段就论要超越已意，第 4、5、6、7 段也重在论超越主观制约。超越私欲已意，消除自我中心和主观排他，做到无己，才能养成民主精神，并延续这精神生命，就永不失己。“贵在于我而不失于变”（《田子方》段 4），“不以物易己也，反己而无穷”（《徐无鬼》段 9），“不以物害己”（《秋水》段 6），“唯至人乃能游于世而不僻，顺人而不失己”（《外物》段 8），“行名失己非士也”（大宗师）段 1）；颂扬“凡之亡也不足以丧吾存”（《田子方》段 11）、“悲人之自丧者”（《徐无鬼》段 8），都是主张不失己（不自丧）。“士之为行，抱其天乎”（《盗跖》段 2），“神全者圣人之道也”（《天地》段 7），不失己就要保全本性并提高精神境界。

万物都有体现道的本性，不外加干扰就都完美（《则阳》段 9），“彼民有常性……是谓同德”（《马蹄》段 2）。人的共同本性是纯真无欲、自由无拘。“真者精诚之至也”（《渔父》段 2），“同乎无欲，是谓素朴，素朴而民性得矣”（《马蹄》段 2），“夫虚静恬惔寂寞无为者，天地之平而道德之至”（《天道》段 1）。“性者生之质也”，养生的常道是能保全本性，自由无拘地去，天真无欲地来。

(《庚桑楚》段4、3)所以要“万物无足以铙心”(《天道》段1),不受外因扰动,泰然面对处境和对手,保全自己的本性(《达生》段7)。养形养身不足以存生,养生是养神,修养精神生命。(《达生》段1、《刻意》段1)“神将守形,形乃长生”(《在宥》段3)。《德充符》专篇论述才德比形体重要,要做到才德完美。所以主张自我否定(《则阳》段7、《寓言》段2)、不自以为善(《外物》段6)、“行贤而去自贤之行”(《山木》段8)地不懈自砺,提高精神境界。而且要摆脱专制统治的思想规范(《渔父》段2),不按专制统治思想及其造成的俗学俗思去刻意做作,要“不刻意而高,无仁义而修”(《刻意》段1),不让生死、利害、悲乐、喜怒、好恶入心,无私欲己意,不用权谋去争权争利争名。要消除矫伪,不故作矜持,不自以为是(《外物》段5),要能“舍诸人而求诸己”(《庚桑楚》段2),不能“不修之身而求之人”(《渔父》段2)。所以说超越自我是思想修养的极境(《秋水》段3)。这样不仅能像婴儿一样纯真无欲自由无拘、“不以人物利害相撄”(《庚桑楚》段2)地保全本性,还能“德将为汝美,道将为汝居”(《知北游》段2),“澹然无极而众美从之”,“平易恬惔则忧患不能入,邪气不能袭,故其德全而神不亏”,“心不忧乐,德之至也”(《刻意》段1)。“行修于内者无位而不怍”(《让王》段9),“其神经乎大山而无介,入乎渊泉而不濡,处卑细而不惫,充满天地,既以与人己愈有”(《田子方》段10)。保全本性并提高精神境界的人形残也受人尊崇,就能“未言而信,无功而亲”(《德充符》段4)。

无己不是消极地忘掉自己去等同无知之物,泯灭事物和认识的差异,从而消极逃避现实;恰恰相反,是积极主动地超越私欲己意制约的自我,积极主动地保全本性并提高精神境界。可见无己正是要达到不失己——不被私欲己意制约而失去保全本性并提高精神境界的自己。无己既是不失己的必要条件——排除保全本性并提高精神境界的障碍,又是不失己的重要内容和效果——不争意欲得失而争心性高低,净心无欲,不自以为是,保全本性并提高精神境界,从而超脱私欲己意的制约。通过超越私欲己意达到保全本性并提高精神境界，通过保全本性并提高精神境界达到超越私欲己意。所以说超越私欲己意、生死、权位、既得利益、统治思想等，在崇高精神境界中任由本性纯真无欲自由无拘地行动，才是无己（《山木》段2）。忘我之功“皆在炉捶之间耳”（《大宗师》段6）：无己正是找回自我、不失自我的修炼功夫，无己的功效从提高精神境界的修炼中得到。所以形若槁骸心若死灰般“丧我”的南伯子綦“悲人之自丧者”（《徐无鬼》段8）。可见无己（丧我）和不失己（不自丧）是一回事——保全本性并提高精神境界的两个方面：无己破障碍，不失己立目标。二者名相反而实相顺也。

无己而不失己的目标之一是要达到灵魂自由，不逃避，不为奴，解放自己，独立自主。无己的人像无人的船，不招人怨（《山木》段2）。没有出自私欲己意的好恶，就能消除是非荣辱，避开忧患（《至乐》段1）。超越私欲己意，保全本性并提高精神境界，就会才德完美而不显露（《德充符》段4），就于世无求，显出无才无用。“无所可用，安所困苦哉?”（《逍遥游》段6）无求就无争，就“无责于人，人亦无责焉”（《山木》段4），“圣人处物不伤物。不伤物者，物亦不能伤也”（《知北游》段10），“乘道德而浮游”“胡可得而累邪”?“人能虚己以游世，其孰能害之?”（《山木》段2）“至德者火弗能热，水弗能溺，寒暑弗能害，禽兽弗能贼，非谓其薄之也，言察乎安危，宁于祸福，谨于去就，莫之能害也。”（《秋水》段6）洞察现实，不轻用吾身，就免被专制统治摧残或奴化；胸怀宽广，包容万物，就“无天灾无物累无人非无鬼责”（《刻意》段1）。无求、明察、包容，就无时无处过不去，什么遭遇都能安处顺适，泰然应对，从而远离忧患。偶遇忧患也能抗压。“保始之征，不惧之实”（《德充符》段1），保全本性有不畏惧的效果；崇高精神境界更有巨大力量超强抗压。有德就能傲视权贵，泰然面对专制压力（《德充符》段2），就生死、利害、爵禄都不能改变自己（《齐物论》段6、《田子方》段10），“不知说生不知恶死”（《大宗师》段1），“哀乐不能入”（《养生主》段4、《大宗师》段3），就有视死如生的超强抗压力。既能远害又能抗压，就无需逃避现实，也不会沦为奴才。逃向山林是人精神不能战胜现实（《外物》段8），“古之得道者穷亦乐，通亦乐……穷通为寒暑风雨之序矣”（《让王》段11），就能“无江海而闲”（《刻意》段1），“行小变而不失其大常，喜怒哀东不入于胸次”（《田子方》段4）地卓立现实。批判自三代以来天下人没有谁不被专制统治逼使诱使去殉利殉名殉家殉天下（《骈拇》段2），主张“贵在于我而不失于变”（《田子方》段4），“审乎无假而不与利迁”（《天道》段6），不迎合世俗去争权争利争名，不攀附钻营，不卖身投靠；主张养生既不能像单豹居山林喝泉水，也不能像张毅投权门显奴性（《达生》段4）；不赞成夷齐隐居（《骈拇》段2）而赞颂夷齐“遇乱世不为苟存”（《让王》段13），都是阐明正视现实，蔑视权贵，傲然立身残酷现实，既不逃避，也不为奴，还无所畏惧地保全精神生命。这是崇高精神境界中的灵魂自由，独立自主！反复抒写置身“无何有之乡”“广莫（无人）之野”“大莫之国”，畅游“六合之外”“尘垢之外”，都是比喻在广阔虚净的精神境界中蔑视现实中的一切的灵魂自由，独立自主。颂扬“举世誉之而不加劝，举世非之而不加沮”（《逍遥游》段3），“非其志不之，非其心不为……天下之非誉无益损焉，是谓全德之人哉”（《天地》段7），“唯至人乃能游于世而不僻，顺人而不失己”（《外物》段8），“圣人法天贵真，不拘于俗”（《渔父》段2），“万物毕罗，莫足以归”（天下）段7）；说“行名失己非士也”，否定“适人之适而不自适其适”，主张自闻自见，任由自己的本性真情（（《大宗师》段1、《骈拇》段3），都是主张灵魂自由、独立自主。

无己而不失己的另一目标是要达到胸怀广阔，顺遭遇，和天均，包容一切，平等和谐。“达绸缪周尽一体矣，而不知其然，性也。”人的本性就包容一切；内在素质高才能对外圆通；（《则阳》段1、2）不容人的心灵比利剑更可怕（《庚桑楚》段3）；“心无天游则六情相攘”（《外物》段8）；“不见其诚己而发，每发而不当”，“与物穷者物入焉，与物且者其身不能容，焉能容人”（《庚桑楚》段3）。包容、平等地对待一切事物和一切遭遇，从而顺应变化，是循道自解倒悬（《大宗师》段3）。强梁曲附都来勿禁，去勿止，任其自生自灭，就不受挫折（《山木》段3）。因此指出“不同同之之谓大，行不崖异之谓宽，有万不同之谓富”（《天地》段1），“丘山积卑而为高，江河合水而为大，大人合并而为公”（《则阳》段9），“至人之于德也，不修而物不能离焉”（《田子方》段4），都是主张保全本性并提高精神境界，养成广阔到包容一切的虚净胸怀，包容万种不同以至相反的人物和见解，使之并存，而且不用不同标准对待，不矫伪对待，包容天地万物又一尘不染，纯粹朴素（《刻意》段2），“圣人处物不伤物”“唯无所伤者，为能与人相将迎”（《知北游》段10），圆通包容平等对待各种不同以至相反的观点言论（《齐物论》段5），泰然应对变化，包容一切，与广阔天空融为一体（《大宗师》段5），顺应事物的自然属性和变化的客观规律，“是不是，然不然”，“以生死为一条，以可不可为一贯”（《齐物论》段7、《德充符》段3），“磅礴万物”（《逍遥》段5），“并包天地，泽及天下，而不知其谁氏”（《徐无鬼》段9）。有崇高精神境界就能洞察包容一切，不听不言不论，不计较是非，以空净心与外物无间相融。（《知北游》段4、5）“其好之也一，其弗好之也一”（《大宗师》段1），还不让自己提高精神境界显低别人，不和别人计较高低（《达生》段11、《山木》段4），进而换位思考去理解别人（《大宗师》段5）。这样就能“不言而饮人以和，与人并立而使人化父子之谊”（《则阳》段1），圆通包容地随和处世达到人际平等（《寓言》段6）。这些就是反复强调包容、平等，让万物平等自由地消长盈虚变化发展（《秋水》段5），达到人际平等包容。

总之，无己而不失己——超越私欲己意，保全本性并提高精神境界，就是要养成个人独立自主、人际平等包容的民主思想素质。这是《庄子》企望人们修养、延续的精神生命。个人独立自主、人际平等包容是相辅相成的。自己要独立自主，也让别人独立自主，就形成平等包容的广阔胸怀。人人如此，社会就平等包容了，这是由人心民主到社会民主。社会平等包容各种不同以至相反的见解和人物，才有个人的独立自主。没有个人独立自主就没有人际平等包容，人际就会对立斗争；没有人际平等包容就没有个人独立自主，个人就会唯我独尊或被摧残、奴化。所以《寓言》说圆通包容的话才是本书意旨，寓言、重言不过是使这意旨易被接受的形式和佐证而已。所以《天下》用“独与天地精神往来而不敖倪于万物，不谴是非以与世俗处”“时恣纵而不傥”来概括自己的人生理想（段7）。“独与天地精神往来”“不傥”是独立自主地立身，“时恣纵”“不敖倪于万物”“不谴是非以与世俗处”是平等包容地处世。这是以崇高精神境界中的灵魂自由超越专制现实中的人生不自由；人人如此，就会各种不同以至相反的见解和人物都独立自主、平等包容。这就是基于民主人心达成民主社会。

救人心求民主的治国理想

《庄子》把治国理想建立在人尤其是统治者的思想素质上，认为治天下只要统治者消除私欲己意等害民的因素就行了（《徐无鬼》段3）。因而以效法“天不产而万物化，地不长而万物育”（《天道》段2）的“无为而无不为”（《则阳》段9、《知北游》段1、《庚桑楚》段4）为治国理想。核心是要求统治者超越私欲己意，不失人性并提高精神境界，没有出于私欲己意的治民扰民行为，即“无为”（不同于《老子》“无有入于无间，吾是以知无为之有益”），让全民的主动性和创造力完全发挥出来，就全社会各方面大发展，没有什么事情不成功，即“无不为”，“为出于无为”（《庚桑楚》段4）。

前提是统治者提高精神境界。“自三代以下者天下何其嚣嚣也?”因为统治者用各种手段整得天下人失去了常态（《骈拇》段1）；“施及三王而天下大骇矣”（《在宥》段2），因为三代的统治者都是祸乱人的人：“禹之治天下，使民心变，人有心而兵有顺，‘杀盗非杀人’，自为种而天下耳。是以天下大骇，儒墨皆起”（《天运》段7）；“汤武以来皆乱人之徒也”（《盗跖》段1）。专制统治者好杀成性，凶恶如虎，只“媚养己者顺也”，“轻用民死”，不可救药；统治者互相明争暗斗，使人处在夹缝中走投无路，无所适从。（《人间世》段3、1、2）这就揭示出社会现实昏暗的祸根在专制统治者。专制统治“一人之断制利天下”（《徐无鬼》段11），帝王以天下为私有财产，所有统治者都在各自的权势范围内唯我独尊、唯利是图，企图永远全部占有各自权势范围以至更大范围的一切。统治者应“不以人之坏自成也，不以人之卑自高也，不以遭时自利也”，“唯无以天下为者可以托天下”（《让王》段13、1），“贵以身于为天下则可以托天下，爱以身于为天下则可以寄天下”（《在宥》段1）。君王、官吏不见到权势利益就轻视国民的生命，是国民愿意他们执政的原因（《让王》段2），谦让、容人、不专制的人，才适宜托以国政（《徐无鬼》段7）。这就从正反两方面指出治国必须统治者提高精神境界，达到无己而不失己。

无己即超越私欲己意。“以己出经式义度，人孰敢不听而化诸”的统治，“是欺德也”（《应帝王》段2）；帝王没有出自私欲己意的行为就天下大治；帝王全心静净，“万物无足以铙心”，智慧不为己，辩才不为己，能力不为己，就“德配天地”，“万物服”，“而王天下”，“无为而天下功”。（《天道》段1、2）“明王之治功盖天下而似不自己，化贷万物而民弗恃”，“游心于淡，合气于漠，顺物自然而无私焉，而天下大治矣”（《应帝王》段4、3），“古之畜天下者，无欲而天下足，无为而万物化，渊静而百姓定”，“有治在人……忘己”（《天地》段1、5），“利义陈乎前而好恶是非，直服人之口而已矣，使人乃以心服而不敢蘁，立定天下之定”（《寓言》段2），都是说统治者超越私欲己意就天下大治。统治者的私欲主要是物欲权欲。专制统治者肆意肆虐，是其物欲权欲膨胀，就利用世人的物欲摧残人奴化人，来满足自己的物欲权欲：“以苦一国之民以养耳目鼻口夫！”《徐无鬼》段2）颂扬“不拘一世之利以为己私分，不以王天下为己处显”（《天地》段1），颂扬甘居贫贱而不接受爵禄（《让王》段6），赞颂“弃天下而不自以为廉”，“势为天子而不以贵骄人，富有天下而不以财戏人……非以要名誉也”（《盗跖》段3）；颂扬不让权柄玷污精神生命（《让王》段12）；认为轻视甚至抛弃权柄才能天下大治（《田子方》段8）；说懂得不为国土愁苦身心伤害生命，是知道轻重（《让王》段3）；“百里奚爵禄不入于心……使穆公忘其贱而与之政也。有虞氏死生不入于心，故足以动人”（《田子方》段6）；最清平的社会，统治者不以施恩泽传业绩为目的（《天地》段9）；巧立名目别有用心的施恩图报伤害最大（《列御寇》段5），那是以羶诱人成奴才（《徐无鬼》段12）；“今世之人居高官尊爵者皆重失之，见利轻亡其身，岂不惑哉?”“今世俗之君子多为身弃生以殉物，岂不悲哉?”（《让王》段2、4）“贪财而取慰，贪权而取竭……可谓疾矣”（《盗跖》段3）；“亲权者……是天之戮民也。”（《天运》段5）就是从正反两面阐明统治者应超越物欲权欲。统治者的己意主要是权谋欺诈。“天子好知而百姓求竭矣”，“灾及草木祸及止虫，意治人之过也”（《在宥》段2、4），“上诚好知而无道，则天下大乱矣”，“甚矣夫，好知之乱天下也”（《胠箧》段3）。凭己意用权诈治民多么可怕！凭己意不只是脱离实际情况违背客观规律，更可怕的是掩盖着恶意。专制统治者总把自己伪装成救世主来欺人欺世，明明是“以苦一国之民以养耳目鼻口”，却硬说“吾欲爱民而为义偃兵”。其实，“爱民，害民之始也；为义偃兵，造兵之本也”。只要统治者“修胸中之诚”，不杀士民掠土地来满足私欲己意，国民就脱离死亡了，哪用“爱民而为义偃兵”（《徐无鬼》段2）。

不失己即保全本性并提高精神境界。“修胸中之诚”，就是保全纯真本性并提高精神境界。好帝王超越自我，保全本性，从不是己非人，所以要求帝王由矫伪返纯朴。（《应帝王》段1、5）“是不是，然不然”（《齐物论》段7）、“可不可，然不然”地排除己意，保全本性，不用机巧心计。（《天地》段5、7）统治者身陷文治武功就远离本性真情而失去笑容（《徐无鬼》段1），统治者表面依理、内心自负、绝情治民是因为私欲己意损毁了他们的本性。(《则阳》段5）可见统治者不失人性，才能摆脱自己的苦闷，才不绝情治民。“无为也而后安其性命之情”（《在宥》段1）；“无为名尸，无为谋府，无为事任，无为知主，体尽无穷而游无朕。尽其所受于天而无见得，亦虚而已。”（《应帝王》段6）统治者领悟到“缘而保真，清而容物”，才懂得仁义圣智等思想言行只是尘土细枝，国柄真是累赘（《田子方》段1）；“夫至人，有世不亦大乎而不足以为之累，天下奋棅而不与之偕，审乎无假而不与利迁，极物之真能守其本，故外天地遗万物，而神未尝有所困也”（《天道》段6），“故能胜物而不伤”（《应帝王》段6），“反己而不穷”（《徐无鬼》段9），就是说保全本性并达到包容万物的精神境界，才能超越国柄、权柄、利名、权诈等私欲己意。超越私欲己意，保全本性并提高精神境界，精神不受困，就能不受伤害，不受困顿。统治者提高精神境界，内心空明，才能包容各种人物和观点，让天下人平等，“则功大名显而天下一也”（《天道》段1），就不再把天下、权势范围的一切视为自己的私有财富，不再看重和亲近国柄、权柄、爵禄、利名，从而懂得“夫天下也者万物之所一也，得其所一而同焉”（《田子方》段4）、“藏天下于天下而不得所遁”（《大宗师》段1）的道理。和天下人平等享有天下，就是藏天下于天下人，就不会失去天下因为这样就成了公天下的平等民主社会，就不再有蜗角争雄（《则阳》段3）、“成者为首，不成者为尾”（《盗跖》段2）那样的争夺。所以说高明的治术是以包容天下的广阔胸怀，遵循相反相成的客观规律，包容启发不同以至相反的见解和人物，遵循事物发展的客观规律去维系和推动社会发展。匡正统治层的人，就天下人心服。（《说剑》）确立了这种公天下的广泛包容、平等民主的治国思想，才可能企求无为而无不为的治国理想和效果。

公天下的平等民主治国理想排斥整治国民、森严等级、思想禁锢，追求国民独立、平等、自由发展。

排除整治国民：执政不是治民而是正己。“治，乱之率也，北面之祸也，南面之贼也”（《天地》段3）；“闻在宥天下，不闻治天下也”；“天下不淫其性，不迁其德，有治天下者哉”？凭己意治人祸及草木昆虫。（《在宥》段1、4）“至德之世”民“甘其食，美其服，乐其俗，安其居”，即民未被整驯扰乱而自适（《胠箧》段3。不同于《老子》“使民重死而不远徙”）。顺任国民才能天下大治（《徐无鬼》段12），“官事果于众宜”（《外物》段8），“慎守女身，物将自壮”，“汝徒处无为而物自化”（《在宥》段3、4），不整治国民就天下大治。“古之君人者，以得为在民，以失为在己；以正为在民，以枉为在己。故一形有失其形者，退而自责。今则不然，匿为物而愚不识，大为难而罪不敢，重为任而罚不胜，远其途而诛不至，民知力竭则以伪继之……夫力不足则伪，知不足则欺，财不足则盗，盗窃之行，于谁责而可乎？”（《则阳》段6）肯定了执政正己，否定了执政治人。“夫圣人之知也治外乎？正而后行确乎能其事者而已矣”，好帝王“未始入于非人”（《应帝王》段2、1）。“正者正也”（《天运》段5），“正生以正众生”（《德充符》段1），都是说执政是正己不是治人。统治者应授职给万民，分富给万民，而不需用赏罚等手段整治国民（《天地》段3）；“君人者以己出经式义度，人孰敢不听而化诸?”“是欺德也”（《应帝王》段2），不能用利名诱惑使人投靠自己；应放纵民心，让民心成就教化改变风俗（《天地》段6）；专制统治所谓治国只是治民——凭私欲己意立标准，利用世人的物欲，造就奴才，“使人喜怒失位，居处无常，思虑不自得，中道不成章，于是乎天下始乔诘卓鸷”（《在宥》段1），整得人不自由、不成熟于是形成专制。所以自三代以来使世人都抛弃本性，奔走钻营；放弃恬淡，教训别人，以致天下大乱。（《胠箧》段3）统治者矫伪迫使民众矫伪（《则阳》段6），因而表现可能是假象，名声可能是假话，凭表现名声进行奖罚来治世，也是欺人之举（《天道》段7）；统治者残杀有能力敢抗争的人，更迫使人养成奴性，卖身投靠，失去自我（《徐无鬼》段8）。所以说治人和治马灭绝马性害死马、治玉灭绝玉性毁伤玉、治土灭绝土性残害土、治木灭绝木性残害木一样灭绝人性害死人（《马蹄》段1、2以及《应帝王》段7）。

排除专制等级：专制政权靠成为王败为寇的殊死争夺取得（《盗跖》段2），靠用诱骗手段和暴力手段造成森严等级来维系。所以自三代以来专制统治者都用“圣智”肯定自己、否定别人，抬高自己、压低别人；用权谋欺诈诱骗世人卖身投靠成为奴才奸佞（《胠箧》段3），从而抬高“仁义圣智”的统治者及其帮凶，压低民众；举贤任能是诱骗国民钻营投靠的谎言和造成森严等级的手段，真正贤能不被奴化就被摧残。“夫尧知贤人之利天下也，而不知其贼天下也”（《徐无鬼》段11），“举贤则民相轧，任知则民相盗……其末存乎千世之后，千世之后其必有人与人相食者也”（《庚桑楚》段1）。分出森严等级，就造成对立斗争，使人互相倾轧暗算，最终导致人吃人。人活着“与忧俱生”，死后才快乐无穷，就在于死后才没有君臣上下集中体现的森严等级（《至乐》段1、2）。专制等级多么惨烈！“自三代以下者匈匈焉终以赏罚为事”（《在宥》段1），用“礼法度数形名比详”等诱骗惩罚造成和维护森严等级，是迫使民众侍奉统治者，不是统治者包容民众，是本末倒置（《天道》段3）。“圣人生而大盗起”，“绝圣弃知大盗乃止”《（《胠箧》段1、2）。没有圣人盗贼、圣人凡人的区分，才不形成森严等级和对立斗争，才能天下大治。“至德之世……恶乎知君子小人哉?”（《马蹄》段2）“又恶取君子小人于其间哉?”（《骈拇》段2）“至治之世不尚贤，不使能，上如标枝，民如野鹿”（《天地》段9），排除森严等级，就国民如野鹿般自由。

排除思想禁锢。维护专制统治必须奴化国民——用残酷的暴虐手段和阴险的诱骗花招推行思想统治，把专制统治的思想意识、道德规范、是非标准等灌注给国民，造成世俗观念、社会舆论，来禁锢国民的思想，损毁国民的本性，造成国民的奴性。这是深层次的专制，是扼杀人的精神生命，从心理层面消除个人独立自主、人际平等包容，代之以个人的奴性、自鬻和人际的等级、纷争。专制统治思想是在人的本性越来越被损毁的过程中形成的，是统治者用来矫饰炫耀的，使“民始惑乱，无以反其性情而复其初”，使社会无法兴起道。（《缮性》段 2）“自三代以下者天下何其嚣嚣也……屈折礼乐呴俞仁义以慰天下之心者，此失其常然也。”“枝于仁者擢德塞性以收名声”，“意仁义其非人情乎”。《骈拇》段 1）“夫孝悌仁义忠信贞廉，此皆自勉以役其德者也”（《天运》段 2），是强盗的理论，是窃国大盗的护身符。“仁义圣智”的人不是大盗集团的成员和帮凶就是他们的屠杀对象；自三代以来统治者都用圣智来惑乱人的本性和社会风气，诱使人成为奴才奸佞（《胠箧》）；仁义礼乐形名是刑具一样的统治工具，是刑具的关键。（《在宥》段 2）推行仁义礼法是统治者的矫伪行为，“仁义之行唯且无诚，且假乎禽贪者，是以一人之断制利天下”（《徐无鬼》段 11），将导致人吃人。可见仁义礼法等是专制统治者垄断天下利益的凭借，不合人情，消除人性，毁坏人德，断绝人的本性真情，使人失去常态，利大盗，惑人心，是专制的护符，是国民的桎梏，是酿成人吃人和天下大乱的祸根罪魁。所以反复悲叹全社会人被专制统治思想迷惑（《天地》段 10），指出礼毁坏道开启乱（《知北游》段 1），“礼乐遍行则天下大乱矣”（《缮性》段 1），“仁义之端，是非之涂，樊然淆乱”（齐物论）段 6），“仁义憯然乃愤吾心，乱莫大焉”，用专制统治思想改变人心，“名曰治之而乱莫甚焉”。（《天运》段 6、7）“天下脊脊大乱，罪在撄人心”（《在宥》段 2），撄人心就是禁锢人的思想。“通乎道，合乎德，退仁义，宾礼乐，至人之心有所定矣”（《天道》段 6），“至治之世”“端正而不知以为义，相爱而不知以为仁，实而不知以为忠，当而不知以为信”（《天地》段 9）。“道德不废安用仁义？性情不离安用礼乐？”“毁道德以为仁义，圣人之过也”（《马蹄》段 2），“绝圣弃知而天下大治”（《在宥》段 2），“殚残天下之圣法而民始可与论议”（《胠箧》段 2）。完全废弃专制思想禁锢，国民才可能真正参政议政，专制统治才可能消失，才能天下大治。

显而易见，专制统治者的圣智不是仁善聪明，而是奸诈阴险。绝圣弃智绝不是否定知识智慧，恰恰相反，是要摒弃专制思想和权谋奸诈，破除用专制统治思想禁锢民心、用权谋奸诈残害国民，是“去小知而大知明”（《外物》段6），充分发挥国民的聪明才智，让国民真正能参政议政，使人“含其聪”“含其明”“含其知”，从而国家不偏斜、不混乱、不遭难、不消亡（《胠箧》段2），是击中专制要害的民主治国思想（与《老子》“民之难治，以其智多”要“使民无知无欲”相反）。

让国民独立、平等、自由发展：要求统治者提高思想素质，不用森严等级和思想禁锢来整治困扰国民，就是要让国民独立自主、平等包容、自由发展。禁锢国民思想就是禁锢人、奴化人，维护专制等级就是压制人、埋没人，从而剥夺人的独立性和平等权，使有才有用的人像瓠、樗被非议、被掊碎（《逍遥游》段6），像成材的树被夭折、有果的枝被折断，像漆有用被割、膏有用被煎。（《人间世》段4、7）有才能还敢抗争更非被置之死地不可（《徐无鬼》段8）。这样就使人“与忧俱生”，死后才乐（《至乐》段1、2）；即使躲脱摧残，也被诱骗去钻营投靠，沦为奴才。而天地万物的正常运行都是由万物的本性决定的，人类社会就应由社会成员任本性自由发展而正常发展（《天运》段1）。“万物一也”（《知北游》段1），“万物一齐，孰短孰长”（《秋水》段5），“天地之养也一，登高不可以为长，居下不可以为短”，不能当国君就痛苦全国人来供养自己（《徐无鬼》段2）。至德之世让万物万众平等，不分君子小人，就让人任由相同本性自由发展（《马蹄》段2），“天下平均，故无攻战之乱，无杀戮之刑者”（《达生》段2），“天子诸侯大夫庶人，此四者自正，治之美也”（《渔父》段1）。“无所甚亲，无所甚疏，抱德炀和以顺天下，此谓真人”（《徐无鬼》段12），“圣人必贵一”，高境界的统治者平等理顺人际关系，这是帝王兴起的凭借。（《知北游》段1、4）统治者应“大同而无己”，“若形之于影声之于响”地使自己的心思尽与天下人心呼应（《在宥》段5），“托生与民并行而不知其所之”（《天地》段7），“动以百姓，不违其度”（《盗跖》段3），让国民“毕见其情事而行其所为，行言自为而天下化”（《天地》段8），就是根据国民的意志和利益施政，让国民独立自主、平等包容、自由发展而社会发展。所以帝王必须无私地“顺物自然”“使物自喜”（《应帝王》段3、4），则“物自生”，“物自化”，“物将自壮”（《在宥》段4、3），“大圣之治天下也，摇荡民心，使之成教易俗，举灭其贼心，而皆进其独志，若性之自为，而民不知其所由然”（《天地》段6），“圣人并包天地，泽及天下，而不知其谁氏”（《徐无鬼》段9），凭和气感化人，圆通周全地包容一切，无限爱人（《则阳》段1）。这是提高人的素质，排除森严等级和思想禁锢，让民众自由发展：既任由本性独立自主，又自我提高精神境界，平等包容，就社会民主和谐，从而解放全民的主动性和创造力，全社会人各显神通，众志成城，众智如神，就没有什么事情不成功。这是民主带给社会的无限生气机和活力！

无为——不为私欲己意立森严等级搞思想禁锢去整治困扰国民，是破专制统治；无不为——没有谁人无作为，统治者不懈提高精神境界，平等包容对待国民；民众充分发挥主动性和创造力，众志成城，众智如神，全社会就没有什么不成功，是立民主理想。无私欲己意就保民命、保人性，不治民就顺民，无等级就平等，不禁锢就包容，不专制统治就没什么事办不成。无为和无不为是一回事的两方面，合成平等民主的治国理想。

结束语

经由思想修养形成民主心性的人生理想，基于民主人心迈向民主社会的治国理想，就是《庄子》全书的主旨。这两大方面内容，各有侧重，互相交错，构成全书思想体系。无己而不失己的人生理想的价值和意义在不失己——不失以民主思想素质为精神生命的人生；无为而无不为的社会理想的价值和意义在无不为——达到没有什么办不成，无时无处不成功的生机无限活力无穷的民主社会。

司马迁《史记·太史公自序》:“道家无为,又曰无不为。其实易行,其辞难知。”历代注译者不如司马迁坦言“难知”,就管窥蠡测、见椟弃珠:把《庄子》对立统一的论点割弃一面,抛弃不失己,就把无己说成忘掉自己的存亡、意识等成为无知之物,把《庄子》主张万物平等的齐物解说成《庄子》彻底否定的慎到诸人主张等同无知之物的齐物(《天下》段5),抹杀掉无己所含超越私欲己意制约、否定自我中心和主观排他、强调平等包容的积极意义,抹杀掉不失己所含保全本性并提高精神境界的积极进取精神和独立自主、平等包容的民主心灵;抛弃无不为,就把无为说成仅仅是特定时期让国民休养生息的权宜之计,抹杀掉无为所含统治者不用森严等级和思想禁锢去治民扰民,从而充分发挥国民的主动性和创造力的积极意义,抹杀掉无不为所含要统治者提高精神境界,让国民独立自主、平等包容,顺民心从民意集民智聚民力;要全民提高精神境界,充分发挥主动性和创造力,因而社会充满活力,生气蓬勃,没有什么不成功的民主理想。全然不顾《庄子》“不以觭见之”(《天下》段7),特别注重对立统一地全面认识和阐述问题的总体思路,把全书的主旨纲要和思想体系弄得支离破碎,浅薄委靡,再一篇一篇支离破碎地曲解,就解说出一个颓废没落、消极逃避、彻底泯灭事物和认识的差异、否定一切的庄子,几乎抹杀了《庄子》的价值和生命。冤哉,悲哉!还原呼唤独立自主、平等包容的民主人心和民主社会的庄子,是天赋我们的使命。

侯柯芳

2011年9月于营山

逍遥游

北冥有鱼[一]，其名为鲲，鲲之大不知其几千里也。化而为鸟，其名为鹏，鹏之背不知其几千里也；怒而飞[二]，其翼若垂天之云[三]。是鸟也，海运则将徙于南冥[四]。南冥者，天池也。《齐谐》者，志怪者也。《谐》之言曰："鹏之徙于南冥也，水击三千里[五]，抟扶摇而上者九万里[六]，去以六月息者也[七]。"野马也[八]，尘埃也，生物之以息相吹也[九]。天之苍苍，其正色邪？其远而无所至极邪[十]？其视下也亦若是则已矣。且夫水之积也不厚，则其负大舟也无力：覆杯水于坳堂之上[十一]，则芥为之舟，置杯焉则胶，水浅而舟大也；风之积也不厚，则其负大翼也无力。故九万里则风斯在下矣，而后乃今培风[十二]；背负青天而莫之夭阏（è）者[十三]，而后乃今将图南。蜩与学鸠笑之曰："我决起而飞[十四]，枪榆枋[十五]，时则不至而控于地而已矣，奚以之九万里而南为[十六]？"适莽苍者三餐而反[十七]，腹犹果然；适百里者宿舂粮；适千里者三月聚粮。之二虫又何知！

小知不及大知，小年不及大年。奚以知其然也？朝菌不知晦朔[十八]，蟪蛄不知春秋[十九]，此小年也。楚之南有冥灵者，以五百岁为春五百岁为秋；上古有大椿者，以八千岁为春八千岁为秋，此大年也。而彭祖乃今以久特闻[二十]，众人匹之，不亦悲乎？汤之问棘也是已：穷发之北有冥海者[二十一]，天池也。有鱼焉，其广数千里，未有知其修者，其名为鲲。有鸟焉，其名为鹏，背若泰山，翼若垂天之云，抟扶摇羊角而上者九万里[二十二]，绝云气，负青天，然后图南，且适南冥也。斥鴳笑之曰："彼且奚适也？我腾跃而上，不过数仞而下，翱翔蓬蒿之间，此亦飞之至也。而彼且奚适也？"此小大之辩也。

故夫知效一官、行比一乡[二十三]、德合一君而征一国者，其自视也亦若此矣。而宋荣子犹然笑之[二十四]。且举世誉之而不加劝，举世非之而不加沮，定乎内外之分，辨乎荣辱之境[二十五]，斯已矣。彼其于世未数数然也[二十六]，虽然，犹有未树也。夫列子御风而行，泠然善也，旬有五日而后反，彼于致福者未数数然也。此虽免乎行犹有所待者也。若夫乘天地之正而御六气之辩[二十七]，以游无穷者，彼且恶乎待哉？故曰至人无己，神人无功，圣人无名。

尧让天下于许由，曰："日月出矣而爝火不息[二十八]，其于光也不亦难乎？时雨降矣而犹浸灌，其于泽也不亦劳乎？夫子立而天下治，而我犹尸之[二十九]。吾自视缺然，请致天下。"许由曰："子治天下，天下既已治也，而我犹代子，吾将为名乎？名者，实之宾也，吾将为宾乎？鹪鹩巢于深林，不过一枝；偃鼠饮河，不过满腹。归休乎君[三十]，予无所用天下为[三十一]。庖人虽不治庖，尸祝不越樽俎而代之矣。"

肩吾问于连叔曰："吾闻言于接舆，大而无当，往而不返。吾惊怖其言：犹河汉而无极也，大有径庭[三十二]，不近人情焉。"连叔曰："其言谓何哉？""曰：'藐姑射之山有神人居焉，肌肤若冰雪，淖约若处子[三十三]，不食五谷，吸风饮露，乘云气，御飞龙，而游乎四海之外。其神凝，使物不疵疠而年谷熟[三十四]。’吾以是狂而不信也。”连叔曰：“然。瞽者无以与乎文章之观，聋者无以与乎钟鼓之声。岂惟形骸有聋盲哉？夫知亦有之。是其言也犹时女也[三十五]。之人也[三十六]，之德也，将磅礴万物[三十七]，以为一世蕲乎乱[三十八]，孰弊弊焉以天下为事？之人也，物莫之伤，大浸稽天而不溺[三十九]，大旱金石流土山焦而不热，是其尘埃粃糠将犹陶铸尧舜者也，孰肯以物为事？宋人资章甫而适诸越[四十]，越人短发文身无所用之。尧治天下之民，平海内之政，往见四子藐姑射之山[四十一]，汾水之阳窅（yǎo）然丧其天下焉[四十二]。”

惠子谓庄子曰：“魏王贻我大瓠之种。我树之成而实五石[四十三]，以盛水浆，其坚不能自举也。剖之以为瓢，则瓠落无所容[四十四]，非不呺然大也[四十五]，吾为其无用而掊之。”庄子曰：“夫子固拙于用大矣。宋人有善为不龟手之药者[四十六]，世世以洴澼絖为事[四十七]。客闻之，请买其方百金。聚族而谋曰：‘我世世为洴澼絖不过数金，今一朝而鬻技百金，请与之。’客得之以说吴王。越有难，吴王使之将，冬与越人水战，大败越人，裂地而封之。能不龟手一也，或以封，或不免于洴澼絖，则所用之异也。今子有五石之瓠，何不虑以为大樽而浮于江湖，而忧其瓠落无所容，则夫子犹有蓬之心也夫[四十八]。”惠子曰：“吾有大树，人谓之樗，其大本拥肿而不中绳墨，其小枝卷曲而不中规矩，立之途，匠者不顾。今子之言大而无用，众所同去也。”庄子曰：“子独不见狸狌乎？卑身而伏以候敖者[四十九]，东西跳梁不辟高下[五十]，中于机辟死于网罟。今夫斄（tái）牛，其大若垂天之云，此能为大矣，而不能执鼠。今子有大树，患其无用，何不树之于无何有之乡、广莫之野，彷徨乎无为其侧，逍遥乎寝卧其下。不夭斤斧，物无害者，无所可用，安所困苦哉?”

【略注】

［一］冥：海。庄子自定义“南冥者天池也”，海或湖才堪称天池，湖也可称海，如青海、洱海。古人以为天圆地方，方地四面皆海。［二］怒：奋发，展翅。　［三］垂天：几乎满天。垂：将。天：用作动词，满天。　［四］海运：大海运动（起风浪）。　［五］水：在水上。　［六］抟：环旋。扶摇：用旋风的样子代旋风。［七］去：离开，向南飞。息：风。参见《齐物论》“大块噫气，其名为风”。六月多大风。高飞凭借旋风，远飞凭借大风。　［八］野马：借喻浮动的雾气。　［九］相：代雾气、浮尘，前置宾语。［十］其：代鹏。所至极：尽头。邪：通“耶”。　［十一］坳堂：有坑洼的堂屋。或作“堂坳”，更好。　［十二］今：此，由此。培：加身于。　［十三］之：代鹏，前置宾语。夭阏：阻碍。［十四］决：奋力，迅猛。［十五］枪：触，碰。　［十六］奚……为：做什么。以：用。之：到。　［十七］莽苍：以野外景色代郊野。三餐：代指一天。　［十八］朝菌：生长期仅一天的菌。晦：阴历每月最后一天。朔：阴历每月初一。　［十九］蟪蛄：蝉，夏生秋死。春秋：代一年。［二十］彭祖：传说活了八百岁。　［二十一］穷发：全无草木。发：喻草木。　［二十二］羊角：喻旋风。　［二十三］比：使相近。　［二十四］犹然：不以为然、不当回事的样子。　［二十五］内：自身。外：外物（自身以外的一切）。　［二十六］数数然：执着追求的样子。　［二十七］乘：顺势。六气：阴、阳、风、雨、晦、明，代万物。御：侍奉。

辩：通“变”。 [二十八] 爝火：炬火，火把。息：通“熄”。 [二十九]尸：喻为主而无用的人。 [三十] 归：归终，结局。休：休止。这句主谓倒装。 [三十一] 为：可能是后人把句子理解成“我何用天下为”（我用天下做什么）而衍出的。 [三十二] 有：通“又”。径庭：径直伸展。 [三十三] 淖：柔和。约：拘谨。

[三十四] 疵疠：灾害疫病，用作动词。 [三十五] 是：认为对，相信。犹：庶几，可能。时：中。女：通“汝”，代肩吾。 [三十六] 之人：指接舆或神人，神人亦接舆自喻，皆超脱世俗的人。 [三十七] 磅礴：广大，用作动词，包容。 [三十八] 蕲：通“祈”。乱：指争得失、是非等。 [三十九] 浸：水。稽：至。 [四十] 资：售。章甫：衣服（衣为身之章）帽子。 [四十一] 四子：可能指许由、啮缺、王倪、被衣（参见《天地》段3）。 [四十二] 汾水之阳：代尧都，作动词。窅然：深远的样子。 [四十三] 石：计量单位，十斗。 [四十四] 瓠落：空阔宽大。 [四十五] 呺然：怒号声。呺：通“号”。 [四十六] 有……者：后置定语。龟：皲裂。 [四十七] 洴澼：漂洗。絖：通“纩”，丝絮。 [四十八] 蓬之心：只容得低能的浅陋心理。

[四十九] 敖：通“遨”。 [五十] 跳梁：跳跃。辟：通“避”，下句中通“臂”。

【直译】

北海有种鱼，它的名字叫鲲，鲲大得不知它有几千里。变成鸟，它的名称叫鹏，鹏的背不知它有几千里；展翅奋飞，它的翅膀像几乎满天的云。这种鸟在大海翻腾时就将向南海迁徙。南海是天然水池。《齐谐》是记载怪异的书。《齐谐》的话说：“鹏向南海迁徙时，在水上展翅拍击三千里宽，乘旋风环旋上升九万里高，凭借六月的大风离去。”雾气飘，尘埃飞，是生物用气息吹动它们。天色深蓝，是鹏的正常颜色吧？鹏高远得没有尽头吧？鹏看下面也像这样就罢了。再说，水积聚不深厚，那么它承载大船就无力：倒一杯水在堂屋坑洼里，就只能让小草当它的船，放杯子在其中就贴地了，是水浅却船大；风积聚不丰厚，那么它承载大翅膀就无力。所以飞上九万里，那么风就在它下面了，然后才由此置身风上；背贴青天就没有什么能阻碍它了，然后才由此准备图谋向南飞。蜩和学鸠讥笑鹏说："我奋力飞起，到达榆树枋树，有时还飞不到便自控落地就罢了，还用上到九万里又向南飞做什么？"去近郊的人当天就返回，肚子还是饱的；去百里远的人要花一整夜准备粮食；去千里远的人要花三个月积聚粮食。这两类动物又知道什么！

小聪明不如大智慧，短寿数不如长寿数。凭什么知道它如此？朝菌不知道一月，蟪蛄不知道一年，这些是短寿数。楚国的南部有冥灵龟，把五百年作为春季五百年作为秋季；上古有大椿树，把八千年作为春季八千年作为秋季，这些是长寿数。可是彭祖却至今以长寿特别闻名，众人和他相比，不也可悲吗？商汤王问夏棘如此罢了：草木不生的北方有大海，是天然水池。有鱼在其中，它的宽度几千里，没有人知道它的长度，它的名称叫鲲。有鸟在其中，它的名称叫鹏，脊背像泰山，翅膀像几乎满天的云，乘旋风环旋上升九万里，穿过云气，背贴青天，然后图谋向南飞，将去南海。斥鴳讥笑它说："它将去哪里呢？我腾跳着往上飞，不过几丈高就下来，在蓬蒿中间飞舞，这也是飞翔的极致。可是它将去哪里呢？"这是辨析小和大。

所以知识能胜任一个职务、行为能使全乡人凝聚、品德适合当一个国君就统治一个国家的人，他们看待自己也像大鹏了。因而宋荣子轻蔑地讥笑他们。宋荣子也不过全社会人称赞他却不加奋勉，全社会人非议他却不加沮丧，能确定物我的区别，分清荣辱的界限，如此罢了。他大概对世事没有执着追求，虽然如此，还有没树立的。列御寇乘风飞行，轻快适意，十五天然后返回。他对招致幸福没有执着追求。这样虽然免掉步行还是有依赖啊。至于顺应天地的常规并顺应万物的变化、凭这畅游无限时空的人，他还依赖什么呢？所以说至人超越自我，神人不图功绩，圣人不求名声。

尧让天下给许由，说：“太阳月亮出来了，可是火炬不熄灭，它要显出光芒不也困难吗？及时雨降下了，却还灌溉，这对于润泽不也徒劳吗？先生立为天子就会天下大治，可是我还如尸主宰天下。我自己看到不足，希望交天下给你。”许由说：“你治天下，天下已经大治，可是我还来代替你，我将求名吗？名是实的从属，我将做从属吗？鹪鹩在深林筑巢，不过占一根树枝；鼹鼠到河里饮水，不过喝饱肚子。你终归休想吧，我无处用天下。厨师即使不从事厨事，祭祀的人也不会离开祭器去代办厨事。”

肩吾问连叔：“我从接舆口中听到的话，夸大就不恰当，说开去就不回头。我被他的话震惊：犹如黄河汉水没有尽头，夸大又直往，不接近人间情理。”连叔说：“他的话说些什么呢？”肩吾说：“他说：‘藐姑射山有神人居住，肌肤如冰雪，柔美矜持如处女，不吃五谷，吸风饮露，乘云气，驾飞龙，去畅游到四海之外。他的精神凝聚，使万物不遭灾害疫病就年年谷物丰收。’我因此认为虚妄就不相信。”连叔说：“对。瞎子无法看到色彩的景象，聋子无法听到钟鼓的声音。岂只形体有聋子瞎子啊？心智也有聋子瞎子。相信我的话可能适合你。这种人，这种品德，将包容万物，认为全部世人追求纷争，怎么肯辛劳疲惫地把天下当回事？这种人，外物没有什么能伤害他，大水漫天却不能淹着他，大旱到金石熔化土地山冈烧焦却不能热到他，这是他的尘垢秕糠都将造就尧舜的人，怎么肯把外物当回事？宋国人到越国卖衣帽，越国人短发纹身用不着衣帽。尧统治天下人，使海内政治清平，去藐姑射山见了四个人，回到尧都深沉得忘掉自己的天下了。”

惠子对庄子说：“魏王送给我大葫芦瓜种子，我种植它长成容纳五石的大瓜。用来装水浆，它的硬度不能保全自身。剖开它做成瓢，就空阔宽大得无处适用，不是不像号啕空自大？我因为它无用就打破它。”庄子说：“先生实在不善于用大材了。有个善于配制不皲手药的宋国人，世世代代以漂洗丝絮为职业。外来人听说了，要求用一百金买他的药方。他聚集家族人商量说：‘我家世世代代从事漂洗丝絮不过获得几金，现在一旦卖出技术就得到一百金，希望卖给他。’外来人买到药方拿去游说吴王。越国人发起战争，吴王派这人当将领，冬天和越国人在水上作战，大败越国人，吴王划领地封赏他。药能使手不皲裂是一样的，有人因此受封赏，有人不能免掉漂洗丝絮，就是用途不同。现在你有五石容量的葫芦，为什么不考虑把它作为大樽去浮游江湖，反而忧虑它空阔宽大无处适用，那么先生也有蓬蒿间的心性啊！”惠子说：“我有大树，人们叫它樗，它的主干布满疙瘩不合乎墨线，它的枝条卷曲不合乎圆规矩尺，让它长在当道处，木匠都不看一眼。现在你的言论大而无用，是众人都抛弃的。”庄子说：“你难道没见过狸狌吗？它放低身子潜伏着等待游走的小动物，向东向西跳跃不避开高低，就被猎具击中或死于网罗。现在说牦牛，它大得像将要满天的云，这能算大了，却不能抓住老鼠。现在你有大树，忧虑它无用，为什么不栽种在什么也没有的地方、广大无边的原野，无为地漫步在它的旁边，逍遥地睡卧在它的下面。它不被斧头夭折，没有伤害它的事物，无处可用，哪有困苦啊！”

【简析】

本文阐明庄子的人生目标：人身不自由就在精神境界中享受灵魂的真正自由。

客观依赖性：鸟飞依赖风，船浮依赖水，人行依赖粮，雾气飘尘埃飞依赖气息吹，因而万物皆不自由。

事物相对性、认识局限性：大小、长短、远近、高低等都是相对的，人们却把己见绝对化去与大鹏比高远，去与彭祖比长寿，都是可悲的认识局限。

人的精神境界不同：精神境界低的办事员到诸侯王（庄子时代没有天子）是俗人，都以鹏程自许（追求鹏程是囿于世俗观念，一味钻营投靠殉利殉名），都无自由可言；精神境界较高的宋荣子是圣人，能超越世俗观念，从而获得一定自由，不被舆论制约；精神境界更高的列御寇是神人，能超越世俗行为，从而获得更多自由——免于步行。但他们还是不同程度受到制约。只有精神境界最高的至人，能超越自我（无己），顺应事物的自然属性和变化的客观规律，才能“游无穷”，才能在精神境界中享受灵魂的真正自由。

圣人许由超越名位。

藐姑射山神人超越物欲事功。

至人庄子超越自我，凭崇高精神境界自由地立身现实，正视傲视俗世。惠子不能用大且掊之，不能容大而非议，则暗示无己才可能逍遥的原因——专制统治者使然。

人图鹏程的最大制约是依赖社会提供施展才志的舞台，而专制权贵唯我独尊，只喜欢奴才，只利用庸才，有才有为就被非议被摧残，逼得人以无才无用躲避祸害。远害就是无用的大用。但真正无才无用之人也被任意践踏宰割。所以庄子不是被动消极逃避，而是主动积极超越：努力提高精神境界，蔑视专制统治，超脱残酷现实，完善自我，达到对物质世界无求，从而摆脱认识局限性和客观依赖性的制约，成就才而不用，蕴藏才而无为，就显得无才无用，达到远害效果。其核心是无求。人到无求品自高，达到崇高精神境界就能包容一切难容的人、事、物，就无时无地过不去，就能圆通包容地应对现实，独立自主地在精神境界的无穷时空中自在无穷（真正的灵魂自由、旷达浪漫），这就是逍遥游。

这是专制社会逼出来的人生目标，其内在本质是成就大才大用，其外在表现是显得无才无用。这才与不才之间、有用无用之间的两难处境未免乎累，人身终不逍遥！所以庄子或许真正无求而灵魂自由。“正如身后有何事，应向人间无所求”却只是历代摆不脱专制残害的人们无可奈何的处世态度和精神解脱而已。

无己不是忘掉自己，而是无己而不失己——超越私欲己意制约的自我，保全本性并提高精神境界，既独立自主性强又平等包容性广。无为不是什么都不做，而是没有出于私欲己意干扰别人的行为。无何有之乡、广莫（无人）之野、大莫之国等，不是逃避现实的荒野，都是广阔虚净的精神境界的喻体。庄子以自在逍遥于崇高精神境界来应对残酷现实，绝不是逃避现实。历代无数关于庄子是逃避现实的解说都只是以小人之心度至人之腹的梦呓！

本文侧重从为人方面论述超越自我提高精神境界，从而灵魂自由以解放自己，确立独立自主的立身原则；《齐物论》侧重从处世方面论超越自我提高精神境界，从而平等包容地待人接物，确立平等包容的处世原则，合成全书的思想内容基础：无己是不失己的基础，无己而不失己的救人心内涵是无为而无不为的求民主内涵的基础。

齐物论

南郭子綦隐机而坐[一]，仰天而嘘，苔焉似丧其耦[二]。颜成子游立侍乎前，曰："何居乎[三]？形固可使如槁木，而心固可使如死灰乎？今之隐机者非昔之隐机者也！"子綦曰："偃，不亦善乎而问之也？今者吾丧我。汝知之乎？汝闻人籁而未闻地籁，女闻地籁而未闻天籁夫！"子游曰："敢问其方。"子綦曰："夫大块噫气，其名为风。是唯无作，作则万窍怒呺，而独不闻之翏翏乎[四]？山陵之畏佳[五]，大木百围之窍穴似鼻，似口，似耳，似枅（jī），似圈，似臼，似洼，似污[六]，激者、謞（hè）者、叱者、吸者、叫者、譹（háo）者、宎（yào）者、咬者[七]，前者唱于而随者唱喁，泠风则小和，飘风则大和，厉风济则众窍为虚[八]。而独不见之调调之刁刁乎[九]？"子游曰："地籁则众窍是已，人籁则比竹是已，敢问天籁。"子綦曰："夫吹万不同而使其自己也[十]。咸其自取，怒者其谁邪？"

大知闲闲，小知间间[十一]；大言炎炎，小言詹詹。其寐也魂交，其觉也形开，与接为构日以心斗[十二]。缦者窖者密者，小恐惴惴，大恐缦缦。其发若机括[十三]，其司是非之谓也[十四]；其留如诅盟，其守胜之谓也；其杀若秋冬，以言其日消也；其溺之所为之[十五]，不可使复之也。

其厌也如缄[十六]，以言其老洫也[十七]。近死之心莫使复阳也。喜、怒、哀、乐、虑、叹、变、慹（zhí）、姚（tiāo）、佚、启、态，乐出虚，蒸成菌[十八]，日夜相代乎前而莫知其所萌[十九]。已乎已乎！旦暮得此，其所由以生乎？非彼无我[二十]，非我无所取，是亦近矣，而不知其所为使，必有真宰[二十一]，而特不得其眹（zhēn）[二十二]。可形已信，而不见其形，有情而无形。百骸九窍六藏赅而存焉[二十三]，吾谁与为亲？汝皆说之乎，其有私焉？如是皆有为臣妾乎？其臣妾不足以相治也，其递相为君臣乎？其有真君存焉。如求得其情与不得，无益损乎其真。一受其成形，不忘以待尽。与物相刃，相靡其行尽如驰[二十四]，而莫之能止，不亦悲乎？终身役役而不见其成功，茶然疲役而不知其所归[二十五]，可不哀邪？人谓之不死奚益。其形化，其心与之然，可不谓大哀乎？人之生也固若是芒乎？其我独芒而人亦有不芒者乎？

夫随其成心而师之，谁独且无师乎？奚必知代而心自取者有之？愚者与有焉。未成乎心而有是非，是今日适越而昔至也，是以无有为有。无有为有，虽有神禹且不能知，吾独且奈何哉。夫言非吹也[二十六]。言者有言，其所言者特未定也。果有言邪，其未尝有言邪？其以为异于鷇音[二十七]，亦有辨乎，其无辨乎？道恶乎隐而有真伪[二十八]？言恶乎隐而有是非？道恶乎往而不存？言恶乎存而不可？道隐于小成[二十九]，言隐于荣华。故有儒墨之是非，以是其所非而非其所是。欲是其所非而非其所是，则莫若以明：物无非彼，物无非是。自彼则不见，自是则知之[三十]。故曰彼出于是，是亦因彼，彼是方生之说也。

虽然，方生方死，方死方生；方可方不可，方不可方可；因是因非，因非因是。是以圣人不由而照之于天[三十一]，亦因是也。是亦彼也，彼亦是也。彼亦一是非，此亦一是非。果且有彼是乎哉，果且无彼是乎哉？彼是莫得其偶，谓之道枢。枢始得其环中，以应无穷。是亦一无穷，非亦一无穷也。故曰莫若以明。以指喻指之非指[三十二]，不若以非指喻指之非指也；以马喻马之非马，不若以非马喻马之非马也。天地一指也，万物一马也。可乎可，不可乎不可。道行之而成，物谓之而然。恶乎然？然于然。恶乎不然？不然于不然。物固有所然，物固有所可。无物不然，无物不可。故为是举莛与楹、厉与西施、恢恑（guǐ）憰（jué）怪，道通为一。其分也成也，其成也毁也。凡物无成与毁，复通为一。唯达者知通为一，为是不用而寓诸庸。庸也者，用也；用也者，通也；通也者，得也；适得而几已[三十三]。因是已已而不知其然谓之道[三十四]。劳神明而为一而不知其同也谓之朝三。何谓朝三？狙公赋芧（xù）曰："朝三而暮四。"众狙皆怒。曰："然则朝四而暮三。"众狙皆悦。名实未亏而喜怒为用，亦因是也。是以圣人和之以是非而休乎天钧[三十五]，是之谓两行[三十六]。

古之人其知有所至矣。恶乎至？有以为未始有物者[三十七]，至矣尽矣，不可以加矣；其次以为有物矣，而未始有封也[三十八]；其次以为有封焉，而未始有是非也。是非之彰也道之所以亏也。道之所以亏，爱之所以成[三十九]。果且有成与亏乎哉？果且无成与亏乎哉？有成与亏，故昭氏之鼓琴也[四十]；无成与亏，故昭氏之不鼓琴也。昭文之鼓琴也，师旷之枝策也[四十一]，惠子之据梧也[四十二]。三子之知几乎皆其盛者也，故载之末年。唯其好之也以异于彼，其好之也欲以明之彼。非所明而明之，故以坚白之昧终[四十三]，而其子又以文之纶终[四十四]。终身无成，若是而可谓成乎？虽我亦成也；若是而不可谓成乎？物与我无成也。是故滑疑之耀圣人之所图也[四十五]。为是不用而寓诸庸，此之谓以明。今且有言于此，不知其与是类乎，其与是不类乎？类与不类相与为类，则与彼无以异矣。虽然，请尝言之：有始也者，有未始有始也者，有未始有夫未始有始也者[四十六]；有有也者，有无也者，有未始有无也者，有未始夫未始有无也者。俄而有、无矣，而未知有无之果孰有孰无也。今我则已有谓矣，而未知吾所谓之其果有谓乎，其果无谓乎？天下莫大于秋毫之末而太山为小，莫寿于殇子而彭祖为夭。天地与我并生，而万物与我为一[四十七]。既已为一矣，且得有言乎？既已谓之一矣，且得无言乎？一与言为二，二与一为三。自此以往，巧历不能得，而况其凡乎？故自无适有以至于三，而况自有适有乎？无适焉因是已[四十八]。

夫道未始有封，言未始有常，为是而有畛也[四十九]。请言其畛：有左有右[五十]，有伦有义[五十一]，有分有辩，有竞有争，此之谓八德。六合之外，圣人存而不论；六合之内，圣人论而不议[五十二]。春秋经世先王之志[五十三]，圣人议而不辩。故分也者有不分也，辩也者有不辩也。曰何也？圣人怀之，众人辩之以相示也。故曰辩也者有不见也。夫大道不称，大辩不言，大仁不仁，大廉不嗛(qiàn)[五十四]，大勇不忮。道昭而不道，言辩而不及，仁常而不成，廉清而不信，勇忮而不成。五者园而几向方矣[五十五]。故知止其所不知至矣。孰知不言之辩、不道之道？若有能知，此之谓天府；注焉而不满，酌焉而不竭，而不知其所由来，此之谓葆光。故昔者尧问于舜曰："我欲伐宗、脍、胥敖，南面而不释然[五十六]，其故何也？"舜曰："夫三子者犹存乎蓬艾之间，若不释然何哉？昔者十日并出，万物皆照，而况德之进乎日者乎？"

啮缺问乎王倪曰："子知物之所同是乎[五十七]？"曰："吾恶乎知之？""子知子之所不知邪？"曰："吾恶乎知之？""然则物无知邪？"曰："吾恶乎知之？虽然，尝试言之：庸讵知吾所谓知之非不知邪？庸讵知吾所谓不知之非知邪？且吾尝试问乎女，民湿寝则腰疾偏死，鳝然乎哉？木处则惴慄恂惧，猨猴然乎哉？三者孰知正处？民食刍豢[五十八]，麋鹿食荐，蝍（jī）蛆甘带[五十九]，鸱鸦耆鼠，四者孰知正味？猿，猵（biān）狙以为雌，麋与鹿交，鳝与鱼游。毛嫱丽姬，人之所美也，鱼见之深入，鸟见之高飞，麋鹿见之决骤，四者孰知天下之正色哉？自我观之，仁义之端，是非之涂，樊然淆乱[六十]，吾恶能知其辩？"啮缺曰："子不知利害，则至人固不知利害乎？"王倪曰："至人神矣，大泽焚而不能热，河汉沍而不能寒，疾雷破山风震海而不能惊。若然者，乘云气，骑日月，而游乎四海之外，死生无变于己，而况利害之端乎[六十一]？"

瞿鹊子问乎长梧子曰："吾闻诸夫子，圣人不从事于务，不就利，不违害，不喜求，不缘道，无谓有谓有谓无谓而游乎尘垢之外。夫子以为孟浪之言，而我以为妙道之行也[六十二]。吾子以为奚若？"长梧子曰："是黄帝之所听荧也，而丘也何足以知之？且汝亦大早计，见卵而求时夜[六十三]，见弹而求鸮炙。予尝为汝妄言之，汝亦以妄听之：奚旁日月、挟宇宙为其吻合置其滑涽[六十四]、以隶相尊？众人役役，圣人愚芚[六十五]，参万岁而一成纯[六十六]，万物尽然而以是相蕴。予恶乎知说生之非惑邪？予恶乎知恶死之非弱丧而不知归者邪？丽之姬艾封人之子也，晋国之始得之，涕泣沾襟；及其至于王所，与王同筐床，食刍豢，而后悔其泣也。予恶乎知夫死者不悔其始之蕲生乎？梦饮酒者旦而哭泣，梦哭泣者旦而田猎[六十七]，方其梦也不知其梦也，梦之中又占其梦焉，觉而后知其梦也。且有大觉而后知此其大梦也，而愚者自以为觉，窃窃然知之：君乎牧乎，固哉！丘也与汝皆梦也，予谓汝梦，亦梦也。是其言也，其名为吊诡。万世之后而一遇大圣知其解者，是旦暮遇之也。既使我与若辩矣，若胜我，我不若胜，若果是也？我果非也邪？我胜若，若不吾胜，我果是也，而果非也邪？其或是也，其或非也邪？其俱是也，其俱非也邪？我与若不能相知也。则人固受黮闇，吾谁使正之？使同乎若者正之，既与若同矣，恶能正之？使同乎我者正之，既同乎我矣，恶能正之？使异乎我与若者正之，既异乎我与若矣，恶能正之？使同乎我与若者正之，既同乎我与若矣，恶能正之？然则我与若与人俱不能相知也，而待彼也邪？化声之相待[六十八]，若其不相待，和之以天倪[六十九]。因之以曼衍，所以穷年也。”“何谓和之以天倪？”曰：“是不是，然不然[七十]。是若果是也，则是之异乎不是也亦无辩；然若果然也，则然之异乎不然也亦无辩。忘年忘义[七十一]，振于无竟，故寓诸无竟。”

罔两问景曰[七十二]：“曩子行，今子止；曩子坐，今子起，何其无特操与？”景曰：“吾有待而然者邪？吾所待又有待而然者邪[七十三]？吾待蛇蚹蜩翼邪[七十四]？恶识所以然，恶识所以不然。”

昔者庄周梦为蝴蝶，栩栩然蝴蝶也，自喻适志与？不知周也。俄然觉则蘧蘧然周也。不知周之梦为蝴蝶与，蝴蝶之梦为周与？周与蝴蝶则必有分矣，此之谓物化[七十五]。

【略注】

[一] 隐：凭，靠。机：通“几”，几案。 [二] 荅：垂头的样子。耦：通“偶”，妻子。 [三] 居：助词，无义。 [四] 翏翏：通“飂飂”，风声。 [五] 陵：原作“林”，据文意采前人说改。畏佳：通“崔嵬”，后置定语。 [六] 枅：柱上方木，借代穿方孔。“洼、污”后原有“者”，当是衍文，喻窍穴皆用“似”，状声音皆用“者”，甚分明。 [七] 謞：通“熇”。譹：通“嚎”。宎：深谷。 [八] 虚：乐器。 [九] 调调、刁刁：形容风声。[十] 自己：由自己。自：由。己：原作“已”，形近而误。[十一] 间：小。 [十二] 与接、为构：都指交接。 [十三] 机括：发射箭的器械，用作动词。 [十四] 之：助宾语“司是非”前置。[十五] 溺：嗜好，指物欲。 [十六] 缄：束棺，入殓后封闭棺材。 [十七] 洫：田间泄水沟，引申为败坏。 [十八] 蒸：湿热气上升。 [十九] 喻物欲使人情绪失常。 [二十] 非：否定，超越。彼：代前文“溺”，物欲。 [二十一] 真宰：与下文“真君”同义，人的本性、崇高精神。宰：主宰，不是宰辅。宰辅是下文“臣”的范畴。 [二十二] 眹：日精，瞳仁，喻崇高精神。 [二十三] 百骸九窍六藏：全身骨骼、孔窍、内脏，概指形体各部分，下言都不是真宰。 [二十四] 相：代外物，前置宾语。靡：通“摩”，亲密接触。 [二十五] 所归：归咎对象，物欲。 [二十六] 言论出自主观，受吹在于外因。 [二十七] 鷇

音：幼鸟叫声，喻无主观成见的声音。［二十八］道：义极宽泛，各自的主张、道理、准则、方法以及事物的原理、规律等都称为道。［二十九］小成：把一己浅见标榜为道。［三十］是：原作“知”，据文意采前人说改。［三十一］由：凭（主观）。照：观照，考察。天：自然，客观。［三十二］前两“指”借代主观认识，后“指”借代客观事物。下句“马”同。下文“指、马”同后者。［三十三］“庸也者”至此当是注文。［三十四］已已而不知其然：自然而然。［三十五］之：是非。休：保持。钧：通“均”。［三十六］两行：对立的两方并行，求同存异，对立统一。［三十七］指从道的层面而不从物的层面认识，即超越自我的得道的境界。［三十八］封：界限，物我、是非、得失等界限。［三十九］爱：偏好、偏私、偏见，主观倾向性。［四十］弹琴，音就有差异；不弹琴，音就没有差异。［四十一］枝策：挥动指挥棒。［四十二］据：靠。梧：做琴的优质材料，代琴。［四十三］坚白：辩论坚石白马（参见《公孙龙子》），借喻是己非人的是非争辩。［四十四］其子：那些人，被使明的人。纶：当是“伦”之误。［四十五］滑疑：惑乱，用作动词。图：“鄙”之误。［四十六］连未始有开始也没有，无从说有没有开始。［四十七］生：通“性”。“并生”与下“为一”，都是说天地万物和我都是物质自然聚散（古人叫气聚散）的过程。［四十八］适：归，止境。已：矣。［四十九］有了各自主张的道。［五十］古以左为卑右为尊，此指卑人崇己。［五十一］伦：伦常，用作动词，立规则。义：道理，推理。［五十二］议：分析事理。下“议”，评判可否是非；辩：论说高下是非。［五十三］春秋：借代历史。［五十四］不嗛：不不足，适可而止。嗛：通“歉”，不足。［五十五］园：通“圆”，圆通，不偏执。［五十六］释：放下，放弃。此言放弃念头，下言不去攻打。［五十七］所同是：共同这样的地方，共性。从共性可以了解不知道的事物。［五十八］刍：吃草牲畜。豢：吃粮牲畜。［五十九］

带：小蛇。［六十］樊然：喻仁义是非像樊笼。淆乱：用作动词。［六十一］之：助宾语前置。端：详审。句谓不计利害。［六十二］妙道之行：行妙道。　［六十三］时夜：司夜，报晓。时：通“司”。［六十四］滑涽：混乱昏暗。　［六十五］芚：初生草，喻纯朴。　［六十六］参：并观，综观。一成纯：完全成为纯一。［六十七］田：通“畋”，打猎。　［六十八］化声：由主观生出的是非言论。主观上对立，客观上差异并不明显，所以下文说如果真的差异明显就无须辩说；也因为只是主观的对立，所以可以是不是然不然地不穷究。［六十九］天倪：即天钧（均）。　［七十］是不是，然不然：包容承认自己主观认为的不是不然。　［七十一］年：寿命，生死。义：情理，是非。　［七十二］罔两：影子的淡影。景：影子。　［七十三］影子依凭物形，物形又依凭光照。［七十四］蛇蚹蜩翼：蛇蜕的皮和蝉蜕的壳。　［七十五］物化：事物转化。

【直译】

南郭子綦傍着几案静坐，仰头向天缓缓吐气，垂着头好像失去了他的妻子。颜成子游在面前站着侍候，说：“为什么呀！身体固然可以使它如同枯树，然而心灵固然可以使它如同死灰吗？现在傍几案的你不是过去傍几案的你了！”子綦说：“颜偃，你问这话不也好吗？现在我超越自我了。你知道吗？你听知人籁还没听知地籁，听知地籁还没听知天籁吧！”子游说：“斗胆请问那些方面。”子綦说：“大地放出气，这气名叫风。这风只有不发作，一发作就万窍怒号，你难道没听过那呼呼的风声吗？高大重叠的山岭上，百围大树的窍穴像鼻孔，像嘴巴，像耳朵，像穿方孔，像圆器皿，像臼窝，像深水坑，像浅水凼，发出湍水冲击声、大火爆裂声、呵斥声、吸饮声、叫喊声、嚎哭声、深谷回声、好鸟鸣声。前面的风呼起随后的声响应，清风则小响应，旋风就大响应，烈风刮过就众多窍穴都成了乐器。你难道没听见那哗哗那呼呼的声响吗？”子游说：

“地籁就是众多窍穴受风这种声音了，人籁就是吹竹管这种声音了，斗胆请问天籁。”子綦说：“吹虽万种不同却都使发声物任由自己发声。全是它们自己获取，怒号的因素还有什么呢?”

大智慧宽广，小聪明狭小；大言论明朗，小言论琐碎。他们睡眠中魂魄往来，他们睡醒后形体疏离，交接中每天用心计争斗。自我封闭、心机深隐、谨小慎微，小恐惧惴惴不安，大恐惧丧魂失魄。他们发言像放快箭，他们称为掌控是非；他们不发言如墨守咒誓，他们称为稳操胜券。他们衰颓如秋冬，因此说他们一天天被消耗了；他们的嗜欲造成这样，不可能使他们恢复本性。他们被厌弃像被封进棺材，因此说他们老朽。趋近死亡的心灵是不能使他们恢复活力的。欢喜、愤怒、悲哀、快乐、忧虑、伤感、多疑、怯懦、轻佻、放荡、张扬、矫作，像音乐声出自乐器，像湿热气生成蘑菇，日夜交替在眼前却不知这些萌发的缘由。罢了，罢了！一旦能罢休，一定是从而生活的正道吧。否定物欲就超越自我，超越自我就没有索取，这样也就接近罢休了，却不知道这被谁支配，必定有真正的主宰，只是没达到它的高度。可以拟形已足相信，却见不到它的形象，有真实性却没有具体形象。百骸九窍六脏齐全地存在，我和哪个相处亲近？你都喜欢它们呢，还是有偏爱呢？像这些都据为臣妾吗？如果都是臣妾就不能辖制其他，难道轮流做君臣吗？一定有真正的君主存在。好像找得到和找不到真君的实体，对真君的真实性无益无损。一旦禀受真君生成形体，就不丢失地等到生命尽头。亲附物欲伤害自己，却亲近物欲那行为完全像奔驰，还没有谁能阻止他，不也可悲吗？终身劳苦不休却见不到自己的收获，疲倦困苦却不知归咎对象，能不悲哀吗？别人会说他不死有什么益处。他的身体衰毁，他的精神随之衰毁，能不叫大悲哀吗？人活着原本如此茫然吗？或者唯独我茫然，别人也有不茫然的呢？

听任自己已有的心意以它为准则，难道谁会没有准则吗？何必知道变化就在内心自己取法的人才有准则？愚人同样有。没形成心意就有是非，这是今天去越国昨天就到达，这是把没有作为有。没有成为有，即使有如神的禹也将不能理解，我难道将怎么样吗！说话不是受吹。说话的人有话，他说的话只是未被肯定。是果真有话呢，还是未曾有话呢？一定认为异于雏鸟的叫声，是有区别呢，还是没有区别呢？道掩饰在哪里就有真假？言掩饰在哪里就有是非？道往哪里就不存在？言在哪里就不可以？道被小成就掩饰，言被浮华语掩饰。所以产生儒家墨家的是非，来肯定对方否定的并否定对方肯定的。想肯定对方否定的并否定对方肯定的就不如去净心明察：事物没有不是那样的，事物没有不是这样的。从那方面看就不清楚，从这方面看就明白它。所以说彼出于此，此也因依彼，是说彼此相倚并存。虽然如此，正认为生成就正存在死灭，正认为死灭也正存在生成；正认为可以就正存在不可以，正认为不可以又正存在可以；因为有是于是有非，因为有非于是有是。所以圣人不凭主观而从客观考察事物，也因为是非并存。此也是彼，彼也是此。彼也是一对是非，此也是一对是非。果真会有彼此呢，果真会没有彼此呢？彼此不成为各自的对立面，称它为道的轴心。由轴心才能深入道的核心，从而顺应无穷是非。是也同样无穷，非也同样无穷。所以说不如去净心明察。用主观的指说明主观的指不是指，不如由否定主观的指说明主观的指不是指；用主观的马说明主观的马不是马，不如由否定主观的马说明主观的马不是马。天地是一根指，万物是一匹马。可以在于事物可以，不可以在于事物不可以。道遵行它就完成，物称道它就正确。正确在哪里呢？正确在于事物正确。不如此在哪里呢？不如此在于事物不如此。事物原本有正确性，事物原本有可适性。没有事物不正确，没有事物不可以。特意为此举出草茎和楹柱、丑女和西施、正大和怪诈，按道融通是一样的。那些分辨是成见，那些成见是诽谤。所有事物没有成见和诽谤，又融通为一样。只有看透的人知道事物融通是一样的，因此不作为地寄身于无用。无用是有用；有用是融通；融通是自得；达到自得就差不多了。因此已经结束了却不知道它这样称它道。劳苦心神地固执一端却不知道事物是相同的，称它朝三。什么叫朝三？养猴人发栗子时说："早上三升晚上四升。"众猴子都生气。又说："既然这样，那么早上四升晚上三升。"众猴子都高兴。说的话和实物没有改变但喜怒被利用了，也因为不知融通。因此圣人中和是非就保持自然平衡，这叫对立并行。

古人大概认识有高度。达到什么程度？有人认为不曾有事物，是极点尽头了，不能增高了；其次认为有事物了，但未曾划分界限；再其次认为有畛域了，但不曾分出是非。是非彰显是道被亏损的原因。道被亏损的原因，也是偏见形成的原因。果真会有偏见形成和道被亏损吗？果真会没有偏见形成和道被亏损吗？有偏见形成和道被亏损，所以昭文弹琴；没有偏见形成和道被亏损，所以昭文不弹琴。昭文弹琴，师旷指挥演唱，惠施弹琴，三人的才艺几乎都是这一行的顶点了，所以施展才华到晚年。只是他们喜欢这些就对别人感到诧异，他们爱好这些就想让别人明白这些。不是明白的对象却让他明白，所以在坚白论似的迷悟中完结，而且那些人又因昭文这些人完结。终身不要形成偏见，像这样还能说形成偏见吗？即使我也形成偏见了；像这样就不能说形成偏见吗？万物和我都没有形成偏见。因此导致惑乱的炫耀是圣人鄙弃的。因此不作为地寄身于无用，这叫作去净心明察。现在还在这里说些话，不知道它和前面这些同类呢，还是和这些不同类呢？同类和不同类共同归为一类，就和它无法区别了。虽然如此，希望尝试谈谈：有说有开始的，有说未曾有开始的，有说未曾有那未曾有开始的；有说有的，有说无的，有说未曾有无的，有说未曾有那未曾有无的。忽然间生出有和无了，却不知道有无果真哪是有哪是无。现在我就已经有说法了，却不知道我说的果真有内容呢，还是果真没有内容呢？天下没有比秋毫尖大的因而泰山是小的，没有比夭折的婴儿长寿的因而彭祖是短寿的。天地和我同性质，而万物和我是一样。既然已经是一样了，还能有辩说吗？既然已经说物我一样了，还能算没有辩说吗？一样和说一样是二，二者及其统一成为三。由此发展，善于计算的人也不能算完，又何况这些凡人呢？所以从无到有就到了三，又何况从有到有呢？没止境就这样了。

道未曾有界域，论道未曾有定准，因此就分出界域。希望说说这些畛域：有卑视有尊崇，有立则有推理，有对立有诡辩，有竞赛有斗争，这叫作八种表现。六合之外，圣人在心中想象就不议论；六合之内，圣人说明却不评议。历史上治世先王的记载，圣人析事理却不评是非。所以区分有不区分，辩说有不辩说。问为什么？圣人包容这些，众人辩说来夸示自己。所以说辩说存在偏见。大道不宣扬，大辩不言说，大仁不示仁，大廉不过分，大勇不凶狠。道一说明就不是道，言一辩论就不遍及，仁普遍就不成仁，廉太清就不真实，勇太凶狠就不成勇。五项圆通却几乎趋向方正了。所以认识止于自己不能知处就是极点了。谁知道不假语言的辨识、不用宣扬的大道？如果有人能知道，这人叫作天然府库；注入注不满，取出取不尽，而且不知道这样的缘故，这叫作蕴藏光辉。所以从前尧问舜："我想征伐宗、脍和胥敖，坐在朝廷上就老想着，这是什么缘故？"舜说："三个小诸侯就像生存在荒草中，你为什么不放过呢？从前十个太阳一并升起，万物都照遍，更何况德泽超过太阳的人呢？"

齧缺问王倪："你知道事物有共性吗？"王倪说："我哪里知道它。""你知道你不知道的吗？"王倪说："我哪能知道它们。""既这样，那么事物无法知晓吗？"王倪说："我哪能知道它。虽然如此，希望尝试说说：怎么知道我说的知不是不知呢？怎么知道我说的不知不是知呢？我再尝试问问你，人在潮湿处睡就腰痛偏瘫，鰌鱼如此吗？人在树上居住就惊惧不安，猿猴如此吗？三者谁知道正当处所？人吃牲畜肉，麋鹿吃草，蝍蛆以小蛇为美食，猫头鹰爱吃老鼠，四者谁能知道正当味道。猿，猵狙把它作为配偶，麋与鹿交配，鰌和鱼交游。毛嫱丽姬，是人们公认的美女，鱼见到她们向深水潜入，鸟见到她们向高空飞去，麋鹿见到她们奋力奔逃，四者谁知道天下的真正美色？依我看，兴起仁义，粉饰是非，像用牢笼造成混乱，我怎么能知道仁义是非与牢笼的区别？"齧缺说："你不知道利害，那么至人本来不知道利害吗？”王倪说：“至人神妙了。广大草泽燃烧却不能热着他，黄河汉江结冰却不能冷着他，迅雷辟开大山风振动大海却不能惊动他。像这样的人，能乘云气，骑日月，去遨游到四海之外，生死都不能改变自己，又何况详察利害呢？”

瞿鹊子问长梧子：“我从先生听说，圣人不从事俗务，不趋就利益，不逃避危害，不喜欢追求，不凭借技艺。无可称道是可称道可称道是无可称道地神游于尘俗之外。先生认为是无稽之谈，可是我认为是践行妙道。你认为怎么样？”长梧子说：“这是黄帝听到也疑惑不解的，孔丘又怎么能懂得它？况且你也太超前思维，见到鸡蛋就想到报晓，见到弹丸就想到斑鸠烤肉。我尝试为你随便说说，你也就随便听听：哪有使日月并明、控制宇宙促使它们相吻合排除它们的混乱昏暗、当奴仆看待尊上？众人忙忙碌碌地奔走钻营，圣人纯朴如愚，综观万年就完全一样，万物尽都如此就因此包容万年万物。我怎么知道喜欢生不是迷惑呢？我怎么知道厌恶死不像自幼流离就不知回家呢？丽姬是艾地守疆人的女儿，她刚被晋国获得时，涕泣沾湿衣衫；等她到了王宫，和晋王同睡方床，同吃肉食，然后悔恨那时哭泣。我怎么知道那些死人不后悔他们当初祈求长生呢？梦中饮酒的人早上就哭泣，梦中哭泣的人白天又游猎，正当他们做梦时不知道自己在做梦，在梦中又占卜自己的梦，梦醒后才知道那是梦。而且有大觉醒然后才知道这是自己的大梦，可是愚人自以为觉醒，明明白白知道：国君啊牧夫啊，固定不变啊！孔丘和你都是在做梦，我说你们是在做梦，也是在做梦。认为这话对，大概被称作滑稽幽默。万代后一旦遇到大圣人知道其中含义，这也像旦暮间遇到他。既已让我和你辩论了，你胜过我，我没胜过你，你果真正确吗？我果真不对吗？我胜过你，你没胜过我，我果真正确吗？你果真不对吗？是有的对呢，还是有的不对呢？是全对呢，还全不对呢？我和你不能知道这些。那么人本来受蒙蔽，我们让谁纠正我们的认识？让和你同见解的人纠正它，既已和你同见解了，怎么能纠正它？让和我同见解的人纠正它，既已和我同见解了，怎么能纠正它？让跟我和你不同见解的人纠正它，既已跟我和你不同见解了，怎么能纠正它？让跟我和你同见解的人纠正它，既已跟我和你同见解了，怎么能纠正它？既如此，那么我和你以及别人都不能知道这些，还等待他人吗？化生的言论互相对立，如果使它们不互相对立，就靠自然平衡来中和。由此推广，是享尽天年的办法。”“什么叫靠自然平衡来中和？”回答说：“以不正确为正确，以不对为对。正确如果果真正确，那么正确不同于不正确也就无须辩说；对如果果真对，那么对不同于不对也就无须辩说。忘掉生死忘掉是非，由不要穷究超脱，必定能寄身于不穷究。”

影子的淡影问影子：“先前你行动，现在你停止；先前你坐着，现在你站起。为什么这样没有特定操守呢？”影子说：“我有依赖才这样吧？我依赖的还有依赖才这样吧？我等于蛇皮蝉壳吧？我怎么知道这样的原因？我怎么知道不这样的原因？”

从前庄周在梦中变成蝴蝶，是欢快的蝴蝶，自己觉得称心得意吧？不知道是庄周。一会儿梦醒就是吃惊的庄周。不知道是庄周在梦中变成蝴蝶呢，还是蝴蝶在梦中变成庄周呢？庄周和蝴蝶就必定有区别，这分不清叫做事物转化。

【简析】

本文论述超越私欲己意制约的自我，提高精神境界，养成广阔胸怀；顺适外界，包容外物（自身以外的一切人、事、物与自身合称万物），平等相待，融洽相处，达到万物平等。提倡平等包容的民主处世态度。

天籁不任凭外因驱使而由自身因素决定，喻证人不能“不修之身而求之人”，要“舍诸人而求诸己”，超越自我，提高精神境界，达到“至人无己”。

沉溺于物欲的小聪明总在患得患失的恐惧中心态百变地度日，用心计与人争斗，终身役役，伤害自己，精神随身毁；大智慧超越私欲，保全本性和崇高精神，从而走向生活正道。

谁都把主观认识作为标准就产生主观是己非人的是非，就互相对立争执不休。事物既是这样的又是那样的，既有这一面又有那一面；事物都有是也都有非（对立统一是事物的自然属性和变化的客观规律）。由此形成的不同以至相反的认识是客观对立统一的是非（不同见解），是相辅相成、相反相成的。前种是非一形成就走向反面，成为偏见或谎言。后种是非能对立并行，自然平衡。所以要排除主观因素去明察事物，要包容不同以至相反的观点言论，给予平等地位，使对立统一自然中和平衡，不能搞一言堂，不要是己非人，崇己卑人。

认识的高度是不主观划分界限和是非。由主观产生的是己非人的是非彰显，甚至强求别人接受，是损害道成偏见的原因。所以善辩不如寄身于无用。各执一端只会主观是己非人没完没了。

不要划分畛域，不要辩说以自夸，要圆通包容平等对待各种不同以至相反的观点言论，使自己的胸怀如同“天府”。所以舜劝尧以这种胸怀容人。

事物有共性，可以从已知知未知。事物各有本性，要平等相融，不能主观设置仁义是非等牢笼造成混乱，这就必须超越私欲己意，保全本性。

真正正确的事物无须辩说。抛弃私欲己意，超越生死是非，寄身于不穷究，不执着是己非人的争论，包容一切，平等相待，“是不是，然不然”，就能让对立统一的事物和见解自然平衡。

我与物互相依存。

我与物互相转化。物我互相依，互相转化，就能相容平衡。

齐物不是让万物之灵的人（自己）去齐同于无知之物，那是抛弃人的精神生命，是庄子否定的慎到等人的齐物（参见《天下》段5）；齐物是使万物平等，包容万物，一视同仁地平等看待对待万物。这是要使万物独立自主、平等包容，是否定自我中心和主观排他。这是远远高于万物、“磅礴万物”的崇高精神境界。这是无物不包容、无物不独立平等的广阔胸怀、民主思想。

达到这境界必须超越私欲己意，即超越自我。其根本是超越物欲。争权谋利、是己非人人好生恶死等都植根物欲（参见《骈拇》简析）；专制统治者恣意肆虐，摧残人、奴化人，是自己物欲膨胀，就利用世人的物欲来满足自己的物欲。超越物欲才能认清专制统治，形成平等民主意识。私欲生己意，超越己意才能用平等民主思想对待是非争论，从而超越主观是己非人的是非（争论），重视客观对立统一的是非（不同见解），圆通包容，平等对待不同以至相反的观点言论，由其自然平衡。“是不是，然不然”，不是抹杀事物差异，不是泯灭认识差异，不是混同事物混淆是非，而是超越主观是己非、客观认识事物的复杂性多样性相对性、平等对待不同以至相反的观点言论（虽然各有是与非）、从而接纳自己认为不正确的见解的平等民主思想。解说成抹煞是非恰恰是排除对立统一的不同尤其是相反的观点言论，助成主观是非己非人的一言堂，是解说人专制意识的产物。超越私欲己意，既能包容一切也能视死如生，绝不是愚昧无知。所以，历代把包容平等的广阔心胸和民主思想解说成混同万物、泯灭是非、抹杀事物和认识的差异、否定认识的可能性、走向完全昏暗蒙昧、彻底无为等等说法，都是以小人之心度至人之腹的梦呓，是把至人说成傻子，冤哉！悲哉！

养生主

吾生也有涯，而知也无涯。以有涯随无涯，殆已。已而为知者殆而已矣[一]。为善无近名，为恶无近刑，缘督以为经[二]，可以保身，可以全生[三]，可以养亲，可以尽年。

庖丁为文惠君解牛，手之所触，肩之所倚，足之所履，膝之所踦，砉然响然，奏刀騞然，莫不中音：合于《桑林》之舞，乃中《经首》之会。文惠君曰："譆（xī），善哉！技盖至此乎？"庖丁释刀对曰："臣之所好者道也，进乎技矣。始臣之解牛之时，所见无非牛者；三年之后，未尝见全牛也[四]；方今之时，臣以神遇而不以目视，官知止而神欲行[五]，依乎天理，批大郤，道大窾（kuǎn）[六]，因其固然，技经肯綮之未尝[七]，而况大軱乎！良庖岁更刀，割也；族庖月更刀，折也；今臣之刀十九年矣，所解数千牛矣，而刀刃若新发于硎。彼节者有间，而刀刃者无厚，以无厚入有间，恢恢乎其于游刃必有余地矣[八]。是以十九年而刀刃若新发于硎。虽然，每至于族，吾见其难为，怵然为戒[九]，视为止，行为迟，动刀甚微。謋然已解，如土委地，提刀而立，为之四顾，为之踌躇满志，善刀而藏之[十]。"文惠君曰："善哉，吾闻庖丁之言得养生焉。"

公文轩见右师而惊曰："是何人也？恶乎介也？天与，

其人与?”曰:“天也,非人也,天之生是使独也。人之貌有与也,以是知其天也非人也[十一]。泽雉十步一啄,百步一饮。不蕲畜乎樊中[十二],神虽王[十三],不善也。”

老聃死,秦失吊之,三号而出。弟子曰:“非夫子之友邪?”曰:“然。”“然则吊焉若此,可乎?”曰:“然。始也吾以为至人也[十四],而今非也。向吾入而吊焉,有老者哭之如哭其子,少者哭之如哭其母。彼其所以会之[十五],必有不蕲言而言、不蕲哭而哭者。是遁天倍情忘其所受[十六]。古者谓之遁天之刑。适来,夫子时也;适去,夫子顺也。安时而处顺,哀乐不能入也。古者谓是帝之县解[十七]。”指穷于为薪[十八],火传也不知其尽也。

【略注】

[一] 已而为:完毕又追求。 [二] 督:督脉居中,借喻超脱名刑的中和态度。 [三] 生:通“性”。 [四] 只看到牛体的结构部件。 [五] 官知止:视觉器官的知觉停止。神欲行:心神意识行动。 [六] 道:通“导”,引刀向。 [七] 技(通“枝”)经肯綮:筋络交汇骨节聚合处。之:助宾语前置。尝:尝试。[八] 恢恢乎:前置强调余地宽绰。 [九] 怵然:恐惧的样子,借代思想。为:为之,因“族”。 [十] 善:通“缮”。[十一] 无论天生或人为都是天定的。 [十二] 蕲:通“期”,预料。下文中是“预期,打算”意。 [十三] 王:通“旺”。 [十四] 至:原作“其”,与下文说是很俗的人相对,故采前人说改。[十五] 彼:哭诉情况。其:老聃。之:哭者。句谓老聃有意影响使人如此,因此说他不是至人。 [十六] 是:指老聃有意影响别人。所受:禀受的,本性。 [十七] 帝:天,自然。县:通“悬”。悬解:从倒悬解脱。 [十八] 指:通“脂”,能量。句子主谓倒装。

【直译】

我们的生命有限，而知识无限。凭有限的生命追求无限的知识，就危险了。不断追求知识就只有危险罢了。行善不要接近求名，作恶不要接近受罚，把适中作为准则，可以保养身体，可以保全本性，可以奉养父母，可以享尽天年。

庖丁为文惠君宰割牛，手接触的地方、肩倚抵的地方、脚踩踏的地方、膝挤压的地方都发出砉砉的响声，动刀騞騞地响，没有不合乎音律：合乎《桑林》舞曲节拍，也合乎《经首》歌曲节奏。文惠君说："啊，好哇！技艺怎么能达到这种水平呀？"庖丁放下刀回答："我爱好的是道，超过技艺了。我最初宰割牛的时候，看到的没有不是牛的；三年后，未曾看到整头牛；现在，我凭头脑浮现牛体结构就不用眼睛观看，视觉知见停止而心神意识活动，依照自然生理，辟开大缝隙，导向大骨节间空隙处，依照它的本来结构，未曾尝试一下筋络骨节集中的地方，更何况大骨头呢！优秀厨师一年换一次刀，是用刀割开关节；一般厨师一月换一次刀，是用刀砍断骨头；我现在的刀使用十九年了，宰割的牛有几千头了，可是刀口像刚出于磨刀石。那些骨节有间隙，而刀刃没有厚度，用没有厚度的刀进入有间隙处，这样运刀必定有宽绰的余地了。因此十九年刀刃还像刚刚磨过。虽然如此，每次剖到筋骨交错聚集处，我见它难解割，思想因此警觉，目光因此不移，动作因此迟缓，动刀很轻。哗地已经剖开，如土块散落地上，我提刀站立，因此傲视四周，因此心满意足，擦净刀收藏起来。"文惠君说："好哇，我听了庖丁的话懂得养生了。"

公文轩看见右师就惊讶地说："这是什么人？怎么一只脚？是天生的呢，还是人为的？"说："是天生的，不是人为的，是天生这样使他一只脚。人的形貌有赋予，因此知道是天生的不是人为的。沼泽的野鸡十步啄一口食，百步喝一口水。不料被养在樊笼里，精神虽然旺盛，却不好。"

老聃死了，秦失去吊丧，号哭三声就出来。学生说：“他不是先生的朋友吗?”回答说：“是。”“既这样，那么哀悼他像这样可以吗?”回答说：“可以。起初我认为他是至人，可是现在看不是。刚才我进屋哀悼他，有老人哭他像哭自己的儿子，有年轻人哭他像哭自己的母亲。那是老聃使他们会聚的原因，必然存在不打算诉说却诉说、不打算哭泣却哭泣的情况。这是失去自然违背真情忘掉了自己的本性。古人叫它违背自然的罪过。应当生，你适时；应当死，你顺应。安身于适时而处事于顺应，哀乐不能进入心中。古人把这叫自然的解脱。”作为柴能量会耗尽，火延续是不知柴燃尽的。

【简析】

本文论述以“无己”顺应自然，藏锋慎用，警惕地在夹缝中求自在宽绰，避免被残酷专制统治毁灭；强调“不失己（不自丧）”：保全本性，提高精神境界，延续精神生命。

无求远害，行为适中，才能保全本性，享尽天年。

警惕地顺应自然，在夹缝中求自在宽绰，藏锋慎用，是养生之道。

自然残疾、自然饥渴都胜过被牢笼成奴才。

保全本性，哀乐不入心，自然解脱，才能像薪尽火传一样延续精神生命。

养生不是《刻意》《达生》之“养形”——养身，由物质营养、肢体运动等途径强身健体，养形不足以存生；而是“存生”和“养神”两义，避免被摧残以保全本性享尽自然寿命，进而提高精神境界，修养延续如柴尽火传的精神生命，养神才足以长生，“神将守形，形乃长生”（《在宥》段 3）。这是针对人在残酷现实中不能任其本性无拘无束生活、面临无情摧残难以尽享天年的现实，被迫随时随地怵然惊心地谨慎藏锋，适时顺应，无求远害，找缝隙求余地，避免被摧残或奴化；即使受摧残忍饥渴也要逃避专制牢笼。只有这样才能保全本性，修养延续精神生命。这养生之道是处世之道、“养神之道”（《刻意》段 1），是在无己的同时更求不失己，实质是提高精神境界以应对残酷现实并修养延续精神生命。这是被迫从残酷现实超脱，适时顺应；转向精神领域进取，提升内心，超越自我，以强大精神力量、广阔包容胸怀去应对现实而不失自我，提高自我。这既不是逃避到荒野庙观，也不是空虚的“精神胜利”，而是精神充实积极主动的自强不息的心灵自救，是高擎自己的灵魂“独与天地精神往来”“磅礴万物”。这样的庄子却被历代无数解说梦呓成“没落颓废”“消极逃避”“精神胜利”，等等，岂不冤哉！

人间世

颜回见仲尼请行。曰："奚之？"曰："将之卫。"曰："奚为焉？"曰："回闻卫君其年壮，其行独，轻用其国而不见其过，轻用民死，死者以国量乎泽若蕉[一]，民其无如矣。回尝闻之夫子曰：'治国去之，乱国就之，医门多疾。'愿以所闻思，其则庶几其国有瘳乎。"仲尼曰："譆，若殆往而刑耳。夫道不欲杂，杂则多，多则扰，扰则忧，忧而不救。古之至人先存诸己而后存诸人。所存于己者未定，何暇至于暴人之所行？且若亦知夫德之所荡而知之所为出乎哉？德荡乎名，知出乎争。名也者相轧也，知也者争之器也。二者凶器，非所以尽行也。且德厚信矼（qiāng）未达人气，名闻不争未达人心。而强以仁义绳墨之言术暴人之前者[二]，是以人恶有其美也，命之曰菑人[三]。菑人者，人必反菑之。若殆为人菑夫！且苟为悦贤而恶不肖，恶用而求有以异？若唯无诏，王公必将乘人而斗其捷，而目将荧之，而色将平之，口将营之，容将形之，心且成之。是以火救火，以水救水，名之曰益多，顺始无穷。若殆以不信厚言，必死于暴人之前矣。且昔者桀杀关龙逢，纣杀王子比干，是皆修其身以下伛拊人之民，以下拂其上者也，故其君因其修以挤之，是好名者也。昔者尧攻丛枝、胥敖，禹攻有扈，国为虚厉[四]，身为刑戮，其用兵不止，其求实无已，是皆求名实者。而独不闻之乎？名实者圣人之所不能胜也，而况若乎？虽然，若必有以也，尝以语我来。”颜回曰：“端而虚，勉而一[五]，则可乎？”曰：“恶，恶可？夫以阳为充孔扬[六]，采色不定，常人之所不违。因案人之所感[七]，以求容与其心，名之曰日渐之德不成，而况大德乎？将执而不化，外合而内不訾[八]。其庸讵可乎？”“然则我内直而外曲，成而上比[九]。内直者与天为徒，与天为徒者知天子之与己皆天之所子，而独以己言蕲乎而人善之蕲乎而人不善之邪[十]？若然者[十一]，人谓之童子，是之谓与天为徒。外曲者与人之为徒也[十二]。擎跽曲拳人臣之礼也[十三]，人皆为之，吾敢不为邪？为人之所为者，人亦无疵焉，是之谓与人为徒。成而上比者与古为徒，其言虽教，谪之实也，古之有也，非吾有也。若然者，虽直而不病，是之谓与古为徒。若是则可乎？”仲尼曰：“恶，恶可？大多政法而不谍[十四]，虽固亦无罪。虽然，止是耳矣夫，胡可以及化？犹师心者也[十五]。”颜回曰：“吾无以进矣，敢问其方。”仲尼曰：“齐[十六]，吾将语若。有而为之其易邪[十七]？易之者，皞天不宜。”颜回曰：“回之家贫，唯不饮酒不茹荤者数月矣，如此则可以为齐乎？”曰：“是祭祀之齐，非心齐也。”回曰：“敢问心齐。”仲尼曰：“一若志，无听之以耳而听之以心，无听之以心而听之以气。耳止于听[十八]，心止于符[十九]。气也者，虚而待物者也。唯道集虚，虚者心齐也。”颜回曰：“回之未始得使，实自回也；得使之也，未始有回也，可谓虚乎？”夫子曰：“尽矣？吾语若，若能入游其樊而无感其名，入则鸣，不入则止，无门无毒。一宅而寓于不得已，则几矣。绝迹易，无行地难。为人使易以伪，为天使难以伪。闻以有翼飞者矣，未闻以无翼飞者也[二十]；闻以有知知者也，未闻以无知知者也。瞻彼阕者，虚室生白[二十一]，吉祥止止[二十二]。夫且不止，是之谓坐驰。夫徇耳目内通而外于心知[二十三]，鬼神将来舍，而况人乎？是万物之化也，禹舜之所纽也，伏羲几蘧之所行终，而况散焉者乎[二十四]？”

叶子高将使于齐，问于仲尼曰：“王使诸梁也甚重[二十五]，齐之待使者盖将甚敬而不急。匹夫犹未可动，而况诸侯乎？吾甚慄之。子常语诸梁也曰：‘凡事若小若大，寡不道以欢成[二十六]。事若不成则必有人道之患，事若成则必有阴阳之患[二十七]。若成若不成而后无患者，唯有德者能之。’吾食也执粗而不臧爨无欲清之人，今吾朝受命而夕饮冰，我其内热与？吾未至乎事之情而既有阴阳之患矣，事若不成必有人道之患，是两也为人臣者不足以任之。子其有以语我来。”仲尼曰：“天下有大戒二：其一，命也；其一，义也。子之爱亲命也，不可解于心；臣之事君义也，无适而非君也。无所逃于天地之间，是之谓大戒。是以，夫事其亲者不择地而安之，孝之至也；夫事其君者不择事而安之，忠之盛也；自事其心者哀乐不易施乎前，知其不可奈何而安之若命，德之至也。为人臣子者固有所不得已，行事之情而忘其身，何暇至于悦生而恶死？夫子其行可矣。丘请复以所闻：凡交，近则必相靡以信，远则必忠之以言，言必或传之。夫传两喜两怒之言，天下之难者也。夫两喜必多溢美之言，两怒必多溢恶之言。凡溢之类妄，妄则其信之也莫[二十八]，莫则传信者殃。

故法言曰：‘传其常情，无传其溢言，则几乎全。’且以巧斗力者，始乎阳常卒乎阴，大至则多奇巧。以礼饮酒者，始乎治常卒乎乱，大至则多奇乐。凡事亦然，始乎谅常卒乎鄙。其作始也简，其将毕也必巨。夫言者风波也，行者实丧也。风波易以动，实丧易以危。故忿设无由，巧言偏辞，兽死不择音气息茀然[二十九]，于是并生心厉。克核大至则必有不肖之心应之，而不知其然也。苟为不知其然也，孰知其所终？故法言曰：‘无迁令，无劝成，过度益也。’迁令劝成殆事。美成在久，恶成不及改，可不慎与？且夫乘物以游心，托不得已以养中，至矣。何作为报也？莫若为致命，此其难者？”

颜阖将傅卫灵公太子，而问于蘧伯玉曰：“有人于此，其德天杀，与之为无方则危吾国，与之为有方则危吾身。其知适足以知人之过，而不知其所以过。若然者吾奈之何？”蘧伯玉曰：“善哉问乎！戒之，慎之！正汝身也哉！形莫若就，心莫若和。虽然，之二者有患。就不欲入，和不欲出。形就而入，且为颠为灭为崩为蹶；心和而出，且为声为名为妖为孽。彼且为婴儿，亦与之为婴儿；彼且为无町畦，亦与之为无町畦；彼且为无崖，亦与之为无崖[三十]，达之入于无疵。汝不知夫螳螂乎？怒其臂以当车辙，不知其不胜任也，是其才之美者也[三十一]。戒之，慎之！积伐而美者以犯之几矣。汝不知夫养虎者乎？不敢以生物与之，为其杀之之怒也；不敢以全物与之，为其决之之怒也。时其饥饱达其怒心。虎之与人异类，而媚养己者顺也，故其杀者逆也。夫爱马者以筐盛矢，以蜄盛溺[三十二]，适有蚊虻仆缘[三十三]，而拊之不时，则缺衔毁首碎胸，意有所至而爱有所亡[三十四]，可不慎邪？”

匠石之齐，至于曲辕，见栎社树[三十五]。其大蔽数千牛，絜之百围[三十六]；其高临山十仞而后有枝，其可以为舟者旁十数[三十七]。观者如市，匠伯不顾，遂行不辍。弟子厌观之走及匠石曰：“自吾执斧斤以随夫子未尝见材如此其美也，先生不肯视，行不辍，何邪？”曰：“已矣，勿言之矣，散木也，以为舟则沉，以为棺椁则速腐，以为器则速毁，以为门户则液樠（mán）[三十八]，以为柱则蠹，是不材之木也，无所可用，故能若是之寿。”匠石归，栎社见梦曰[三十九]：“汝将恶乎比予哉？若将比予于文木邪？夫柤梨橘柚果蓏之属，实熟则剥，剥则辱，大枝折，小枝泄[四十]。此以其能苦其生者也，故不终其天年而中道夭，自掊击于世俗者也。物莫不若是。且予求无所可用久矣，几死，乃今得之，为予大用！使予也而有用，且得有此大也邪？且也若与予也皆物也，奈何哉其相物也？而几死之散人又恶知散木？”匠石觉而诊其梦。弟子曰：“趣取无用，则为社何邪？”曰：“密，若无言，彼亦直寄焉，以为不知己者诟厉也？不为社者且几有剪乎？且也彼其所保与众异，以义誉之[四十一]，不亦远乎？”南伯子綦游乎商之丘，见大木焉，有异，结驷千乘隐，将芘其所藾[四十二]。子綦曰：“此何木也哉？此必有异材夫！”仰而视其细枝，则拳曲而不可以为栋梁；俯而见其大根，则轴解而不可以为棺椁；咶（shì）其叶，则口烂而为伤，嗅之，则使人狂酲三日而不已。子綦曰：“此果不材之木也，以至于此其大也。”嗟夫！神人以此不材。宋有荆氏者宜楸、柏、桑，其拱把而上者[四十三]，求狙猴之杙者斩之；三围四围，求高名之丽者斩之[四十四]；七围八围，贵人富商之家求椫榜者斩之[四十五]。故未终其天年而中道之夭于斧斤。此材之患也。故解之以牛之白颡者与豚之亢鼻者与人有痔病者，不可以适河。此其巫祝以知之矣，所以为不祥也。此乃神人之所以为大祥也。

支离疏者颐隐于脐，肩高于顶，会撮指天，五管在上[四十六]，两髀为胁[四十七]，挫针治繲足以糊口，鼓筴播精足以食十人。上征武士，则支离攘臂而游于其间；上有大役，则支离以有常疾不受功；上与病者粟，则受三钟与十束薪。夫支离其形者犹足以养其身终其天年，又况支离其德者乎[四十八]？

孔子适楚，楚狂接舆游其门曰："凤兮凤兮，何如德之衰也。来世不可待，往世不可追也。天下有道圣人成焉，天下无道圣人生焉。方今之时仅免刑焉。福轻乎羽，莫之知载；祸重乎地，莫之知避。已乎已乎，临人以德；殆乎殆乎，画地而趋；迷阳迷阳[四十九]，无伤吾行。吾行卻曲，无伤吾足[五十]。"

山木自寇也，膏火自煎也；桂可食[五十一]，故伐之；漆可用，故割之。人皆知有用之用，而莫知无用之用也。

【略注】

[一] 量：满。泽：借代地。蕉：通"樵"，枯草。 [二] 术：通"述"。 [三] 菑：通"灾"。 [四] 虚：通"墟"。厉：厉鬼。[五] 一：一心为民忠君，不图名利。 [六] 以阳为充：以阳刚为满足。孔：很。 [七] 案：通"按"，压抑。感：影响。[八] 訾：通"疵"，缺点，作意动词。 [九] 成：通"诚"。上：和国君。比：亲近。 [十] 而人："而"当是衍文。 [十一]

然：指上言真诚自信。［十二］之：当是衍文。［十三］擎跽：直身跪。拳：通“蜷”。［十四］谍：当是“谋”之误。［十五］虽说类天类地类人类古，还是自以为是。［十六］齐：通“斋”，净心。［十七］有：后当有表示斋戒除去者的脱文，译以“碍”代。［十八］原作“听止于耳”，据文意采前人说改。［十九］符：如符相合，如实反应。［二十］无翼飞：原作“飞翼无”，据上下句依别本改。［二十一］虚室生白：喻虚净心纯洁。［二十二］止止：止于止水似的心。［二十三］句意是顺任客观排除主观。［二十四］散焉者：松散的木头，喻不成才的人。［二十五］梁：叶子高自称。［二十六］道：通“导”。欢：欢快，轻松。［二十七］阴阳之患：生理失衡，如下文“内热（火旺）”。［二十八］其信：话的可信度。莫：没有，后置成为谓语加以强调。［二十九］茀然：草多阻塞的样子。［三十］无崖：无边际，喻无拘束。［三十一］其才之美：以其才为美。宾语前置。［三十二］蜄：大蛤蜊壳。古代贝壳贵重，用作货币，大蛤蜊壳更以稀为贵，用作祭器。［三十三］仆缘：攀附。［三十四］意有所至：心有想到的。所亡：遗失的地方，过失。［三十五］树：当是衍文。“社”前省“于”。［三十六］絜：用绳围量。围：周长一尺。［三十七］旁：通“傍”，靠近。［三十八］樠：松心木，作喻体。［三十九］社：当是“神”，传抄中因前后文致误；或是衍文。［四十］泄：当是“抴”之误，拉。［四十一］誉：通“喻”，说明。［四十二］芘：通“庇”，后省于。藾：树荫。［四十三］拱：两手伸指合围。把：一手伸指合围。［四十四］丽：通“欐”，栋梁。［四十五］樿榜：每方都是整块的棺材。［四十六］五管：第五节脊椎，代背部。［四十七］髀：大腿。胁：腋下腰上，即胸两边。［四十八］支离：使分离。支离疏仅突破常形就能远害得益，能突破专制统治的道德常规更能远害得益。［四十九］迷阳：找不到阳光，黑暗；被表象迷惑，浅见；针对人说，取后义。［五十］

足：走路人的决定因素，喻人的精神境界。句谓不要被被迫退却、绕弯的现实挫伤精神境界。　［五十一］桂树皮可作药。

【直译】

颜回谒见仲尼请求出行。仲尼说："去哪里？"颜回说："将去卫国。"仲尼说："去卫国做什么？"颜回说："我听说卫君年壮，他行为独断，轻率处理国事还没发现自己的过错，随便置民于死地，死的人在全国布满山泽像干草一样，国民大概无路可走了。我曾听先生说：'清平的国家可离开，昏乱的国家可趋就，医生门前多病人。'希望按听到的思考，大概就接近卫国有救吧？"仲尼说："唉，你大概去就会遭惩罚吧。道不要杂乱，杂乱就繁多，繁多就搅扰，搅扰就忧虑，忧虑就不可救。古代的至人先提高自己，然后思考别人。自我修养没稳妥，哪有空闲顾得到去影响暴君的行为？况且你知道使德行动摇和使才智产生的原因吗？德行被名声动摇，才智从争斗生出。名誉伤害自己，才智是争斗的工具。二者是凶器，不是所有行为的凭借。而且品德忠厚信誉真实还不能满足别人的情趣，不争名誉还不能满足别人的心意。你硬要用仁义准则的言论在暴君面前述说，因此暴君会恶恨你有这样的才德，称你叫祸害人。被称祸害人，别人必定回应伤害你。你大概会被人伤害啊！而且如果卫君是喜爱贤能恶恨小人，怎么用得着你企求有法改变？你只有无所奉告，否则卫君必将利用人争得他的胜利，你的眼睛将被他眩惑，你的神色将为他平和，言语将跟着他转，脸色将随着他表现，思想将被他造就。这是用火救火，用水救水，称这叫助长，就由顺从开始到没有止境。你大概不相信忠厚的话，必定死在暴君面前了。再说，从前夏桀杀关龙逢，商纣杀王子比干，这些人都是修养自身在下弯腰抚慰人的人，是在下违逆自己君王的人，所以他们的君王利用他们善良挤压他们，这是爱名声的结果。从前尧攻打丛枝国、胥敖国，禹攻打有扈国，使国都变成废墟坟场，国君被杀戮，他们用兵不休止，他们求实惠无了结，这都是追求名利的结果。你难道没听说过吗？追求名利是圣人不能克服的，又何况你呢？虽然如此，你必定有法，试说给我听听。”颜回说：“正直又虚心，奋勉又纯一，就可以吧?”孔子说：“啊，怎么可以？卫君刚愎气盛很张扬，喜怒无常，是一般人不敢逆意的。于是压制别人的谏劝，去求得放任他的心意，称这叫日常渐成的品德也没养成，更何况盛大德行呢？他将顽固不化，外表附和内心不认为有缺点。那怎么可以呢?”“既这样，那么我内心正直外表屈从，真诚地和君上亲近。内心正直的人和天是同类，和天是同类的人知道天子和自己都是天养育的，因而难道拿自己的言论求别人认为它善求别人认为它不善吗?像这样，别人称他天真儿，这叫作和天是同类。外表屈从的人和人是同类。下跪磕头是臣民的礼节，人们都做这些，我敢不做吗？做别人做的事，别人也不认为错误，这叫作和人是同类。真诚地和君上亲近的人和古人是同类，他的话虽然是引导，却有责过的实质，是古代就有的，不是我才有的。像这样，虽直率却不受困，这叫作和古人是同类。像这样就可以吧?”仲尼说：“唉，怎么可以？大多政事效法不谋虑，即使固陋也无罪过。虽然如此，仅此罢了啊，怎么能达到使国君变化？还是以己意为师。”颜回说：“我无法进行了，斗胆请问其他方法。”仲尼说：“斋戒，我将告诉你。有碍去做事难道容易吗？认为容易，与天然不合。”颜回说：“我家贫穷，没喝酒没吃荤几个月了，这样就可以算斋戒吧?”仲尼说：“这是祭祀的斋戒，不是内心的斋戒。”颜回说：“斗胆请问内心斋戒。”仲尼说：“集中你的心志，不用耳朵听而用心灵听，不用心灵听而凭气质听。耳朵只听取，心灵只感应。气质虚净地包容事物。只有道成就虚净，虚净是内心斋戒。”颜回说：“我未曾能支配心时，确实由我；能支配心时，未曾有我，可以称虚净吗?”孔子说：“说完了?我告诉你，你能游身卫君樊笼中而不被那些名位影响，听得进就劝说，听不进就缄口，没有门径不要强求，一概顺适地寄心于不得已，就差不多了。灭尽行迹容易，不在地上走难。被人驱使容易作假，被天驱使难以作假。听说过因有翅膀飞的，没听说因无翅膀飞的；听说过因有智认知的，没听说因无智认知的。看那空虚处，空房间出光亮，吉祥永驻虚净的心。若心不虚净，这叫坐着走神。顺任耳目向内心沟通而且除去心智，鬼神将来归附，更何况人呢？这是改变万物，是禹舜抓住的枢纽，是伏羲几蘧行止的准则，又何况一般人呢？”

叶子高将出使到齐国，问仲尼说：“国王交给我的使命很重，齐君对待使臣大概会很恭敬却不重视。普通人还不能轻动，更何况诸侯呢？我很害怕。你曾告诉我说：‘凡事无论大小，很少不疏导就轻松达成。事情如果不成功就必定有人际忧患，事情如果成功就必然有生理忧患。无论成功不成功事后都无忧患，只有有盛德的人能做到这样。’我是食物选取粗粝不选取精细、烧火不想清凉的人，现在我早上被委派晚上就喝冰水，我大概内心焦灼吧？我没到事情实施就已经有生理病患了，事情如果不成功必定有人际忧患，这两患作为臣下不足够承受。你大概有好办法告诉我吧？”仲尼说：“天下有两种大法：一是凭天性；二是依情理。子女爱父母是凭天性，不能从心灵消除；臣下侍奉国君依情理，人到的地方无处没有国君。二者在天地间无处逃避，这叫大法。因此，侍奉自己的父母无论什么处境都要让父母安逸，这是最孝；侍奉自己的国君无论任何事情都要让国君满意，这是大忠；自己修养自己心性的人哀乐不轻易表现在人前，明知事情无可奈何却泰然处之像是本性，是至德。做人的臣下、儿子本来有不得已的事，做事尽情就忘了自身，哪有空闲想到好生恶死？先生这样做就可以了。我希望再说说听到的：所有交际，亲近就必然凭真诚互相倾心，疏远就必然用语言表达忠诚。语言必须有人传递它。传递双方的喜怒言语，是天下的难事。双方高兴时必然有许多不实的赞美话，双方愤怒时必然有许多不实的恶毒话。所有不真实都类似虚妄，虚妄话就没有可信度，没有可信度就传话人遭殃。所以格言说：‘传递那些平实信息，不要传递那些不实的话，就近于完人。’而且以巧伪斗实力，始于明斗常常终于暗斗，过分的就多阴谋诡计。按礼节喝酒，始于有序常常终于混乱，过分的就多怪异淫乐。所有事情都是这样，始于信任常常终于被鄙视。事情刚开始简单，事情将完成必定艰巨。语言像风波，施行就失真。风波容易变动，失真容易生危难。所以愤怒产生没有缘由，巧诈之言片面之词，像兽将死乱叫气息咽塞，于是同时产生心理恶鬼。规定考核过分就必然有不好的思想回应它，还不知道它这样。如果是不知道事情这样，谁知道事情的结局？所以格言说：‘不要改变命令，. 不要强求成功，过分是多余。’改变命令强求成功误事。好事成功在历时长，坏事完成来不及改正，能不谨慎吗？而且利用事物来畅游心情，依托不得已来修养心性，最好了。怎么做是了结？不如采取归还差使，这难道是难事吗？”

颜阖将作卫灵公太子的老师，就问蘧伯玉：“有个人在这里，他的德行天生好杀，对他采取无原则就危害我国，对他采取有原则就危害我身。他的智能刚好足够知道别人的过错，却不知别人犯错的原因。像这样我对他怎么办？”蘧伯玉说：“问得好哇！警惕，小心！使你自身端正吧！外表不如迁就，内心不如调和。虽然如此，这二者有隐患。迁就不要深入，调和不要外露。外表迁就而且深入，将被颠覆被毁灭被损害被挫败；内心调和而且外露，将被声张被称道被谄媚被诬陷。他将近似婴儿，你也和他近似婴儿；他将近似无界限，你也和他近似无界限；他将近似无拘束，你也和他近似无拘束，和他沟通进入到无瑕疵。你不知道那螳螂吗？用它的臂膀奋力去阻挡车轮，不知道自己不胜任，这是认为自己的才能优异。警惕，小心！屡夸你的能德去冒犯太子就危险了。你不知道那养虎人吗？不敢拿活的动物给它，是避免虎杀死活物的怒气；不敢拿整个动物给它，是避免虎撕裂动物的怒气。要窥探老虎饥或饱，通晓老虎发怒的心理。虎和人不同类，却都喜欢养它的人顺从，所以他杀的是不顺从的。爱马的人用竹筐接马屎，用蜃壳接马尿，恰逢有蚊虻叮马，拍打蚊虻不择时机，马就咬断嚼勒伤了人的头和胸，想到爱马却爱到有损失，能不谨慎吗？”

木匠石伯去齐国，到了曲辕，在土神庙看见栎树。它大到树荫遮蔽几千头牛，围量它周长上百尺；它高过山顶七八丈然后有分枝，可以造船的树枝将近十根。观看的人像赶集市，木匠石伯不屑一顾，就不停步地走了。徒弟饱看树后跑着追上石伯说：“我自从拿起斧头跟随师傅未曾见过这样好的木材，师傅却不肯看看，不停步地走了，为什么呢？”石伯说：“罢了，不要说它了，这是不成材的树，用它造船就沉没，用它做棺材就很快腐烂，用它做器具就很快毁坏，用它做门窗就湿润松空，用它做柱子就被虫蛀，这是不成材的树，没有用处，所以能如此长寿。”木匠石伯回家后，栎树神到梦中见石伯说：“你将把我等同什么呢？你将把我和优质木并比吗？柤梨橘柚长瓜结果这类，果实成熟就被击打，被击打就耻辱，大枝被折断，小枝被拉弯。这是因它们的才能使它们生活痛苦，所以不能享尽它们的自然寿命就中途夭折，是依照世俗观念自己打击自己。万物没有什么不像这样。况且我追求无处可用很久了，还几乎被砍死，现在才达到目的，是我的大用！如果我有用还能这么大吗？再说，你和我都是物，你看待事物怎么的呀？你是快要死的不成才人又怎么了解不成材树。”木匠石伯醒后就分析他的梦。徒弟说：“志向选择无用，那么成为神庙树是为什么呢？”木匠石伯说：“守密，你不要说，它仅仅寄身在那里，因此该被不了解自己的人诽谤吗？不成为神庙树将接近遭砍伐吧？再说，它坚持的与众不同，用常理评说它，不也扯远了吗？”南伯子綦到商丘游览，看见大树，感到奇特，集中四匹马拉的车千辆躲阴，将受它的树荫庇护。子綦说：“这是什么树呀？这树必定有奇特材料!”抬头看它的细枝，就弯曲因而不能做栋梁；低头看它的大根，就中心松散因而不能做棺材；舔它的叶子就口舌灼热成伤；闻它的气味，就使人狂醉三天还不醒。子綦说：“这真是不成材的树，因此长到这么大。”唉！神人因此想不成材。宋国有个叫荆氏的地方适宜种植楸树、柏树、桑树，那些拱把以上粗的被找拴系猿猴的木桩的人砍掉它，周长三四尺粗的被找著名栋梁的人砍掉它，周长七八尺粗的被找整块棺材料的大官富商人家砍掉它。所以没有享尽自然寿命就中途已经被斧头夭折。这是成材的祸患。所以把白额牛和仰鼻猪和有痔疮的人排除，不能用来祭黄河神。这些大概巫祝已知道了，是不吉祥的原因。这是神人认为大吉祥的原因。

支离疏下巴隐藏到肚脐，肩膀高过头顶，颈椎朝天，背部高于全身，两条大腿靠近胸旁，提针缝衣足够糊口，端簸箕扬米足够养十个人。君上征兵，支离疏就在人群中甩手优游；君上大规模派劳役，支离疏因有痼疾不被派差；君上给残疾人发粮草，他就得到三钟米十捆柴。突破自己的形体的人还足够养活自身享尽自然寿命，更何况突破那些道德规范的人呢！

孔子去楚国，楚国狂人接舆到他门前游说："凤啊凤啊，品德衰落到什么地步啊。将来的社会不能期待，过去的社会不能追回。天下清平圣人才求成功，天下昏乱圣人只求生存。当今时代只能但求躲避刑罚。幸福比羽毛轻，没有人知道获取它；祸患比大地重，没有人知道躲避它。作罢啊，作罢啊，凭德行傲视人；危险啊，危险啊，指路让人走；浅见啊，浅见啊，不要伤害我前行。我行进曲折，不要伤了我的脚。"

山木因自己被砍伐，脂膏因自己被煎熬；桂皮能吃，所以砍伐它；漆汁能用，所以割取它。人们都知道有用的用处，却没有人知道无用的用处。

【简析】

本文论述如何在残酷专制社会中远害全生。

专制统治者不可救药，使人走投无路，无所适从。正直虚心专一奋勉地爱护他不行，内直外曲地讽谏他也不行，只有超越名位影响，做到不得已一概顺适，虚怀生光去远害化物。

专制统治者明争暗斗，使人处在夹缝中，只好抽身保养心性。

专制统治者残暴无理，好杀成性，凶恶如虎，只喜欢养他的人顺从，爱他也遭摧残，无力推翻就不得已持平和心谨慎顺适他们。

有才有用就被扼杀，这是以无用为大用才能立身人间世的原因。

超越常态，突破专制统治的思想规范，就能免遭统治者役使。

“往世不可追”，“来世不可待”，“方今之时仅免刑焉”，只能但求远害。

有才有用必遭摧毁，不以无才无用远害就等于自己摧毁自己。

庄子处于原始民主因素即将最终绝迹、百家争鸣局面即将万劫不复、往世不可追、专制统治体制即将最终完备的时代，社会现实是残酷专制，人们仅仅只能但求躲避刑罚。在专制社会，爱国爱君也必须以舍死为代价。所以身份地位卑微的庄子认为改变这残酷专制犹如螳臂挡车无能为力，于是采取超越之道：顺适外物，提升内心。一方面以敏锐洞察力高瞻远瞩，认清专制统治者权诈吃人的社会现实，超越欲求以远患害；另一方面以崇高精神境界包容一切，从而顺应一切，显得无才无用以远患害（参见《逍遥游》简析），并在残酷现实中获得灵魂自由，从而独立自主。确立提升内心顺适外界即超越自我、独立、平等、包容一切的处世原则，原因是客观上无力改变现实（如螳螂），主观上不肯逃避现实，要傲然立身残酷现实中（如栎树）。这就非有崇高精神境界不可！就非不懈提升内心，具备超强抗压的精神力量不可！不争意欲得失，而争心地宽窄，既是应对残酷专制现实，又是提高自身精神境界。对外物无为（包容无扰），正是对内心有为（不懈提升）；对内心有为才能对外物无为。这也是有为和无为的辩证统一。说庄子的处世原则是消极逃避，不是梦呓吗？

德充符

鲁有兀者王骀，从之游者与仲尼相若。常季问于仲尼曰："王骀兀者也，从之游者与夫子中分鲁。立不教，坐不议；虚而往，实而归。固有不言之教，无形而心成者邪[一]？是何人也？"仲尼曰："夫子圣人也，丘也直后而未往耳。丘将以为师，而况不如丘者乎？奚假鲁国，丘将引天下而与从之。"常季曰："彼兀者也，而王先生，其与庸亦远矣。若然者，用心也独若之何？"仲尼曰："死生亦大矣，而不得与之变，虽天地覆坠，亦将不与之遗[二]。审乎无假而不与物迁，命物之化而守其宗也。"常季曰："何谓也？"仲尼曰："自其异者视之，肝胆楚越也；自其同者视之，万物皆一也。夫若然者且不知耳目之所宜，而游心于德之和。物视其所一而不见其所丧，视丧其足犹遗土也。"常季曰："彼为己以其知得其心，以其心得其常心。物何为最之哉[三]？"仲尼曰："人莫鉴于流水而鉴于止水，唯止能止众止[四]。受命于地，唯松柏独也在冬夏青青；受命于天，唯舜独也正，幸能正生以正众生。夫保始之征[五]，不惧之实。勇士一人雄入于九军，将求名而能自要者而犹若此，而况官天地、府万物[六]、直寓六骸[七]、象耳目、一知之所知、而心未尝死者乎？彼且择日而登假[八]。人则从是也，彼且何肯以物为事乎[九]？"

申徒嘉兀者也，而与郑子产同师于伯昏无人。子产谓申徒嘉曰："我先出则子止，子先出则我止。"其明日，又与合堂同席而坐[十]。子产谓申徒嘉曰："我先出则子止，子先出则我止。今我将出，子可以止乎，其未邪？且子见执政而不违，子齐执政乎[十一]？"申徒嘉曰："先生之门固有执政焉如此哉！子而说子之执政而后人者也[十二]。闻之曰：'鉴明则尘垢不止，止则不明也。久与贤人处则无过。'今子之所取大者先生也[十三]，而犹出言若是，不亦过乎？"子产曰："子既若是矣犹与尧争善？计子之德不足以自反邪？"申徒嘉曰："自状其过以不当亡者众，不状其过以不当存者寡[十四]。知不可奈何而安之若命，唯有德者能之。游于羿之彀中[十五]，中央者中地也，然而不中者，命也。人以其全足笑吾不全足者多矣，人怫然而怒；而适先生之所则废然而反。不知先生之洗我以善邪，吾与夫子游十九年矣而未尝知吾兀者也。今子与我游于形骸之内而子索我于形骸之外[十六]，不亦过乎？"子产蹴然改容更貌曰："子无乃称。"

鲁有兀者叔山无趾，踵见仲尼。仲尼曰："子不谨，前既犯患若是矣，虽今来何及矣？"无趾曰："吾唯不知务而轻用吾身，吾是以亡足。今吾来也，犹有尊足者存，吾是以务全之也。夫天无不覆，地无不载。吾以夫子为天地，安知夫子之犹若是也？"孔子曰："丘则陋矣，夫子胡不入乎？请讲以所闻。"无趾出。孔子曰："弟子勉之。夫无趾兀者也，犹务学以复补前行之恶，而况全德之人乎？"无趾语老聃曰："孔丘之于至人其未邪？彼何宾宾以学子为？彼且蕲以諔（chù）诡幻怪之名闻，不知至人之以是为己桎梏邪?”老聃曰:“胡不直使彼以生死为一条,以可不可为一贯者,解其桎梏,其可乎?”无趾曰:“天刑之,安可解?”

鲁哀公问于仲尼曰:“卫有恶人焉,曰哀骀它,丈夫与之处者,思而不能去也;妇人见之请于父母曰‘与为人妻,宁为夫子妾’者,十数而未止也。未尝有闻其唱者也[十七],常和人而已矣。无君人之位以济乎人之死,无聚禄以望人之腹[十八],又以恶骇天下,和而不唱,知不出于四域,且而雌雄合乎前,是必有异乎人者也。寡人召而观之,果以恶骇天下。与寡人处不至以月数,而寡人有意乎其为人也;不至乎期年,而寡人信之。国无宰,寡人传国焉,闷然而后应,泛而若辞。寡人丑乎!卒授之国。无几何也,去寡人而行。寡人恤焉,若有亡也。若无与乐是国也,是何人者也?”仲尼曰:“丘也尝使于楚矣,适见豚子食于其死母者,少焉眴(shùn)若皆弃之而走。不见己焉尔,不得类焉尔。所爱其母者非爱其形也,爱使其形者也。战而死者,其人之葬也不以翣(shà)资[十九];刖者之屦无为爱之,皆无其本矣。为天子之诸御,不爪翦,不穿耳,娶妻者止于外,不得复使。形全犹足以为尔,而况全德之人乎?今哀骀它未言而信,无功而亲,使人授己国唯恐其不受也,是必才全而德不形者也[二十]。”哀公曰:“何谓才全?”仲尼曰:“死生、存亡、穷达、贫富、贤与不肖、毁誉、饥渴、寒暑,是事之变命之行也,日夜相代乎前而知不能规乎其始者也[二十一]。故不足以滑和,不可入于灵府,使之和豫通而不失于兑,使日夜无郤而与物为春。是接而生时于心者也[二十二],是之谓才全。”“何谓德不形？”曰：“平者水停之盛也。其可以为法也，内保之而外不荡也。德者成和之修也。德不形者，物不能离也。”哀公异日以告闵子曰：“始也吾以南面而君天下，执民之纪而忧其死，吾自以为至通矣[二十三]。今吾闻至人之言，恐吾无其实，轻用吾身而亡其国。吾与孔丘非君臣也，德友而已矣。”

闉跂支离无脤说卫灵公。灵公说之而视全人，其脰肩肩。甕盎大瘿说齐桓公。桓公说之而视全人，其脰肩肩。故德有所长而形有所忘。人不忘其所忘而忘其所不忘，此谓诚忘。

故圣人有所游而知为孽，约为胶[二十四]，德为接[二十五]，工为商。圣人不谋恶用知？不斫恶用胶？无丧恶用德？不货恶用商？四者天鬻也[二十六]。天鬻者天食也。既受食于天，又恶用人？有人之形无人之情。有人之形，故群于人；无人之情，故是非不得于身。眇乎小哉，所以属于人也；謷乎大哉，独成其天。惠子谓庄子曰：“人故无情乎？”庄子曰：“然。”惠子曰：“人而无情何以谓之人？”庄子曰：“道与之貌，天与之形，恶得不谓之人？”惠子曰：“既谓之人，恶得无情？”庄子曰：“是非吾所谓情也。吾所谓无情者，言人之不以好恶内伤其身，常因自然而不益生也。”惠子曰：“不益生何以有其身？”庄子曰：“道与之貌，天与之形，无以好恶内伤其身，今子外乎子之神，劳乎子之精，倚树而吟，据槁梧而瞑，天选子之形，子以坚白鸣。”

【略注】

［一］心成：在内心完成授受。 ［二］遗：遗失原来的心性。

［三］最：通“聚”。 ［四］止：句末助词，无义。 ［五］始之征：指人的本性。 ［六］府：库藏，喻包容。 ［七］六骸：身首四肢，代指全身。 ［八］登假：委婉说死，这里指精神境界的质变飞跃。 ［九］物：外物，包括人们是否追随他。 ［十］席：铺在地上坐的用具。 ［十一］执政：掌握国政的人，子产自称。［十二］说：通“悦”。后：以（把）……为（放在）后。［十三］意即先生教了你那么多博大内容。 ［十四］前“不”：当是“自”之误。 ［十五］羿之彀：喻别人的攻击目标。 ［十六］形骸之内：品德、精神。形骸之外：形体。上句说十九年都没在形骸外交往。 ［十七］唱：通“倡”。 ［十八］望：使有希望。［十九］之：助宾语前置。翣资：置办棺上饰物的钱财。 ［二十］才、德：互文见义。 ［二十一］规：通：“窥”。 ［二十二］时：善。 ［二十三］通：知识见闻通晓。 ［二十四］胶：喻束缚。［二十五］德：人定的道德规范，非人自有的德性。 ［二十六］四者：不用智谋、不用规范、不用道德、不用工巧。下言这种不去钻营谋取的人天养育。

【直译】

鲁国有个被砍断脚的人叫王骀，跟随他学习的人与跟随孔子的人相当。常季问仲尼：“王骀是被砍断脚的人，跟随他学习的人和先生平分鲁人。他站着不教授，坐着不论说；学习的人空虚地前往，充实地回家。确实有不用说话的教导，没有形迹就潜移默化吗？这是怎样的人呢？”仲尼说：“王先生是圣人，我只是落后了没去罢了。我将以他为师，更何况赶不上我的人呢？何止鲁国人，我将引导天下人和我跟随他。”常季说：“他是被砍断脚的人，却胜过先生，他比一般人高远多了。像这样他使用心力的特点怎么样？”仲尼说：“死生也就大了，却不能随死生变心，即使天地颠倒，也将不随之遗失本性。安心不依赖就不随物欲变迁，掌握事物的变化把握事物变化的趋向。”常季说：“说的什么意思呢？”仲尼说：“从事物的不同点看事物，肝胆是楚国越国；从事物的相同点看事物，一切事物都是一样的。像这样将不知道耳目适宜的对象，就使心畅游在随和的美德中。对事物看到它们一样的地方就不见其中缺失的东西，看待失去自己的脚犹如失去土块。”常季说：“他修养自己用他的明智造就他的心态，由这心态造就他的稳定心性。人们为什么聚向他呢？”仲尼说：“人不在流动的水中照看而在静止的水中照看，只有止水能使众物静止。从大地禀受生命的，只有松柏独自在冬天夏天都青翠；从上天禀受生命的，只有舜特别纯正，希望正已去使众人纯正。保持初始的特征，有不畏惧的效果。一个勇士勇敢地冲入大规模军队，将求取功名又能要求自己的人就还如此，又何况取法天地、包容万物、只把肉体视为寄寓、把耳目视为幻象、把智力知道的事物视为一样、而且本心不曾消亡的人呢？他将指日飞跃。人就追求这点，他又怎么肯把物欲当回事呢？”

申徒嘉是被砍断脚的人，却和郑国卿相子产一同向伯昏无人学习。子产对申徒嘉说：“我先出去你就止步，你先出去我就止步。”那第二天他又和申徒嘉同屋同席坐。子产对申徒嘉说：“我先出去你就止步，你先出去我就止步。现在我要出去，你能够止步呢，还是不肯呢？而且你见到国卿不回避，你和国卿平等吗？”申徒嘉说：“先生门下原来有国卿如此啊！你是就喜欢你执政就轻视别人的人。我听说‘镜子明亮就停不上灰尘，停上灰尘就不明亮。长期和贤人相处就没有过失。’现在让你收获最大的人是先生，你还说出像这样的话，不也是过失吗？”子产说：“你已经这样了还想和尧比善？估量你的德行不足够反省自己吧？”申徒嘉说：“自己说按自己的过错不应当形残的人多，自己说按自己的过错不应当形全的人少。知道无可奈何就泰然处之像是本性，只有有德的人能这样。行进到羿射程范围中央，中央是瞄准的地方，可是没有被击中，是天命。因为他的健全脚讥笑我的不健全脚的人很多了，对别人我愤然发怒；到了先生这里，就怒气消失恢复常态。不知道是先生用善心洗礼我呢，还是我和先生交游十九年了你未曾知觉我是被砍断脚的人呢？

现在你和我在精神中交往，可是你从形体上选择我，不也是过错吗？”子产恭敬地改变容貌说：“你不要这样说吧。”

鲁国有个被砍断脚的人叫叔山无趾，用脚后跟走去见孔子。仲尼说：“你不谨慎，先前已经遭祸患像这样了，虽然现在来怎么达到效果？”叔山无趾说：“我只是不识时务轻用我身，我因此损失脚。现在我来，还有比脚重要的存在，我因此保全它。天没有不覆盖的，地没有不承载的。我把先生视为天地，怎么知道先生还像这样呢？”孔子说：“我就浅薄了，你为什么不说下去？希望把你听到的讲一讲。”无趾走了。孔子说：“学生们努力吧。无趾是被砍断脚的人，还致力学习来弥补以前行为的过错，更何况保全德性的人呢？”无趾告诉老聃说：“孔丘大概还没有达到至人吧。他恭敬地学习你做什么？他还企求凭奇异荒诞的名声著称，不知道至人把这视为自己的枷锁吗？”老聃说：“为什么不直接使他把死生视为同一条理，把可不可视为同一条理，解脱他的枷锁，大概可以吧？”无趾说：“天惩罚他，怎么能解脱？”

鲁哀公问仲尼：“卫国有个丑人叫哀骀它，和他相处的男子，思慕得不能离开；见到他就请求父母说‘与其做别人的妻，不如做先生的妾’的女人，用十计还不止。未曾有人听到他倡议，一贯应和罢了。他没有统治人的权位去救活人，没有积聚的俸禄去填别人的肚子，又因丑惊骇天下人，应和不倡议，知识没超过全国人，还男女都聚集到面前，这必定有与异于常人的地方。我召来观察他，果然因丑惊骇天下人。和我相处不到一月，我就对他的为人有兴趣；不到一周年，我就信任他。国家没有卿相，我把国政托给他，他沉思然后应允，毫不在意地像推辞。我惭愧啊！最终授予他国政。他不久就离开我走了。我惋惜，像丢失了什么。好像这执国政没有给予他乐趣，这是怎样的人呢？”仲尼说：“我曾出使到楚国，正好看见小猪们在它们刚死的母亲身上吃奶，一会儿惊觉地都抛开它跑了。找不到己性就这样罢了，找不到类属就这样罢了。爱的是它们的母亲不是爱那形体，是爱支配它们的形体。战死的人，葬他不用置办棺饰的钱；被砍断脚的人的鞋子不被爱惜，都是没有那根本了。作天子的众侍臣，不剪指甲，不穿耳孔，娶妻的止步于宫外，不能再使用。形体全还足够成为这样，更何况保全本性的人呢？现在哀骀它没说话就受信任，没功绩就被亲近，使别人授给自己国政还唯恐自己不接受，这必定是才德完美而且才德不外露的人。”哀公说：“什么叫才德完美?”仲尼说：“生死、存亡、困顿显达、贫富、贤能和不成器、毁誉、饥渴、寒暑，这些是事物变化天命流布，如日夜在眼前交替因而智慧不能窥见它的起始。所以不足够扰乱谐和，不能纳入心灵，使心灵和乐旷达就不缺失喜悦，使自己日夜不间断地与万物形成如春融融。这是连续从心灵产生善，这叫作才德完美。”“什么叫才德不外露?”仲尼说：“平静是水停止的极点。这能被取法，内心保持平静外表就不放纵。树德是达成平和的修养。才德不外露的人，别人不可能离开。”哀公后来告诉闵子说：“起初我因面向南统治天下，掌握国民的纲纪忧虑国民的生死，我自以为最聪明。现在我听了至人的话，担心我没有自己的收获，轻用自身因而为我这国失去了自己。我和孔丘不是君臣，以德相交罢了。”

闉跂支离无脤游说卫灵公。卫灵公喜欢他就视为健全人，他的颈项承担肩头。甕盎大瘿游说齐桓公。齐桓公喜欢他就视为健全人，他的颈项承担肩头。所以德性有提高形体就有被遗忘的。人不忘掉那些该忘掉的却忘掉那些不该忘掉的，这叫真正的遗忘。

所以圣人发生心性游移就心智成妖孽，规范成胶漆，道德成绑缚，工巧成奸商。圣人不营求怎么用心智？不雕琢怎么用胶漆？没过失怎么用规范？不求利怎么用交易？这四点是天生的。天生的人天养。既然被天养，又怎么用人为？有人的形貌没有人的欲念。有人的形貌，所以和人成群；无人的欲念，所以是非不能到身。卑小啊，是属于人为的原因；高大啊，独自成就自己的天性。惠子对庄子说：“人本来无情吗?”庄子说：“对。”惠子说：“人却无情凭什么叫他人?”庄子说：“道给人容貌，天给人形体，怎么能不叫他人?”惠子说:“既然叫他人,怎么能无情?”庄子说:“这不是我说的情。我说的无情,是说人不因好恶在内心伤害自身,一贯因任自然就不认为生才有益。”惠子说:“不认为生才有益为什么有自身?”庄子说:“道给人容貌,天给人形体,不要因好恶在内心伤害自身。现在你把你的心神抛在外,疲劳你的精力,靠着树吟唱,傍着琴冥想,天授予你的形体,你用坚白论使它争辩。”

【简析】

本文阐明提高精神境界——保全本性,提高才德,充实自己,超越私欲己意,包容外物,正视专制统治不轻用吾身,就会形体残缺也受人尊崇。

保全本性不随物欲改变,提高精神境界,形残也不言教就众人归心,还有不畏惧的效果。

有德(崇高精神境界)就能傲视权贵,泰然面对专制压力。

认不清专制统治残酷而欲献身残酷现实,是遭摧残的原因。德高比形全重要,超越自我,“以生死为一条”;包容万物,“以可不可为一贯”,就能解脱桎梏,免遭摧残。

“未言而信,无功而亲,使人授己国唯恐其不受也”,在于超越自我,做到“才全而德不形”,即一方面提高才德,一方面超越欲念,抛弃权柄,不露才德。这正是崇高精神境界。

精神境界崇高,就形体残缺也会被忽略。

应保全本性,不用智谋、规范、奸诈,有常人的形体无常人的欲念,以形体为渺小,以本性为高大,不让好恶存心而伤害自己。

德是道在个人身上的体现,即道的个体形态,是人的先天本性和不懈提高的精神境界的统一体。文中全写形残的人,一是使形、德形成强烈对比反差凸出德的重要性,二是揭露残酷专制统治摧残人的惨烈。面临惨烈摧残怎么办?无己而不失己,即超越私欲己意制约的自我,回归本性真情的自我,不失提升心性的自我,如文中言及的超越形残、物欲、生死、是非、智谋、规范等,提高精神境界，达到才德完美；认清残酷现实，避免“不识务而轻用吾身”，做到无欲无求，就才德不外露，显得无才无用，以免遭摧残。这就是不逃避现实，而抛弃世俗欲念，突破世俗观念，超越认识局限，以崇高精神境界的超强洞察力和抗压力认清现实，傲视权贵，泰然面对残酷专制。这样即使遭摧残而形残，也保本性而德全，令形残被忽视，德全受尊崇，令人佩服，不唱而和，未言而信，无功而亲。这是不失灵魂自由、心胸广阔的自我，以才德充实自己，战胜形残，傲视现实。惜哉，社会重形体轻才德甚矣！美化容貌塑造身材的人满目充耳，物欲熏心失去本性的人满目充耳，高擎自己灵魂生活的人太少，奔走钻营卖身投靠的人太多。因而以小人之心度至人之腹的人太多，就历代无数解说都把忘己忘世梦呓成忘掉自我逃避现实，视庄子为躲向荒野或庙观无可奈何的自暴自弃之徒。冤哉！

大宗师

知天之所为知人之所为者，至矣。知天之所为者，天而生也；知人之所为者，以其知之所知以养其知之所不知。终其天年而不中道夭者，是知之盛也。虽然，有患。夫知有所待而后当，其所待者特未定也，庸讵知吾所谓天之非人乎，所谓人之非天乎？且有真人而后有真知。何谓真人？古之真人不逆寡，不雄成[一]，不谟士。若然者，过而弗悔，当而不自得也；若然者，登高不慄，入水不濡，入火不热。是知之能登假于道者也若此。古之真人，其寝不梦，其觉无忧，其食不甘，其息深深。真人之息以踵，众人之息以喉[二]。屈服者其嗌言若哇，其耆欲深者其天机浅[三]。古之真人，不知说生不知恶死，其出不訢其入不拒，翛然而往翛然而来而已矣。不忘其所始[四]，不求其所终，受而喜之，忘而复之，是之谓不以心捐道，不以人助天[五]，是之谓真人。若然者，其心志其容寂其颡頯(kuí)[六]，凄然似秋，暖然似春，喜怒通四时，与物有宜，而莫知其极[七]。故圣人之用兵也，亡国而不失人心，利泽施于万物不为爱人。故乐通物非圣人也，有亲非仁也，天时非贤也[八]，利害不通非君子也，行名失己非士也，亡身不真非役人也[九]。若狐不偕、务光、伯夷、叔齐、箕子、胥余、纪他、申徒狄，是役人之役、适人之适而不自适其适者也。古之真人，其状义而不朋[十]，若不足而不承[十一]，与乎其觚而不坚也，张乎其虚而不华也，邴邴乎其似喜乎[十二]，崔乎其不得已乎[十三]，滀乎进我色也[十四]，与乎止我德也[十五]，厉乎其似世也，謷乎其未可制也[十六]，连乎其似好闭也[十七]，悗（mèn）乎忘其言也[十八]。（以刑为体，以礼为翼，以知为时，以德为循。以刑为体者，绰乎其杀也[十九]；以礼为翼者，所以行于世也；以知为时者，不得已于事也；以德为循者，言其与有足者至于丘也而人真以为勤行者也[二十]。）故其好之也一，其弗好之也一。其一也一，其不一也一。其一与天为徒，其不一与人为徒。天与人不相胜也，是之谓真人。死生命也，其有夜旦之常，天也，人之有所不得与，皆物之情也。彼特以天为父，而身犹爱之，而况其卓乎[二十一]？人特以有君为愈乎己，而身犹死之，而况其真乎？泉涸，鱼相与处于陆，相呴（gòu）以湿[二十二]，相濡以沫，不如相忘于江湖。与其誉尧而非桀也，不如两忘而化其道。夫大块载我以形，劳我以生，佚我以老，息我以死。故善吾生者乃所以善吾死也。夫藏舟于壑，藏山于泽[二十三]，谓之固矣。然而夜半有力者负之而走，昧者不知也。藏大小有宜，犹有所遁。若夫藏天下于天下而不得所遁，是恒物之大情也。特犯人之形而犹喜之，若人之形者万化而未始有极也，其为乐可胜计邪？故圣人将游于物之所不得遁而皆存。善妖善老善始善终，人犹效之，又况万物之所系而一化之所待乎[二十四]？夫道有情有信，无为无形，可传而不可受，可得而不可见，自本自根，未有天地，自古以固存。神鬼神帝，生天生地。在太极之先而不为高[二十五]，在六极之下而不为深[二十六]，先天地生而不为久，长于上古而不为老。豨韦氏得之以挈天地；伏羲氏得之以袭气母；维斗得之终古不忒；日月得之终古不息；堪坏得之以袭昆仑；冯夷得之以游大川；肩吾得之以处大山；黄帝得之以登云天；颛顼得之以处玄宫；禺强得之立乎北极；西王母得之坐乎少广，莫知其始，莫知其终；彭祖得之上及有虞下及五伯；傅说得之以相武丁奄有天下，乘东维，骑箕尾，而比于列星。

南伯子葵问乎女偊（yǔ）曰："子之年长矣，而色若孺子，何也？"曰："吾闻道矣。"南伯子葵曰："道可得学邪？"曰："恶，恶可。子非其人也。夫卜梁倚有圣人之才而无圣人之道，我有圣人之道而无圣人之才。吾欲以教之，庶几其果为圣人乎？不然。以圣人之道告圣人之才，亦易矣。吾犹守而告之，参日而后能外天下；已外天下矣，吾又守之，七日而后能外物；已外物矣，吾又守之，九日而后能外生；已外生矣而后能朝彻；朝彻而后能见独；见独而后能无古今，无古今而后能入于不死不生。杀生者不死，生生者不生，其为物无不将也无不迎也，无不毁也无不成也，其名为撄宁[二十七]。撄宁也者，撄而后成者也。"南伯子葵曰："子独恶乎闻之？"曰："闻诸副墨之子，副墨之子闻诸洛诵之孙，洛诵之孙闻之瞻明，瞻明闻之聂许，聂许闻之需役，需役闻之於讴，於讴闻之玄冥，玄冥闻之参寥，参寥闻之疑始。"

子祀子舆子犁子来四人相与语曰："孰能以无为首，以生为脊，以死为尻，孰知生死存亡之一体者，吾与之友矣。"四人相视而笑，莫逆于心，遂相与为友。俄而子舆有病，子祀往问之。曰：“伟哉，夫造物者将以予为此拘拘也。”曲偻发，背上有五管，颐隐于齐，肩高于顶，句赘指天[二十八]，阴阳之气有沴（lì）[二十九]。其心闲而无事，跰（pián）𨇤（xiān）而鉴于井曰：“嗟乎，夫造物者又将以予为此拘拘也。”子祀曰：“汝恶之乎？”曰：“亡，予何恶？浸假而化予之左臂以为鸡[三十]，予因以求时夜；浸假而化予之右臂以为弹，予因以求鸮炙；浸假而化予之尻以为轮，以神为马，予因以乘之，岂更驾哉！且夫得者时也，失者顺也，安时而处顺[三十一]，哀乐不能入也。此古之所谓县解也。而不能自解者，物有结之。且夫物不胜天久矣，吾又何恶焉？”俄而子来有病，喘喘然将死，其妻子环而泣之。子犁往问之，曰：“叱，避，无怛化。”倚其户与之语曰：“伟哉造物！又将奚以汝为，将奚以汝适？以汝为鼠肝乎，以汝为虫臂乎？”子来曰：“父母于子，东西南北惟命之从；阴阳于人不翅于父母[三十二]。彼近吾死而我不听，我则悍矣，彼何罪焉？夫大块载我以形，劳我以生，佚我以老，息我以死。故善吾生者乃所以善吾死也。今之大冶铸金，金踊跃曰：‘我必且为镆铘。’大冶必以为不祥之金。今一犯人之形而曰‘人耳人耳夫’，造化者必以为不祥之人。今一以天地为大炉，以造化为大冶，恶乎往而不可哉[三十三]？”成然寐，蘧然觉。[三十四]

子桑户孟子反子琴张三人相与友曰：“孰能相与于无相与[三十五]，相为于无相为；孰能登天游雾挠挑无极[三十六]，相忘以生无所终穷。”三人相视而笑，莫逆于心，遂相与为友。莫然有间而子桑户死，未葬，孔子闻之，使子贡往侍事焉。或编曲，或鼓琴，相和而歌曰：

“嗟来桑户乎，嗟来桑户乎，而已反其真，而我犹为人猗。”子贡趋而进曰：“敢问临尸而歌礼乎?”二人相视而笑曰：“是恶知礼意?”子贡反以告孔子，曰：“彼何人者邪?修行无有而外其形骸，临尸而歌，颜色不变。无以命之[三十七]，彼何人者邪?”孔子曰：“彼游方之外者也，而丘游方之内者也。内外不相及，而丘使汝往吊之，丘则陋矣。彼方且与造物者为人，而游乎天地之一气[三十八]，彼以生为附赘县疣，以死为决疣（huàn）溃痈[三十九]。夫若然者，又恶知死生先后之所在?假于异物，托于同体，忘其肝胆，遗其耳目，反覆终始，不知端倪，芒然彷徨乎尘垢之外，逍遥乎无为之业，彼又恶能愦愦然为世俗之礼以观众人之耳目哉?”子贡曰：“然则夫子何方之依?”孔子曰：“丘，天之戮民也。虽然，吾与汝共之。”子贡曰：“敢问其方。”孔子曰：“鱼相造乎水，人相造乎道。相造乎水者穿池而养给，相造乎道者无事而生定。故曰鱼相忘乎江湖，人相忘乎道术。”子贡曰：“敢问畸人。”曰：“畸人者畸于人而侔于天。故曰天之小人，人之君子；人之君子，天之小人也。”

颜回问仲尼曰：“孟孙才其母死，哭泣无涕，中心不戚，居丧不哀。无是三者以善处丧盖鲁国。固有无其实而得其名者乎?回壹怪之。”仲尼曰：“夫孟孙氏尽之矣，进于知矣。唯简之而不得夫。已有所简矣。孟孙氏不知所以生，不知所以死，不知就先，不知就后，若化为物以待其所不知之化已乎。且方将化恶知不化哉?方将不化恶知已化哉?吾特与汝其梦未始觉者邪?且彼有骇形而无损心，有旦宅而无情死。孟孙氏特觉。人哭亦哭，是自其所以乃。且也相与吾之耳矣[四十]。庸讵知吾所谓吾之乎？且汝梦为鸟而厉乎天，梦为鱼而没于渊。不识今之言者其觉者乎，其梦者乎？造适不及笑，献笑不及排，安排而去化，乃入于寥天一。”

意而子见许由。许由曰：“尧何以资汝？”意而子曰：“尧谓我‘汝必躬服仁义而明言是非’。”许由曰：“而奚来为轵[四十一]？夫尧既已黥汝以仁义而劓汝以是非矣，汝将何以游夫遥荡恣睢转徙之途乎[四十二]？”意而子曰：“虽然，吾愿游于其藩。”许由曰：“不然。夫盲者无以与乎眉目颜色之好[四十三]，瞽者无以与乎青黄黼黻之观[四十四]。”意而子曰：“夫无庄之失其美，据梁之失其力，黄帝之亡其知，皆在炉捶之间耳。庸讵知夫造物者之不息我黥而补我劓，使我乘成以随先生邪？”许由曰：“噫，未可知也。我为汝言其大略：吾师乎，吾师乎，齑万物而不为义[四十五]，泽及万世而不为仁，长于上古而不为老，覆载天地刻雕众形而不为巧，此所游已[四十六]。”

颜回曰：“回益矣。”仲尼曰：“何谓也？”曰：“回忘仁义矣。”曰：“可矣？犹未也。”他日复见，曰：“回益矣。”曰：“何谓也？”曰：“回忘礼乐矣。”曰：“可矣？犹未也。”他日复见，曰：“回益矣。”曰：“何谓也？”曰：“回坐忘矣。”仲尼蹵然曰：“何谓坐忘？”颜回曰：“堕肢体，黜聪明，离形去知，同于大通，此谓坐忘。”仲尼曰：“同则无好也，化则无常也，而果其贤乎？丘也请从而后也[四十七]。”

子舆与子桑友。而霖雨十日，子舆曰：“子桑殆病矣。”裹饭而往食之。至子桑之门则若歌若哭鼓琴曰：“父邪母邪，天乎人乎?”有不任其声而趋举其诗焉。子舆入曰：“子之歌诗何故如是?”曰：“吾思夫使我至此极者而弗得也。父母岂欲我贫哉?天无私覆，地无私载，天地岂私贫我哉?求其为之者而不得也，然而到此极者，命也夫!”

【略注】

[一] 雄：使特出。 [二] “真人之息”至此，疑是注文。[三] 天机：先天禀赋，本性。 [四] 所始：万物始于无已。 [五] 助：或以为辅助，或以为通“锄”，都有所改变。 [六] 志其容：写在他脸上。颡：额；頯：颧（面颊）。合代面容。 [七] 极：达到的限度。 [八] 天：仰赖的对象，用作动词。 [九] 亡身：忘掉自我。亡：通“忘”。不真：没有本性的人。役人：支配外物的人。句谓失去自主性。 [十] 义：宜，善。 [十一] 承：仰承，自卑。 [十二] 似：继承，延续。 [十三] 崔：山高大，喻高傲。 [十四] 滀乎：水聚积的样子，喻深沉。[十五] 与乎：亲和的样子。止：留住，保持。 [十六] 謷：通“傲”。句谓不拘世俗规范。 [十七] 连：圆。闭：圆无缺。 [十八] 悗：心不在焉。言：我。 [十九] 绰：扩宽，增多。杀：等差。句谓使刑罚更细密。 [二十] 把人为道德约束喻为被人认为有带动帮助作用的同路人。“以刑”至此将其前后语意紧密的语句隔开了，当是窜入的，加括号使其前后语句畅通。 [二十一] 卓乎：高远的样子，指天。 [二十二] 呴：兽叫，鸟鸣。 [二十三] 山：通“汕”，渔网。 [二十四] 所系、所待：都指道。 [二十五] 太极：阴阳未分的混沌之气。 [二十六] 六极：六合，天地四方。 [二十七] 撄宁：指接触外物而心无物欲就成道，应前文说道不是能教会学到的。 [二十八] 句：弯曲。赘：多余。因弯曲而突出的部分。 [二十九] 沴：水流不畅，喻阻碍。

[三十] 浸假：渐渐达到。假：至。 [三十一] 安、处：互文见义。 [三十二] 翅：通“啻”。 [三十三] 往：死。句应“无怛化”。 [三十四] 子来坦然死去，他的话和表现使子犁一下子醒悟了。 [三十五] 此句及下句说不着意而为，自然做到。 [三十六] 挠挑：探索。无极：天地万物的本原。 [三十七] 命之：说清他们是怎样的人。 [三十八] 一气：构成万物的基本元素。 [三十九] 决、溃：破除。疣、痈：毒性脓疮。 [四十] 吾之：以他为我。 [四十一] 轵：助词无义。 [四十二] 睢：仰视，高傲。 [四十三] 与乎：参与到，看到。 [四十四] 青黄：代颜色。黼黻：礼服上花纹，代锦绣。 [四十五] 齑：字形依《说文》，混合。 [四十六] 此：道，即“吾师”。游己：使自己畅游人生旅途。 [四十七] 从而后：跟随你后边，追随你。

【直译】

知道天的行为、知道人的行为的人，到顶点了。知道天的行为的人，是天赋获知的；知道人的行为的人，是用他的智力获知的去孳生他的智力不能知道的。享尽自己的自然寿命不中途夭折，这是大智慧。虽然如此，有忧患。认知要有依据然后才恰当，那些依据很不确定。怎么知道我说的天生不是人为，我说的人为不是天生呢？并且有真人然后才有真知。什么叫真人？古代的真人不拒绝孤独，不抬高成功，不算计别人。像这样，错过时机就不悔恨，正遇时机也不自得；像这样，登高不害怕，入水不沾湿，入火不灼热。这是心智能飞跃到道才像这样。古代的真人，他们睡觉不做梦，他们醒时无忧虑，他们饮食不觉香甜，他们呼吸很深入。真人呼吸到脚跟，众人呼吸到咽喉。服输的人大概吞声像要呕吐，那些嗜欲强烈的人他的本性就降低。古代的真人，不知道喜爱生不知道恶恨死，他们生不欣喜死不抗拒，自由无拘地去自由无拘地来罢了。不忘记自己的开始，不探究自己的结局，接受它们喜欢它们，淡忘它们响应它们，这叫作不从内心舍弃道，不用人为改变天。这种人叫真人。像这样，他的心性表现到他的脸上使他的面容平静，冷淡像秋天，温和像春天，喜怒和四季相通，与万物相宜，就没有人知道他的高深。所以圣人用兵，消灭了别国却不失掉人心，好处施加到万物还不算爱人。所以乐意使物流通的不是圣人，有偏爱的不是仁人，仰赖时机的不是贤人，利害不能融通的不是君子，想扬名失去自己的不是男子汉，忘我失去本性的不是支配外物的人。像狐不偕、务光、伯夷、叔齐、箕子、胥余、纪他、申徒狄，这些人是被别人的事支配、以别人的满意为满意却不以自己的满意为满意的人。古代的真人，他们的样子和善却不结党，好像不足却不自卑，喜欢自己的孤傲却不固执，发扬自己的虚静却不浮华，喜悦的样子大概一直喜悦吧，高傲大概是不得已吧，深沉凝重自己的神色，亲和地保持自己的德性，严肃大概一直傲世，高傲大概不能约束，圆通大概一直喜欢周全，不用心机忘了他自己。（把刑罚作为本体，把礼节作为羽翼，把权诈作为时尚，把道德作为准则。把刑罚作为本体，是增多人的等差；把礼节作为羽翼，是推行世俗的原因；把权诈作为时尚，是不能罢休治事；把道德作为准则，是说和有脚的人登上山丘人们就真认为有助行走。）所以他喜爱它一样看待，他不喜爱它一样看待。那些一样的视为一样，那些不一样的视为一样。那些一样的和天是同类，那些不一样的和人是同类。天和人一样看待，这种人叫真人。生死是生命，有像昼夜的常规，是自然规律，人不能干预，都是事物的实情。它只以天为父，然而人们还爱它，更何况那高远的天呢？人们只认为国君胜过自己，就自己还为国君死，更何况自己的本性呢？水干了，鱼共同处在陆地上，靠湿气唤醒自己，靠唾沫滋润自己，还不如在江湖中忘怀自己。与其赞颂尧非议桀，不如两个都忘掉去改变他们的主张。大地用形体让我驾乘，用生存让我劳苦，用衰老让我空闲，用死亡让我休息。所以善待我生是善待我死的原因。藏船在山涧里，藏网在大泽中，说这样牢固了。可是在半夜有实力的人把它们搬跑了，愚昧的人不知道。收藏得大小各宜，还有丢失的。所以藏天下于天下人就找不到它丢失的情况，这是普遍事物的大实情。只获得人的形体就还高兴，如果人的形体是万般变化未曾有极限的，它带来的快乐能计算完吗？所以圣人将神游在万物都不能逃脱就都存在的道中。好的夭折好的老死好的开始好的终结，人们还致力这样，又何况万物的维系者和一切变化的依靠者呢？道有实情有凭据，无作为无形迹，能流布却不能授受，能悟得却不能看见，自为本自成根，没有天地前，自古就原本存在。它使鬼成神使帝成神，使天生成使地生成。它在太极上面却不算高远，在六合下面却不算深邃，比天地早产生却不算久远，长在上古却不算古老。豨韦氏得到它就统领天地；伏羲氏得到它就协和元气本原；北斗得到它就终古不改变；日月得到它就终古不停息；昆仑山神得到它就入主昆仑；黄河水神得到它就悠游大河；泰山山神得到它就掌管大山；黄帝得到它就升登云天；颛顼得到它就安居玄宫；禺强得到它就成为北海神；西王母得到它就坐镇少广山，没人知道她的起始，没人知道她的终结；彭祖得到它就上起虞舜下至五霸；傅说得到它就辅佐武丁囊括天下，乘东维星，骑箕尾星，去并列在众星中。

南伯子葵问女偊："你年纪大了，可是容颜像孩童，是为什么？"回答说："我懂得道了。"南伯子葵说："道能学到吗？"女偊说："不，不可以。你不是那种人。卜梁倚有圣人的才却无圣人的道，我有圣人的道却无圣人的才。我想着把道教给他，大概他结果能成为圣人吧？不是这样。由有道的圣人告诉有才的圣人，也容易了。我还坚持告诉他，三天后能把天下抛在外；已经把天下抛在外了，我又坚持传授，七天后能把万物抛在外；已经把万物抛在外了，我还坚持传授，九天后能把生命抛在外；已经把生命抛在外了然后能达到彻悟；达到彻悟然后能见解独到；见解独到然后能以古今为无；以古今为无然后达到不贪生不厌死。灭除生欲的人不怕死，产生生欲的人不存活，作为事物没有不过去没有不到来，就没有不毁灭没有不生成，这称为撄宁。撄宁是经受纷扰然后成道。"南伯子葵说："你又从哪里获知这些？"女偊说："我从副墨之子获知，副墨之子从洛诵之孙获知，洛诵之孙从瞻明获知，瞻明从聂许获知，聂许从需役获知，需役从於讴获知，於讴从玄冥获知，玄冥从参寥获知，参寥从疑始获知。”

子祀子舆子犁子来四人共同说：“谁能把无作为脑袋，把生作为背脊，把死作为臀部，谁懂得生死存亡是一体的，我和他交朋友了。”四人互相看着笑，没有人违心，于是共同交朋友。不久子舆生病，子祀去慰问他。子舆说：“伟大啊，造化将把我变成这样蜷曲。”他蜷曲病发作，背上突起五节椎骨，下巴藏在肚脐处，肩膀高于头顶，曲背突起的椎骨朝天，阴阳二气发生阻碍。他心闲无事，偏偏倒倒地走到井边去照看，说：“嗨，造化又将把我变成这样蜷曲。”子祀说：“你恶恨这样吗?”子舆说：“不，我为什么恶恨？渐进地变我的左臂成为鸡，我就因此探索报晓；渐进地变我的右臂成为弹，我就因此寻求斑鸠烤肉；渐进地变我的尾脊成为轮，把我的精神变成马，我就因此乘这车马，难道另驾车马吗？再说，得是适时，失是顺势，安然对待适时顺势，哀乐不能侵入。这是古人说的从倒悬解脱。不能解脱自己的人，有束缚他的物欲。况且物不能胜天很久了，我又恶恨什么呢?”不久子来生病，直喘气即将死，他的妻子儿女围着他哭他。子犁去慰问他，子来说：“喂，走开，不要惊愕死。”子犁靠着他的门对他说：“伟大啊，造物主！又将把你变成什么，将把你放到哪里去？把你变成鼠肝呢，把你变成虫臂呢?”子来说：“父母对儿子，东西南北只命令他顺从；阴阳对人超过父母。阴阳让我走向死可是我不听从，就是我蛮横了，它有什么罪过呢？大地用形体让我驾乘，用生存让我劳苦，用衰老让我空闲，用死亡让我休息。所以善待我生是善待我死的原因。现在大铁匠铸造金属器具，金属跳着说：‘我必须将成为镆铘剑。’大铁匠必定认为这是不吉利的金属。如果一旦获得人的形体就说‘只做人只做人啊’，造化必定认为这是不吉利的人。现在完全把天地当成大熔炉，把造化当成大铁匠，为什么死就不可以?”子来熟睡，子犁惊觉。

子桑户孟子反子琴张三人共同交友说："谁能相交于不相交，相助于不相助；谁能升天乘雾探索无极，忘我地生活没有终极。"三人互相看着笑，没有违心的，于是共同交友。安定地过了一段时间，子桑户死了，还没埋葬，孔子听到这事，派子贡去帮着料理丧事。有人编曲，有人弹琴，互相应和唱歌说："哎呀子桑户啊，哎呀子桑户啊，你已返回你的本真，可是我还是人啊。"子贡快步上前说："斗胆请问在尸体旁唱歌符合礼义吗？"二人互相看着发笑说："这人怎么知道礼的含义呢？"子贡返回把这情况告诉孔子，说："他们是什么人呢？修养德行没有收获还把自己的形骸置之度外，在尸体旁唱歌，脸色不变。无法命名他们，他们是怎样的人呢？"孔子说："他们是生活在世俗外的人，我是生活在世俗中的人。世俗内和世俗外不相干，可是我让你去吊唁，我就浅陋了。他们正要随顺造化做人，去畅游于天地的纯一之气，他们把生命看成附悬多余的病态皮肉，把死亡看成破除毒性脓疮。像这样，又怎么知道死生先后的位置呢？借不同物种寄托相同形体，遗忘自己的肝胆，遗忘自己的耳目，循环始终不知头绪，茫然徘徊在尘世之外，逍遥在无为的追求中，他们又怎么可能烦乱地拘守世俗礼仪来给世人的耳目视听呢？"子贡说："既如此，那么先生依从哪方面？"孔子说："我是上天的罪人。虽然如此，我和你同道。"子贡说："斗胆请问我们的方向。"孔子说："鱼由水成就自己，人由道成就自己。由水成就自己的挖个水池就繁殖丰足；由道成就自己的无事就本性稳定。所以说鱼在江湖中忘怀自己，人在道术中忘怀自己。"子贡说："斗胆请问异人。"孔子说："异人不同于人等同于天。所以说与天比的小人是与人比的君子；与人比的君子是与天比的小人。"

颜回问仲尼："孟孙才的母亲死了，他哭泣无眼泪，内心不哀痛，处于丧期不悲伤。没有眼泪、哀痛、悲哀却以善于处理丧事胜过全鲁国人。本来有无其实却有其名的吗？我完全认为这事奇怪。"仲尼说："孟孙氏尽心丧事了，超过表现了。他只是简化丧事却不能啊！他已经有所简化了。孟孙氏不知道生的原因，不知道死的原因，不知道趋向前者，不知道趋向后者，顺从变化做人来应对那不可知的变化罢了啊。并且正要变化怎么知道不变化呢？正要不变化怎么知道已经变化呢？我和你只是那梦未曾醒的人吧？况且她有异常形态却没有损毁思想，有新住所却没有真正死。孟孙氏才独醒。别人哭他也哭，这是他如此的原因。再说，互相换位思考就行了。怎么知道我说的换位思考呢？且说你在梦中变成鸟就飞上天，在梦中变成鱼就沉入渊。不知道现在说话的人是醒着的人呢，还是在做梦的人呢？感到适意不至于欢笑，发出欢笑不至于排除，安于推移去趋就变化，就融入空寂的天空成一体。”

意而子见到许由。许由说：“尧把什么供给你?”意而子说：“尧对我说‘你必须躬行仁义并明确表述是非’。”许由说：“你为什么来？尧既然已经用仁义刺你的脸用是非割你的鼻，你将凭什么遨游那逍遥自在放纵高傲辗转迁徙的旅途呢?”意而子说：“虽然如此，我希望遨游在那境界中。”许由说：“不对。瞎子无法见到美好的眉目颜色，色盲无法看到美观的色彩和锦绣。”意而子说：“无庄忘掉她的美丽，据梁忘掉他的大力，黄帝忘掉他的智能，都功在锤炼之中。怎么知道造化不消除我被刺的字补好我被割的鼻，使我变健全来追随先生呢?”许由说：“唉，是不可知的。我为你说说它的大概：我的老师啊，我的老师啊，包容万物却不算义，泽及万代却不算仁，生在上古却不算老，覆地载天雕刻众形却不算巧，这是使自己畅游的凭借。”

颜回说：“我进步了。”仲尼说：“说什么呢?”颜回说：“我忘掉仁义了。”仲尼说：“可以了？还不够。”另一天又相见，颜回说：“我进步了。”仲尼说：“说什么呢?”颜回说：“我忘掉礼乐了。”仲尼说：“可以了？还不够。”另一天又相见，颜回说：“我进步了。”仲尼说：“说什么呢?”颜回说：“我坐忘了。”仲尼恭敬地说：“什么叫坐忘?”颜回说：“抛开肢体，摒除聪明，离开形体，去掉智慧，与大道合同，这叫坐忘。”仲尼说：“同道就没有欲求，应变就没有固执，你真这么贤明吗？我希望追随你。”

子舆和子桑是朋友。绵绵雨连下十天，子舆说：“子桑大概困苦了。”包好饭去给他吃。到子桑门外就听到又像唱歌又像哭泣地弹琴唱道：“父亲吗母亲吗，天吗人吗？”有不堪这歌声又急于吟唱这诗的情态。子舆进门说：“你唱诗为什么像这样？”子桑说：“我思考使我到这绝境的原因却找不到。父母难道想我贫困吗？天无私覆，地无私载，天地难道偏偏使我贫困吗？寻找那造成这样的原因却找不到，找不到原因却到了这绝境，是命啊！”

【简析】

本文论述师法道的重要意义、必要条件和主要内容。

思想认识飞跃到道的境界，超越自我，不悦生，不恶死，不因主观舍弃道，不以人为改变天，包容一切，平等待人接物，比爱生命和爱国君更爱道，比效法神游道中的圣人更效法道，保全纯真无欲自在无拘的本性，藏天下于天下人，游于万物不能逃脱的道，才能成为真人，获得真知。因为道是万物的维系者和万化的支配者，它无处无时不存在。

能在万物纷扰中保持静净心灵，即在物欲横流中超越自我、摆脱私欲己意，才能悟得道。

一切事物、一切变化都体现道，包容和平等对待一切事物和一切遭遇，从而顺应变化，超越哀乐，是遵循道自解倒悬。

悟得道就能如鱼在水中忘我一样在道中忘我，畅游尘垢之外，享受没有终极的自在生活。

人生如梦，超越人生（自我）才是觉悟（悟道），才能泰然顺应变化。这种人才能换位理解别人，才能包容一切，如广阔天空一样宽宏。

消除仁义是非等思想桎梏才能悟得无所不容无处不在的道，凭借道在精神境界中自在畅游。

摒弃仁义礼乐，超越自我，悟得道，就无欲求，能应变不固执。

悟得道就能安于生死变化，泰然对待利害生死。

道是万物万化的本原，它包容万物，无所不在，体现于万物即万物的本性。人的本性是纯真无欲、自由无拘的，却被残酷现实和世俗欲念扭曲而矫伪。悟道才能超越私欲己意制约的自我，保全本性，成为真人，获得真知，拓展包容胸襟和平等范围，使自己的精神境界比天空还广阔，无物不包容，无物不平等，就无时无处过不去，无论什么遭遇都能安处顺适，泰然应对。这就是被历代无数人说成把一切归于虚无、消极逃避的忘己忘世、任自然安命运、泯是非、一生死等等。殊不知这正是顽强地与残酷现实抗争，不懈地提高精神境界，超越私欲己意制约的自我，使灵魂发生质的飞跃进入道的境界，为达到天人合一、灵魂自由（独立自主）、平等包容的精神境界而积极奋斗的炉锤功夫！

个人身上体现的道叫德。所以文中所写悟道的各种思想意识，是道的重要内容，也是前篇以德充实自己的德的内涵。超越私欲己意是悟道的前提、内容和效果，也是树德的前提、内容和效果。

应帝王

啮缺问于王倪，四问而四不知。啮缺因跃而大喜，行以告蒲衣子。蒲衣子曰："而乃今知之乎？有虞氏不及泰氏：有虞氏其犹藏仁以要人，亦得人矣，而非始出于非人；泰氏其卧徐徐，其觉于于，一以己为马，一以己为牛，其知情信，其德甚真，而未始入于非人。"

肩吾见狂接舆。狂接舆曰："日中始何以语汝？"肩吾曰："告我君人者以己出经式义度[一]，人孰敢不听而化诸？"狂接舆曰："是欺德也。其于治天下也犹涉海凿河而使蚊负山也。夫圣人之治也治外乎？正而后行确乎能其事者而已矣。且鸟高飞以避矰弋之害，鼷鼠深穴乎神丘之下以避熏凿之患，而曾二虫之无知。"

天根游于殷阳，至蓼水之上，适遭无名人而问焉，曰："请问为天下。"无名人曰："去。汝鄙人也，何问之？不豫也[二]。予方将与造物者为人，厌则又乘夫莽眇之鸟以出六极之外[三]，而游无何有之乡，以处圹埌之野[四]。汝又何帠以治天下感予之心为[五]？"又复问，无名人曰："汝游心于淡，合气于漠，顺物自然而无容私焉，而天下治矣。"

阳子居见老聃，曰："有人于此，向疾强梁[六]，物彻疏明[七]，学道不倦，如是者可比明王乎？"老聃曰："是于圣人也胥易技系劳形怵心者也[八]。且曰，虎豹之文来田[九]，猿狙之便执斄（lí）之狗来藉，如是者可比明王乎?”阳子居蹵然曰：“敢问明王之治。”老聃曰：“明王之治功盖天下而似不自己，化贷万物而民弗恃[十]，有莫举名，使物自喜，立乎不测而游于无有者也[十一]。”

郑有神巫曰季咸，知人之生死存亡祸福寿夭，期以岁月旬日若神。郑人见之皆弃而走。列子见之而心醉，归以告壶子，曰：“始吾以夫子之道为至矣，则又有至焉者矣。”壶子曰：“吾与汝既其文，未既其实。而固得道与?众雌而无雄，而又奚卵焉。而以道与世亢必信夫[十二]。故使人得而相女。尝试与来，以予示之。”明日，列子与之见壶子，出而谓列子曰：“嘻，子之先生死矣，弗活矣，不以旬日数矣。吾见怪焉见湿灰焉。”列子入，泣涕沾襟以告壶子。壶子曰：“乡吾示之以地文，萌乎不震不正，是殆见吾杜德机也[十三]。尝又与来。”明日又与之见壶子。出而谓列子曰：“幸矣，子之先生遇我也有瘳矣，全然有生矣。吾见其杜权矣。”列子入，以告壶子。壶子曰：“乡吾示之以天壤，名实不入而机发于踵，是殆见吾善者机也。尝又与来。”明日又与之见壶子。出而谓列子曰：“子之先生不齐，吾无得而相焉。试齐，且复相之。”列子入，以告壶子。壶子曰：“吾乡示之以太冲莫胜[十四]，是殆见吾衡气机也[十五]。鲵桓之审为渊[十六]，止水之审为渊，流水之审为渊，渊有九名，此处三焉。尝又与来。”明日又与之见壶子。立未定，自失而走。壶子曰：“追之。”列子追之不及，反，以报壶子曰：“已灭矣，已失矣，吾弗及也。”壶子曰：“乡吾示之以未始出吾宗，吾与之虚而委蛇。不知其谁何，因以为弟靡[十七]，因以为波流，故逃也。”然后列子自以为未始学而归。三年不出，为其妻爨，食豕如食人，于事无与亲，雕琢复朴，块然独以其形立。纷而封哉[十八]，一以是终。

无为名尸，无为谋府[十九]，无为事任，无为知主，体尽无穷而游无朕，尽其所受于天而无见得[二十]，亦虚而已。至人之用心若镜，不将不迎，应而不藏，故能胜物而不伤。

南海之帝为儵（shū），北海之帝为忽，中央之帝为浑沌。儵与忽时相与遇于浑沌之地，浑沌待之甚善。儵与忽谋报浑沌之德曰：“人皆有七窍以视听食息。此独无有，尝试凿之。”日凿一窍，七日而浑沌死。

【略注】

[一] 己：私欲己意。 [二] 豫：通“与”，参与。 [三] 厌：满意。莽眇之鸟：喻清虚之气。 [四] 圹埌：空旷。 [五] 何……为：做什么。帛：当是衍文。 [六] 向疾：反应快。[七] 物：观察。 [八] 技：“枝”之误，喻分歧。系：捆绑。 [九] 来：使来。田：通“畋”。 [十] 化：使发展。贷：宽容。[十一]测：预测，谋划。 [十二] 亢：比高。信：任意。[十三] 德：生气。机：通“几”。 [十四] 太冲：极虚静和谐。莫胜：没有什么超过。 [十五] 衡气：平气。 [十六] 审：通“沉”，深水。 [十七] 弟：通“稊”，代草。 [十八] 纷：盛。封：大。 [十九] 府：装起来。 [二十] 尽：听任。所受于天：本性。

【直译】

啮缺问王倪四个问题，就四个都不知道。啮缺因而高兴得跳起来，走去告诉蒲衣子。蒲衣子说："你现在才了解他吗？有虞氏赶不上泰氏：有虞氏还心存仁义去笼络人，也得到人了，却从来没有摆脱否定别人；泰氏睡觉轻轻松松，醒时悠闲自得，完全把自己当成马，完全把自己当成牛，他的知识真实可靠，他的德性很纯真，从来没有陷入否定别人。"

肩吾见到狂接舆。狂接舆说："日中始把什么告诉你？"肩吾说："告诉我统治人的人依据自己定出法规礼仪，人们谁敢不听从因而被它们驯化呢？"狂接舆说："这是欺骗性德行。他实施治天下如同到海里挖河使蚊虫背山。聪明的圣人整治别人吗？正己然后让确实能胜任那些事务的人行动罢了。而且鸟高飞去躲避箭射的伤害，鼷鼠在神坛下打深洞去躲避烟熏铲挖的祸患，你岂不知道这两种动物？"

天根到殷阳游历，走到蓼水岸上，恰好遇到无名人，就问他："请问治理天下。"无名人说："走开。你是鄙陋的人，怎么问这个？我不考虑。我正要随顺造化做人，高兴就又乘那高远的鸟去出游六合之外，又游到什么都没有的地方，去安处空旷的原野。你又拿治天下触动我的心干什么？"又再问，无名人说："你游心于淡定，聚气于淡漠，顺任万物自然不容入私欲己意，就天下大治了。"

阳子居见到老聃说："这里有个人，敏捷强干，观察透彻陈述明白，学道不倦，像这样能和明王比并吗？"老聃说："这是和圣人互相轻视分歧纠缠使形体劳苦使心灵悲惧的人。再说，虎豹的皮纹招致猎捕，猿猴的敏捷捕狸的狗招致系牵。像这样的人能比并明王吗？"阳子居恭敬地说："斗胆请问明王的治术。"老聃说："明王治理天下功盖天下却像不由于自己，泽被万物可是国民不仰仗自己，有不举动的名声，使万物各随喜好，是立足于不预谋地游心于虚净。"

郑国有个灵验的巫师叫季咸，预知人的生死存亡祸福寿夭，预定在某年某月某旬某日像神仙。郑国人见到他都抛开他跑了。列子见到他就内心陶醉，回去告诉壶子，说："起初我认为先生的学说最好了，现在就还有超过先生的学说的了。”壶子说：“我教你已尽它的表象，未尽它的实质，你已经获得我的学说吗？众多雌鸟却无雄鸟，你又怎么孵化呢？你用道和社会较量必然张扬啊。所以让人能识破你。尝试带他来，让他给我看相。”第二天，列子和季咸来见壶子，出来就对列子说：“唉，你的先生死定了，不能活了，不到十天了。我发现怪异般见到湿灰了。”列子进屋，痛哭流涕沾湿衣服地把话告诉壶子。壶子说：“先前我用地象给他看，出于不气盛不纯正，这样大概看到我闭塞生气的征兆。尝试再带他来。”第二天又带他来见壶子。出来就对列子说：“逢凶化吉了，你的先生遇到我有救了，完全有生机了，我看到他的闭塞变通泰了。”列子进屋把话告诉壶子。壶子说：“先前我用天域给他看，虚名实利不入心就生机从脚跟奋发，这样大概看到我好的征兆。尝试再带他来。”第二天又带他来见壶子。出来就对列子说：“你的先生不斋戒，我不能给他看相了。尝试斋戒，将再给他看相。”列子进屋把话告诉壶子。壶子说：“先前我用极虚净平和给他看，这样大概看到我平息生气的征兆。鲵鱼盘桓的深水是渊，使水静止的深水是渊，使水流动的深水是渊，渊有九种，这里是其中三种。尝试再带他来。”第二天又带他来见壶子。还没站稳就不要命地逃跑。壶子说：“追他。”列子追他追不上，回来报告壶子说：“已经灭迹了，已经消失了，我追不上了。”壶子说：“先前我用从没泄露我的倾向给他看，我对他凭空应付。他不知我是什么人，于是认为我如草披靡，于是认为我如波动荡，所以逃跑。”如此以后列子认为自己从来没有学就回家了。三年不出门，帮他妻子烧火，喂猪如同供养人，对世事没有亲近，由雕琢回归质朴，安然自得只独自立身。盛大啊，一直就这样终生。

不要被名誉做主，不要被权谋拘囿，不要被事务支配，不要被智诈主宰，包容完一切又游心于无我，听任自己的本性而没有见闻心得，也不过净心罢了。至人由于内心空明如镜，不送走不迎来，应接却不储藏，所以能战胜物欲不受伤害。

南海的帝王叫儵，北海的帝王叫忽，中央的帝王叫浑沌。儵和忽共同在浑沌的领地受招待，浑沌招待他们很优厚。儵和忽商量报答浑沌的恩惠说："人都有七窍来看听吃喝呼吸。这人还没有，尝试替他开凿。"每天凿一窍，七天后浑沌就死了。

【简析】

本文从帝王素质论治国理想。

好帝王超越自我，保全本性，从来不是己非人。

批判专制统治者以私欲己意定立法规礼仪来整治驯服人；主张不整治别人，正己然后让人各尽所能。

帝王超越私欲己意，游心淡定，顺任国民自由发展，天下就治理好了。

施展才能招致恶果，不可与明王相提并论。明王之治立足于游心虚净，不谋求立功业，不企图民仰赖，不扰民，让国民各随喜好。

人的认识终不胜事物的复杂多变。帝王要由矫伪返纯朴，虚静平和地安然独立。

帝王游心于无我，排除名誉权诈，任由本性，净心无欲，就能不变被动，不受伤害。

用浑沌喻质朴国民，批判统治者每天用政令规范造就人实质是扼杀人。

《庄子》的精髓是救人心求民主。身份地位卑微的庄子不满现实又无力反抗，觉得和残酷专制统治抗争像螳臂挡车；但他又不愿逃避现实，就以崇高精神境界的超强抗压力和广阔包容性傲视残酷现实，一方面灵魂自由地独立自主，一方面包容一切地平和处世，从而顺适外物，从心灵自救。推己及人，就期盼别人也能这样应对残酷现实，即从人心救人。人人具有这种精神境界，独立自主，平等包容，社会就自然民主和谐了，即从人心灵救世。因此他把治国理想构建在人尤其是统治者的思想素质上。认为治国不是治服民众，首先是统治者正己——超越私欲己意，保全本性并提高精神境界，不凭私欲己意定立规范，不用逼使诱使手段施行规范，去搅扰民整治民驯服民，而以虚净心无欲无为，顺任国民各随喜好自由发展，就天下大治了。这是鉴于专制统治者为私欲己意搞强权施暴力造奴才灭人性开出的心灵救药。私欲己意的病根是物欲，统治者争权谋利，生长享，死殉葬；用礼义规范人，用暴力整治人，以获取和维护权利，正是物欲膨胀的结果。如果帝王心中消除私欲己意，就能不把天下看成自己的私有财产，就懂得“夫天下者万物之所一也，得其所一而同焉”，“藏天下于天下而不得所遁”，从而把天下还给国民，消除争权谋利、是己非人、奴化人、扼杀人；就能不居功，不求名，不图人仰赖，不重权位，不用权谋，由矫伪返质朴。这就是统治者超越自我，回归本性，达到心灵虚净。

帝王心灵虚净就不是己非人，不以己意强迫人，就能不撄人心，就能容纳各种不同以至相反的见解和人物，就不会用利名诱骗和暴力惩罚等手段治民——分出等级，禁锢思想，造就奴才，扼杀人才，这就是统治者无为。这样就能顺任国民、保全本性，提升内心，各尽所能，自由发展。这样就人人独立自主，互相平等包容了。统治者提高精神境界，超越私欲己意，为民为公，才能平等包容各种人群和民意，才能让国民提高精神境界，各尽所能。显而易见，这无为而无不为是要求统治者（帝王及各级官吏）有所为有所不为——努力提高精神境界，不为私欲己意及其政权集团的利益扰乱民、奴化人甚至暴虐民，顺任国民心意，让人人大有作为，就社会无不成功。人尽其能，事无不成。这治国理想的本质是破除专制，走向民主。无为是要达到无不为，公天下，为民利，集群言，顺民意，使全民充分发挥主动性和创造力而众志成城、众智如神，人人大有为，社会大发展。

骈 拇

骈拇枝指出乎性哉，而侈于德；附赘县疣出乎形哉，而侈于性[一]；多方乎仁义而用之者[二]，列于五藏哉，而非道德之正也。是故骈于足者连无用之肉也，枝于手者树无用之指也。多文骈枝于五藏之情者[三]，淫僻于仁义之行，而多方于聪明之用也。是故骈于明者乱五色[四]，淫文章青黄黼黻之煌煌[五]，非乎而离朱是已[六]；多于聪者乱五声[七]，淫六律金石丝竹黄钟大吕之声[八]，非乎而师旷是已；枝于仁者擢德塞性以收名声，使天下簧鼓以奉不及之法[九]，非乎而曾史是已；骈于辩者垒瓦结绳窜句，游心于坚白同异之间而敝跬誉无用之言[十]，非乎而杨墨是已。故此皆多骈旁枝之道，非天下之至正也。彼至正者[十一]，不失其性命之情。故合者不为骈[十二]，而枝者不为跂，长者不为有余，短者不为不足。是故凫胫虽短，续之则忧；鹤胫虽长，断之则悲。故性长非所断，性短非所续，无所去忧也。意仁义其非人情乎。彼仁人何其多忧也？且夫骈于拇者决之则泣，枝于手者龁之则啼。二者或有余于数，或不足于数，其于忧一也。今世之仁人，蒿目而忧世之患[十三]，不仁之人，决性命之情而饕贵富。故意仁义其非人情乎。自三代以下者天下何其嚣嚣也？且夫待钩绳规矩而正者，是削其性者也；待绳约胶漆而固者，是侵其德者也；屈折礼乐呴俞仁义以慰天下之心者[十四]，此失其常然也。天下有常然。常然者，曲者不以钩，直者不以绳，圆者不以规，方者不以矩，附离不以胶漆[十五]，约束不以纆（mò）索[十六]。故天下诱然皆生而不知其所以生[十七]，同焉皆得而不知其所以得。故古今不二，不可亏也，则仁义又奚连连如胶漆纆索而游乎道德之间为哉[十八]？使天下惑也。

夫小惑易方，大惑易性。何以知其然邪？自虞氏招仁义以挠天下也，天下莫不奔命于仁义，是非以仁义易其性与？故尝试论之：自三代以下者，天下莫不以物易其性矣。小人则以身殉利，士则以身殉名，大夫则以身殉家[十九]，圣人则以身殉天下。故此数子者事业不同，名声异号，其于伤性以身为殉一也。臧与谷二人相与牧羊而俱亡其羊，问臧奚事，则挟筴读书；问谷奚事，则博塞以游[二十]。二人者事业不同，其于亡羊均也。伯夷死名于首阳之下，盗跖死利于东陵之上，二人者所死不同，其于残生伤性均也。奚必伯夷之是而盗跖之非乎？天下尽殉也。彼其所殉仁义也则俗谓之君子，其所殉货财也则俗谓之小人。其殉一也，则有君子焉，有小人焉？若其残生损性，则盗跖亦伯夷已，又恶取君子小人于其间哉？

且夫属其性乎仁义者[二十一]，虽通如曾史，非吾所谓臧也；属其性于五味，虽通如俞兒，非吾所谓臧也；属其性乎五声，虽通如师旷，非吾所谓聪也；属其性乎五色，虽通如离朱，非吾所谓明也。吾所谓臧者非仁义之谓也，臧于其德而已矣；吾所谓臧者非所谓仁义之谓也[二十二]，任其性命之情而已矣；吾所谓聪者非谓其闻彼也，自闻而已矣；吾所谓明者非谓其见彼也，自见而已矣。夫不自见而见彼不自得而得彼者，是得人之得而不自得其得、适人之适而不自适其适者也。夫适人之适而不自适其适，虽盗跖与伯夷，是同为淫僻也。余愧乎道德，是以上不敢为仁义之操，而下不敢为淫僻之行也。

【略注】

[一] 以上是非人为的多余无用，即后文“不为骈”“不为跂”者，对比、反衬人为的仁义。[二] 方：并。 [三] 文：礼乐制度，即仁义等规范。 [四] 五色：青黄赤白黑，代颜色。 [五] 文章：花纹。 [六] 非……已：不是……就完了，即还有别人如此。“而”当是误断句衍出的。 [七] 五声：宫商角徵羽五个音阶。 [八] 六律：古人把十二声调（如下“黄钟”“大吕”）分成六律六吕，此处代指声调。金石丝竹：做乐器的材料，代各种乐器。 [九] 簧鼓：乐器中有弹性的薄片被鼓动发声，喻被惑乱。[十] 坚白同异：诡辩区分。敝：疲败。跬：半步半步地，状艰难追求。 [十一] 至：原作“正”，据上下文改。 [十二] 合：及下“枝、长、短”前皆蒙后省“性（天然）”。 [十三] 蒿目：在草丛中看，喻短浅见识。 [十四] 屈折：曲折成。制礼扭曲人性制乐扭曲天籁。俞：答应声。与“呴”合指吼叫式宣扬。[十五] 离：通“丽”，附着。 [十六] 约束：捆成把，喻聚合。[十七] 生：通“性”。 [十八] 奚……为：干什么，为什么。道德：合道之德，本性，不指道德规范。 [十九] 家：封地。 [二十] 博塞：一种游戏。 [二十一] 者：从并列的几句看，当是衍文。[二十二] 后“所谓”：从语法看，从上下对应、排比看，当是衍文。仁义：似当作“五味”。

【直译】

合长脚趾多长手指出于天然吧，就被德行放纵；附悬多余病态的皮肉出于形体吧，就被天性放纵；大量罗列仁义来施用，把仁义分配到五脏啊，却不是正常的道德。因此合并脚趾的肉是连带的无用的肉，多长在手上的指是长着无用的指头。把大量仁义规范像骈拇枝指加到五脏的实体，沉迷偏向施行仁义，就是大量铺张滥用聪明。所以视力过分的淆乱五色，被煌煌的花纹彩色锦绣惑乱，不是离朱如此罢了；听力过分的淆乱五音，被声律的各种曲调和各种乐器的音乐惑乱，不是师旷如此罢了；如枝指多出的仁义拔除美德阻碍本性去收取名声，使天下人被迷惑去奉行不能做到的礼法，不是曾参史鰌如此罢了；如骈拇拼合的论说像垒瓦结绳般措置词句，用心在坚白同异之间去疲惫地追求称誉无用的言论，不是杨朱墨翟如此罢了。所以这些都是多出并生的骈拇枝指般的学说，不是使天下人达到纯正。那达到纯正，是不减消自己的本性真情。所以天然相连的不算骈指，天然多长的不算余趾，天然长的不算有余，天然短的不算不足。因此野鸭的腿虽然短，加长它就痛苦；白鹤的腿虽然长，截短它就悲哀。所以天然长不截短，天然短不加长，就没有受损的忧患。主观规定的仁义一定不合人情吧。那些仁人为什么那样多忧呢？而且脚趾合长的人切开它就哭泣，多长手指的人咬断它就啼哭。两者有的有余于常数，有的不足于常数，他们有忧患是一样的。当今社会的仁人凭短浅目光就忧虑社会的祸患，不仁的人断绝本性真情去贪图富贵。所以主观规定的仁义一定不合人情啊。从三代以来天下为什么这样吵吵嚷嚷呢？再说，凭借曲线板墨线圆规矩尺来矫正，这是削减人的本性；凭借绳索胶漆来固定，这是侵害人的本性；制定宣扬礼乐仁义来安慰天下人心，这是毁掉人的常态。天下人有常态。常态就是，曲不因用曲尺板，直不因用墨线，圆不因用圆规，方不因用矩尺，依归不因用胶漆，凝聚不因用绳索。所以天下人被引诱似的都任由本性，却不知道自己任由本性的原因；同样都得意，却不知道自己得意的原因。所以古今没有两样，不能破坏，那么仁义又不断地像胶漆绳索般施行在自然本性之间干什么呢？是使天下人迷乱。

小迷乱改变方向，大迷乱改变本性。凭什么知道它们如此呢？从舜昭示仁义来扰乱天下起，天下没有人不因仁义疲于奔命，这不是用仁义改变天下人的本性吗？所以尝试论述：从三代以来，天下没有人不因物欲改变自己的本性了。小人就以身殉利，士人就以身殉名，大夫就以身殉封地，圣人就以身殉天下。所以这几种人从事的事务不同，名声称号不同，他们在伤害本性用自身做殉葬品上是一样的。臧和谷二人一同放羊又都丢失了自己的羊，问臧在做什么，就在拿着竹简读书；问谷在做什么，就在做游戏玩。两人做的事不同，他们在丢了羊上是一样的。伯夷为名死在首阳山下，盗跖为利死在东陵山上，两人死因不同，他们在残害生命伤害本性上是一样的。何必认为伯夷对认为盗跖错呢？天下人全在当殉葬品。他们中那些殉葬仁义的世俗就称他们君子，那些殉葬钱财的世俗就称他们小人。他们当殉葬品是一样的，就有了君子，有了小人？至于这残害生命损害本性，就盗跖也是伯夷了，又怎么在他们中区别出君子小人呢？

而且让自己的本性从属于仁义，即使像曾参史鳝一样精通，不是我说的完善；让自己的本性从属于五味，即使像俞兒一样精通，不是我说的完善；让自己的本性从属于五声，即使像师旷一样精通，不是我说的耳灵；让自己的本性从属于五色，即使像离朱一样精通，不是我说的眼明。我说的完善不是说仁义，完善自己的德性罢了；我说的完善不是说仁义，听凭自己的本性真情罢了；我说的耳灵不是说他听到别的，听任自己罢了；我说的眼明不是说他看到别的，看到自己罢了。不能看见自己而看见别的不能满意自己而满意别的，这是满意别人满意的却不自己满意自己满意的，顺适别人适意的却不自己顺适自己适意的，即使盗跖和伯夷，这同样是过分浅薄。我在道德方面有愧，因此向上不敢践行仁义的操守，向下不敢采取过分浅薄的行为。

【简析】

本文从批判三代以来的专制统治治国即治民的实质论治国理想。

天然的骈拇枝指如同鹤胫凫胫，不断除人的本性真情，不为骈不为枝；凭统治者的私欲己意制定仁义规范来治民，不合人情，消除人性，毁坏人德，断绝人的本性真情，使天下人迷乱，使人失去常态而不能任本性生活，才是真正的骈拇枝指。

专制治民得逞的原因：天下人都被物欲改变了本性，因而去殉利殉名殉家殉国，就都被专制统治的思想规范纳入森严等级而成了奴才。

解救的办法：不要“得人之得而不自得其得”“适人之适而不自适其适”，要不失己（不自丧），要自闻自见，保全本性，完善自己的德性，任由自己的本性真情就行了。简言之，独立自主就行了。

批判仁义不是《庄子》再三批评的儒墨之争那样的儒道之争（历代无数解说都说是），而是批判专制统治。因为仁义礼乐代表前篇所说“君人者以己出”的“经式义度”，是专制统治的工具（参见《天下》段 2），仁义圣智是刑具的关键（参见《在宥》段 2）。本文一再点明仁义是三代以来帝王用来搞乱天下毁掉人的本性的专制统治的思想规范。这些专制统治的道德规范同政令法律、暴力手段一样，都是不合人情的，灭绝人性的，因而搞乱天下。但被统治者为什么会接受呢？虽有无力反抗的原因，也是物欲熏心的结果：超脱不了利名的诱惑，就甘心被逼使诱使进牢笼当奴才，为利名家国殉葬。

庄子对此开出的药方就是完善自己的德性，任由自己的本性真情独立自主：了解自己，听任自己，满意自己满意的，顺适自己适意的，摒弃仁义等专制统治的思想规范。常态也好，畸形也罢，只要是自身自然的就都是正常的。摆脱专制统治的思想规范的胶粘绳缚，保持自己的特性，就是独立自主。这是期盼人们从心灵自救：超越物欲己意，保全本性并提高自己的精神境界。这样就可以不被专制统治的思想规范约束，不被利名诱惑牢笼，自得其得、自适其适，有主见有人格地卓然自立，傲视残酷的专制现实，高擎自己的灵魂生活。

所以本文是针对专制统治的严重危害、得逞原因，阐明国民应直面残酷现实，正视惨淡人生，独立自主不失自我；统治者应放弃专制治民目的，给国民自主平等的人格和地位的治国主张。本文不是与儒家论争，也不是主张一切听任自然而消极地逃避现实！

马蹄

马，蹄可以践霜雪，毛可以御风寒。龁草饮水，翘足而陆[一]，此马之真性也。虽有义台路寝无所用之[二]。及至伯乐曰："我善治马。"烧之剔之，刻之雒之[三]，连之以羁馽（zhí）[四]，编之以皂栈[五]。马之死者十二三矣。饥之渴之，驰之骤之，整之齐之，前有橛饰之患而后有鞭策之威[六]，而马之死者已过半矣。陶者曰："我善治埴，圆者中规，方者中矩。"匠人曰："我善治木，曲者中钩，直者应绳。"夫埴木之性岂欲中规矩钩绳哉？然且世世称之曰："伯乐善治马，而陶匠善治埴木。"此亦治天下者之过也[七]。

吾意善治天下者不然。彼民有常性，织而衣耕而食，是谓同德。一而不党，命曰天放[八]。故至德之世，其行填填，其视颠颠[九]。当是时也，山无蹊隧，泽无舟梁，万物群生，连属其乡。禽兽成群，草木遂长。是故禽兽可系羁而游，乌鹊之巢可攀援而窥。夫至德之世，同与禽兽居，族与万物并，恶乎知君子小人哉！同乎无知，其德不离；同乎无欲，是谓素朴[十]。素朴而民性得矣。及至圣人蹩躠（sà）为仁踶（tí）跂为义[十一]，而天下始疑矣；澶漫为乐摘僻为礼[十二]，而天下始分矣。故纯朴不残孰为牺尊[十三]？白玉不毁孰为珪璋[十四]？道德不废安用仁义？性情不离安用礼乐？五色不乱孰为文采？五声不乱孰应六律？夫残朴以为器，工匠之罪也；毁道德以为仁义，圣人之过也。

夫马，陆居则食草饮水[十五]，喜则交颈相靡，怒则分背相踶[十六]，马知已此矣。夫加之以衡扼[十七]，齐之以月题，而马知介倪[十八]、闉扼[十九]、鸷曼[二十]、诡衔、窃辔。故马之知而态至盗者，伯乐之罪也。夫赫胥氏之时，民居不知所为，行不知所之，含哺而熙，鼓腹而游，民能以此矣！及至圣人屈折礼乐以匡天下之形，县企仁义以慰天下之心[二十一]，而民乃始踶跂好知，争归于利[二十二]，不可止也。此亦圣人之过也！

【略注】

［一］陆：在陆地上跑跳。 ［二］义：善。路：大。 ［三］雒：通“络”，马笼头。 ［四］羁馽：羁绊用的缰绳。连：及下“编”，指多匹马拴（关）在一起。 ［五］皂：槽。栈：栅栏，代马厩。 ［六］橛：口衔的横木。饰：装饰物。 ［七］统治者扭曲国民的本性。 ［八］天放：纯真自然无拘无束。 ［九］颠颠：站得高看得远。 ［十］素：白色生丝，无染；朴：原木；都喻本性。 ［十一］蹩躠：据文意指脚合趾、骈拇；从字看，蹩：不足。躠：脚生枝。少一趾因合生趾。踶跂：脚多长一趾，枝指。参见《骈拇》。 ［十二］澶漫：水漫流，喻任意。摘僻：选取偏邪，不正当。 ［十三］牺尊：祭祀用的酒杯。 ［十四］珪璋：上朝用的玉器。 ［十五］陆：从文意、排比句式看，当是衍文。居：平时。 ［十六］踶：同“蹄”，作动词。 ［十七］衡扼：车前架住牲畜的器具。扼：通“轭”。 ［十八］介：隔开。倪：通“輗”，连接车杠和牲畜架的销子。 ［十九］闉：城曲重门，作动词，开门，借喻脱去衡轭。 ［二十］鸷：一种猛禽。曼：展开。马挣脱销子、衡轭与车分离，如猛禽从车驾脱身。下言从人手

脱身。 [二十一] 县：通“悬”；企：踮起脚跟；都指拔高。[二十二] 归：使归。

【直译】

马，蹄能践踏霜雪，毛能抗御风寒。吃草喝水，跷脚跑跳，这是马的真实本性。即使有好亭台大房屋也无处用它们。等到伯乐说：“我善于调治马。”烙马蹄剪马毛，削马蹄加笼头，用缰绳拴，用马圈关，死掉的马达十分之二三了。使马挨饿使马受渴，使马快跑使马急驰，整治马训练马，前头有衔木饰物的忧患而后尾有马鞭抽打的威逼，因而死掉的马已经超过一半了。制陶人说：“我善于调治土，圆的合乎圆规，方的合乎矩尺。”木匠说：“我善于整治木，曲的合乎曲尺板，直的合乎墨线。”土和木的本性难道想合乎圆规矩尺曲尺板墨线吗？可是世世代代还称赞他们说：“伯乐善于调治马，陶工木匠善于整治土木。”这也是统治天下的人的罪过！

我认为善于治理天下的人不如此。那国民有普遍性本性，织布就穿衣种地就吃饭，这叫共同本性。纯一无偏私，名叫自然无拘。所以最好的社会，人们的行为稳重踏实，人们的认识高明深远。在这时候，山中没有路径通道，水上没有船只桥梁。众人成群生活，联合聚集成自己的乡里。禽兽成群，草木都生。因此禽兽可以牵着游玩，乌鹊窝可以爬上去看。最好的社会，人和禽兽同处，与万物共聚，哪里知道君子小人呢？同样不要智诈，各自的本性不离失；同样没有私欲，这叫无染的本性。本性无染就人性保全了。等到圣人多余无用地推行仁义，天下人就开始迷乱了；任意随心不正当地制定施行礼乐，天下人就开始分出等级了。所以好原木不被残害哪有酒杯？白玉石不被毁伤哪有玉器？本性不被毁坏哪用仁义？性情不离失哪用礼乐？五色不错杂哪成文彩？五声不错乱哪合乐律？残害原木做成器具，是木匠的罪过；损毁本性训成仁义，是圣人的罪过。

马，平时就吃草喝水，高兴就交颈互相亲近，发怒就转身互相踢打，马的知识止此罢了。把车衡轭加给它，用马笼头整治它，因而马知道弄落车輗、弄脱项轭、如鸷脱身、诈脱衔勒、偷脱缰绳。所以马的知识和表现达到偷奸，是伯乐的罪过啊！赫胥氏的时代，人们平时不知干什么，行走不知到哪里，含着饮食嬉戏，拍着肚皮游玩，人的本能仅此罢了。等到圣人制定礼乐来匡正天下人的形象，抬高仁义来招抚天下人的心灵，因而人们开始像多长脚趾般喜好智诈，争着夺取利益，不能遏止。这也是圣人的罪过！

【简析】

本文从批判专制统治整治人奴化人的实质和罪恶论治国理想。

治人和治马灭绝马性治土木灭绝土木性一样灭绝人性，像治马害死马一样害死人，是统治者的罪过。

善治天下是让万物平等、万众平等，不分君子、小人，让所有人无智诈无私欲地保全本性，任凭相同本性自由无拘地发展。人的本性真情不损毁哪用仁义礼乐等规范？制定规范造就人是残害损毁人的本性，是统治者及其帮凶的罪恶。

用仁义礼乐等专制统治的思想规范造就人，是惑乱人心，是迫使人用智诈争夺利益，是统治者及其帮凶的罪恶。

专制统治整治人、奴化人，是在暴力惩罚的同时辅以极阴险的手段：用仁义礼乐等专制规范调治造就奴才，分出君子、小人，造成森严等级，最终导致人吃人。庄子认为人都有相同的本性：纯真无欲、自由无拘。万物也都如此，因此应该万物平等，不分类别差异；也就应该万众平等，不分君子、小人的森严等级。让人人都独立自主互相平等，各自无拘无束地任本性自由发展，才能保全人的本性，才是最好的治理天下。

依统治者的私欲己意立标准，以世人的物欲为诱因，以利名奖赏、暴力惩罚为手段，去造就人，去奴化人，就像毁土木性造酒杯陶器、毁玉性造圭璋、毁马性害死马一样损毁人的朴素本性，把人引向用智诈逐名利的私欲陷阱，使人为利名家国殉葬（参见前篇），从而陷身专制统治的牢笼成为奴才，就像马被导致盗行或死亡一样被迫变矫伪或被残杀。这是专制统治更阴险地扼杀人的罪恶。超越自我的庄子才能深透揭示到这利用人的私欲诱杀人的层面，从而苦口婆心阐明救人心求民主的治国理想：国民应从心灵自救，摆脱私欲去正视和应对残酷的专制统治；统治者应放弃用森严等级和专制思想整治国民，给国民平等地位和独立自由，让国民任由本性自我提高自由发展。

胠箧

将为胠箧探囊发匮之盗而为守备，则必摄缄縢固扃鐍[一]。此世俗之所谓知也。然而巨盗至则负匮揭箧担囊而趋，唯恐缄縢扃鐍之不固也。然则乡之所谓知者不乃为大盗积者也？故尝试论之：世俗之所谓知者有不为大盗积者乎？所谓圣者有不为大盗守者乎？何以知其然邪？昔者齐国邻邑相望，鸡狗之音相闻，罔罟之所布[二]，耒耨之所刺[三]，方二千余里，阖四竟之内所以立宗庙社稷治邑屋州闾乡曲者[四]，曷尝不法圣人哉？然而田成子一旦杀齐君而盗其国，所盗者岂独其国邪？并与其圣知之法而盗之。故田成子有乎盗贼之名而身处尧舜之安，小国不敢非，大国不敢诛，十二世有齐国，则是不乃窃齐国并与其圣知之法以守其盗贼之身乎！尝试论之：世俗之所谓至知者，有不为大盗积者乎？所谓至圣者有不为大盗守者乎？何以知其然邪？昔者龙逢斩，比干剖，苌弘胣（yǐ）[五]，子胥靡，故四子之贤而身不免乎戮。故跖之徒问于跖曰："盗亦有道乎？"跖曰："何适而无有道邪？夫妄意室中之藏圣也，入先勇也，出后义也，知可否知也，分均仁也，五者不备而能成大盗者，天下未之有也。"由是观之，善人不得圣人之道不立，跖不得圣人之道不行。天下之善人少而不善人多，则圣人之利天下也少，而害天下也多。故曰，唇竭则齿寒，鲁酒薄而邯郸围[六]，圣人生而大盗起。掊击圣人，纵舍盗贼[七]，而天下始治矣。

夫川竭而谷虚，丘夷而渊实。圣人已死则大盗不起，天下平而无故矣。圣人不死大盗不止。虽重圣人而治天下，则是重利盗跖也。为之斗斛以量之[八]，则并与斗斛而窃之；为之权衡以称之[九]，则并与权衡而窃之；为之符玺以信之[十]，则并与符玺而窃之；为之仁义以矫之，则并与仁义而窃之。何以知其然邪？彼窃钩者诛，窃国者为诸侯，诸侯之门而仁义存焉，则是非窃仁义圣知邪？故逐于大盗揭诸侯窃仁义并斗斛权衡符玺之利者，虽有轩冕之赏弗能劝[十一]，斧钺之威弗能禁[十二]。此重利盗跖而使不可禁者，是乃圣人之过也。故曰鱼不可脱于渊，国之利器不可以示人。彼圣人者，国之利器也，非所以明天下也。故绝圣弃知大盗乃止，擿玉毁珠小盗不起，焚符破玺而民朴鄙，掊斗折衡而民不争，殚残天下之圣法而民始可与论议。擢乱六律，铄绝竽瑟，塞瞽旷之耳，而天下始人含其聪矣；灭文章，散五采，胶离朱之目，而天下始人含其明矣；毁绝钩绳而弃规矩，攦工倕之指，而天下始人有其巧矣。故曰大巧若拙。削曾史之行，钳杨墨之口，攘弃仁义，而天下之德始玄同矣。彼人含其明则天下不铄矣，人含其聪则天下不累矣，人含其知则天下不惑矣，人含其德则天下不僻矣。彼曾史杨墨师旷工倕离朱，皆外立其德而以爚乱天下者也[十三]，法之所无用也。

子独不知至德之世乎？昔者容成氏、大庭氏、伯皇氏、中央氏、栗陆氏、骊畜氏、轩辕氏、赫胥氏、尊卢氏、祝融氏、伏羲氏、神农氏，当是时也，民结绳而用之，甘其食，美其服，乐其俗，安其居，邻国相望，鸡狗之音相闻，民至老死而不相往来。若此之时则至治已。今遂至使民延颈举踵曰“某所有贤者”，赢粮而趣之[十四]，则内弃其亲而外去其主之事，足迹接乎诸侯之境，车轨结乎千里之外，则是上好知之过也。上诚好知而无道，则天下大乱矣。何以知其然邪？夫弓弩毕弋机变之知多[十五]，则鸟乱于上矣；钩饵罔罟罾笱之知多[十六]，则鱼乱于水矣；削格罗落罝罘之知多[十七]，则兽乱于泽矣；知诈渐毒颉滑坚白解垢同异之变多[十八]，则俗惑于辩矣。故天下每每大乱，罪在于好知。故天下皆知求其所不知，而莫知求其所已知者；皆知非其所不善，而莫知非其所已善者，是以大乱。故上悖日月之明，下烁山川之精，中堕四时之施[十九]，惴耎（ruǎn）之虫肖翘之物莫不失其性[二十]。甚矣夫，好知之乱天下也！自三代以下者是已：舍夫种种之民而悦夫役役之佞[二十一]，释夫恬淡无为而悦夫啍啍之意[二十二]。啍啍已乱天下矣。

【略注】

[一] 缄縢：绳索。扃：门闩，关钮。鐍：锁。 [二] 罔：通“网”。罟：渔网。 [三] 耒耨：耕地除草的农具。 [四] 邑、屋、州、闾、乡、曲：县乡村等区划名称。 [五] 胣：分裂尸体。 [六] 鲁酒味淡，赵酒味浓，楚王会诸侯时，主管酒的官吏用鲁酒换掉赵酒献给楚王，致使楚军围赵都邯郸。 [七] 纵舍：放弃，不追究。因由圣人引起。 [八] 斗、斛：量器。 [九] 权：秤锤。衡：秤杆。 [十] 符：凭证物。玺：国印。 [十一] 轩：官车。冕：官帽。 [十二] 钺：一种兵器。 [十三] 爚乱：炫耀使乱。 [十四] 趣：趋向，趋附。 [十五] 弩：强

力弓。毕：长柄网。机变：器械发展，但从三句排比看，应指捕鸟工具。［十六］罾：渔网。笱：捕鱼竹器。［十七］削：通“箾”，竹签。格：木架。罝、罘：都是网。落：藩篱，此指栅栏。［十八］颉滑：狡猾。颉：通“黠”。解垢：解说是玷污。［十九］堕：通“隳”。［二十］惴耎：害怕、软弱。肖：微细。翘：鸟尾羽毛，喻细小。［二十一］种种：保养本性（后“种”以种子喻本性）。［二十二］哼：通“谆”。

【直译】

将因撬箱子掏口袋开柜子的盗窃去加强防备，就必定捆紧绳索加固闩锁。这是世俗说的聪明。可是大盗来了背起柜子扛起箱子挑起口袋就跑，唯恐绳索闩锁不牢固。既这样，那么先前说的聪明不就是为大盗积聚吗？所以尝试论述这点：世俗说的聪明有不为大盗积聚的吗？说的圣明有不为大盗守护的吗？凭什么知道它如此呢？从前齐国邻县相望，鸡狗叫声相闻，网罗布置处，犁锄耕作处，方圆二千多里，总观全境之内建立祖庙土神谷神庙和治理各级政区的凭借，何曾不是效法圣人呢？可是田成子一旦杀掉齐君就窃据齐国，窃据的难道只是这个国家吗？连同齐国圣智的法度一并窃取了。所以田成子有盗贼的名声却身处尧舜一样的安宁，小国不敢非议，大国不敢讨伐，十二代享有齐国。那么这是不仅窃取齐国一并连同齐国圣智的法度用来掩护他的盗贼身份啊！尝试论述这点：世俗说的最聪明有不为大盗积聚的吗？说的最圣明有不为大盗守护的吗？凭什么知道它如此？从前龙逢被斩首，比干被剖心，苌弘被分尸，伍子胥被抛尸江中，因四人贤明就不免被杀害。所以盗跖的徒众问盗跖：“强盗也有道德吗？”盗跖说：“到哪里又没有道德呢？猜测室内钱物是圣明，入室争先是勇敢，出来居后是义气，知道能否得手是智慧，分配均匀是仁爱，五项不俱全却能成为大盗，天下没有这种事。”由此看来，好人不具备圣人的道德不能立身，盗跖不具备圣人的道德不能行通。天下的好人少不好的人多，那么圣人对天下好处少，对天下害处多。所以说唇亡就齿寒，鲁酒味淡就邯郸被围，圣人出现就大盗兴起。打击圣人，不究盗贼，便天下开始清平了。

涧流干涸就山谷空虚，山丘削平就深渊填满。圣人已消失就大盗不兴起，就天下太平无事了。圣人不消失大盗不止息。即使重用圣人来治理天下，那么这是大大有利盗跖。为天下人制造斗斛来量，就连同斗斛一并窃取；为天下人制造秤来称，就连同秤一并窃取；为天下人制作符印来求真，就连同符印一并窃取；为天下人制定仁义来矫正，就连同仁义一并窃取。凭什么知道它如此？那些偷带钩的人被杀，窃取国家的人成为诸侯，诸侯家里却仁义存在了，那么这不是窃取仁义圣智吗？所以追求成为大盗升为诸侯窃获仁义和斗斛权衡符玺等大利的人，即使有官爵作奖赏也不能劝阻，有刀枪作威胁也不能禁止。这样大大有利盗跖致使其不能禁止，这就是圣人的罪过。所以说鱼不能失去深渊，国家的利器不能拿来给人看。那些圣人是国家的利器，不是用来昭示天下的。所以杜绝圣明废弃智诈大盗才会休止，扔掉玉毁弃珠小贼就不兴起，烧掉符打破玺国民就朴实，打破斗折断秤国民就不争，完全废除天下的圣智法度国民才可能参与议论。搅乱乐律，毁尽乐器，堵住瞎子师旷的耳朵，天下就人人内含自己的耳灵了；消灭文饰，分散五色，粘住离朱的眼睛，天下就人人内含自己的眼明了；毁尽曲尺板墨线抛弃圆规矩尺，折断工倕的手指，天下就人人有自己的技巧了。所以说大智巧像愚拙。消除曾参史鳝的行为，封住杨朱墨翟的嘴巴，排除抛弃仁义，天下人的本性就浑然相同了。那些国民内含自己的眼明国家就不消亡了，国民内含自己的耳灵国家就不遭难了，国民内含自己的智慧国家就不混乱了，国民内含自己的本性国家就不偏邪了。那曾参史鳝杨朱墨翟师旷工倕离朱，都是对别人设立自己的道德用来诱惑迷乱天下人的人，效法他们是没有用的。

你难道不了解最理想的社会吗？从前的容成氏、大庭氏、伯皇氏、中央氏、栗陆氏、骊畜氏、轩辕氏、赫胥氏、尊卢氏、祝融氏、伏羲氏、神农氏，在这些时代，人们在绳上打结记事记数，感到自己的食物甘甜，感到自己的衣服美丽，感到自己的习俗乐意，感到自己的居处安适，邻国相望，鸡狗叫声相闻，人们到老死还不互相往来。像这时就最清平了。现在却致使国民伸长脖子踮起脚跟说“某处有贤人”，带着粮食去依附他，在家抛弃自己的父母在外忘掉自己主管的事，足迹延伸到诸侯国境，车辙延展到千里以外，那么这是统治者喜好权诈的罪过。统治者果真喜好权诈就没有正道，就天下大乱了。凭什么知道它如此呢？弓箭网罗机弩发射的智巧多，鸟就在上空乱飞了；钓钩钓饵渔网渔笱的智巧多，鱼就在水中乱潜了；竹签木签网罗围栏的智巧多，兽就在草泽乱窜了；权谋虚伪欺诈狠毒诡辩坚白曲解同异的变化多，风俗就被诡辩迷乱了。所以天下往往大乱，罪责在于喜好权诈。所以天下人都知道探求自己不知道的，就没有人知道探求自己已经知道的；都知道否定自己认为不好的，就没有人知道否定自己认为好的，因此大乱。所以在上掩蔽日月的光明，在下违离山川的精气，在中挫乱四季的运行，致使弱小的虫、微小的物没有什么不失去自己的本性。喜好权诈大乱天下太厉害了啊！从三代以来就如此了：抛弃保养本性的人们去喜爱奔走钻营的奸佞，放弃恬淡无为去喜欢谆谆训人的恶意。谆谆训人已经大乱天下了。

【简析】

本文从批判专制思想统治论治国理想。

仁义圣智是窃国大盗的护身符。“仁义圣智”的人不是大盗集团的成员、帮凶就是他们屠杀的对象。盗贼是因圣人而生的。没有仁义圣智，不分出圣人、盗贼，才能天下大治。

完全摒弃仁义圣智等规范，即不人为推行思想统治，才能包容各种见解、言论，国民才能真正参政议政，国家才不偏斜、不混乱、不遭难、不消亡；摒弃“仁义圣智”的人，即不区分君子小人（参见前篇）、圣人凡人，才不致形成对立群体和森严等级，才能使国民独立自主、互相平等、本性浑然相同，达到天下大治。

最理想的社会是国民甘其食、美其服、乐其俗、安其居。自三代以来的专制统治用圣智肯定自己、否定别人，用“圣人”抬高自己压低别人，迷乱人的本性和社会风气，用权诈引诱训导人奔走钻营、卖身投靠，从而成为奸佞奴才，致使天下大乱。

仁义圣智等思想规范是利大盗、惑人性、乱天下的专制统治思想，是专制的护符、国民的桎梏，是酿成人吃人、造成天下大乱的祸根罪魁。庄子用超越世俗的观念和怀念原始民主的眼光，认识到专制思想统治是向民众灌注仁义圣智等统治思想，以此惑乱人的本性、禁锢人的思想、压制不同见解；抬高“仁义圣智”的统治者及其帮凶帮闲，以此造成和维护森严等级，剥夺国民的独立自主、平等包容，摧残老百姓，形成从思想观念到社会现实的不平等，由此迫使诱使世人去奔走钻营、卖身投靠，去充当奸佞奴才，从而粉饰暴力专制的门面，维护专制集团的利益。这是专制统治者窃国治民的伎俩，是他们迷惑人性、残害国民、扰乱天下的罪行。这伎俩和罪行能够得逞，是因为它利用世人的私欲，用功名爵禄引诱，用任免奖惩促使。所以庄子主张以超越私欲己意为核心的超越自我（参见《齐物论》简析）来救人心求民主。如果国民都能超越自我，就不会被诱惑成奸佞奴才，专制统治者的伎俩和罪行就不会得逞，人性就能保，社会就有救；如果统治者能超越自我，包容不同以至相反的见解和人物，不整治人，不诱骗人，不抬高“圣人”，不压低国民，就没有盗贼，就人人独立自主、平等包容，就会天下人“德始玄同”，“甘其食，美其服，乐其俗，安其居”。这就是理想的天下大治了。

庄子的绝圣弃智不是否定知识智慧，恰恰是使“人含其知则天下不惑矣”，是要完全消除专制统治思想和权谋智诈，国民才可能真正参政议政，是反对统治者用专制统治思想禁锢民心，是反对他们用权谋智诈残害国民，是解放思想、救人心求民主的治国主张！除尽专制思想统治才能达到天下大治。所以说“绝圣弃知大盗乃止”，“绝圣弃知而天下大治”。这是击中专制统治阴险一面的民主治国理想，不料被历代无数解说者梦呓成抛弃知识智慧的愚民主张。冤哉！悲哉！

在宥

闻在宥天下[一]，不闻治天下也。在之也者，恐天下之淫其性也；宥之也者，恐天下之迁其德也[二]。天下不淫其性，不迁其德，有治天下者哉？昔尧之治天下也，使天下欣欣焉人乐其性，是不恬也。桀之治天下也，使天下瘁瘁焉人苦其性，是不愉也。夫不恬不愉非德也。非德也而可长久者，天下无之。人大喜邪？毗于阳。大怒邪？毗于阴。阴阳并毗，四时不至，寒暑之和不成，其反伤人之形乎？使人喜怒失位，居处无常，思虑不自得，中道不成章[三]，于是乎天下始乔诘卓鸷[四]，而后有盗跖曾史之行。故举天下以赏其善者不足，举天下以罚其恶者不给。故天下之大不足以赏罚。自三代以下者匈匈焉终以赏罚为事[五]，彼何暇安其性命之情哉？而且，说明邪？是淫于色也；说聪邪？是淫于声也；说仁邪？是乱于德也；说义邪？是悖于理也；说礼邪？是相于技也[六]；说乐邪？是相于淫也；说圣邪？是相于艺也[七]；说知邪？是相于疵也[八]。天下将安其性命之情，之八者存可也，亡可也？天下将不安其性命之情，之八者乃始脔卷獊（cāng）囊而乱天下也[九]。而天下乃始尊之惜之，甚矣天下之惑也！岂直过也而去之邪[十]？乃齐戒以言之，跪坐以进之，鼓歌以儛之[十一]，吾若是何哉[十二]？故君子不得已而临莅天下，莫若无为。无为也而后安其性命之情。故贵以身于为天下则可以托天下[十三]，爱以身于为天下则可以寄天下。故君子苟能无解其五藏[十四]，无擢其聪明，尸居而龙见，渊默而雷声，神动而天随，从容无为而万物炊累焉[十五]。吾又何暇治天下哉！

崔瞿问于老聃曰："不治天下安藏人心[十六]？"老聃曰："汝慎无撄人心。人心排下而进上，上下囚杀，淖（chuò）约柔乎刚强[十七]。廉刿雕琢[十八]，其热焦火，其寒凝冰，其疾俯仰之间而再抚四海之外。其居也渊而静，其动也县而天，偾骄而不可系者其唯人心乎[十九]？昔者黄帝始以仁义撄人之心，尧舜于是乎股无胈胫无毛以养天下之形[二十]，愁其五藏以为仁义，矜其血气以规法度，然犹有不胜也。尧于是放讙兜于崇山，投三苗于三峗，流共工于幽都，此不胜天下也夫。施及三王而天下大骇矣[二十一]：下有桀跖上有曾史，而儒墨毕起。于是乎喜怒相疑，愚知相欺，善否相非，诞信相讥，而天下衰矣。大德不同而性命烂漫矣[二十二]，天子好知而百姓求竭矣[二十三]。于是乎釿（jīn）锯制焉绳墨杀焉椎凿决焉[二十四]。天下脊脊大乱[二十五]，罪在撄人心。故贤者伏处大山嵁岩之下，而万乘之君忧慄乎庙堂之上。今世殊死者相枕也[二十六]，桁（háng）杨者相推也[二十七]，刑戮者相望也，而儒墨乃始离跂攘臂乎桎梏之间[二十八]。意[二十九]，甚矣哉，其无愧而不知耻也甚矣！吾未知圣知之不为桁杨接槢（xí）也[三十]，仁义之不为桎梏凿枘也[三十一]，焉知曾史之不为桀跖嚆矢也[三十二]？故曰绝圣弃知而天下大治。"

黄帝立为天子十九年，令行天下，闻广成子在于空同之上，故往见之，曰："我闻吾子达于至道，敢问至道之精。吾欲取天地之精以佐五谷，以养民人。吾又欲官阴阳以遂群生。"广成子曰："而所欲问者物之质也，而所欲官者物之残也。自而治天下，云气不待族而雨，草木不待黄而落，日月之光益以荒矣。而佞人之心翦翦者[三十三]，又奚足以语至道？"黄帝退，捐天下，筑特室，席白茅，闲居三月，复往邀之。广成子南首而卧，黄帝顺下风膝行而进，再拜稽首而问曰："闻吾子达于至道，敢问治身奈何而可以长久？"广成子蹶然而起，曰："善哉问乎！来，吾语汝至道：至道之精窈窈冥冥[三十四]，至道之极昏昏默默[三十五]。无视无听，抱神以静，形将自正，必静必清，无劳女形，无摇女精，乃可以长生。目无所见，耳无所闻，心无所知，女神将守形，形乃长生。慎女内，闭女外，多知为败。我为女遂于大明之上矣[三十六]，至彼至阳之原也；为女入于窈冥之门矣[三十七]，至彼至阴之原也。天地有官，阴阳有藏，慎守女身，物将自壮。我守其一以处其和[三十八]，故我修身千二百岁矣，吾形未尝衰。"黄帝再拜稽首曰："广成子之谓天矣。"广成子曰："来，吾语汝：彼其物无穷而人皆以为有终，彼其物无测而人皆以为有极。得吾道者上为皇而下为王，失吾道者上见光而下为土。今夫百昌皆生于土而反于土，故余将去女，入无穷之门以游无极之野。吾与日月参光，吾与天地为常。当我缗乎[三十九]，远我昏乎！人其尽死而我独存乎？"

云将东游，过扶摇之枝而适遭鸿蒙。鸿蒙方将拊髀雀跃而游。云将见之，倘然止，贽然立，曰[四十]："叟何人邪？叟何为此？"鸿蒙拊髀雀跃不辍，对云将曰："游。"

云将曰："朕愿有问也。"鸿蒙仰而视云将曰："吁。"云将曰："天气不合，地气郁结，六气不调，四时不节。今我愿合六气之精以育群生，为之奈何？"鸿蒙拊髀雀跃掉头曰："吾弗知，吾弗知。"云将不得问。又三年，东游过有宋之野而适遭鸿蒙。云将大喜，行趋而进曰："天忘朕邪？天忘朕邪？"再拜稽首，愿闻于鸿蒙。鸿蒙曰："浮游不知所求，猖狂不知所往，游者鞅掌以观无妄[四十一]，朕又何知？"云将曰："朕也自以为猖狂，而民随予所往。朕也不得已于民[四十二]，今则民之放也。愿闻一言。"鸿蒙曰："乱天之经，逆物之情，玄天弗成。解兽之群而鸟皆夜鸣，灾及草木祸及止虫[四十三]，意治人之过也。"云将曰："然则吾奈何？"鸿蒙曰："意毒哉，仙仙乎归矣[四十四]。"云将曰："吾遇天难，愿闻一言。"鸿蒙曰："意，心养。汝徒处无为而物自化。堕尔形体，吐尔聪明，伦与物忘，大同乎涬（xìng）溟[四十五]，解心释神，莫然无魂[四十六]。万物云云[四十七]，各复其根。各复其根而不知，浑浑沌沌终身不离[四十八]。若彼知之乃是离之。无问其名，无窥其情，故物自生。"云将曰："天降朕以德，示朕以默，躬身求之，乃今也得。"再拜稽首，起辞以行。

世俗之人皆喜人之同乎己而恶人之异于己也。同于己而欲之异于己而不欲者，以出乎众为心也。夫以出于众为心者，曷尝出乎众哉！因众以宁，所闻不如众技众矣，而欲为人之国者，此揽乎三王之利而不见其患者也[四十九]。此以人之国侥倖也，几何侥倖而不丧人之国乎[五十]？其存人之国也无万分之一，其丧人之国也一不成而万有余丧矣。悲夫，有土者之不知也。夫有土者有大物也，有大物者不可以物物。而不物故能物物。明乎物物者之非物也，岂独治天下百姓而已哉？出入六合，游乎九州，独往独来，是谓独有[五十一]。独有之人，是谓至贵。大人之教若形之于影声之于响，有问而应之，尽其所怀为天下配。处乎无响，行乎无方，挈汝适复之，挠挠以游无端[五十二]，出入无旁，与日无始，颂论形躯合乎大同。大同而无己，无己恶乎得有有？睹有者昔之君子，睹无者天地之友。

贱而不可不任者，物也；卑而不可不因者，民也；匿而不可不为者，事也；粗而不可不陈者，法也；远而不可不居者，义也；亲而不可不广者，仁也；节而不可不积者，礼也；中而不可不高者，德也；一而不可不易者，道也；神而不可不为者，天也。故圣人观于天而不助，成于德而不累，出于道而不谋，会于仁而不恃，薄于义而不积，应于礼而不讳，接于事而不辞，齐于法而不乱，恃于民而不轻，因于物而不去。物者莫足为也而不可不为。不明于天者不纯于德，不通于道者无自而可，不明于道者悲夫！何谓道？有天道，有人道。无为而尊者，天道也；有为而累者，人道也。主者天道也，臣者人道也，相去远矣，不可不察也。

【略注】

[一] 在：在意，关心。 [二] 迁：放走。 [三] 章：乐章，喻思虑成熟。 [四] 乔：高。诘：责问，整治。卓：高高直立。高高在上的统治者像凶猛的鸷鸟居高责难，喻专制独裁。 [五] 匈匈：通“汹汹”，吵闹。 [六] 技：技巧，智变诈伪。 [七] 艺：才艺，权谋。 [八] 疵：求疵，挑剔。 [九] 脔卷：一片肉卷拢来，与“獊囊”都指囊括。 [十] 过：经历。 [十一]

儛：通“舞”。［十二］我对这社会现状无可奈何。［十三］贵以身：把人性看得重。身：代人、人性。［十四］解：通“懈”，忽视。五藏：代内心、本心。［十五］炊累焉：炊烟连绵的样子，喻升腾不衰。［十六］藏：收拢，统一。［十七］淖：柔和。约：缠缚。柔：温顺。［十八］廉：棱角。刿：刺伤。雕琢：喻做作矫伪。［十九］偾骄：喻心下抑上扬。偾：倒仆。骄：马高。［二十］胈：肥（白）肉。［二十一］三王：夏商周三代的帝王。［二十二］大德：社会道德规范。不同：与人的本性不同。烂漫：火烧水淹。［二十三］子：原作“下”，与“百姓”对举，当是形近传误。［二十四］句用治木喻治民。杀：剪裁，喻用规范约束。决：凿孔，喻暴力整治。［二十五］脊脊：通“籍籍”，纷纷。［二十六］殊：死。［二十七］桁杨：刑具。［二十八］离跂：使脚离地。跂：代脚。［二十九］意：通“噫”。［三十］接槢：刑具上扣合用的木条木闩。［三十一］凿枘：刑具上扣合用的凿孔榫头。［三十二］嚆矢：响箭，代武器。［三十三］翦翦：浅浅，狭小。［三十四］窈窈：深远，幽静。冥冥：高远昏暗。［三十五］昏昏默默：形容看不清、听不见。［三十六］大明：日月，代天。［三十七］窈冥：深幽，状地下。门：代内。［三十八］一：纯一，纯洁本性。处：常，一贯。［三十九］缗：解衣相被，喻受益。乎：通“夫”。［四十］贽然：致礼的恭敬样子。［四十一］游者：自称。鞅掌：马颈上的柔软皮带在握。用套马拉车状奔走王事，这里用马颈皮带在握借指自己掌控。观：给人看。无妄：真性。［四十二］已：使止。［四十三］止虫：小虫。止：通“豸”。［四十四］仙仙：起舞若飞的样子，状快速。［四十五］涬溟：迷茫的自然元气。［四十六］莫：通“漠”。［四十七］云云：通“芸芸”。［四十八］浑浑沌沌：原始蒙昧状态。下句“之”代浑浑沌沌的根（本性）。［四十九］搅：与“见”对应，当是“览”之误。［五十］人之：当是因上文衍出的。下同。

［五十一］独有：自得。　［五十二］挠挠：屈曲。

【直译】

只听说关怀宽容天下人，没听说治理天下人。关怀天下人，是担心天下人超出自己的本性；宽容天下人，是担心天下人减损自己的本性。天下人不超出自己的本性，不减损自己的本性，有治理天下的需要吗？从前尧治理天下，就使天下人欣喜地让自己的性情快乐，这是不恬淡。桀治理天下，就使天下人劳苦地让自己的性情苦闷，这是不欢愉。不恬淡不欢愉不是本性。不是本性却可以长久，天下没有这种事。人大喜吗？损伤阳。大怒吗？损伤阴。阴阳都受损，就四季不准时，寒暑谐和形不成，岂不反而伤害人们的身体？使人喜怒失度，居处不定，思虑不自由，中途不成熟，于是国家开始专制独裁，然后出现盗跖和曾参史鳕的行为。所以在全天下奖赏那些善举力不足，在全天下惩罚那些恶行力不足。所以天下广大用赏罚不足以治理。从三代以来争吵不休地终究把赏罚当回事，人们哪有空闲保全他们的本性真情呢？而且，喜欢眼明吗？这是整乱颜色；喜欢耳灵吗？这是整乱声音；喜欢仁吗？这是扰乱本性；喜欢义吗？这是违背情理；喜欢礼吗？这是助长矫伪；喜欢乐吗？这是助长淫荡；喜欢圣吗？这是助长权谋；喜欢智吗？这是助长苛责。天下人要保全自己的本性真情，这八项存在好呢？还是消亡好呢？天下人将不保全自己的本性真情，这八项就开始席卷天下大乱天下。可是天下人居然开始尊崇这些珍惜这些，天下人糊涂得很啊！难道仅仅体验一下就抛弃它吗？竟斋戒后谈论它，跪坐着传授它，击鼓唱歌跳舞宣传它，我对这些怎么办呢？所以君子不得已统领天下，就不如无为。无为然后保全人的本性真情。所以比统治天下更重视人性就可以托付天下，比统治天下更珍爱人性就可以寄予天下。所以君子如果能不忽视自己的本心，不夸示自己的聪明，如尸安处就如龙显现，如深渊沉默就如惊雷响动，精神感动就与天相随合宜，从容无为就万物兴盛不衰。我又哪用闲心治理天下呢？

崔瞿问老聃："不治理天下怎么统一人心?"老聃说："你切不要触动人心。人心排斥下向往上，上下相伤，软缠使刚强温顺。棱角磨损就变矫伪，心热如焦火，心寒如凝冰，心骤变在俯仰之间就两次巡游四海之外。心止息如深渊平静，心活动悬想漫天，下抑上扬还不能束缚的大概只有人心吧?从前黄帝开始用仁义触动人心，尧舜由此大腿枯瘦小腿无毛地去调治天下人，使自己的内心忧虑去推行仁义，使自己的血气亏损去制定法度，这样还不能征服人心。于是尧流放讙兜到崇山，投置三苗在三危，流放共工到幽都，这是不能平服天下啊！延续到三代就天下人大受惊扰了：下有夏桀盗跖上有曾参史鰌，而且儒家墨家全兴起。于是喜欢的愤怒的互相猜疑，愚昧的明智的互相欺骗，善良的凶恶的互相非议，虚伪的诚实的互相讥诮，天下于是衰败了。社会规范不同就本性生命受损害了，天子喜欢权诈百姓的希望就全完了，于是用斧头锯子控制国民用墨线墨斗调治国民用锤子凿子伤害国民。天下纷纷大乱，罪责在干扰人心。所以贤人在大山高岩下隐居，万乘之君在朝廷上忧惧战栗。当今社会被害死的人互相枕藉，戴刑具的人互相推攘，被杀戮的人互相望见，可是儒家墨家竟开始在桎梏中间踮脚挥臂说教。咦，太过分啊，他们不羞愧不知耻太过分了！我不知道圣智不是刑具的横梁闩子，仁义不是桎梏的凿孔榫头，怎么知道曾参史鰌不是夏桀盗跖的武器呢?所以说杜绝圣明废弃权诈就天下大治。"

黄帝立为天子十九年了，命令通行天下，听说广成子在空同山上，特意去见他说："我听说你精通至道，斗胆请问至道的精髓。我想摄取天地的精气来助长五谷，用来养育人民。我还想效法阴阳来使众生顺心如意。"广成子说："你想问的是事物的本质，你想管的是事物的残余。自从你统治天下，云气不等凝聚就下雨，草木不等变黄就凋落，日月的光辉日益昏暗了。你是心眼狭小的佞人，又怎么有资格谈至道?"黄帝退回，放弃天下，建造独室，铺茅草为席，闲居三个月，又去求见广成子。广成子头朝南躺着，黄帝从下方用膝行进，磕了两下头问："听说你精通至道，斗胆请问怎样修身就能长生?”广成子急速起身说:“问得好哇!来,我告诉你至道:至道的精髓高深幽远微妙,至道的顶峰朦胧静默。不要看不要听,以寂静抱持心神,自身会自然端正,必须静心必须清心,不要劳累你的身体,不要动摇你的精神,就能长生。眼睛没有看见的,耳朵没有听见的,心灵没有知晓的,你的精神会守护你的肉体,身体就长生。慎用你的内心,杜绝你的外求,多智谋遭失败。我为你穷究到天上了,是探到那最明显的本原;为你深入到地下了,是探到那最隐秘的本原。对天地有效法,让阴阳有藏处,谨慎保全你的本性,万物会自然旺盛。我保持自己的纯一去坚持自己的平和,所以我修身一千二百年了,我的身体未曾衰老。”黄帝磕了两下头说:“广成子是天了。”广成子说:“来,我告诉你:哪些事物无穷尽而人们都认为有穷尽,哪些事物无法量度而人们都认为有限度。获得我的学说的人能在上当皇帝在下当侯王,失去我的学说的人能在上见阳光在下成泥土。现在百物昌盛都生于土又回归土,所以我将离开你,进入无止境的门户去畅游无尽头的旷野。我和日月同光,我和天地成为永恒。正视我受益啊,背弃我糊涂啊!人一定都会死我却独存吗?”

云将向东游览,经过扶摇树枝正好遇到鸿蒙。鸿蒙正拍着大腿如雀欢跳着将要远游。云将看见他,惊疑地止步,恭敬站着说:“老人家是什么人呢?老人家为什么这样?”鸿蒙拍着大腿如雀欢跳不停,回答云将说:“游玩。”云将说:“我希望请教。”鸿蒙抬头看着云将说:“啊。”云将说:“天气不适宜,地气不流畅,六气不和谐,四季不准时。现在我希望融汇六气的精华来养育众生,为此怎么办?”鸿蒙拍腿欢跳转头说:“我不知道,我不知道。”云将得不到答案。过了三年,云将向东游经过宋国郊野又正好遇到鸿蒙。云将非常高兴,快步走上前说:“你忘了我吗?你忘了我吗?”磕了两下头,说希望听教于鸿蒙。鸿蒙说:“我漫游不知道求什么,随意信步不知道去哪里,游玩人自在表现真性,我还知道什么?”云将说:“我自认为随意信步,可是百姓跟随我走。我不能使百姓止步,现在就任由他们。希望听到一句教导。”鸿蒙说：“扰乱自然的常规，违反事物的本性，青天不能形成。驱散兽群就鸟都在夜间鸣叫，灾祸危及草木昆虫，是凭己意统治国民的罪过。”云将说：“既这样，那么我怎么办?”鸿蒙说：“凭己意有害啊，赶快回头了。”云将说：“我难得遇到你，希望听到一计。”鸿蒙说：“啊，在内心修养。你只要坚持无为就万物自然发展。忘掉你的形体，放弃你的聪明，和万物一同被遗忘，与自然元气高度同化，抛开心思精神，虚静得没有意念。万物众多，各自回归自己的本原。各自回归自己的本原就不表现，原始纯真就终身不脱离本性。如果他们表现就是脱离了本性。不要问事物的名称，不要看事物的情态，万物必定自然发展。”云将说：“你用德性征服我，用虚静晓示我，我一生探求道，现在才获得。”磕了两下头，起身告辞走了。

世俗人都喜欢别人和自己相同而憎恶别人和自己不同。和自己相同就依从他和自己不同就不依从，是把超出众人作为心愿。把超出众人作为心愿，何曾超出众人啊！依靠出众来心安，见识赶不上众人的本领就多了，却想仿效别人治国，这是看到三代帝王的利益却没有看到他们的祸患。这是认为别人治国是侥幸，何曾侥幸却不丧失国家呢？侥幸存国没有万分之一，侥幸亡国一事无成还万余事丧失了。可悲啊，有国土的人不明白。有国土的人有民众，有民众的人不可以支配民众。你不支配所以能支配民众。明白支配民众在于不支配，难道只是治理天下百姓罢了吗？出入六合，畅游九州，独往独来，这叫自得。成为自得的人，这叫最可贵。大人的教化像形体与影子像声音与回声，有授予就回应它，竭尽自己的心思达到与天下人呼应。处身于静默，教化达到无违背，引领你满意地回应他们，圆通地畅行无尽头，出入无依傍，和日无始终，称道形躯合乎大众的共性。与大众相同就无已，无已怎么能存在有？看到有的人是从前的君子，看到无的人是天地的朋友。

卑贱却不能不放任的，是物；卑贱却不能不依靠的，是人；隐匿却不能不做的，是事；粗疏却不能不广布的，是法；疏远却不能不具备的，是义；偏爱却不能不推广的，是仁；制约却不能不掌握的，是礼；守中却不能不提高的，是德；纯一却不能不变化的，是道；神秘却不能不表露的，是天。所以圣人借鉴天就不辅助，养成德就不受碍，体现道就不谋求，理解仁却不依赖，接近义却不自居，适应礼却不顾忌，接触事却不言说，整顿法却不乱用，依靠民却不轻用，放任物却不离失。事物是不足够有为又不能不有为的。不明白天的人不能使德纯一，不通晓道的人无从可适，不明了道的人可悲啊！什么叫道？有天道，有人道。无为就尊崇，是天道；有为就受碍，是人道。家长是天道，奴隶是人道，相差远了，不能不明察。

【简析】

本文从批判禁锢人主张包容人论治国理想。

关怀宽容天下人，使其保全本性，就无需治人。三代以来用赏罚等手段推行仁义礼圣智等统治规范，损毁人的本性，造成森严等级，形成专制独裁，出现思想禁锢。无为才能让天下人保全本性，达到天下大治。比统治天下更重视珍惜人的本性的人才可以寄托给他天下。

撄人心的罪恶在于用暴力手段和诱骗伎俩施加仁义圣智等作专制统治的刑具，用“圣智”之人作专制统治的武器，来禁锢国民思想，造成人际纷争，导致天下大乱。绝圣弃智就天下大治。

统治者治身，谨慎持守自身，不去整治别人治理天下，就万物自然勃发，从而天下大治。

治身之本是净心，统治者超越私欲己意，提高精神境界，在内心修养不向外表现，不凭主观意欲治人，万物就能任其本性自然发展。

想要超出众人是低下的见识。有天下的人要消除高居众人之上、支配民众、喜人同于己、恶人异于己等心态，做到“大同而无己”，拥有民众而不支配民众，即不为私欲己意扰民，使自己的教化与国民的心意相同，民众授予意愿就无违背地满意地回应民意。

认识不能停止在物的层面，要使德达到道的高度，才能做到“无为而尊”。

深层次的专制是在思想意识上专制。所以专制统治愈残酷就愈通过逼迫和诱骗两手使人接受统治思想，从而禁锢国民的思想。这样就从心理层面消除人的独立自主、平等包容，造就奴才，造成人际等级和纷争，导致天下大乱。这是统治者造成的，就要针对统治者下药，要求统治者治身净心，超越自我，不凭主观意欲治人，关怀包容天下人，排除为私欲己意禁锢国民的思想，包容并平等对待各种不同乃至相反的见解和人物，不任意支配民众，不喜人同于己，不恶人异于己，就与民众平等，消除人际等级（等级森然则专制安然），由专制走向民主。平等民主才可能言及统治者的教化和民众的心声相同相应，从而人人保全本性，达到天下大治。这样当然是理想的社会了。

这里的有为即任意支配人甚至支配人的思想，是妄为乱为；这里的无为指不撄人心，不禁锢人的思想，不专制独裁而包容各种不同乃至相反的见解和人物，不凭主观意欲治人，让人任其本性自然发展，即让人独立自主平等包容。所以说有为使天下大乱，无为就天下大治。

禁锢思想就是禁锢人、奴化人，扼杀人的主动性和创造力。主张平等包容各种不同的见解和人物，给人平等地位，让人独立自主，让人任其本性自由发展，就是要统治者不专制独裁，不整治民扰乱民，让全民都能发挥主动性和创造力，各尽所能，就无为而无不为了——统治者不禁锢人就什么都能办好，什么都能成功了。这是由民主平等带给社会无限生机活力的治国理想。

天地

天地虽大，其化均也；万物虽多，其治一也；人卒虽众，其主君也。君，原于德而成于天，故曰玄古之君天下无为也，天德而已矣。以道观言而天下之君正，以道观分而君臣之义明，以道观能而天下之官治，以道泛观而万物之应备。故通于天地者德也，行于万物者道也。上治人者事也，能有所艺者技也。技兼于事，事兼于义，义兼于德，德兼于道，道兼于天。故曰古之畜天下者，无欲而天下足，无为而万物化，渊静而百姓定[一]。记曰："通于一而万事毕，无心得而鬼神服。"夫子曰："夫道覆载万物者也，洋洋乎大哉。君子不可以不刳心焉[二]。无为为之之谓天，无为言之之谓德，爱人利物之谓仁，不同同之之谓大[三]，行不崖异之谓宽[四]，有万不同之谓富。故执德之谓纪，德成之谓立，循于道之谓备，不以物挫志之谓完[五]。君子明于此十者，则韬乎其事心之大也，沛乎其为万物逝也[六]。若然者，藏金于山，藏珠于渊，不利货财，不近贵富[七]，不乐寿，不哀夭，不荣通，不丑穷，不拘一世之利以为己私分，不以王天下为己处显。显则明万物一府生死同状。"夫子曰："夫道渊乎其居也，漻（liáo）乎其清也[八]，金石不得无以鸣。故金石有声，不考不鸣，万物孰能定之？夫王德之人素逝而耻通于事[九]，立之本原而知通于神。故其德广，其心之出有物采之。故形非道不生，生非德不明。存形穷生，立德明道，非王德者邪？荡荡乎忽然出勃然动，而万物从之乎，此谓王德之人。视乎冥冥，听乎无声，冥冥之中独见晓焉，无声之中独闻和焉。故深之又深而能物焉[十]，神之又神而能精焉。故其与万物接也，至无而供其求，时骋而要其宿，大小长短修远。”

黄帝游乎赤水之北，登乎昆仑之丘而南望，还归，遗其玄珠。使知索之而不得，使离朱索之而不得，使喫诟索之而不得也；乃使象罔，象罔得之。黄帝曰：“异哉，象罔乃可以得之乎？”

尧之师曰许由，许由之师曰齧缺，齧缺之师曰王倪，王倪之师曰被衣。尧问于许由曰：“齧缺可以配天乎？吾藉王倪以要之。”许由曰：“殆哉，圾乎天下[十一]！齧缺之为人也，聪明睿知，给数以敏[十二]，其性过人，而又乃以人受天[十三]，彼审乎禁过而不知过之所由生。与之配天乎，彼且乘人而无天，方且本身而异形，方且尊知而火驰，方且为绪使，方且为物絯（gāi），方且四顾而物应，方且应众宜，方且与物化而未始有恒。夫何足以配天乎？虽然，有族有祖，可以为众父，而不可以为众父父。治，乱之率也，北面之祸也，南面之贼也。”尧观乎华，华封人曰：“嘻，圣人，请祝圣人使圣人寿。”尧曰：“辞。”“使圣人富。”尧曰：“辞。”“使圣人多男子。”尧曰：“辞。”封人曰：“寿、富、多男子，人之所欲也，女独不欲，何邪？”尧曰：“多男子则多惧，富则多事，寿则多辱，是三者非所以养德也，故辞。”封人曰：“始也我以女为圣人邪，今然君子也。天生万民必授之职，多男子而授之职，则何惧之有？富而使人分之，则何事之有？夫圣人鹑居而鷇食，鸟行而无彰，天下有道则与物皆昌，天下无道则修德就闲，千岁厌世，去而上仙，乘彼白云至于帝乡，三患莫至，身常无殃，则何辱之有?”封人去之，尧随之曰：“请问。”封人曰：“退已。”尧治天下，伯成子高为诸侯。尧授舜，舜授禹，伯成子高辞为诸侯而耕。禹往见之，则耕在野。禹趋就下风，立而问焉，曰：“昔尧治天下，吾子立为诸侯。尧授舜，舜授予，而吾子辞为诸侯而耕，敢问其故何也?”子高曰：“昔尧治天下，不赏而民劝，不罚而民畏。今子赏罚而民且不仁，德自此衰，刑自此立，后世之乱至此始矣。夫子阖行邪[十四]？无落吾事。”俋俋乎耕而不顾[十五]。

泰初有无[十六]，无有，无名。一之所起，有一而未形[十七]。物得以生，谓之德；未形者有分，且然无间[十八]，谓之命；留动而生物，物成生理，谓之形；形体保神各有仪则，谓之性；性修反德，德至同于初。同乃虚，虚乃大，合喙鸣[十九]，喙鸣合与天地为合。其合缗缗[二十]，若愚若昏，是谓玄德，同乎大顺[二十一]。

夫子问于老聃曰：“有人治道若相放[二十二]，可不可，然不然。辩者有言曰：‘离坚白若县宇。’若是则可谓圣人乎?”老聃曰：“是胥易技系劳形怵心者也。执留之狗成思，猿狙之便自山林来。丘，予告若而所不能闻与而所不能言：凡有首有趾无心无耳者众[二十三]，有形者与无形无状而皆存者尽无[二十四]。其动止也，其死生也，其废起也，此又非其所以也。有治在人忘乎物忘乎天，其名为忘己。

忘己之人，是之谓入于天。”

将闾葂（wǎn）见季彻，曰：“鲁君谓葂也曰：‘请受教。’辞不获命，既已告矣，未知中否，请尝荐之。吾谓鲁君曰：‘必服恭俭，拔出公忠之属，而无阿私，民孰敢不辑。’”季彻局局然笑曰[二十五]：“若夫子之言于帝王之德，犹螳蜋之怒臂以当车轶，则必不胜任矣。且若是则其自为处危，其观台多物[二十六]，将往投迹者众。”将闾葂覤（xì）覤然惊曰[二十七]：“葂也汒若于夫子之所言矣[二十八]。虽然，愿先生之言其风也[二十九]。”季彻曰：“大圣之治天下也，摇荡民心[三十]，使之成教易俗，举灭其贼心，而皆进其独志。若性之自为，而民不知其所由然。若然者岂兄尧舜之教民溟涬然弟之哉[三十一]？欲同乎德而心居矣。”

子贡南游于楚，反于晋过汉阴，见一丈人方将为圃畦，凿隧而入井，抱瓮而出灌，搰（gǔ）搰然用力甚多而见功寡[三十二]。子贡曰：“有械于此，一日浸百畦，用力甚寡而见功多，夫子不欲乎？”为圃者卬而视之曰[三十三]：“奈何？”曰：“凿木为机，后重前轻，挈水若抽，数如泆汤[三十四]，其名为槔。”为圃者忿然作色而笑曰：“吾闻之吾师，有机械者必有机事，有机事者必有机心。机心存于胸中则纯白不备，纯白不备则神生不定[三十五]，神生不定者道之所不载也。吾非不知，羞而不为也。”子贡瞒然惭[三十六]，俯而不对。有间，为圃者曰：“子奚为者邪？”曰：“孔丘之徒也。”为圃者曰：“子非夫博学以拟圣，於于以盖众，独弦歌以卖名声于天下者乎？汝方将忘汝神气，堕汝形骸，而庶几乎。而身之不能治，而何暇治天下乎？子往矣，无乏吾事。”子贡卑陬失色，顼顼然不自得，行三十里而后愈[三十七]。其弟子曰："向之人何为者邪？夫子何故见之变容失色，终日不自反邪？"曰："始吾以为天下一人耳，不知复有夫人也。吾闻之夫子：事求可，功求成，用力少见功多者圣人之道。今徒不然。执道者德全，德全者形全，形全者神全，神全者圣人之道也。托生与民并行而不知其所之，汒乎淳备哉。功利机巧必忘夫人之心。若夫人者，非其志不之，非其心不为，虽以天下誉之，得其所谓謷然不顾[三十八]；以天下非之，失其所谓傥然不受。天下之非誉无益损焉，是谓全德之人哉。我之谓风波之民。"反于鲁以告孔子。孔子曰："彼假修浑沌氏之术者也。识其一不识其二，治其内而不治其外。夫明白入素、无为复朴、体性抱神、以游世俗之间者，汝将固惊邪？且浑沌氏之术予与汝何足以识之哉？"

谆芒将东之大壑，适遇苑风于东海之滨。苑风曰："子将奚之？"曰："将之大壑。"曰："奚为焉？"曰："夫大壑之为物也，注焉而不满，酌焉而不竭。吾将游焉。"苑风曰："夫子无意于横目之民乎？愿闻圣治。"谆芒曰："圣治乎？官施而不失其宜，拔举而不失其能，毕见其情事而行其所为[三十九]，行言自为而天下化，手挠顾指，四方之民莫不俱至。此之谓圣治。""愿闻德人。"曰："德人者，居无思，行无虑，不藏是非美恶。四海之内共利之之谓悦，共给之之谓安。怊乎若婴儿之失其母也，傥乎若行而失其道也，财用有余而不知其所自来，饮食取足而不知其所从。此谓德人之容。""愿闻神人。"曰："上神乘光，与形灭亡，此谓照旷。致命尽情，天地乐而万事销亡万物复情，此之谓混冥。"

门无鬼与赤张满稽观于武王之师。赤张满稽曰:“不及有虞氏乎?故离此患也[四十]。”门无鬼曰:“天下均治而有虞氏治之邪,其乱而后治之与?”赤张满稽曰:“天下均治之为愿,而何计以有虞氏为?有虞氏之药疡也。秃而施髢,病而求医。孝子操药以修慈父,其色燋然,圣人羞之。至治之世不尚贤,不使能,上如标枝,民如野鹿。端正而不知以为义,相爱而不知以为仁,实而不知以为忠,当而不知以为信,蠢动而相使不以为赐[四十一],是故行而无迹,事而无传。

孝子不谀其亲,忠臣不谄其君,臣子之盛也。亲之所言而然所行而善,则世俗谓之不肖子;君之所言而然所行而善,则世俗谓之不肖臣。而未知此其必然邪?世俗之所谓然而然之所谓善而善之,则不谓之道、谀之人也?然则俗固严于亲而尊于君邪?谓己道人则勃然作色,谓己谀人则怫然作色,而终身道人也终身谀人也。合譬饰辞聚众也,是始终本末不相坐。垂衣裳,设采色,动容貌,以媚一世而不自谓道、谀;与夫人之为徒,通是非,而不自谓众人,愚之至也。知其愚者非大愚也,知其惑者非大惑也。大惑者终身不解,大愚者终身不灵。三人行而一人惑,所适者犹可致也,惑者少也;二人惑则劳而不至,惑者胜也。而今也以天下惑,予虽有祈向不可得也[四十二],不亦悲乎?大声不入于里耳,《折杨》《皇花》则嗑然而笑[四十三]。是故高言不止于众人之心,至言不出,俗言胜也。以二缶钟惑而所适不得矣[四十四]。而今也以天下惑,予虽有祈向其庸可得邪?知其不可得也而强之,又一惑也。故莫若释之而不推。不推谁其比忧?厉之人夜半生其子，遽取火而视之，汲汲然唯恐其似己也。

百年之木破为牺尊，青黄而文之，其断在沟中。比牺尊于沟中之断，则美恶有间矣，其于失性一也。跖与曾史行义有间矣，然其失性均也。且夫失性有五：一曰五色乱目，使目不明；二曰五声乱耳，使耳不聪；三曰五臭薰鼻，困惾（zōng）中颡；四曰五味浊口，使口厉爽；五曰趣舍滑心，使性飞扬。此五者皆生之害也。而杨墨乃始离跂自以为得，非吾所谓得也。夫得者困，可以为得乎？则鸠鸮之在于笼也，亦可以为得矣。且夫趣舍声色以柴其内[四十五]，皮弁鹬冠搢笏绅修以约其外[四十六]，内支盈于柴栅，外重纆缴，睆睆然在纆缴之中，而自以为得，则是罪人支臂历指[四十七]，而虎豹在于囊槛，亦可以为得矣。

【略注】

[一] 渊静：心不生欲、意。渊：借喻心。 [二] 刳心：挖空心，除去俗念。 [三] 大：指包容万物（即下“有万不同”）的胸怀。[四] 行：使用人、物，对人对物。崖异：界线分开。 [五] 挫：提起。志：准的。 [六] 沛：丰盛，数量多，规模大。逝：流动。 [七] 近：接近。 [八] 漻乎：水流通的样子，形容词作动词。 [九] 王：通“旺”。逝：时间流逝。 [十] 物：观察，选择。 [十一] 坂：通“岌”。 [十二] 给：回应。数：通“速”。 [十三] 受：通“授”。 [十四] 阖：通“盍”。[十五] 佹佹：壮勇的样子。 [十六] 宇宙、天地、人、物、事都从无到有。贯通无和有说，泰初指开始；单从有说，泰初指开始以前（未始之始）。 [十七] 一：一气，元气。古人认为天地万物由气生成。 [十八] 且：通“庢”相依。无间：无更迭，不离析。[十九] 鸣：如鸣，传名。 [二十] 缗缗：无痕。缗：通“泯”。[二十一] 大顺：极大和顺，自然。 [二十二] 相：选择。放：

恣纵。 [二十三] 心：代思想；耳：借代见闻；合指下“无形无状”。 [二十四] 有形者：人。与：通“举”，选取。与……者：后置定语。 [二十五] 局局：通“跼跼”，屈曲。 [二十六] 观台：代朝廷。 [二十七] 觇觇：惊惧的样子。 [二十八] 汒若：茫然。 [二十九] 风：通“讽”，微言劝说，此取微言意。[三十] 摇荡：使活跃。 [三十一] 兄：以……为兄，推尊。弟：遵从。 [三十二] 搰搰：通“汩汩”，水从水罐流出的声音。[三十三] 卬：通“昂”。 [三十四] 泆：通“溢”。 [三十五] 生：通“性”。[三十六] 瞒：不敢正视对方。 [三十七] 愈：通“瘉”。 [三十八] 謷：通“傲”。 [三十九] 所为：目的，目标。 [四十] 离：通“罹”。 [四十一] 蠢动：举动无意。使：被役使。 [四十二] 祈向：企求的方向。 [四十三] 《折杨》《皇花》：里俗歌曲名。 [四十四] 缶钟：或是字误，或以两种乐器代前言两种音乐、两种言论、两个人。 [四十五] 柴：堆积物，作动词，堆积。下指木材。 [四十六] 搢笏：插带笏板。绅：腰带。 [四十七] 支臂：分张捆住手臂。历指：排开夹住手指。

【直译】

天地虽然广大，它们的发展是平衡的；万物虽然众多，它们的原理是一样的；人民虽然众多，他们的主宰是国君。国君，根基在德性成功在自然，所以说远古人治理天下无需作为，凭天生德性罢了。用道衡量誓言就天下的国君正当，用道衡量职分就君臣关系明确，用道衡量才能就天下的官吏图治，用道普遍衡量就万事万物完全顺应。所以贯通天地的是德，流布万物的是道，在上治民的是事，能够有建树的是技。技与事结合，事与义结合，义与德结合，德与道结合，道与天结合。所以说古人养天下人，无私欲就天下人富足，无妄为就万物发展，心静净就百姓安定。有记载说：“融通一切就万事万物完善，无心求得就鬼神敬服。”先生说：“道是覆盖承载万物的，汪洋浩瀚般广大啊。君子不能不净心。无欲求地处事叫自然，无欲求地论事叫有德，爱人利物叫仁爱，不同的使之同存叫广大，待人接物不标准不同叫宽宏，包容万种不同叫丰富。所以坚定本性叫准则，本性成熟叫成就，遵循道叫保全本性，不因物欲立目标叫完美。君子明白这十项，那么自己的广大用心深沉，自己被万物归向隆盛。像这样，藏金于深山，藏珠于深渊，不认为钱财有利，不追求富贵，不因长寿欢乐，不因夭折悲哀，不以显达为荣，不以困顿为羞，不把获取全社会的利益视为自己私人应得，不把统治天下视为自己处身显贵。显贵就该明白万物包容于一心生死是一样的。”先生说：“道深藏它的居处，荡涤它的纯洁，金石不得道无法鸣响。所以金石有声音，不敲击不响，万物谁能确定道？有盛德的人纯真过日子就以通晓事务为耻，使自己立足本性就智慧通神明。所以他的德性广布，他的心思产生有外物引发。所以形体无道不生成，生命无德不光亮。保养形体过完一生，坚定本性显示道，不是盛德之人吗？浩荡地突然出现、蓬勃活动，就万物随应他啊，这叫盛德之人。从昏暗看，从无声听，从昏暗中独自看得明白，从无声中独自听到和谐。所以深奥又深奥却能识别，神秘又神秘却能精通。所以他与万物接触，最虚无就满足他的需求，适时驰骋就合乎他的目的，大小长短高远。”

黄帝到赤水北边游览，登上昆仑山向南遥望，回归，丢失了玄珠。派智去寻找玄珠没找到，派离朱去寻找玄珠没找到，派喫诟去寻找玄珠没找到，于是派象罔去，象罔找到了玄珠。黄帝说：“奇怪啊，象罔竟能找到玄珠啊！”

尧的老师叫许由，许由的老师叫齧缺，齧缺的老师叫王倪，王倪的老师叫被衣。尧问许由：“齧缺可以匹配天吗？我凭借王倪邀请他。”许由说：“危险啊，危及天下！齧缺为人，聪明睿智，反应迅速敏捷，他的天性超过别人，而且又还把人意加给天然，他审慎地禁止过错却不知过错产生的缘由。拿他匹配天啊，他将任用人为就没有天然，并将以自己为本区分事物，并将崇尚智谋去火速传播，并将被思绪驱使，并将被物欲束缚，并将四面顾及地与外物接应，并将适应众多事宜，并将随外物变化而从无常规。怎么足够配天呢？虽然如此，有群众就有首领，可以成为群众的首领，却不可以成为众首领的首领。治民，是引导混乱，是臣民的祸患，是国君的隐患。”尧在华地观光，华地守疆人说：“啊，圣人，诚心祝福圣人让圣人长寿。”尧说：“不要。”“让圣人富有。”尧说：“不要。”“让圣人多生儿子。”尧说：“不要。”守疆人说：“长寿、富有、多子，是人们希望的，你独自不想，为什么呢？”尧说：“多儿子就多忧惧，富有就多事端，长寿就多耻辱，这三项不是用来保养本性的，所以推辞。”守疆人说：“起初我以为你是圣人吧，现在这样，是君子。天生万民必定授予他们分内事，多儿子就授予他们分内事，那么有什么忧惧？富有就让人分享它，那么有什么事端？圣人像鹌鹑居住像幼鸟进食，像鸟飞无行迹，天下清平就与万物都昌盛，天下昏乱就遵循本性趋就闲散，千年后厌弃尘世，离去上天成仙，驾乘白云到达天宫。三种忧患不到来，身常无害，那么有什么耻辱？”守疆人离开尧，尧追随他说：“希望请教。”守边人说：“回去了。”尧统治天下，伯成子高封为诸侯。尧授政权给舜，舜授政权给禹，伯成子高推辞当诸侯去耕种。禹去见他，他正在田野耕种。禹快步走到下位，站着问他：“从前尧统治天下，你封为诸侯。尧授政权给舜，舜授政权给我，你推辞当诸侯来耕种，斗胆请问这缘故是什么？”子高说：“从前尧治理天下，不奖赏国民就努力，不惩罚国民就畏惧。现在你又奖赏又惩罚可是国民还不仁爱，人性从此衰减，刑罚从此兴起，后世的祸乱从此开始了。先生何不走开呢？不要耽误我的事。”奋力耕作不看一眼。

泰初只有无，无存在，无名称。元气起始时，元气还没成形。物能由它生成，称它生气；没成形时就有定分，相依不变更，称它天命；停滞运动就生成物类，物类形成生理，称它形体；形体存在精神各有准则，称它本性；本性美好又归属生气，生气达到极点和泰初相同。相同就虚静，虚静就广大，就合拢嘴巴也传名，嘴巴传名于闭合和天地吻合。那吻合无痕迹，好像愚昧好像昏聩，这叫神妙的生气，与自然相同。

孔子问老聃：“有人研究道好像取舍任意，以不可为可，以不然为然。辩论的人说：‘分析坚石白马像悬在天宇。’像这样就可以称圣人吧?”老聃说：“辩者是互相轻视分歧纠缠使形体劳苦使心灵悲惧的人。拘留的狗变得愁苦，猿猴的便捷从山林获得。孔丘，我告诉你那些你不能听到和你不能说出的：凡是有头有脚无思想无知识的人很多，获取思想和知识并且全保存的人绝对没有。人的动静，人的生死，人的穷达，这些又不是这样的原因。取得治绩在人忘怀物欲忘怀主宰，这叫忘己。忘己的人，这种人叫融入天。”

将闾葂见到季彻说：“鲁国国君对我说：‘希望受到教诲。’我推辞不获允许，既已告诉了，不知合适否。希望尝试复述这些话。我对鲁君说：‘必须践行谦恭节俭，提拔公正忠诚的人，还要不徇私，国民谁敢不和顺。’”季彻笑弯了腰说：“像先生谈到的帝王的德行，犹如螳螂奋起手臂去抵挡车轮，必定不胜任。而且如果这样就一定造成自己处境危险，这样会朝廷多事，将去奔竞的人很多。”将闾葂吃惊地说：“我对先生说的感到茫然。虽然如此，希望先生说说它的含意。”季彻说：“大圣人治理天下，放纵民心，使民心成就教化改变风俗，完全消除那些有害心思，就都增进自己的独特心志。像本性自然生成，人们还不知道他们这样的来由。像这样，难道推崇尧舜教化国民盲目地遵从他们吗?欲望和本性相同就民心安定了。”

子贡向南游历到楚国，返回晋国经过汉阴，看见一位老人正要浇灌菜地，从挖的地道入水井，抱着水罐出来浇灌，一点儿一点儿地用力很多却见效很少。子贡说：“这里有种机械，一天浇灌上百畦，用力很少却见效很多，先生不想用吗?”浇地人抬头看着子贡说：“怎么做?”子贡说：“凿木头做成机关，使后面重前面轻，提取水像抽引，来水又快又多如开水涌溢。它的名称叫桔槔。”浇地人气愤得变了脸色笑着说：“我听我的老师说，有机械的人必定有机巧的行为，有机巧行为的人必定有机巧的心思。机巧心思存在胸中就纯洁心性不完备了，纯洁心性不完备就心神性情不稳定，心神性情不稳定不能体现道。我不是不知道，是认为耻辱不使用。”子贡惭愧得不敢正视他，低头不回答。过了一会儿，浇地人说：“你是干什么的呢?”回答说：“是孔丘的学生。”浇地人说：“孔子不是那以博学来比拟圣人、用尊显来压倒众人、特意弹琴唱歌来卖弄名声到天下的人吗？你正需要减消你的神气，放低你的架子，就差不多了。你自身不能管好，又哪有闲暇治理天下呢？你该走了，不要耽误我的事。”子贡自卑失色，谨慎地不自我得意，走了三十里然后恢复常态。子贡的学生说：“先前的人是干什么的呢？先生为什么见过他改变面容失去神采，整天不能回归自我呢?”子贡说：“当初我认为天下一人罢了，不知道还有这类人。我听老师说：事追求可行，功追求完成，用力少见效多是圣人的主张。现在这人不这样。掌握道的人本性完全，本性完全的人形体健全，形体健全的人精神完美，精神完美是圣人的主张。寄世一生与民众一起行动就不知自己的意向，茫然质朴美好啊。功利机巧必然被这种人的心忘怀。像这人，不是自己的目标不去，不合自己的本心不做，即使因此天下人都称赞他，得知人们的称赞也傲然不屑一顾；因此天下人都非议他，得知人们的非议也惊疑不接受。天下人的毁誉不能促进或挫伤他，这类人叫保全本性的人啊。我们叫如同风波的人。”回到鲁国把这事告诉孔子。孔子说：“他是偏执遵循浑沌氏学说的人。知其一不知其二，保全自己的心性就不知道利用外物。是显出真率切入纯洁、无为地回归质朴、体现本性持守心神、凭这些优游世俗中的人，你会必然吃惊吧？况且浑沌氏的学说我和你怎么能够懂得它呢?”

谆芒将向东去大海，正好在东海边遇到苑风。苑风说：“你将去哪里?”回答说：“将去大海。”问：“干什么呢?”谆芒说：“大海作为容器，注入水装不满，取走水取不尽，我将到那里游玩。”苑风说：“先生无心民众吗？希望听听圣人治国。”谆芒说：“圣人治国吗？官职授予就不失去那些称职的，选拔任用就不失去那些能干的，完全明察民众的事情从而践行民众的目标，言行由民众自己发出就天下融洽，手势指挥眼色示意，四方的人没有谁不一齐到来。这叫圣人治国。”“希望听听德人。”谆芒说：“德人，静处不思考，行为不谋划，心中不存在是非美丑。四海之内共同因他顺利叫喜悦，共同因他丰足叫安乐。悲怆像婴儿失去自己的母亲，惊疑像前进失去了道路，钱财有余却不知钱财的来源，饮食充足却不知饮食的来历。这叫德人的表现。”“希望听听神人。”谆芒说：“上等神人凌驾光辉，连形体消失，这叫照耀广阔。尽天命尽情理，天地愉悦就万事消除万物恢复真性，这叫进入高深。”

门无鬼和赤张满稽观看周武王的军队。赤张满稽说：“赶不上有虞氏吧？所以遭遇这祸患。”门无鬼说：“天下平治就有虞氏治理天下呢，还是天下混乱然后有虞氏治理天下呢？”赤张满稽说：“天下平治达到愿望，还考虑用有虞氏干什么？有虞氏是医治恶性脓疮。秃头就戴假发，生病就找医生。孝子拿药来救治慈父，他的神色焦虑，圣人为他羞愧。最清平的社会不崇尚贤人，不使用能人，君上像树梢的枝条，百姓像旷野的麋鹿。正直却不知道以这为义，友爱却不知道以这为仁，诚实却不知道以这为忠，恰当却不知道以这为信，无用心地互相服务不知道以这为恩，因此行为不图业迹传世，做事不图业迹流传。”

孝子不阿谀自己的父母，忠臣不谄媚自己的国君，这是臣和子的极致。父母说的就认为对做的就认为好，那么世俗称他是不成器的儿子；国君说的就认为对做的就认为好，那么世俗称他是不成器的臣子。你不知这必然如此吗？世俗说对就认为它对说好就认为它好，就不叫他被引诱、谄谀人的人吗？既这样，那么世俗原本比父母尊严比国君尊贵吗？说自己被引诱就大怒变脸色，说自己谄谀人就气愤变脸色，就会一辈子被引诱一辈子谄谀人。集合譬喻修饰辞藻来吸引众人，这样就始与终本与末不相因。拖着衣服，装饰彩色，调动容颜体态，来献媚全社会却不称自己被引诱、谄谀人；和这种人成为同类沟通是非，却不称自己为众人，是愚昧到极点。知道自己愚昧不是大愚昧，知道自己糊涂不是大糊涂。大糊涂一辈子不醒悟，大愚昧一辈子不明白。三人同行，一人迷失方向还可以到达，是迷惑的人少；有两个人迷路就疲劳也不能到达，是迷惑的人占多数。可是现在因全天下人迷惑，我虽然有目标也不可能达到，不也可悲吗？高雅音乐不能进入乡下人耳朵，听到《折杨》《皇花》就哈哈地笑。因此高深的话不会留在众人心中，极好的话不彰显，是世俗言论太多。因二者使人迷惑就不能到达目的地了。可是现在因全天下人都迷惑，我虽然有目标难道能达到吗？知道这不可能还强求它，又是一重迷惑。所以不如放弃它不推究。不推究谁还遇到忧虑？丑人半夜生儿子，急忙取火来看儿子，是焦灼地担心儿子像自己。

把百年大树剖分做成酒杯，用青黄彩色装饰它，那锯掉的抛弃在山沟中。酒杯和沟中的断木相比，那么美丑有差距了，它们失去了本性是一样的。盗跖和曾参史鰌行为表现有差距，然而他们失去本性是均等的。而且失去本性有五种：一叫五种颜色扰乱眼睛，使眼睛不明亮；二叫五个音阶扰乱耳朵，使耳朵不灵敏；三叫五种气味熏染鼻孔，使鼻孔阻塞损及额头；四叫五种口味浊乱嘴巴，使嘴巴严重错觉；五叫取舍迷乱心性，使心性骛高远。这五项都危害本性。可是杨朱墨翟居然开始踮起脚自以为得意，不是我说的得意。得意是受困扰，能以这为得意吗？那么鸠鸟鸮鸟关在笼子里，也能够以这为得意了。而且选取声色来堆积在内心，戴皮帽羽帽宽腰带插笏板来约束自己的外形，内心被木栅架满，外表重叠着绳索，在捆绑中瞪圆眼，还自以为得意，那么这是罪人绑住手臂夹住手指，虎豹在布袋木笼中，也都能够算得意了。

【简析】

本文从统治者和被统治者两方面论治国理想。

统治者无私欲己意、不妄为，天下人就丰足，万物就发展，百姓就安定。因此统治者不可不治身立德体现道：超越私欲己意、生死、利害，使心胸如覆载万物的天地一样广阔，一视同仁地包容万物；不把社会的利益视为己私，不凭私欲己意立不同标准，不以统治天下为显贵，就能平等待人，就能让不同观点、人才平等共存。

玄珠喻治道、象罔喻行迹全出于无私欲己意，喻证无为就获得治绩。

治民是乱天下的原因，对君王对臣民都有害。统治者应授职给万民，分富给万民，随道进退，不用赏罚等手段整治国民。

万物都由元气生成，都有体现道的本性。人保持本性不变，心胸才静净，才广阔，才能包容一切，才能平等待人接物。这样就能无为就传名，就与天地相吻合。

有治绩在于超越自我，“可不可，然不然”地包容并平等对待各种不同以至相反的见解和人物。

治国不能用利名诱骗人来投靠自己，应放纵民心，让民众都自然地任由本性增强独特（独立平等）意识，让民心成就教化、改变风俗。

统治者不要被机巧心计和世俗观念损毁体现道的本性，才能“与民并行而不知其所之”地顺应民意。不被世俗舆论动摇的人才是保全本性的人。

统治者要完全明察民情、施行民意，让国民言行自主，国民才可能顺从归附。这就要求统治者有似海如光的胸怀，不用心计权谋，不存主观好恶，凭真诚本性使天下人顺利丰足。

最清平的社会不分贤、能、君、臣的森严等级，不知仁、义、忠、信等专制统治规范，统治者不以施恩泽、传业迹为目的。

国民总是被统治者的统治思想造成的世俗观念诱骗，成为谄媚统治者的奴才，而且全社会的人都执迷不悟，太可悲！

逐利的盗跖、逐名的曾史以及一切追求感官欲求的人，一切是己非人的人，同样丧失了本性，同样是在统治者的牢笼中自鸣得意。

无为而无不为的关键是希望统治者不失本性，超越自我，提高精神境界，有包容各种见解和各种人物、让国民独立自主互相平等的胸怀，不为私欲不凭己意不用权谋去整治民扰乱民。而被统治者不能超越私欲己意，就没有独立自主精神，就没有平等包容胸怀，就终归会被专制统治者用名位等级、利禄功名诱骗、奴化，成为奔走钻营卖身投靠的奴才。这也是专制统治能够肆虐的重要条件。庄子对此揭示批评，是希望受残酷专制统治的人们醒悟。这正是从心灵救人救世，具有深刻的意义。本文就是希望挽救统治者和被统治者的心灵，以企求民主理想。

天道

天道运而无所积，故万物成；帝道运而无所积，故天下归；圣道运而无所积，故海内服。明于天，通于圣，六通四辟于帝王之德者[一]，其自为也昧然无不静者矣。圣人之静也，非曰静也善故静也，万物无足以铙心故静也[二]。水静则明烛须眉，平中准[三]，大匠取法焉。水静犹明，而况精神！圣人之心静乎天地之鉴也万物之镜也。夫虚静恬淡寂寞无为者，天地之平而道德之至。故帝王圣人休焉。休则虚，虚则实，实则伦矣；虚则静，静则动，动则得矣；静则无为，无为也则任事者责矣。无为则俞俞[四]，俞俞者，忧患不能处，年寿长矣。夫虚静恬淡寂寞无为者，万物之本也。明此以南乡，尧之为君也；明此以北面，舜之为臣也。以此处上，帝王天子之德也；以此处下，玄圣素王之道也[五]；以此退居而闲游，江海山林之士服；以此进为而抚世，则功大名显而天下一也。静而圣，动而王，无为也而尊，朴素而天下莫能与之争美。夫明白于天地之德者，此之谓大本大宗，与天和者也，所以均调天下与人和者也。与人和者谓之人乐，与天和者谓之天乐。庄子曰："吾师乎，吾师乎。韲万物而不为戾，泽及万世而不为仁，长于上古而不为寿，覆载天地刻雕众形而不为巧，此之谓天乐。故曰知天乐者，其生也天行，其死也物化，静而与阴同德，动而与阳同波。故知天乐者，无天怒，无人非，无物累，无鬼责。故曰其动也天，其静也地，一心定而王天下。其鬼不祟[六]，其魂不疲，一心定而万物服，言以虚静推于天地通于万物，此之谓天乐。天乐者圣人之心以畜天下也。”

夫帝王之德，以天地为宗，以道德为主，以无为为常。无为也则用天下而有余，有为也则为天下用而不足，故古之人贵夫无为也。上无为也，下亦无为也，是下与上同德。下与上同德则不臣。下有为也，上亦有为也，是上与下同道。上与下同道则不主。上必无为而用天下，下必有为为天下用，此不易之道也。故古之王天下者，知虽落天地[七]，不自虑也；辩虽雕万物，不自说也；能虽穷海内，不自为也。天不产而万物化，地不长而万物育，帝王无为而天下功。故曰莫神于天，莫富于地，莫大于帝王。故曰帝王之德配天地。此乘天地驰万物而用人群之道也。

本在于上，末在于下，要在于主，详在于臣。三军五兵之运[八]，德之末也；赏罚利害五刑之辟[九]，教之末也；礼法度数形名比详，治之末也；钟鼓之音羽毛之容，乐之末也；哭泣衰绖隆杀之服[十]，哀之末也。此五末者，须精神之运心术之动然后从之者也。末学者古人有之，而非所以先也。君先而臣从，父先而子从，兄先而弟从，长先而少从，男先而女从，夫先而妇从，夫尊卑先后天地之行者也，故圣人取象焉。天尊地卑，神明之位也；春夏先秋冬后，四时之序也；万物化作，萌区有状，盛衰之杀变化之流也。夫天地至神而有尊卑先后之序，而况人道乎？宗庙尚亲，朝廷尚尊，乡党尚齿[十一]，行事尚贤，大道之序也。语道而非其序者，非其道也。语道而非其道者，安取道？是故古之明大道者，先明天而道德次之，道德已明而仁义次之，仁义已明而分守次之，分守已明而形名次之，形名已明而因任次之，因任已明而原省次之，原省已明而是非次之，是非已明而赏罚次之，赏罚已明而愚知处宜，贵贱履位，仁贤不肖袭情，必分其能，必由其名。以此事上，以此畜下，以此治物，以此修身，知谋不用，必归其天。此之谓太平，治之至也。故书曰有形有名。形名者古人有之，而非所以先也。古之语大道者，五变而形名可举，九变而赏罚可言也。骤而语形名，不知其本也；骤而语赏罚，不知其始也。倒道而言迕道而说者，人之所治也，安能治人？骤而语形名赏罚，此有知治之具，非知治之道。可用于天下，不足以用天下。此之谓辩士，一曲之人也。礼法度数形名比详，古人有之，此下之所以事上，非上之所以畜下也。

昔者舜问于尧曰："天王之用心何如？"尧曰："吾不敖无告，不废穷民，苦死者嘉孺子而哀妇人。此吾所以用心也。"舜曰："美则美矣，而未大也。"尧曰："然则何如？"舜曰："天德而出宁，日月照而四时行，若昼夜之有经，云行而雨施矣。"尧曰："胶胶扰扰乎[十二]！子，天之合也；我，人之合也。"夫天地者古之所大也，而黄帝尧舜之所共美也。故古之王天下者奚为哉？天地而已矣。

孔子西藏书于周室。子路谋曰："由闻周之征藏史有老聃者免而归居[十三]。夫子欲藏书则试往因焉。"孔子曰："善。"往见老聃而老聃不许。于是繙（fān）十二经以说[十四]，老聃中其说曰："大谩，愿闻其要。"孔子曰：

“要在仁义。”老聃曰：“请问仁义人之性邪?”孔子曰：“然。君子不仁则不成，不义则不生，仁义真人之性也，又将奚为矣?”老聃曰：“请问何谓仁义?”孔子曰：“中心物恺，兼爱无私，此仁义之情也。”老聃曰：“意，几乎，后言。夫兼爱不亦迂乎？无私焉乃私也。夫子若欲使天下无失其牧乎，则天地固有常矣，日月固有明矣，星辰固有列矣，禽兽固有群矣，树木固有立矣。夫子亦放德而行，循道而趋已至矣，又何偈偈乎揭仁义，若击鼓而求亡子焉？意，夫子乱人之性也。”

士成绮见老子而问曰：“吾闻夫子圣人也，吾固不辞远道而来愿见，百舍重趼而不敢息。今吾观子非圣人也：鼠壤有余蔬而弃妹之者[十五]，不仁也；生熟不尽于前而积敛无崖。”老子漠然不应。士成绮明日复见曰：“昔者吾有刺于子，今吾心正卻矣[十六]，何故也?”老子曰：“夫巧知神圣之人，吾自以为脱焉。昔者子呼我牛也而谓之牛，呼我马也而谓之马。苟有其实，人与之名而弗受，再受其殃。吾服也恒服，吾非以服有服。”士成绮雁行避影[十七]，履行遂进而问[十八]：“修身若何?”老子曰：“而容崖然，而目冲然，而颡頯然[十九]，而口阚然[二十]，而状义然，似系马而止也动而持[二十一]，发也机察而审[二十二]，知巧而睹于泰，凡以为不信。边竟有人焉，其名为窃。”夫子曰：“夫道，于大不终，于小不遗，故万物备。广广乎其无不容也，渊乎其不可测也。形德仁义神之末也[二十三]，非至人孰能定之？夫至人，有世不亦大乎而不足以为之累，天下奋棅而不与之偕[二十四]，审乎无假而不与利迁[二十五]，极物之真能守其本，故外天地遗万物，而神未尝有所困也。

通乎道，合乎德，退仁义[二十六]，宾礼乐[二十七]，至人之心有所定矣。”

世之所贵道者书也。书不过语，语有贵也，语之所贵者意也。意有所随，意之所随者不可以言传也。而世因贵言传书。世虽贵之，我犹不足贵也，为其贵非其贵也。故视而可见者形与色也，听而可闻者名与声也。悲夫，世人以形色名声为足以得彼之情！夫形色名声果不足以得彼之情，则知者不言，言者不知[二十八]，而世岂识之哉？桓公读书于堂上，轮扁斫轮于堂下，释椎凿而上问桓公曰：“敢问公之所读者何言邪？”公曰：“圣人之言也。”曰：“圣人在乎？”公曰：“已死矣。”曰：“然则君之所读者古人之糟魄已夫。”桓公曰：“寡人读书，轮人安得议乎？有说则可，无说则死。”轮扁曰：“臣也以臣之事观之，斫轮徐则甘而不固[二十九]，疾则苦而不入，不徐不疾，得之于手而应于心，口不能言，有数存焉于其间。臣不能以喻臣之子，臣之子亦不能受之于臣，是以行年七十而老斫轮。古之人与其不可传也死矣，然则君之所读者古人之糟魄已夫。”

【略注】

［一］六通：四方上下皆通。四辟：四季皆打开。 ［二］铙：军乐器，其声惊动；或是“挠”之误。 ［三］准：衡量平否的器具，水平尺。 ［四］俞俞：通“愉愉”。 ［五］玄圣素王：修养高深有帝王素质却没作帝王的人。 ［六］鬼：借代身体。［七］落：使降低，高过。 ［八］三军：全部军队。五兵：泛指各种兵器。之：助宾语前置。 ［九］利害：以利引诱，以害威胁。五刑：泛指各种刑法。辟：用法治罪。 ［十］衰：通“缞”，

丧服。经：居丧带的麻布。隆杀：高低等级。杀：等差。[十一]齿：年龄。 [十二]胶：牢固；扰：安抚；重叠强调其意。[十三]征藏史：负责征集保管的官。 [十四]繙：从下文看指口述。十二经：泛指所述经书。 [十五]鼠壤：老鼠的疆域。[十六]正：纠正。郤：通“隙”，怨恨，纷争。 [十七]雁行：弟行兄后，此指在身后走。避影：避免影响。 [十八]履行：穿着鞋走（古人入室要脱鞋）。 [十九]頯然：到面颊的样子。上句状瞪眼，此写舒额。 [二十]阚：虎发怒。 [二十一]系马而止也：当是“系而止马也”。 [二十二]发也机：当作“发机也”。机：弩机，发箭的装置。 [二十三]形：通“刑”，罚。德：恩德，赏。 [二十四]棅：同“柄”，权。 [二十五]假：即《逍遥游》中“有所待”之“待”意。 [二十六]退：使退。[二十七]宾：通“摈”。 [二十八]不知：不能表明语意和意所随。 [二十九]甘：悦耳动听。

【直译】

天道运行没有痕迹，所以万物生成；帝道运作没有痕迹，所以天下人归顺；圣道流传没有痕迹，所以天下人信服。明白天道，精通圣道，随时随地通晓帝王本性的人，他开始行动就像无欲求没有不静心的了。圣人静心，不是说静心好所以静心，而是万物没有足够动心的所以静心。水静就清楚地照出胡须眉毛，平得合乎水平尺，高明的木匠取法它。水静尚且空明，更何况精神呢！圣人的心比天地的明镜、万物的明镜还虚静。虚静恬淡寂寞无为，是天地的常态和合道之德的极致。所以帝王圣人都息心。息心就虚静，虚静就真实，真实就有理序了；空明就静净，静净就灵动，灵动就自得了；心静就无为，无为就做事的人负责了。无为就愉快，愉快的人，忧患不能入心，寿命就长了。虚静恬淡寂寞无为，是万物的根本。明白这原理去面向南，是尧做君；明白这原理去面向北，是舜做臣。凭这原理居上位，是帝王天子的德性；凭这原理居下位，是玄圣素王的准则；凭这原理退隐闲游，就江海山林之人佩服；凭这原理进取安抚世人，就会功大名扬而天下人平等。静处就成圣人，行动就成帝王，无为就尊崇，朴素就天下没有谁能和他争美。明白天地的原理，这叫大根本大本原，是和天应和的，是协调天下与人和谐的凭借。与人和谐称它人乐，与天应和称它天乐。庄子说："我的老师啊，我的老师啊。粉碎万物却不算暴戾，泽被万代却不算仁惠，生于远古却不算长寿，载天覆地雕刻众形却不算巧妙，这叫天乐。所以说懂得天乐的人他生像天体运行，他死像万物变化，静就和阴同性质，动就和阳同兴起。所以懂得天乐的人没有天降怒，没有人非议，没有物欲牵累，没有鬼神责罚。所以说他动如天，他静如地，全心静净就治好天下。他的身体不遭祸，他的精神不疲倦，全心静净就万物顺应，是说凭虚静推知天地通晓万物，这叫天乐。天乐是圣人用心去包容天下人。"

帝王的德性，以天地为本质，以本性为主宰，以无为为常规。无为就利用天下还游刃有余，有为就被天下利用还不能满足，所以古人重视这无为。上层人无为，下层人也无为，这是下与上同性质。下与上同性质就不存在臣民。下层人有为，上层人也有为，这是上与下同准则。上与下同准则就不存在君主。上层人必须无为地利用天下，下层人必须有为地被天下利用，这些是不能改变的规律。所以古代统治天下的人，智慧虽然高过天地，不为自己思考；辩才虽能雕饰万物，不为自己论说；能力虽然胜过天下人，不为自己施展。天不生产却万物生长，地不抚养却万物发育，帝王无为就天下太平。所以说没有什么比天神圣，没有什么比地富有，没有谁比帝王正大。所以说帝王的本性匹配天地。这是驾驭天地、驱使万物、利用民众的准则。

根本在上，末梢在下，纲要在君主，细务在臣民。运用军队武器，是布德的末节；赏罚利诱胁迫使用刑法，是教化的末节；按礼法制度从表现名声考量，是治国的末节；用钟鼓演奏的声音用羽毛装饰的形象，是作乐的末节；涕哭、穿各等级孝服，是致哀的末节。这五种末节，有待运用精神、调动心计然后随之产生。末节的学说古人就有，就不是占先的凭借。君主率先臣民随从，父亲率先儿子随从，哥哥率先弟弟随从，年长的率先年少的随从，男人率先女人随从，丈夫率先妻子随从，尊卑先后如天地运行，所以圣人取法这现象。天在上地在下，是神明的定位；春夏在前秋冬在后，是四季的排序。万物生长发展，开始区分只有形状，盛衰的差异是变化的结果。天地最玄妙还有尊卑先后的次序，更何况人际准则呢？宗庙里崇尚亲近，朝廷上崇尚位尊，乡邻间崇尚年长，处事时崇尚贤能，是合大道的次序。论道却否定这次序，就是否定这道。论道却否定这道，怎么取法道？因此古代阐明大道的人，首先阐明天道而道德在其次，道德已阐明而仁义在其次，仁义已阐明而素质节操在其次，素质节操已阐明而表现名声在其次，表现名声已阐明而因材任用在其次，因材任用已阐明而根究考察在其次，根究考察已阐明而正确错误在其次，正确错误已阐明而奖赏惩罚在其次，奖赏惩罚已阐明就愚昧人聪明人各处所宜，尊贵人卑贱人各安其分，仁人贤人不成器的人各依实情，必定区别各自的才能，必定依从各自的名分。凭这些侍奉上司，凭这些供养下人，凭这些对待事物，凭这些修养自身，智谋不使用，必定回归各自的本性。这叫作太平，是治国的极致。所以古书说有表现有名声。表现名声古人就有，就不是占先的凭借。古代谈论大道，五次递降表现名声才能提出，九次递降奖赏惩罚才能说到。一下子就说到表现名声，是不知道道的根本；一下子就说到奖赏惩罚，是不知道道的原始。颠倒道立言违背道论说的人，是被人治理的，怎么能治理人？一下子就说到形名赏罚，这种人具有用权诈治国的才能，不懂得治国的原理。可以被天下利用，不足以利用天下。这种人叫辩士，是囿于一隅的人。用礼义法律制度准则从表现名声去考量，古人就有，这是使下层人侍奉上层人的凭借，不是上层人包容下层人的凭借。

从前舜问尧：“如天之王的用心怎么样？”尧说：“我不傲视无处诉苦的人，不抛弃困顿的人，悲悯死人善待小孩，哀怜妇女。这些是我用心的依据。”舜说：“美好就美好了，可是没博大。”尧说：“既如此，那么怎么办?”舜说：“与天同德就出现安宁，日月普照四季顺行，像昼夜有常规，云飘动雨就降落了。”尧说：“坚持安抚啊！你，合乎天道；我，合乎人事。”天地是古人认为博大的，又是黄帝尧舜都赞美的。所以古代治理天下的人做什么呀？效法天地就行了。

孔子去西方藏书于周王书库。子路出谋说：“我听说周王书库官员有个叫老聃的罢职回家了。先生想藏书就尝试去凭借他。”孔子说：“好。”去见老聃但老聃不应允。于是口述十二经去游说。老聃中止他的话说：“太浮泛，希望听听其中要点。”孔子说：“要点在仁义。”老聃说：“请问仁义是人的本性吗?”孔子说：“是的。君子不仁就不成君子，不义就不能生存。仁义真是人的本性，还会是什么呢?”老聃说：“请问什么叫仁义?”孔子说：“内心选择和乐，兼爱无私，这是仁义的实情。”老聃说：“唉，危险啊，后半句话。说兼爱不也迂腐吗？说无私是有私心。先生如果想让天下人不失去自己的修养啊，那么天地原本有常规了，日月原本有光明了，星辰原本有序列了，禽兽原本有种群了，树木原本有根基了。先生也放任本性行事，遵循规律前进就已经极好了，又何必急急忙忙地抬高仁义，像敲着鼓寻找逃跑的孩子呢？唉，先生是扰乱人的本性啊!”

士成绮见到老子就问：“我听说先生是圣人，我坚定地不辞远路赶来希望谒见你，走三千里路长多层脚茧还不敢停息。现在我看你不是圣人：老鼠洞里有残余蔬菜却抛弃妹妹走了，是不仁；生熟食物不全在面前你就聚敛无止境。”老子冷淡不回答。士成绮第二天又去相见说：“昨天我对你有伤刺，现在我内心纠正歧见了，是什么缘故?”老子说：“智诈神圣的人，我自认为自己摆脱了。先前你称我为牛我就自称牛，你称我为马我就自称马。如果有马牛的实质，别人给他名称却不接受，就两次被它祸害。我顺应是一贯顺应，我不是为顺应做出顺应。”士成绮走在后面蹑手蹑脚，没脱鞋子就进了屋问：“修身怎么做?”老子说：“你的表情高傲，你的目光直瞪，你的额头舒展，你的嘴巴大张，你的样子和善，好像被勒止步的马想跑又忍耐，像发射箭的弩机伺机又审慎，智巧地显出安闲，一切都因此成为不真实。边陲终究有这种人，他的名称叫窃贼。”先生说：“道，从大看无穷尽，从小看无遗漏，所以万物都具备。广阔啊道无所不容，深沉啊道不可窥测。赏罚仁义是精神的末节，不是至人谁能淡定对待赏罚仁义？至人，拥有全社会不也大吗却不足够成为他的累赘，天下人奋力争权却不和他们一起争，安于无依赖就不随利益变迁，尽自己的真情能保持自己的本性，所以置天地于度外遗忘万物，因而精神未曾有困扰。与道融通，与德相合，抛弃仁义，摈弃礼乐，至人的心性就稳定了。”

世人重视道的办法是著书。书不过是语言，语言有可贵的地方，语言可贵的是含意。含意有随心的特性，随心的含意不能用语言传出。可是世人就只看重语言使书流传。世人虽然看重它，我还是认为不值得看重，因为世人重视不是语言贵重。所以能看见的是表现，能听见的是名声。可悲啊，世人认为从表现名声足够获得他的实情！从表现名声果真不足够获得他的实情，那么知道的不说出，说出的不可知，因而世人难道了解人吗？桓公在堂上读书，斫轮人扁在堂下砍车轮，放下锤子凿子上堂问桓公：“斗胆请问公读的是什么言论？”桓公说：“是圣人的言论。”扁说：“圣人在世吗？”桓公说：“已经死了。”扁说：“既这样，那么你读的是古人的糟粕罢了。”桓公说：“我读书，做车轮的人怎么能议论呢？有道理就可以，没道理就处死。”扁说：“我用我的事来看它，做车轮慢砍就砍声动听轮不稳妥，快砍就砍声难听轮不合榫，不快不慢，做到它在手却反应由心，嘴巴不能说出来，有技艺存在于心间。我不能把它让我的儿子明白，我的儿子也不能从我这里接受它，因此七十岁还长久砍车轮。古人带着他们不能传授的死去了，既这样，那么你读的是古人的糟粕罢了。”

【简析】

本文从天地的原理（道）论治国理想。

虚静恬淡寂寞无为是天地的常态，是万物的根本，是道德的极致。统治者提高精神境界，净心无欲因而静止无为，才合乎天地的原理，才能包容天下的各种人物和观点，才能让天下人独立自主平等包容，保全纯朴本性。这样，进取就能王天下，引退也能服万众。

上层无为，下层人有为，是因果关系；帝王统治天下应效法天地，以无为为常规，没有出于私欲己意的行为，智慧不为己，辩才不为己，能力不为己，不分君臣等级，即上无为不扰民，就下有为为社会做贡献。这叫帝王无为就天下太平。

本末倒置就要在主详在臣，就施用人为的思想规范和是非标准，使用凭刑名选拔、考核、奖惩、升迁等诱骗手段，使用军队刑罚等暴力手段，造成森严等级。这是迫使民众侍奉统治者，不是统治者包容民众。

治天下效法“天不产而万物化，地不长而万物育”这就行了。

仁义是禁锢思想的“圣智之法”的内容，扰乱人的本性。治天下放任天下人体现道的本性，也就是遵循道。这样就行了。

消除智巧矫伪才能超越自我，才能“不与利迁”，成为精神境界极高而“无假”的至人，才能不让天下累己，不争权，不逐利，摒弃仁义礼乐，尽真情保本性。

以书设喻，阐明能言传的是糟粕，表现可能是假象，名声可能是假话，凭表现名声进行赏罚来治世是欺人之举。

道无时无处不在，体现在天地就是“不产而万物化”，“不长而万物育”。帝王效法这天地的原理（道）就能无为而无不为。道体现于万物就是万物的本性。所以说虚静恬淡寂寞无为是天地的常态、万物的根本、合道之德的极致。上下同德同道就是都放任本性，都效法天地，即都有所为有所不为：提高精神境界，净心无欲，因而没有出自私欲己意的行为。这样不论君王和臣民都超越私欲己意制约的自我，统治者不以天下为己利而专制扰民，民众不为利名沦为奴才，就能上无为而用天下、下有为而贡献于社会，达到无为而无不为；也就达到人人都独立自主平等包容，“不主”“不臣”，从而打破森严的专制等级，就由专制统治变为民主治国。

专制统治用各种手段强化等级森严的人际关系，剥夺国民的独立自主平等包容。民主思想从各个角度否定森严等级，主张人人独立自主平等包容。

否定仁义礼乐和形名赏罚，就是否定专制统治的思想禁锢和诱骗手段，不是简单的儒道是非论争。历代解说都说成儒道之争的口水仗笔墨仗，太肤浅了。庄子明确指出，仁义、礼乐、圣智、形名、赏罚都是像刑具一样的统治工具，甚至是刑具的关键（参见《在宥》），历代解说者却视而不见。其实不是视而不见，是历代腐儒为维护专制统治而故意降低、扭曲《庄子》罢了。

天运

天其运乎？地其处乎？日月其争于所乎？孰主张是？孰维纲是？孰居无事推而行是？意者其有机缄而不得已邪[一]？意者其运转而不能自止邪？云者为雨乎，雨者为云乎？孰隆施是？孰居无事淫乐而劝是？风起北方，一西一东，有上彷徨。孰嘘吸是？孰居无事而披拂是？敢问何故？巫咸祒（shào）曰："来，吾语汝：天有六极五常[二]，帝王顺之则治，逆之则凶。《九》《洛》之事[三]，治成德备，监照下土，天下戴之，此谓上皇。"

商太宰荡问仁于庄子。庄子曰："虎狼仁也。"曰："何谓也？"庄子曰："父子相亲，何为不仁？"曰："请问至仁。"庄子曰："至仁无亲。"太宰曰："荡闻之，无亲则不爱，不爱则不孝。谓至仁不孝，可乎？"庄子曰："不然。夫至仁尚矣，孝固不足以言之。此非过孝之言也，不及孝之言也。夫南行者至于郢，北面而不见冥山。是何也？则去之远也。故曰以敬孝易，以爱孝难；以爱孝易，以忘亲难；忘亲易，使亲忘我难；使亲忘我易，兼忘天下难；兼忘天下易，使天下兼忘我难。夫德遗尧舜而不为也[四]，利泽施于万世天下莫知也，岂直太息而言仁孝乎哉？夫孝悌仁义忠信贞廉，此皆自勉以役其德者也，不足多也。故曰至贵，国爵并焉[五]；至富，国财并焉；至愿，名誉并焉，是以道不渝。”

北门成问于黄帝曰：“帝张《咸池》之乐于洞庭之野，吾始闻之惧，复闻之怠，卒闻之而惑，荡荡默默[六]，乃不自得。”帝曰：“汝殆其然哉。吾奏之以人，征之以天，行之以礼义，建之以太清[七]。夫至乐者先应之以人事，顺之以天理，行之以五德，应之以自然，然后调理四时，太和万物。四时迭起，万物循生，一盛一衰，文武伦经[八]，一清一浊，阴阳调和。流光其声[九]，蛰虫始作，吾惊之以雷霆[十]；其卒无尾，其始无首，一死一生，一偾一起，所常无穷[十一]，而一不可待，女故惧也。吾又奏之以阴阳之和，烛之以日月之明，其声能短能长，能柔能刚，变化齐一，不主故常，在谷满谷，在坑满坑，涂郤守神，以物为量。其声挥绰，其名高明。是故鬼神守其幽，日月星辰行其纪[十二]。吾止之于有穷，流之于无止。予欲虑之而不能知也，望之而不能见也，逐之而不能及也，傥然立于四虚之道。倚于槁梧而吟，目知穷乎所欲见，力屈乎所欲逐，吾既不及已夫。形充空虚，乃至委蛇。汝委蛇故怠。吾又奏之以无怠之声，调之以自然之命。故若混逐丛生，林乐而无形[十三]，布挥而不曳，幽昏而无声。动于无方[十四]，居于窈冥[十五]。或谓之死，或谓之生，或谓之实，或谓之荣，行流散徙，不主常声。世疑之，稽于圣人。圣也者达于情而遂于命也，天机不张而五官皆备。此之谓天乐，无言而心说。故有焱氏为之颂曰：‘听之不闻其声，视之不见其形，充满天地，包裹六极。’汝欲听之而无接焉，而故惑也。乐也者，始于惧，惧故祟。吾又次之以怠，怠故遁。卒之于惑，惑故愚，愚故道。道可载而与之俱也。”

孔子西游于卫。颜渊问师金曰："以夫子之行为奚如？"师金曰："惜乎，而夫子其穷哉。"颜渊曰："何也？"师金曰："夫刍狗之未陈也，盛以箧衍[十六]，巾以文绣[十七]，尸祝齐戒以将之。及其已陈也，行者践其首脊，苏者取而爨之而已，将复取而盛以箧衍，巾以文绣，游居寝卧其下？彼不得梦，必且数眯焉[十八]。今而夫子亦取先王已陈刍狗，聚弟子游居寝卧其下。故伐树于宋[十九]，削迹于卫[二十]，穷于商周。是非其梦邪？围于陈蔡之间，七日不火食，死生相与邻，是非其眯邪？夫水行莫如用舟，而陆行莫如用车。以舟之可行于水也，而求推之于陆，则没世不行寻常。古今非水陆与？周鲁非舟车与？今蕲行周于鲁，是犹推舟于陆也，劳而无功，身必有殃。彼未知夫！无方之传[二十一]，应物而不穷者也。且子独不见夫桔槔者乎？引之则俯，舍之则仰。彼人之所引，非引人也，故俯仰而不得罪于人。故夫三皇五帝之礼义法度不矜于同而矜于治。故譬三皇五帝之礼义法度其犹柤梨橘柚邪？其味相反而皆可于口。故礼义法度者应时而变者也。今取猿狙而衣以周公之服，彼必龁齧挽裂，尽去而后慊。观古今之异，犹猿狙之异乎周公也。故西施病心而矉其里[二十二]，其里之丑人见之而美之，归亦捧心而矉其里。其里之富人见之，坚闭门而不出；贫人见之，挈妻子而去之走。彼知矉美，而不知矉之所以美。惜乎，而夫子其穷哉。"

孔子行年五十有一而不闻道，乃南之沛见老聃。老聃曰："子来乎，吾闻子北方之贤者也。子亦得道乎？"孔子曰："未得也。"老子曰："子恶乎求之哉？"曰："吾求之于度数，五年而未得也。"老子曰："子又恶乎求之哉？"

曰："吾求之于阴阳，十有二年而未得。"老子曰："然。使道而可献，则人莫不献之于其君；使道而可进，则人莫不进之于其亲；使道而可以告人，则人莫不告其兄弟；使道而可以与人，则人莫不与其子孙。然而不可者，无佗也，中无主而不止[二十三]，外无正而不行[二十四]。由中出者不受于外，圣人不出；由外入者无主于中，圣人不隐。名，公器也，不可多取；仁义，先王之蘧庐也，止可以一宿而不可以久处。处觏而多责[二十五]。古之至人假道于仁托宿于义，以游逍遥之虚，食于苟简之田，立于不贷之圃[二十六]，逍遥无为也。苟简，易养也；不贷，无出也[二十七]。古者谓是采真之游。以富为是者，不能让禄；以显为是者，不能让名；亲权者不能与人柄，操之则慄，舍之则悲，而一无所鉴以窥其所不休者，是天之戮民也。怨恩取与谏教生杀八者，正之器也，唯循大变无所湮者为能用之。故曰正者正也，其心以为不然者，天门弗开也。"

孔子见老聃而语仁义。老聃曰："夫播糠眯目则天地四方易位矣，蚊虻噆肤则通昔不寐矣。夫仁义憯然乃愤吾心[二十八]，乱莫大焉。吾子使天下无失其朴，吾子亦放风而动总德而立矣，又奚杰然若负建鼓而求亡子者邪[二十九]？夫鹄不日浴而白，乌不日黔而黑。黑白之朴不足以为辩，名誉之观不足以为广。泉涸，鱼相与处于陆，相呴以湿，相濡以沫，不若相忘于江湖。"

孔子见老聃归，三日不谈。弟子问曰："夫子见老聃，亦将何归哉[三十]？"孔子曰："吾乃今于是乎见龙。龙合而成体，散而成章，乘乎云气而养乎阴阳。予口张而不能嗋(xié)，予又何规老聃哉？"子贡曰："然则人固有尸居而龙见，雷声而渊默，发动如天地者乎？赐亦可得而观乎？”遂以孔子声见老聃。老聃方将倨堂而应微曰[三十一]：“予年运而往矣[三十二]，子将何以戒我乎？”子贡曰：“夫三王五帝之治天下不同，其系声名一也。而先生独以为非圣人，如何哉？”老聃曰：“小子少进，子何以谓不同？”对曰：“尧授舜，舜授禹，禹用力而汤用兵，文王顺纣而不敢逆，武王逆纣而不肯顺。故曰不同。”老聃曰：“小子少进，余语汝三皇五帝之治天下：黄帝之治天下，使民心一，民有其亲死不哭，而民不非也；尧之治天下，使民心亲，民有为其亲杀其杀，而民不非也；舜之治天下，使民心竞，民孕妇十月生子，子生五月而能言，不至乎孩而始谁，则人始有夭矣[三十三]；禹之治天下，使民心变，人有心而兵有顺[三十四]，‘杀盗非杀人’，自为种而天下耳。是以天下大骇，儒墨皆起。其作始有伦，而今乎妇[三十五]，女何言哉？余语汝三皇五帝之治天下，名曰治之而乱莫甚焉。三皇五帝之知上悖日月之明，下睽山川之精，中堕四时之施。其知憯于蛎虿之尾鲜规之兽[三十六]，莫得安其性命之情者，而犹自以为圣人，不可耻乎？其无耻也！”子贡蹵蹵然立不安。

孔子谓老聃曰：“丘治《诗》《书》《礼》《乐》《易》《春秋》六经，自以为久矣，孰知其故矣[三十七]。以奸者七十二君，论先王之道而明周召之迹，一君无所钩用。甚矣夫，人之难说也！道之难明邪？”老子曰：“幸矣，子之不遇治世之君也。夫六经先王之陈迹也，岂其所以迹哉？今子之所言，犹迹也。夫迹，履之所出，而迹岂履哉？夫白鶂之相视眸子不运而风化；虫，雄鸣于上风雌应于下风而风化；类，自为雌雄故风化。性不可易，命不可变，时不可止，道不可壅。苟得其道，无自而不可；失焉者，无自而可。”孔子不出三月，复见曰：“丘得之矣，乌鹊孺，鱼傅沫，细腰者化，有弟而兄啼。久矣夫，丘不与化为人。不与化为人，安能化之？”老子曰：“可，丘得之矣。”

【略注】

［一］机：弩机，借代动力。缄：绑绳，用作动词。 ［二］六极：或说指六合，与“五常”并举，应指六气（阴阳风雨晦明）。五常：五行（金木水火土）。 ［三］《九》：《九畴》，传说是天赐给禹治理天下的书。《洛》：《洛书》，传说是洛水中浮现的龟背上长着的文书。 ［四］遗：使坠落。 ［五］并：通“屏”。 ［六］荡荡默默：难以捉摸也说不清楚的感觉。 ［七］太清：元气之清者。［八］伦：次序，依次。经：治理，施治。 ［九］流光：使……如流光。 ［十］此下描写如雷乐声：突起突收，忽停忽起，忽低忽高。 ［十一］所常：经历的。常：通“尝”。 ［十二］行：给予。纪：纪律，准则。 ［十三］林：会聚。乐：五声八音。［十四］动：改变，变化。方：依托，定向。 ［十五］居：停留，保持。窈冥：深奥莫测。 ［十六］衍：一种祭祀，借代祭器。［十七］巾：披上。 ［十八］眯：闭目，幻想。 ［十九］孔子在宋境与弟子在大树下习礼，宋司马桓魋想杀孔子，拔其树。孔子被迫离去。 ［二十］削迹：铲去孔子的车迹。 ［二十一］传：表现出。 ［二十二］矉：通“颦”。 ［二十三］止：使到来。［二十四］正：箭靶，对象。行：使流行。 ［二十五］处：常。觏：遇见。 ［二十六］贷：凭借。 ［二十七］出：用作名词，范围。 ［二十八］憯：通“惨”。 ［二十九］建鼓：发出召集信号的鼓。 ［三十］归：使归附，奉承语。 ［三十一］倨：通“踞”。 ［三十二］运而往：运行过去。 ［三十三］夭：盛。竞

争出强人。 ［三十四］顺：顺应的借口。 ［三十五］妇：服，驯服。 ［三十六］蛎虿：毒虫。鲜规：少见，指凶猛。规：通“窥”。 ［三十七］孰：通“熟”。故：原委。

【直译】

天一定运动吗？地一定静止吗？日月一定争夺场所吗？谁主宰这些？谁统管这些？谁处于无事推动这些？想来大概有动力制约就不能罢休吧？想来大概运转就不能自己停止吧？云变成雨呢，雨变成云呢？谁使云兴起使雨降落？谁处于无事过分寻乐去推动云兴起雨降下？风起于北方，一时向西一时向东，又向上盘旋。谁吐出风吸进风？谁处于无事去迎来风挥去风？斗胆请问是什么缘故？巫师咸祒说：“来，我告诉你：天有六极五常，帝王顺应天就太平，悖逆天就凶险。《九畴》《洛书》这种事，大治达成就由于本性完善，从上界察视下界，天下人拥戴他。这叫上皇。”

商太宰荡向庄子询问仁。庄子说：“虎狼是仁。”荡说：“说什么呀？”庄子说：“父子互相亲爱，为什么不是仁？”荡说：“请问最仁爱。”庄子说：“最仁爱不亲近。”荡说：“我听说，不亲近就不相爱，不爱就不孝。说最仁爱不孝，可以吗？”庄子说：“不是这样。至仁最尊崇了，孝确实不足够说明它。这话不是说超过孝，是说不涉及孝。向南走的人到达郢地，向北就看不见冥山。这是为什么呢？是离开它远了。所以说因敬孝顺容易，因爱孝顺困难；因爱孝顺容易，用孝使父母忘怀困难；使父母忘怀容易，使父母忘怀自我困难；使父母忘怀自我容易，同时忘怀天下困难；同时忘怀天下容易，使天下人都忘怀自我困难。德业压倒尧舜却不作为，恩泽流传万代天下没有谁知道，难道只长叹着讲仁义吗？孝悌仁义忠信贞廉，这些都是鼓励自己去奴役自己的本性的，不值得赞美。所以说最尊贵，把国家的官爵排除了；最富有，把国家的财富排除了；最朴实，把名誉排除了，因此道不变。”

北门成问黄帝：“你在洞庭野外演奏《咸池》乐歌，我最初听见它感到害怕，再听它感到困倦，听完它感到迷糊，心神不定无法形容，就不自在。”黄帝说：“你大概会这样啊。我用人性演奏它，用天道验证它，用礼义传播它，用清气创新它。最好的乐音首先用人事反应它，用天理降服它，用五德传播它，用自然调和它，然后顺应四季，与万物祥和。如四季轮流兴起，万物循序出现，一盛一衰，文武相谐，一清一浊，阴阳调和。传播这乐声，冬眠的动物开始苏醒，我用雷声惊醒它们：它结束无尾声，它开始无序曲，一下子消失一下子响起，一下子低沉一下子高昂，变化无穷，又不可预期，你所以感到害怕。我又用阴阳和谐演奏它，日月的光明照耀它，它的声音能急促能舒缓，能柔和能激越，变化统一，不守旧规，在山谷满山谷，在坑洼满坑洼，充塞空隙保持奇妙，依据外物发出音量。它的声音传播广远，它的应声高大显著。因此鬼神守护它的深沉，日月星辰赋予它音律。我让它停止在有尽时，使它传播到无止境。我想思考它却不能知晓，想望见它却不能见到，想追逐它却不能赶上，惊疑地站在四方虚无的路上。傍着琴吟唱，眼睛的功能被想看见的耗尽，精力被想追逐的摧折，我已经顾不上了啊。形体完全空虚，竟至像衰颓的蛇。你像衰颓的蛇所以困倦。我又用不懈怠的声音演奏它，用自然之道调节它，所以像大水争流灌木丛生，繁声会聚却不露痕迹，散布传播就不拖沓，幽咽低沉就无声息。变化不定，始终莫测。有人称它死，有人称它生，有人称它果，有人称它花，传播散布，不遵照常规声律。世人被它疑惑，向圣人稽考。圣人是通晓人情又穷究天命的人，其先天聪慧没发挥就五官感知都具备。这叫作天乐，无声就使心喜悦。所以有焱氏对它赞颂说：‘听它听不到它的声音，看它看不到它的形象，充满天地，囊括六气。’你想听它却无法接触它，你所以迷糊。音乐，由惧怕开始，惧怕所以成祟。我又继之以困倦，困倦所以逃避。到迷幻终结它，迷幻所以若愚，若愚所以合乎道。道可以承载着和它同在。”

孔子向西游历往卫国。颜渊问师金：“你认为先生此去怎么样？”师金说：“可惜啊，你的先生一定受困窘啊。”颜渊说：“为什么?”师金说:“草扎的狗没陈献祭祀时,用箱子祭器装着,用锦绣披上,主持祭祀的人斋戒后进献它。等到它已经献祭,过路人踩踏它的脑袋背脊,捡柴人拿它去烧掉它罢了,会再拿来用类祭器装着,用锦绣披上,在锦绣下面寓居睡卧吗?那不能梦想了,必定会多次闭目幻想。现在你老师也拿先王已献祭的刍狗,聚集学生在那下面寓居睡卧。所以在宋国被威吓,在卫国被驱逐,在商地周地受困顿。这些不是因他的想象吗?在陈国蔡国边境被围困,七天吃不到熟食,死亡和他成比邻,这不是因他闭目幻想吗?在水上行走不如使用船,在陆地行走不如使用车。因为船可以在水上航行,就希望移用到陆地上推广它,那么一辈子走不到一二丈远。古代今天不是水陆吗?周朝鲁国不是船车吗?现在企求在鲁国推行周礼,这犹如移用船到陆上,劳累却无功,自身必遭殃。他不知道啊!达到无依傍,是适应事物就不受困。而且你难道没看见那桔槔吗?牵引它就下垂,放开它就上翘。它是被人牵引,不是牵引人,所以俯仰都不得罪人。所以三皇五帝的礼义法度不贵在相同而贵在能治理。所以譬比三皇五帝的礼义法度,大概犹如山楂、梨子、柑桔、柚子吧?它们的味道相反却都可口。所以礼义法度是随时势改变的。如果牵来猿猴拿周公的衣服给它穿,它必定咬破撕裂,全部去掉然后才满意。考察古今的差异,犹如猿猴不同于周公。所以西施患心脏病就在她的乡里皱着眉头,她邻里的丑女看见就认为这样美,回去也在她的乡里捂着心窝皱着眉头。那邻里的富人看见她,紧闭家门不出来;穷人看见她,带着妻子儿女离开她逃跑。她知道皱眉美,却不知道皱眉美的原因。可惜啊,你先生一定受困顿啊。”

孔子五十一岁还没懂得道,就向南去沛地见老聃。老聃说:“你来啦。我听说你是北方的贤人,你也懂得道吧?”孔子说:“没懂得。”老子说:“你怎样寻求道呢?”孔子说:“我从制度礼数探求它,五年还没求得。”老子说:“你又怎样探求道呢?”孔子说:“我从阴阳探求它,十二年还没求得。”老子说:“对。如果道能贡献,那么没有人不贡献给他的国君;如果道能进呈,那么没有人不进呈给他的父母；假使道能告知别人，那么没有人不告诉他的兄弟；假使道能传给别人，那么没有人不传给他的子孙。可是不可能，没有别的原因，内心无主宰就不能获得，外界无对象就不能传播。从内心发出的不被外界接受，圣人不发出；从外界进入的不被内心掌管，圣人不收藏。名，是公共用具，不能多获取；仁义，是先王的旅舍，只能住一夜而不可以久居。常见就多求。古代的至人借仁作路径借义作住所，去悠游逍遥的地方，在简单随便的田园吃饭，在不依赖的园圃立足，是逍遥无为。简单随便，容易供养；不依赖，就没有限制。古人称这为选取本性的悠游。认为富有正确，不可能让出利禄；认为显扬正确，不可能让出名誉；喜爱权势的人不可能给别人权柄，掌握权柄就怕失去，舍弃权柄就悲伤，就全无借鉴地窥视它不罢休，这些人是上天的罪人。怨恨、恩情、取得、给予、谏劝、教化、养育、杀戮八项，是施政的工具，只有顺应大变化无障碍的人才能利用这些。所以说正已是施政。那些内心认为不如此的人心窍不开。”

孔子见到老聃就谈论仁义。老聃说：“簸扬糠壳微闭眼睛就天地四方改变位置了，蚊虻咬肌肤就通夜不能入睡了。仁义狠毒竟使我内心懑闷，祸乱没有比仁义大的。你使天下人不要丧失自己的纯朴，你也仿照风去行动积德就立身了，又为什么特异地像背着建鼓寻找逃跑的孩子呢？鹄鸟不每天洗澡就洁白，乌鸦不每天抹黑就漆黑。黑白的本色不值得进行辩论，名誉的显示不值得进行扩展。泉水干涸，鱼共同处在陆地，靠湿气唤醒自己，靠唾沫滋润自己，不如在江湖中忘怀自己。”

孔子见过老聃回家，三天不谈论。学生问：“先生见到老聃，又会怎么降服他呢？”孔子说：“我竟然现在由此见到龙。龙合拢成整体，散开成章节，驾乘云气还被阴阳保养。我口张着不能闭合，我又怎么规劝老聃呢？”子贡说：“既如此，那么确实有如尸静处又如龙显现、如雷震响又如渊静默、奋发行动像天地的人吗？我也可能看看吗？”于是借孔子的名声去见老聃。老聃正要蹲坐在堂上便应声轻微地说："我年龄大了，你将用什么警示我呢?"子贡说："三皇五帝治理天下各不相同，他们系心名声都一样。可是先生独自以为他们不是圣人，为什么呢?"老聃说："小伙子稍微上前点儿，你凭什么说不同?"回答说："尧授政权给舜，舜授政权给禹，禹用劳力而汤用武力，文王服从商纣就不敢反抗，武王反抗商纣就不肯顺从。所以说不同。"老聃说："小伙子稍微上前点儿，我告诉你三皇五帝治理天下：黄帝治理天下，使人心纯一，有自己的父母死了不哭的人，可是民众不非议；尧治理天下，使人心亲爱，有为自己的父母杀死凶手的人，可是民众不非议；舜治理天下，使人心竞争，民间孕妇十个月生孩子，孩子出生五个月就能说话，不到会笑就开始辨认人，就开始有强盛的人了；禹治理天下，使人心变诈，人有心计就杀人有借口，'杀盗贼不是杀人'，自己结党还使天下人听从，因此天下人大惊恐，儒家墨家都兴起。他们兴起当初有道理，就到现在驯服，你说什么啊?我告诉你三皇五帝治理天下，名叫治理却捣乱没有谁比他们厉害。三皇五帝的权诈向上掩蔽日月的光明，向下违离山川的精气，在中挫乱四季的运行。他们的权诈比毒虫的尾端凶恶比少见的猛兽狠毒，以致没有人能保全自己的本性真情，却还自以为是圣人，不可耻吗?这样无耻啊!"子贡恭敬地立着心神不宁。

孔子对老子说："我整理《诗》《书》《礼》《乐》《易》《春秋》六经，自认为很久了，深知其中内容了。用来求见过七十二个国君，论述先王的主张阐明周公召公的政迹，没有一个君王采用。过分了啊，人难说服!道难阐明吗?"老子说："幸运了，你没遇到治世的君王。六经是先王的陈旧痕迹，难道这些是政迹的凭借吗?现在你说的话，犹如痕迹。痕迹是踩出来的，可是痕迹难道是踩踏吗?白鹢互相看着眼珠不动就相诱生育；虫，雄性在上方叫雌性在下方和就相诱生育；类，自身有雄雌两性所以自诱生育。本性不能移易，天命不能改变，时光不能停止，道不能阻挡。如果获得这道，就无从不可以；失去道，就无从可以。"孔子三个月不出门，又去见老聃说："我懂得道了，乌鹊孵化生子，鱼散布口沫生子，细腰蜂变虫为子，有了弟弟哥哥就哭。很久了啊，我不随造化做人。不随造化做人，怎么能感化人？"老子说："对，孔丘得道了。"

【简析】

本文从保全人的本性的层面论治国理想。

帝王要使自己本性保全，取法天、地、日、月、风、雨等万物都任本性运行的原理，就天下大治。

使天下人都忘我（无己）很困难。帝王不抬高孝、悌、忠、信、贞、廉作为奴役人的本性的统治工具和手段，才能超越国爵、国财、名誉，才能保全本性，体现道不变。

用天乐无言而使人心悦，喻证帝王无为才会使民心欢悦。

推行仁义礼法不合时宜，如推舟于陆；也是不任本性而矫伪做作，如丑女效颦。

仁义是古代至人求简便、不依赖以超脱制约（参见《逍遥游》简析）、顺任本性的假借；看重亲近权势、只知争权不止、全不借鉴、不懂得正己就是施政的统治者是上天的罪人。

仁义狠毒，使天下人损毁本性，乱莫大焉。要让天下人和自己在道中超越自我，任本性自然成就自己。

统治者用自己的思想惑乱民心的奸诈行为比毒虫猛兽凶恶狠毒，名为治天下，实则"乱莫大焉"，使谁都不能保全本性。

效果不是行为，前人的效果更不是今人的凭借。本性决定行为，并产生效果。保全本性才能"无自而不可"，任由本性才能感化人。

道体现于万物就是万物的本性。保持本性不变就体现道不变。天地万物的正常运行都是由其本性主宰维持的。人类社会就应由社会成员任本性自由发展而正常发展。人的本性是纯真无欲、自由无拘的。统治者保全本性才不会因私欲己意扰民，才不致把民众逼使诱使成钻营投靠殉利殉名的奴才，才能让民众任由本性自由发展，从而形成人人独立自主、平等包容、自然发展的社会环境，人的主动性和创造力才会充分发挥出来，社会才自然蓬勃发展。这也就是统治者和民众都在保全本性中超越自我、提高精神境界的人的正常发展。

人人都从心灵自救，从而正常发展，就可以排除按专制统治思想人为制定规范来整治人、“造就”人，即排除扰乱民心、禁锢思想、造就奴才，从而形成包容各种不同以至相反的观点见解的民主思想意识和民主社会环境。要求统治者保全本性，是为了能让国民保全本性，自由发展。让国民任由本性自然发展，就是反对思想禁锢，反对奴化国民，反对专制统治！就是呼唤人格独立，呼唤平等包容，呼唤自由民主！就是主张统治者不用专制等级压制国民，不用专制规范禁锢民心，让老百姓任由本性、独立自主、平等包容、自由发展，从而达到社会民主和谐，人人发挥主动性和创造力，就会社会一切事无不成功。这正命中了专制统治的要害——奴化人、从心灵杀人的阴险的一面，正是庄子无为而无不为的治国理想的重要内涵。

刻意

刻意尚行，离世异俗，高论怨诽，为亢而已矣。此山谷之士、非世之人、枯槁赴渊者之所好也[一]。语仁义忠信恭俭推让，为修而已矣。此平世之士、教诲之人、游居学者之所好也[二]。语大功立大名礼君臣正上下，为治而已矣。此朝廷之士、尊主强国之人、致功并兼者之所好也。就薮泽处闲旷钓鱼闲处，无为而已矣。此江海之士、避世之人、闲暇者之所好也。吹呴呼吸[三]，吐故纳新，熊经鸟申[四]，为寿而已矣。此道引之士[五]、养形之人、彭祖寿考者之所好也。若夫不刻意而高，无仁义而修，无功名而治，无江海而闲，不道引而寿，无不忘也，无不有也，澹然无极而众美从之。此天地之道，圣人之德也。故曰，夫恬惔寂寞虚无无为[六]，此天地之平而道德之质也。故曰，圣人休休焉则平易矣，平易则恬惔矣。平易恬惔则忧患不能入，邪气不能袭，故其德全而神不亏。故曰，圣人之生也天行，其死也物化，静而与阴同德，动而与阳同波，不为福先不为祸始[七]，感而后应，迫而后动，不得已而后起，去知与故，循天之理，故无天灾，无物累，无人非，无鬼责。其生若浮，其死若休，不思虑，不豫谋，光矣而不耀，信矣而不期。其寝不梦，其觉无忧，其神纯粹，其魂不罢[八]。虚无恬惔乃合天德。故曰，悲乐者德之邪，喜怒者道之过，好恶者德之失。故心不忧乐，德之至也；一而不变，静之至也；无所于忤[九]，虚之至也；不与物交，惔之至也；无所于逆，粹之至也。故曰，形劳而不休则弊，精用而不已则劳，劳则竭。水之性，不杂则清，莫动则平。郁闭而不流亦不能清，天德之象也。故曰，纯粹而不杂，静一而不变，惔而无为，动而以天行，此养神之道也。

夫有干越之剑者[十]，柙而藏之不敢用也，宝之至也[十一]。精神四达并流，无所不极，上际于天，下蟠于地，化育万物，不可为象，其名为同帝。纯素之道惟神是守[十二]，守而勿失，与神为一。一之精通，合于天伦。野语有之曰："众人重利，廉士重名，贤人尚志，圣人贵精。"故素也者，谓其无所与杂也，纯也者，谓其不亏其神也。能体纯素，谓之真人。

【略注】

[一] 枯槁：被现实煎熬干。 [二] 游居学：游历讲学住下讲学。 [三] 吹响：用嘴吹长气。句指深呼吸。 [四] 经：吊着伸展肢体。申：通"伸"。 [五] 道引：练气方法。道：通"导"。 [六] 惔：通"淡"。 [七] 意为不主动谋福、惹祸。 [八] 魂：借代形体。[九] 于忤：被抵触；下"于逆"：被迎受；二句都指内心与外物相融合。 [十] 干：通"邗"，小诸侯国，被吴吞并，借代产名剑的吴国。 [十一] 宝：以……为宝。 [十二] 神：本性。

【直译】

特意使品行高尚，脱离尘世不同流俗，重视言论抒怨非议，做出高尚罢了。这是山林隐士、否定世俗的人、穷途投水的人喜爱的。宣传仁义忠信恭俭推让，提倡修身罢了。这是治国的人、教诲人的人、创立学说的人喜好的。宣传大功树立大名维护君臣礼义规范上下关系，从事治理罢了。这是朝廷的人、使主尊使国强的人、建功并吞的人喜好的。趋就草泽置身空闲钓鱼闲居，不作为罢了。这是江海隐士、避世的人、闲暇的人喜好的。吹嘘呼吸，吐故纳新，如熊吊树伸展如鸟展翅伸脚，延长寿命罢了。这是练气的人、养身的人、求彭祖般长寿的人喜好的。至于不特意做作就高尚，不要仁义就修身，不建功立名就治国，不隐居江海就清闲，不练气就长寿，是没有不忘怀的，是没有不享有的，恬淡到无止境就众多美好随之到来。这是天地的规律，圣人的本性。所以说，恬淡寂寞虚无无为，这些是天地的标准合道之德的本质。所以说，圣人安闲就平易了，平易就恬淡了。平易恬淡就忧患不能侵入，邪气不能侵袭，所以他的本性完全、精神不减。所以说，圣人生如天体运行，圣人死像万物变化，静就和阴同性质，动就和阳同兴起，不作幸福的先导不作祸患的起始，受感触然后反应，被促使然后行动，不得已然后奋起。抛弃智诈和故意，遵循天理，所以没有上天降灾，没有外物牵累，没有别人非议，没有鬼神责罚。他生存如漂流，他死亡如休息，不思考，不预谋，够明亮了却不照射，够诚信了却不期许。他睡觉不做梦，他醒时无忧虑，他的意识纯粹，他的形体不劳累。虚无恬淡才合乎自然本性。所以说，悲乐是本性不正，喜怒是常理舛错，好恶是本性缺失。所以内心无忧乐，是本性的极境；纯一不改变，是静心的极境；没有被抵触的，是虚心的极境；不与物欲接触，是恬淡的极境；没有被迎受的，是纯粹的极境。所以说，形体劳累不休息就疲困，精神使用不停息就忧愁，忧愁就穷尽。水的本性，是不混杂就清澈，不动荡就平静。堵断不流也不能清澈，是天赋本性的表现。所以说，纯粹就不混合，虚静一贯就不改变，恬淡就无为，行动就依照天道运行，这是修养心神的准则。

有吴越宝剑的人，用匣子装着藏起来不敢使用，是重视到极致。

精神向四面八方一齐扩展，没有不穷尽处，向上达到天，向下周遍地，化育万物，不能找到迹象，它被说成同于天帝。纯朴的准则是保持本性，保持不要缺失，让本性完全。保全到纯粹一贯，就合乎天然原理。俗话有这种说法："众人重视利益，廉士重视名声，贤人崇尚心志，圣人重视纯一。"所以朴素是说一定没有和它混杂的，纯粹是说一定不亏损自己的本性。能体现纯粹朴素就称他真人。

【简析】

本文从保全本性论思想修养。

恬淡寂寞虚无无为是天地的准则，是本性的体现，是德行的本质和极境。提高精神境界保养精神生命（养神）不是按各种世俗规范刻意做作，那样是矫伪；而是保全纯真无欲的本性不被损毁，不让生死利害悲乐喜怒好恶入心，超越私欲己意，使心清纯静净，就"无不有也"，就"无天灾，无物累，无人非，无鬼责"。

做到恬淡寂寞虚无无为，要像珍藏宝剑一样，保全本性并提高精神境界，使心胸包容天地万物又一尘不染，纯粹朴素。

人的本性是纯真无欲、自由无拘的，却总被物欲世界的生死利害带来的悲乐喜怒好恶等损毁，尤其是统治者，总失去本性谋求权与利，企图长生不死永享富贵，就是死也想要带走富贵。由此造成众奴才和专制者，造成等级森严的人际关系和是非标准、道德规范、思想意识，迫使世人按专制规范刻意做作以矫伪欺世。这样就损毁人的本性。

针对这些，庄子主张提高精神境界，独立自主，从而不做作，任本性，保持和增强纯真无欲、自由无拘的特性，超越物欲，海阔天空般包容万事万物及其一切变化，不用心计，不用权谋，不得已而顺应，就自然高尚清闲，就能保全本性纯洁无损，从而合乎道，体现道。人人这样加强思想修养，都凭广阔胸怀独立自主、平等包容，就能形成民主的社会环境和人际关系，就能达到理想的人生和社会。

缮 性

缮性于俗学以求复其初[一]，滑欲于俗思以求致其明，谓之蔽蒙之民。古之治道者以恬养知，知生而无以知为也，谓之以知养恬。知与恬交相养而和理出其性。夫德和也，道理也。德无不容[二]，仁也；道无不理，义也；义明而物亲，忠也；中纯实而反乎情，乐也；信行容体而顺乎文，礼也。礼乐遍行则天下乱矣。彼正而蒙己德，德则不冒，冒则物必失其性也。古之人在混芒之中与一世而得澹漠焉[三]。当是时也，阴阳和静，鬼神不扰，四时得节，万物不伤，群生不夭，人虽有知无所用之。此之谓至一。当是时也，莫之为而常自然[四]。

逮德下衰，及燧人伏羲始为天下，是故顺而不一。德又下衰，及神农黄帝始为天下，是故安而不顺。德又下衰，及唐虞始为天下，兴治化之流，浇淳散朴，离道以善，险德以行，然后去性而从于心。心与心识知而不足以定天下，然后附之以文，益之以博。文灭质，博溺心，然后民始惑乱，无以反其性情而复其初。由是观之，世丧道矣，道丧世矣。世与道交相丧也，道之人何由兴乎世？世亦何由兴乎道哉？道无以兴乎世，世无以兴乎道，虽圣人不在山林之中，其德隐矣，隐故不自隐。

古之所谓隐士者，非伏其身而弗见也，非闭其言而不出也[五]，非藏其知而不发也，时命大谬也。当时命而大行乎天下，则反一无迹；不当时命而大穷乎天下，则深根宁极而待，此存身之道也。古之行身者，不以辩饰知，不以知穷天下，不以知穷德，危然处其所而反其性已，又何为哉？道固不小行，德固不小识。小识伤德，小行伤道。故曰正己而已矣。

乐全之谓得志。古之所谓得志者，非轩冕之谓也[六]，谓其无以益其乐而已矣。今之所谓得志者，轩冕之谓也。轩冕在身，非性命也，物之傥来寄者也。寄之，其来不可圉[七]，其去不可止。故不为轩冕肆志，不为穷约趋俗。其乐彼与此同，故无忧而已矣。今寄去则不乐，由是观之，虽乐，未尝不荒也。故曰，丧己于物失性于俗者，谓之倒置之民。

【略注】

［一］原重“俗”，据文意及对应句删。　［二］德，此指人定的道德规范。前指体现道的先天本性。　［三］与：使同类，使偕同。［四］常：普遍。　［五］闭其言：阻绝自己的表达。出：出声。［六］轩冕：官车官帽。　［七］圉：通“御”。

【直译】

用世俗学说修补本性以求恢复它的原貌，用世俗思想治理欲念以求致使自己聪明，称他受蒙蔽的人。修道的古人用恬淡涵养智慧，智慧生成却不凭智慧作为，称它用智慧涵养恬淡。智慧与恬淡交互涵养就和顺出自自己的本性。本性是随和，道是顺应。规范没有不纳入的，是仁；准则没有不管理的，是义；准则分明就外物亲附，是忠；合律准确却违反真情，是乐；确实行为纳入规格又顺势文饰，是礼。礼乐普遍推行就天下大乱了。他纯正就包藏自己的本性，本性就不突显，突显则万物必然违失自己的本性。古人在混沌茫昧中包容全社会人就能恬淡寡欲。在这时，阴阳谐和宁静，鬼神不扰乱，四季合节令，万物不受伤害，众生物不夭折，人们虽有智慧无处使用它。这叫最纯一。在这时，没有人造就就一切已经这样。

等到本性向下衰减，到了燧人、伏羲开始治理天下，因此顺应民众却不纯一。本性又向下衰减，到了神农、黄帝开始治理天下，因此安抚民却不顺民。本性又向下衰减，到了唐尧虞舜开始治理天下，兴起治术教化的末节，使淳厚浇薄使纯朴散失，背离道去求善，危害德去行动，然后背离本性去任由心意。由主观意识和主观认知就不足够使天下安定，然后用礼制来装扮它，用炫博来助益它。礼制消除本质，炫博淹没人心，然后民众开始迷乱，无法回归他们的性情恢复性情的原状。由此看来，社会丧失道了，道失去社会了。社会和道互相脱离，得道的人从何在社会兴起？社会从何兴起道呢？道无法在社会兴起，社会无法兴起道，即使圣人不在山林中，他的本性也隐匿了，隐匿确实不是隐匿自身。

古代说的隐士，不是潜伏自己的身体不出现，不是封闭自己的言论不表达，不是隐藏自己的智慧不发挥，是时代命运乖谬。遇到时代命运就畅行天下，就回归纯一还没有痕迹；不遇时代命运就在天下受困顿，就加深本性、安宁到极点来等待，这是保全自身的途径。古代使自身畅行的人，不用巧辩装饰智慧，不用心智困苦天下人，不用心智困扰本性，正直对待自己的处境回归自己的本性罢了，还做什么啊？道本来不在小处践行，本性本来不在小处认识。在小处认识伤害本性，在小处践行伤害道。所以说使自身正罢了。

喜爱得到满足叫得志。古人说的得志，不是说当官，是说无法增益他的喜爱罢了。今人说的得志，是说当官。官车官帽在身，不是先天禀赋的，是意外到来寄放的东西。寄放它，它到来不能抗御，它离去不能阻止。所以不要因当官张扬心志，不要因困顿追随俗学俗思。他喜爱当官和喜爱净心相同，所以无忧虑罢了。今人官车官帽丢了就不快乐，由此看来，虽然有喜爱，未曾不迷惑。所以说，在物欲中丧失自己、在俗学俗思中丧失本性的人，称它为被倒置的人。

【简析】

本文针对统治思想论思想修养。

不能按仁义忠礼乐等统治思想进行思想修养，要以无欲保养心智，以心智保养无欲，才能保全随和顺应的本性，不造就则一切顺利，人智无处用。

礼制等专制统治思想是在人的本性越来越被损毁的过程中逐渐形成的，是危害人性背离道的，是统治者用来矫饰炫耀的。它惑乱人心，使民众无法回归本性原貌，使社会无法兴起道，使圣人身不隐居也本性隐匿。

古代的出世者和入世者都正己顺时，不困苦天下人，不困扰本性，如此而已。

不能在物欲中丧失自己，不要在专制统治思想造成的俗学俗思中失去本性，要做到不因显达肆志，不因困顿趋俗，保全本性并提高精神境界。

维护专制统治必须奴化国民，就是用残酷的暴力手段和阴险的诱骗花招推行思想统治，把统治者的强盗思想（参见《胠箧》）强行灌注给国民，从而禁锢国民的思想，损毁国民的本性，造成国民的奴性，毁灭国民的精神生命，从心灵杀人。所以说用统治者禁锢国民思想的专制统治思想及其造成的俗学俗思来进行思想修养，是受蒙蔽，是被倒悬。统治者灌注统治思想常常倚重官爵、利禄、名誉等诱骗手段，所以庄子主张思想修养要“不为轩冕肆志，不为穷约趋俗”，不要在物欲中失去自我，不要被俗学俗思摧毁自己的本性，而要超越私欲己意制约的自我，在保全本性的基础上提升内心，达到崇高的精神境界，保养精神生命。

秋水

秋水时至，百川灌河，泾流之大[一]，两涘渚崖之间不辩牛马[二]。于是焉河伯欣然自喜，以天下之美为尽在己。顺流而东行，至于北海，东面而视，不见水端。于是焉河伯始旋其面目[三]，望洋向若而叹曰："野语有之曰'闻道百，以为莫己若者'，我之谓也。且夫我尝闻少仲尼之闻而轻伯夷之义者，始吾弗信。今我睹子之难穷也。吾非至于子之门则殆矣——吾长见笑于大方之家。"北海若曰："井蛙不可以语于海者，拘于虚也；夏虫不可以语于冰者，笃于时也；曲士不可以语于道者，束于教也。今尔出于崖涘，观于大海，乃知尔丑，尔将可与语大理矣。天下之水莫大于海，万川归之不知何时止，而不盈；尾闾泄之不知何时已，而不虚；春秋不变[四]，水旱不知。此其过江河之流不可为量数[五]，而吾未尝以此自多者，自以比形于天地[六]，而受气于阴阳，吾在天地之间犹小石小木之在大山也。方存乎见少，又奚以自多？计四海之在天地之间也，不似礨空之在大泽乎？计中国之在海内，不似稊米之在大仓乎？号物之数谓之万，人处一焉；人卒九州[七]，谷食之所生，舟车之所通，人处一焉。此其比万物也，不似豪末之在于马体乎[八]？五帝之所连、三王之所争、仁人之所忧、任士之所劳[九]，尽此矣。伯夷辞之以为名，仲尼语之以为博。此其自多也，不似尔向之自多于水乎？”

河伯曰：“然则吾大天地而小毫末，可乎？”北海若曰：“否。夫物，量无穷，时无止，分无常，终始无故。是故大知观于远近，故小而不寡，大而不多，知量无穷；证曏今故[十]，故遥而不闷，掇而不跂[十一]，知时无止；察乎盈虚，故得而不喜，失而不忧，知分之无常也；明乎坦途，故生而不说，死而不祸，知终始之不可故也。计人之所知，不若其所不知；其生之时，不若未生之时。以其至小求穷其至大之域，是故迷乱而不能自得也。由此观之，又何以知毫末之足以定至细之倪[十二]，又何以知天地之足以穷至大之域？”

河伯曰：“世之议者皆曰‘至精无形，至大不可围’，是信情乎？”北海若曰：“夫自细视大者不尽，自大视细者不明。夫精[十三]，小之微也；垺，大之殷也[十四]。故异便[十五]，此势之有也。夫精粗者，期于有形者也；无形者，数之所不能分也。不可围者，数之所不能穷也。可以言论者物之粗也，可以意致者物之精也。言之所不能论，意之所不能察致者，不期精粗焉。是故大人之行，不出乎害人；不多仁恩；动不为利；不贱门隶；货财弗争，不多辞让；事焉不借人，不多食乎力；不贱贪污；行殊乎俗，不多辟异[十六]；为在从众，不贱佞谄；世之爵禄不足以为劝，戮耻不足以为辱；知是非之不可为分，细大之不可为倪。闻曰‘道人不闻，至德不得，大人无己，约分之至也’。”

河伯曰：“若物之外？若物之内？恶至而倪贵贱？恶至而倪大小？”北海若曰：“以道观之，物无贵贱；以物观之，自贵而相贱；以俗观之，贵贱不在己[十七]；以差观之，因其所大而大之则万物莫不大[十八]，因其所小而小之则万物莫不小，知天地之为稊米也，知毫末之为丘山也，则差数等矣；以功观之，因其所有而有之则万物莫不有，因其所无而无之则万物莫不无，知东西之相反而不可以相无，则功分定矣；以趣观之，因其所然而然之则万物莫不然，因其所非而非之则万物莫不非，知尧桀之自然而相非，则趣操睹矣。昔者尧舜让而帝，之哙让而绝；汤武争而王，白公争而灭。由此观之，争让之礼，尧桀之行，贵贱有时，未可以为常也。梁丽可以冲城而不可以窒穴[十九]，言殊器也；骐骥骅骝一日而驰千里，捕鼠不如狸狌，言殊技也；鸱鸺夜撮蚤察毫末，昼出瞋目而不见丘山，言殊性也。故曰'盖师是而无非，师治而无乱乎[二十]'，是未明天地之理万物之情者也。是犹师天而无地，师阴而无阳，其不可行明矣。然且语而不舍，非愚则诬也。帝王殊禅，三代殊继，差其时逆其俗者，谓之篡夫；当其时顺其俗者，谓之义徒。默默乎河伯，女恶知贵贱之门[二十一]、大小之家？"

河伯曰："然则我何为乎，何不为乎？吾辞受趣舍？吾终奈何？"北海若曰："以道观之，何贵何贱是谓反衍[二十二]，无拘而志，与道大蹇[二十三]；何多何少是谓谢施[二十四]，无一而行，与道参差。严乎若国之有君其无私德，繇繇乎若祭之有社其无私福[二十五]，泛泛乎若四方之无穷其无所畛域，兼怀万物其孰承翼？是谓无方[二十六]。万物一齐，孰短孰长？道无终始，物有死生，不恃其成；一虚一满，不位乎其形；年不可举[二十七]，时不可止[二十八]，消息盈虚，终则有始。是所以语大义之方论万物之理也。物之生也，若骤若驰。无动而不变，无时而不移。何为乎，何不为乎？夫固将自化[二十九]。”

河伯曰：“然则何贵于道邪？”北海若曰；“知道者必达于理，达于理者必明于权，明于权者不以物害己。至德者火弗能热，水弗能溺，寒暑弗能害，禽兽弗能贼。非谓其薄之也，言察乎安危，宁于祸福，谨于去就，莫之能害也。故曰，天在内，人在外，德在乎天知。天人之行本乎天，位乎得，蹢躅而屈伸[三十]，反要而语极。”曰：“何谓天？何谓人？”北海若曰：“牛马四足，是谓天；落马首[三十一]，穿牛鼻，是谓人。故曰，无以人灭天，无以故灭命，无以得殉名[三十二]。谨守而勿失，是谓反其真。”

夔怜蚿（xián），蚿怜蛇，蛇怜风，风怜目，目怜心。夔谓蚿曰：“吾以一足趻（chěn）踔而行，予无如矣。今子之使万足，独奈何？”蚿曰：“不然，子不见夫唾者乎？喷则大者如珠，小者如雾，杂而下者，不可胜数也。今予动吾天机而不知其所以然。”蚿谓蛇曰：“吾以众足行，而不及子之无足，何也？”蛇曰：“夫天机之所动，何可易邪？吾安用足哉？”蛇谓风曰：“予动吾脊胁而行，则有似也。今子蓬蓬然起于北海，蓬蓬然入于南海，而似无有，何也？”风曰：“然，予蓬蓬然起于北海而入于南海也，然而指我者则胜我，鳝我亦胜我[三十三]。虽然，夫折大木蜚大屋者[三十四]，唯我能也。故以众小不胜为大胜也。为大胜者，唯圣人能之[三十五]。”

孔子游于匡，宋人围之数匝，而弦歌不辍。子路入见，曰：“何夫子之娱也？”孔子曰：“来，吾语汝，我讳穷久矣，而不免，命也；求通久矣，而不得，时也。当尧舜而天下无穷人，非知得也；当桀纣而天下无通人，非知失也，时势适然。夫水行不避蛟龙者，渔父之勇也；陆行不避兕虎者，猎夫之勇也；白刃交于前，视死若生者，烈士之勇也；知穷之有命，知通之有时，临大难而不惧者，圣人之勇也。由处矣，吾命有所制矣。”无几何，将甲者进，辞曰“以为阳虎也，故围之。今非也，请辞”，而退。

公孙龙问于魏牟曰：“龙少学先生之道，长而明仁义之行[三十六]，合同异，杂坚白，然不然，可不可，困百家之知，穷众口之辩，吾自以为至达已。今吾闻庄子之言，汒焉异之[三十七]。不知论之不及与，知之弗若与？今吾无所开吾喙，敢问其方。”公子牟隐机太息[三十八]，仰天而笑曰：“子独不闻夫埳井之蛙乎[三十九]？谓东海之鳖曰：‘吾乐与！出跳梁乎井干之上[四十]，入休乎缺甃之崖[四十一]，赴水则接腋持颐，蹶泥则没足灭跗，还虷（gàn）蟹与科斗，莫吾能若也。且夫擅一壑之水，而跨跱埳井之乐[四十二]，此亦至矣。夫子奚不时来入观乎？’东海之鳖左足未入而右膝已絷矣[四十三]。于是逡巡而却，告之海曰：‘夫千里之远不足以举其大，千仞之高不足以极其深。禹之时十年九潦，而水弗为加益[四十四]；汤之时八年七旱，而崖不为加损。夫不为顷久推移不以多少进退者，此亦东海之大乐也，于是埳井之蛙闻之适适然惊[四十五]，规规然自失也[四十六]。且夫知不知是非之竟，而犹欲观于庄子之言，是犹使蚊负山商蚷（jù）驰河也[四十七]，必不胜任矣。且夫知不知论极妙之言，而自适一时之利者[四十八]，是非埳井之蛙与？且彼方跐（cǐ）黄泉而登大皇[四十九]，无南无北，奭然四解，沦于不测；无东无西，始于玄冥，反于大通。子乃规规然而求之以察[五十]，索之以辩。是直用管窥天，用锥指地也，不亦小乎？子往矣。且子独不闻寿陵余子之学行于邯郸与？未得国能，又失其故行矣，直匍匐而归耳。今子不去，将忘子之故，失子之业。”公孙龙口呿（qū）而不合，舌举而不下，乃逸而走。

庄子钓于濮水。楚王使大夫二人往先焉，曰：“愿以境内累矣。”庄子持竿不顾，曰：“吾闻楚有神龟，死已三千岁矣，王巾笥而藏之庙堂之上。此龟者宁其死为留骨而贵乎，宁其生而曳尾于涂中乎？”二大夫曰：“宁生而曳尾涂中。”庄子曰：“往矣，吾将曳尾于涂中。”惠子相梁，庄子往见之。或谓惠子曰：“庄子来，欲代子相。”于是惠子恐，搜于国中三日三夜。庄子往见之，曰：“南方有鸟，其名为鹓鶵，子知之乎？夫鹓鶵，发于南海而飞于北海，非梧桐不止，非练实不食[五十一]，非醴泉不饮。于是鸱得腐鼠，鹓鶵过之，仰而视之曰‘吓’。今子欲以子之梁国而吓我邪？”庄子与惠子游于濠梁之上，庄子曰：“儵鱼出游从容，是鱼之乐也。”惠子曰：“子非鱼，安知鱼之乐？”庄子曰：“子非我，安知我不知鱼之乐？”惠子曰：“我非子，固不知子矣；子固非鱼矣，子之不知鱼之乐，全矣。”庄子曰：“请循其本：子曰‘汝安知鱼之乐’云者，既已知吾知之而问我，我知之濠上也。”

【略注】

［一］泾：通“径”，直。 ［二］辩：通“辨”。 ［三］面目：借代脸色，态度。 ［四］春秋：一年。 ［五］量数：量以数，用数字衡量。 ［六］比：通“庀”。 ［七］卒：尽，全。

［八］豪：通“毫”。　［九］任士：担重任的人。　［十］曏：旧时，古。故：变故。　［十一］掇：手边可取，状近。跂：喻异常。　［十二］倪：末端。　［十三］精：上等粟米。　［十四］垺：通“郛”，外围城墙。殷：大。　［十五］异：不同，分别。便：相宜。　［十六］辟：开拓，创新。　［十七］在社会意识。［十八］所大：相比显得大的对象。下“所小”“所有”“所无”“所然”“所非”仿此。　［十九］梁丽：栋梁。丽：通“欐”。［二十］盖：通“盍”。　［二十一］门：与下“家”同义，门户，派别。此指相对性。　［二十二］反：违背。衍：扩展。　［二十三］蹇：使难行。　［二十四］施：蔓延。　［二十五］繇繇乎：兴旺的样子。繇：茂盛。　［二十六］方：占有，依托。　［二十七］举：托起。　［二十八］止：使止。　［二十九］夫：当是传抄中衍出的。　［三十］蹢躅：驻足，不行。　［三十一］落：通“络”，马笼头，用作动词。　［三十二］得：通“德”，本性。［三十三］䲡：通“趥”，践踏。　［三十四］蜚：通“飞”。［三十五］这段当有脱文，没言及段首点出的“目”“心”。［三十六］明：显示。　［三十七］汒：通“茫”。　［三十八］机：通“几”。　［三十九］埳：通“坎”，坑穴。　［四十］梁：通“踉”，跃。干：栏杆。　［四十一］甃：砖。崖：井壁。［四十二］跨跱：占据。　［四十三］絷：束缚。　［四十四］加：程度加深，无论数量增减。　［四十五］适：才，刚。［四十六］规规然：拘束的样子。规：规则，守规矩。　［四十七］商蚷：一种小虫。　［四十八］适：满意。　［四十九］大皇：太皇，代天。［五十］规规然：窥测的样子。规：通“窥”。　［五十一］练实：竹实，白如练。

【直译】

秋天雨水随季节到来，众多水流注入黄河，直冲的水流宽大，两岸间岛岸间不能分辨牛马。于是黄河水神河伯欣然暗自高兴，认为天下的美景全在自己这里。顺着水流向东行进，到了北海，面向东看，看不见水边。于是河伯才转变他的喜色，望着海洋向北海神若感叹说："俗话有这说法'听的道理很多，就认为没有人赶得上我'，是说我啊。而且我曾经听说有认为孔丘见识少和轻视伯夷的气节的人，当初我不相信。现在我目睹你难穷尽。我不是来到你的门前就危险了——我会长久被见识广博的人讥笑。"北海若说："井中蛙不能和它谈大海，是被地点拘限；夏季虫不能同它谈冰冻，是被时间限制；不直率的人不能和他谈论大道，是被教养束缚。现在你从崖岸边出来，看到大海，就知道自己浅陋，这样将能和你谈大道理了。天下的水没有哪里比海洋大，万条江河归海洋不知何时停止，却不满；从尾闾泄水不知何时停止，却不空；四季不改变，旱涝不知晓。这样它超过江河的水不能用数字作计量，可是我未曾因此自夸，自己认为从天地具备形体，从阴阳禀受生气，我在天地之间犹如小石小树在大山。正心想见得少，又凭什么自夸？算来四海在天地间，不像石砌穴窍在大泽吗？算来中国在四海之内，不像稊米在大粮仓吗？称物的数量叫它万物，人居万物之一；全九州的人，生长的谷物，通行的车船，人居其中之一。这样人与万物相比，不像毫毛尖在马身上吗？五帝联合的、三王争夺的、仁人忧虑的、能人操劳的，全在这里了。伯夷辞让它由此博取名声，仲尼宣扬它由此显示博学。这是他们自夸，不正像你先前对于水自夸吗？"

河伯说："既如此，那么我以天地为大以毫毛尖为小，可以吗？"北海若说："不可以。事物，数量无穷尽，时间无止期，因素不固定，终始无定例。因此大智慧综观远近，所以量小却不认为少，量大却不认为多，是懂得数量无穷尽；验证古今变化，所以久远却不纳闷，新近却不惊奇，是知道时间无止期；明察盈虚，所以得到却不欣喜，失掉却不忧伤，是知道因素不固定；明察坦途，所以生存却不觉可喜，死亡却不觉是祸，是知道终始不能有定例。算来人知道的，比不上自己不知道的；人有生命的时间，比不上没有生命的时间。凭那极小的想要尽知那极大的领域，因此迷乱就不能自由。由此看来，又凭什么知道毫毛尖足够定为最细的极限，又凭什么知道天地足够穷尽最大的领域?”

河伯说：“世上议论的人都说‘最细的没有形体，最大的不能围量’，这是真实情况吗?”北海若说：“由小眼光看大事物看不全面，由大眼光看小事物看不分明。粟米是小中的微小；城墙是大中的巨大。所以分别相宜，是有这种趋势。精粗限于有形物，无形物是数量不能区分的。不能围量的，是数量不能计完的。能言说出的是粗大的事物，能想象到的是细微的事物。语言不能表述的、意识不能察觉到的，不能确定精细粗大。所以大人的行为，不从害人出发，不自夸仁惠；行动不为图利；不认为仆人下贱；财物不争夺，不自夸辞让；做事不借助别人，不自夸自食其力；不认为贪婪污浊下贱；行为不同世俗，不自夸创新奇特；行为处于从众，不认为奉承谄媚；社会的官爵俸禄不足够成为鼓励，杀戮侮辱不足够成为耻辱；是知道是非不能成为分野，细小粗大不能成为界线。听说‘道人不求闻名，至德不求获取，大人超越自我，是修养素质的极境’。”

河伯说：“选择物的外观？选择物的内容？到哪里去区分贵贱？到哪里去区分大小?”北海若说：“拿道看它，事物没有贵贱；依物看它，认为自己尊贵就互相贱视；按世俗看它，贵贱不在自己；从比较看它，根据它显出大的对象就认为它大那么万物没有什么不大，根据它显出小的对象就认为它小那么万物没有什么不小，知道天地是稊米，知道毫毛尖是丘山，那么差距就相等了；从效果看，根据它显出有的对象就认为它有那么万物没有什么不有，根据它显出无的对象就认为它无那么万物没有什么不无，知道东和西相反却不能没有对方，那么效果辨别就确定了；从趋向看它，根据它显出对的对象就认为它对那么万物没有什么不对，根据它显出不对的对象就认为它不对那么万物没有什么对，知道尧和桀认为自己对就否定对方，那么趋向把握就明白了。从前尧舜禅让就成帝王，燕王子哙禅让就亡国；商汤周武夺权就成帝王，白胜夺权就灭亡。由此看来，夺权和禅让的法式，唐尧夏桀的行为，被重视被轻视有时势限制，不能把它视为固定。栋梁可以撞城门却不能塞孔穴，是说不同用途；骏马一天就跑千里，抓老鼠却赶不上野猫，是说不同技能；猫头鹰在夜间抓跳蚤能明察毫毛尖，白天瞪大眼睛也看不见丘山，是说不同本性。所以说‘何不效法是去否定非，效法治去否定乱啊’，这是不明白天地的原理、万物的实情的说法。这犹如效法天就以为没有地，效法阴就以为没有阳，那不能行通就明显了。可是还说个不停，不是愚昧就是欺骗。帝王有不同禅让，三代有不同承传，不合那时宜违背那习俗的人，称他篡位人；适合那时宜顺应那习俗的人，称他守义人。沉默吧河伯，你怎么知道贵贱的区别、大小的区别？”

河伯说：“既如此，那么我做什么呢，不做什么呢？我推辞？接受？进取？放弃？我终究怎么办？”北海若说：“用道看它，什么贵什么贱这叫违背发展，不要拘泥你的思想，和道阻碍；什么多什么少这叫排除发展，不要固执你的行为，与道不一致。严厉像国家有君主自己无私恩，兴旺像祭祀有庙坛自己无私福，广大像四方无止境自己无领域，包容万物自己受谁庇护？这叫没有依赖。万物完全平等，谁短谁长？道无终始，物有生灭，不依仗自己的成就；一空虚一盈满，不固定自己的形态；岁月不能延长，时光不能停止，消长盈虚，终结就又开始。这是宣讲大道的真理谈论万物的原理的依据。事物产生，像快跑像疾驰。没有活动不变化，没有时间不推移。做什么呢，不做什么呢？本来会自然变化。”

河伯说：“既如此，那么为什么重视道呢？”北海若说：“懂得道的人必定通晓真理，通晓真理的人必定认清权诈，认清权诈的人不因物欲损害自己。最高精神境界的人火不能热他，水不能淹他，寒暑不能侵害他，禽兽不能伤害他。不是说他迫近这些不受害，是说他明确察知安危，镇静对待祸福，谨慎选择去就，没有什么能危害他。所以说天然在内，人为在外，本性在于天然表现。保全本性的人的行为立足天然，置身满意，不行动地屈伸，反思要旨谈论至道。”河伯说：“什么叫天然？什么叫人为？”北海若说：“牛马四只脚，这叫天然；套住马头，穿通牛鼻，这叫人为。所以说不要用人为毁坏天然，不要用特意毁坏天赋，不要用本性殉葬名声。谨慎守护不要丧失，这叫回归自己的本真。”

夔羡慕蚿，蚿羡慕蛇，蛇羡慕风，风羡慕目光，目光羡慕思维。夔对蚿说：“我靠一只脚跳跃走路，我赶不上谁了。现在你使用万只脚，自己觉得怎么样？”蚿说：“不对。你没看见那些唾沫吗？喷出来就大的如珠，小的如雾，错杂落下，不可胜数。现在我调动我的天然机能就不知道自己这样的原因。”蚿对蛇说：“我靠众多脚走路，却赶不上你没有脚，是为什么？”蛇说：“天然机能驱动，怎么能改变呢？我哪用脚呢？”蛇对风说：“我使我的脊骨两旁运动就走路，就有似脚处。现在你强盛地从北海吹起，强盛地向南海挺进，却像不存在，是为什么？”风说：“对，我强盛地从北海吹起又吹入南海。可是用手挡我就战胜我，用脚踢我也战胜我。虽然这样，折断大树吹飞大屋，只有我能。原来是把许多小不胜变为大胜。变成大胜，只有圣人能做到它。”

孔子游历到匡地，宋国人包围他几圈，却弹琴唱歌不忧愁。子路进前相见说：“先生乐什么呢？”孔子说：“来，我告诉你。我忌讳困顿很久了，却不能避免，是命运；企求通达很久了，却不能得到，是时势。遇到尧舜天下就没有困顿人，不是凭智慧得路；遇到桀纣天下就没有通达人，不是因智慧失路，是时势只能这样。在水上行动不躲避蛟龙，是渔父的勇气；在陆上行动不躲避兕虎，是猎人的勇气；白刃架在面前，视死如生，是烈士的勇气；知道困顿有命运，知道通达有时势，面临大难却不惧怕，是圣人的勇气。你定心了，我的命运有裁断了。”不久，带兵的人进来道歉说“以为是阳虎，所以包围你们。现在不是，愿意道歉”，便退兵了。

公孙龙问魏牟：“我从小学习先生的学说，年长就践行仁义行为，调和异同，调和坚白，以不然为然，以不可为可，困倒百家的智慧，穷尽众口的辩才，我自认为最博通了。现在我听到庄子的言论茫然惊诧它。不知道是辩才赶不上呢，还是知识赶不上呢？现在我无处张开我的嘴，斗胆请问这道理。”公子牟靠着几案长叹，仰头朝天笑着说：“你难道没听说那浅井的蛙吗？它对东海的鳖说：‘我快乐啊！出来在井栏上跳跃，进去在井壁的破砖休息，跳进水就淹到两腋、下巴，踏进泥就掩盖脚背，回顾虾虫螃蟹与蝌蚪，没有谁能赶得上我。况且独占一壑水，又独享浅井乐，这也乐极了。先生怎么不时常来入井看看呢？’东海鳖左脚还没迈进右膝就已经被碍着了。于是缓慢地退却，把大海告诉它：‘千里远不足够说尽海大，千仞高不足够说完海深。禹时十年就九年涝灾，可是海水不因此增多；汤时八年就七年大旱，可是岸痕不因此降低。不因时间长短变化，不因来水多少增减，这也是东海的大乐趣。于是浅井蛙听到这话如梦初醒地吃惊，手脚无措地失去自己。再说，知道不知道是非的究竟，你还想窥测庄子的言论，这犹如让蚊虫背山商蚷过河，必定不能胜任了。再说，知道不知道谈论极妙的言论，你自满于一时的谈锋犀利，这不是浅井之蛙吗？况且庄子正踏黄泉登青天，无论南方无论北方，丰富地四面通晓，深沉到不可窥测；无论东方无论西方，从高深开始，归结到博大精通。你竟窥测性地用考核去探索，用辩驳去探寻。这只是由竹管观看天大，用锥子窥测地厚，不也渺小吗？你该走了。况且你难道没听说燕国寿陵的庶子到赵国邯郸学走路吗？没学会赵国的走法，又忘掉自己过去的走法了，只好爬回去罢了。现在你不离去，将忘掉你的旧业，失去你的业绩。”公孙龙嘴巴张开合不拢，舌头翘着放不下，于是逃跑了。

庄子在濮水钓鱼。楚王派两位大夫去致意说：“希望拿国政劳累你。”庄子拿着钓竿不回头地说：“我听说楚国有灵异的乌龟，死去已经三千年了，楚王用布包用箱装地收藏它在庙堂上。这乌龟宁愿自己为留下骨壳被重视死亡呢，宁愿自己活着在污泥中拖动尾巴呢？”两位大夫说：“宁愿活着在污泥中拖动尾巴。”庄子说：“该走了，我将在污泥中拖动尾巴。”惠子在梁国当卿相，庄子去见他。有人对惠子说：“庄子来，想取代你当卿相。”于是惠子恐慌，在都城里搜寻三天三夜。庄子去见他说："南方有种鸟，它的名字叫鹓鶵，你了解它吗？鹓鶵从南海出发飞向北海，不是梧桐树不停歇，不是竹实不吃，不是醴泉不喝。在这时鸱鸟得到腐烂的老鼠，鹓鶵飞过那里，仰头望着鹓鶵说'吓'。现在你想因你的梁国就吓我吗？"庄子和惠子在濠水桥上游玩。庄子说："鯈鱼出来游玩不慌不忙，这是鱼快乐。"惠子说："你不是鱼，怎么知道鱼快乐？"庄子说："你不是我，怎么知道我不知道鱼快乐？"惠子说："我不是你，当然不了解你了；你本来不是鱼，你不知道鱼快乐，完全明白了。"庄子说："请遵循你的根据：你说'你从何知道鱼快乐'这话，就已经知道我知道鱼快乐了就问我，我是在濠水上知道的。"

【简析】

本文从思想认识方面论思想修养。

认识有多种局限，心胸狭小、心存私欲己意尤使人盲目自夸。

事物不相同以至相反，都是相对的，不应绝对化，不应主观对立起来，要包容一切平等对待。

思想素质（言不能论、意不能察致者）不能用精粗细大量化，不能用是非荣辱界定。超越物欲、功利、名声、是非、荣辱，超越自我，是思想修养的极境。

贵贱、大小、有无、是非等如同东和西，是相对的，是互为参照存在的，而且是按统治者的标准主观贵己贱人、是己非人、有己无人的。贵贱大小有无是非等都不固定，事物有差异，一切都在不断变化发展，肯定相反相成的一面否定另一面，是不明白天地的原理、万物的实情，要平等包容相反相成的见解和人物。

事物是不断发展变化的，万物是平等的，不能凭私欲己意认定贵贱多少去辞受取舍，要以广阔无边的胸怀包容一切，让万物自主平等地自然消长盈虚变化发展，才是摆脱依赖。

重视道在于用道正视现实，认清权诈，明察安危，从而谨慎选择去就、顺其自然以远害；要不因私欲己意危害自己，不为利名牺牲本性，保全本性，回归本真。

事物各具特点，都由于天然机能。精神境界高的人才能顺应天然机能，才能变众小不胜为大胜。

要勇于正视制约人的时势、命运。

对事物的认识不同，是人的思想境界高低广狭不同。思想境界低的人难以理解博大高深的见解。

甘处困境，蔑视权贵，懂得自乐，全在于精神境界高。

思想认识水平既由自身精神境界决定，就需要提高精神境界，以利高瞻远瞩、洞察隐微、明察安危、谨慎去就以远害；也受统治思想诱惑世俗观念影响，就需要洞察时势、认清专制统治思想及其造就的世俗观念，维护森严等级、禁锢国民思想、导致人吃人的本质，从而保全本性，超越私欲己意制约的自我，蔑视权贵，免被诱惑，不轻用吾身，免被牢笼。这是由提高思想境界达到灵魂自由，独立自主。提高精神境界，认清事物的相对性、平等性，从而排除自我中心和主观排他，做到既独立自主又平等包容一切不同以至相反的事物、观念和人物。这样就万物独立自主平等包容，从而使万物自由发展。这就是遵循和体现事物发展和认识发展的规律——道。

至乐

天下有至乐无有哉？有可以活身者无有哉？今奚为？奚据？奚避？奚处？奚就？奚去？奚乐？奚恶？夫天下之所尊者富贵寿善也，所乐者身安厚味美服好色音声也，所下者贫贱夭恶也，所苦者身不得安逸、口不得厚味、形不得美服、目不得好色、耳不得音声。若不得者，则大忧以惧，其为形也亦愚哉！夫富者，苦身疾作，多积财而不得尽用，其为形也亦外矣。夫贵者，夜以继日思虑善否，其为形也亦疏矣。人之生也与忧俱生，寿者惛惛，久忧不死，何苦也，其为形也亦远矣。烈士为天下见善矣，未足以活身，吾未知善之诚善邪，诚不善邪？若以为善矣，不足以活身；以为不善矣，足以活人。故曰，忠谏不听，蹲循勿争[一]。故夫子胥争之以残其形，不争名亦不成。诚有善无有哉？今俗之所为与其所乐，吾又未知乐之果乐邪，果不乐邪？吾观夫俗之所乐举群趣者，誙（kēng）誙然如将不得已[二]。而皆曰："乐者？吾未之乐也，亦未之不乐也。"果有乐无有哉？吾以无为诚乐矣，又俗之所大苦也。故曰，至乐无乐，至誉无誉，天下是非果未可定也。虽然，无为可以定是非。至乐活身，唯无为几存。请尝试言之：天无为以之清，地无为以之宁，故两无为相合万物皆化，芒乎芴乎而无从出乎[三]？芴乎芒乎而无有象乎？万物职职皆从无为殖，故曰天地无为也而无不为也。人也孰能得无为哉！

庄子妻死，惠子吊之。庄子则方箕踞鼓盆而歌。惠子曰："与人居长子，老身死，不哭亦足矣，又鼓盆而歌，不亦甚乎？"庄子曰："不然是[四]。其始死也，我独何能无概然[五]。察其始而本无生；非徒无生也，而本无形；非徒无形也，而本无气；杂乎芒芴之间，变而有气，气变而有形，形变而有生；今又变而之死。是相与为春秋冬夏四时行也。人且偃然寝于巨室[六]，而我噭（jiāo）噭然随而哭之[七]，自以为不通乎命，故止也。"支离叔与滑介叔观于冥伯之丘、昆仑之虚[八]——黄帝之所休。俄而柳生其左肘[九]，其意蹶蹶然恶之。支离叔曰："子恶之乎？"滑介叔曰："亡。予何恶？生者假借也，假之而生。生者尘垢也，死生为昼夜。且吾与子观化，而化及我，我又何恶焉？"庄子之楚，见空骷髅，髐（xiāo）然有形。撽（qiào）以马捶[十]，因而问之曰："夫子贪生失理而为此乎？将子有亡国之事斧钺之诛而为此乎？将子有不善之行愧遗父母妻子之丑而为此乎？将子有冻馁之患而为此乎？将子之春秋故及此乎？"于是语卒援骷髅枕而卧。夜半，骷髅见梦曰："子之谈者似辩士，视子所言，皆生人之累也，死则无此矣。子欲闻死之说乎？"庄子曰："然。"骷髅曰："死，无君于上，无臣于下，亦无四时之事，从然以天地为春秋[十一]，虽南面王，乐不能过也。"庄子不信，曰："吾使司命复生子形[十二]，为子骨肉肌肤，反子父母妻子闾里知识[十三]，子欲之乎？"骷髅深矉蹙頞曰[十四]："吾安能弃南面王乐而复为人间之劳乎？"

颜渊东之齐，孔子有忧色。子贡下席而问曰：“小子敢问，回东之齐，夫子有忧色，何邪?”孔子曰：“善哉汝问。昔者管子有言，丘甚善之，曰：‘褚小者不可以怀大，绠短者不可以汲深。’夫若是者，以为命有所成而形有所适也夫[十五]，不可损益。吾恐回与齐侯言尧舜黄帝之道，而重以燧人神农之言，彼将内求于己而不得，不得则惑人，惑则死。且汝独不闻邪？昔者海鸟止于鲁郊，鲁侯御而觞之于庙，奏《九韶》以为乐，具太牢以为膳[十六]，鸟乃眩视忧悲，不敢食一脔，不敢饮一杯，三日而死。此以己养养鸟也，非以鸟养养鸟也。夫以鸟养养鸟者，宜栖之深林，游之坛陆[十七]，浮之江湖，食之鳅鲦，随行列而止[十八]，委蛇而处[十九]。彼唯人言之恶闻，奚以夫譊（náo）譊为乎？《咸池》《九韶》之乐张之洞庭之野，鸟闻之而飞，兽闻之而走，鱼闻之而下入，人卒闻之相与还而观之[二十]。鱼处水而生，人处水而死，故必相与异其好恶，故异也。故先圣不一其能，不同其事。名止于实，义设于适，是之谓条达而福持。列子行，食于道，从见百岁髑髅，攓（qiān）蓬而指之曰：“唯予与汝知而未尝死未尝生也。若果养乎，予果欢乎？”

种有几[二十一]，得水则为继[二十二]，得水土之际则为蛙蠙之衣[二十三]，生于陵屯则为陵舄[二十四]。陵舄得郁栖则为乌足[二十五]，乌足之根为蛴螬[二十六]，其叶为蝴蝶。蝴蝶胥也化而为虫生于灶下，其状若脱，其名为鸲掇[二十七]。鸲掇千日为鸟[二十八]，其名曰干余骨。干余骨之沫为斯弥[二十九]，斯弥为食醯。颐辂生乎食醯，黄軦（kuàng）生乎九猷。瞀芮生乎腐蠸（quán），羊奚比乎不箰久竹生青宁[三十]。青宁生程[三十一]，程生马，马生人，人又反入于机[三十二]。万物皆出于机皆入于机。

【略注】

[一] 蹲：蹲下，状屈。循：顺从。 [二] 誙誙然：竞争的样子。[三] 芒：通“茫”，不清楚。芴：通“忽”，不经意。 [四] 主谓倒置，强调不然。 [五] 概：通“慨”。 [六] 巨室：天地间。 [七] 噭噭：哭声。 [八] 虚：大丘。 [九] 柳：通“瘤”。 [十] 撽：从旁击。捶：通“箠”，鞭子。 [十一] 从：通“纵”。 [十二] 司命：掌管生命的神。 [十三] 知识：了解认识的人。 [十四] 蹙頞：皱额头。 [十五] 所适：合适的，指分寸。下言担心过分。 [十六] 太牢：上等祭品。[十七] 坛：高台，取高义，岛、岸高于水面。 [十八] 行列：队伍，借代同伴。 [十九] 委蛇：像盘曲的蛇，喻散漫。 [二十] 卒：古代居民群体名，代群体。 [二十一] 几：物种名，当是微生物。 [二十二] 继：物种名，或说是中药续断，或说是水舄。[二十三] 蛙蠙之衣：或说是青苔。 [二十四] 陵舄：车前草。[二十五] 郁：粪土。乌足：草名。以上说植物，以下说动物。[二十六] 蛴螬：金龟子的幼虫。 [二十七] 鸲掇：虫名。[二十八] 鸟：从文意看，指一种虫。 [二十九] 斯弥：及下“食醯”“颐辂”“黄軦”“九猷”“瞀芮”“腐蠸”皆虫名。[三十] 羊奚：应是虫名。不箰久竹：不生笋的老竹，可能指竹虓。青宁：虫名。以上虫类。 [三十一] 程：当指豹，与“马”为兽类。[三十二] 机：天机。

【直译】

天下人有最喜好没有呢？有能存活自身的办法没有呢？现在做什么？依靠什么？回避什么？寄心什么？趋就什么？离开什么？喜欢什么？厌恶什么？天下人尊崇的是富有、显贵、长寿、美名，喜好的是身体安康、丰盛饮食、华美服饰、美女、歌舞，厌弃的是贫穷、下贱、夭折、恶名，苦恼的是自己享不到安逸、嘴巴吃不到美味、身体穿不上美服、眼睛看不到美女、耳朵听不到音乐。如果得不到，就非常忧伤恐惧，这样对待身体也愚昧啊！富人，劳苦身体急剧劳作，多聚财却不能全享用，这样对待身体也置之度外了。贵人，夜以继日地思考好不好，这样对待身体也疏远了。人活着就和忧患俱生，长寿的人糊涂，长久忧患不死，多么痛苦，这样对待身体也差远了。烈士给天下人显示美好了，没能够保存自身，我不知道美好真美好呢，真不美好呢？如果认为美好了，不足够存活自身；认为不美好了，足够存活别人。所以说真诚劝谏却不听，就屈从不要争论。所以伍子胥争谏就摧残自己的身体，不争谏名声又不能形成。果真有美好没有呢？现在世俗人做的和他们喜好的，我也不知道喜好果真喜好呢，果真不喜好呢？我看那些以全体同类人趋向的为喜好的世俗人，争先恐后好像不能罢休。可是都说："喜好？我没有喜好它，也没有不喜好它。"真有喜好没有呢？我把"无"作为真喜好了，又是世俗人大感困苦的。所以说最喜好没有喜好，最荣誉没有荣誉，天下是非果真不能认定。虽然如此，无为能够平定是非。最喜爱是保存自身，只有无为接近保存自身。请尝试说说它：天无为因此清明，地无为因此宁静，所以两者无为相配合万物都化育，茫然无意就无从出吗？茫然无意就没迹象吗？万物常常都从无为孳生，所以说天地无为就无不产生。人谁能做到无为啊！

庄子的妻子死了，惠子去吊唁。庄子正盘腿坐着敲瓦盆唱歌。惠子说："和她同居生子，她老了死了，不哭也罢了，还敲瓦盆唱歌，不过分吗？"庄子说："这话不对。她刚死时，我私下怎么能不感伤。考察她最初本来没有生命；不只是没有生命，还本来没有形体；不只是没有形体，还本来没有元气；错杂在茫然无知中间，变成有元气，元气变成有形体，形体变成有生命；现在又变化到死亡。这些共同成为春夏秋冬四季运行。别人尚且安然地睡在大屋里，可是我呜呜地跟着她哭她，自认为没看透生命，所以停止哭。"

支离叔和滑介叔到冥伯丘、昆仑山——黄帝休息的地方考察。不久，瘤子生在滑介叔左肘上，他心里急躁地厌恶它。支离叔说："你厌恶它吗?"滑介叔说："没有。我为什么厌恶？生命是假借，借生命生存。生命是尘垢，生死是昼夜。况且我和你考察变化，变化临到我，我又为什么厌恶它?"庄子去楚国，看见空骷髅，枯朽有形状。用马鞭侧击，趁势问它："你贪生失去理智因而变成这样的吗？或者你遇到亡国的事被刀斧杀害因而变成这样的吗？或者你有不好的行为，惭愧给父母妻子儿女留下羞耻因而变成这样的吗？或者你有受冻挨饿的灾难因而变成这样的吗？或者是你的寿命的缘故到这样吗?"说完就拿骷髅作枕头睡下。半夜，骷髅来梦中相见说："你说话像善辩的人。审视你说的，都是活人的羁绊，死后就没有这些了。你想听死后的喜悦吗?"庄子说："是的。"骷髅说："死后无君在上，无臣在下，也无四季的事，纵意地以天地为寿命，即使面向南当帝王，快乐不能超过。"庄子不信，说："我让阎王再生你的形体，给你骨肉肌肤，还你父母妻子儿女邻居熟人，你愿意这样吗?"骷髅深深皱眉皱额说："我怎么能抛弃面向南当帝王的快乐去重受人间的忧愁呢?"

颜渊向东去齐国，孔子有忧愁表情。子贡离开座位去问："晚生斗胆请问，颜回向东去齐国，先生有忧愁神色，为什么呢?"孔子说："你问得好啊。从前管仲有话，我认为那话很好。他说：'小口袋不能装大物，短井绳不能汲深水。'像这样说，是认为差使有成就就要表现有分寸啊，不能增减。我担心颜回跟齐国国君谈尧舜黄帝的主张，又把燧人神农的言论来强调，齐侯将在内心向自己寻找却找不到，找不到就怀疑人，怀疑就杀死颜回。况且你难道没听说吗？从前海鸟停在鲁都城外，鲁侯迎接它到太庙宴饮它，演奏《九韶》作为娱乐，供设太牢作为饮食，海鸟竟两眼昏花地看着忧愁悲伤，不敢吃一片肉，不敢喝一杯酒，三天就死了。这是用养自己的方式去养海鸟，不是用养鸟的方式去养海鸟。用养鸟的方式养鸟，适宜让它栖息在深林，让它漫游在高地，让它漂浮在江湖，用鱼喂它，让它随伙伴行止，散漫地生活。它厌恶听人话，用那喧嚷声做什么呢？在洞庭野外演奏《咸池》《九韶》这些乐歌，鸟听到它就飞走，兽听到它就跑掉，鱼听到它就向下深入，人们听到它共同围拢观看它。鱼置身水中就活，人置身水中就死，所以必然与对方不同好恶，是原本不同。所以前代圣人不统一各自的本领，不混同各自的事情。名不超过实，义建立在合适，这叫作条理通达幸福持久。”列子出行，在路上吃饭，随从看见百岁骷髅，拔开蓬草指着骷髅说：“只有我和你知道你未曾死未曾生。你果真长久吗？我果真欢喜吗?”

物种里有几，得到水就变成继，生到水陆交界处就变成蛙蚌之衣，生到土丘就变成陵舄。陵舄得到粪土栖身就变成乌足，乌足的根变成蛴螬，乌足的叶变成蝴蝶。蝴蝶不久就变成虫生长在灶下，它的样子像脱的壳，它的名字叫鸲掇。鸲掇一千天变成鸟，这鸟名叫干余骨。干余骨的唾沫变成斯弥。斯弥变成食醯。颐辂由食醯衍生。黄軦由九猷衍生。瞀芮由腐蠸衍生。羊奚附着在不笋老竹生出青宁。青宁衍生程，程衍生马，马衍生人，人又反过来回归造化。万物都出于造化都回归造化。

【简析】

本文从生死观论思想修养。

万物都从无为繁衍，天地无为就无物不生，最崇高的喜好是超越植根私欲己意的好恶（至乐无乐）。没有出自私欲己意的好恶，就能消除是非荣辱，避开与生俱来的忧患而保存自身。

要看透生命，生死如四季昼夜般自然运行，生命是尘垢，人生多羁绊，死后才快乐无穷，因为死后才摆脱了君臣上下集中体现的等级森严的专制统治。

要使主观行为适合客观实际，才能适者生存。但活着未必欢悦，超越生死才真正长久。

万物都出于造化又回归造化。

残酷专制统治使国民遭受众多羁绊，忧患相伴一生，生命贱如尘垢。从而使国民对社会人生感到绝望，觉得只有死后才能摆脱由君臣间集中体现的森严等级，才能得到快乐。面对这残酷专制现实，必须从心灵自救：超越自我，看透社会人生；万物都不过是一个生灭过程，专制社会使人生忧死乐。只有提高精神境界，高擎自由灵魂，平等包容一切，不好生恶死，使自己的主观行为适应面临的客观实际，才无适而不可，无时无处过不去，才能消除是非荣辱，才能避开忧患。

达　生

达生之情者，不务生之所无以为；达命之情者[一]，不务知之所无奈何。养形必先之以物，物有余而形不养者有之矣。有生必先无离形，形不离而生亡者有之矣。生之来不能卻，其去不能止。悲夫，世之人以为养形足以存生。而养形果不足以存生，则世奚足为哉[二]？虽不足为而不可不为者，其为不免矣。夫欲免为形者莫如弃世。弃世则无累，无累则正平，正平则与彼更生，更生则几矣。事奚足弃而生奚足遗？弃事则形不劳，遗生则精不亏。夫形全精复，与天为一。天地者万物之父母也，合则成体，散则成始。形精不亏，是谓能移。精而又精，反以相天。

子列子问关尹曰："至人潜行不窒，蹈火不热，行乎万物之上而不慄，请问何以至于此？"关尹曰："是纯气之守也，非知巧果敢之列。居，吾语女：凡有貌象声色者，皆物也。物与物何以相远夫？奚足以至乎先？是色而已。则物之造乎不形，而止乎无所化。夫得是而穷之者，物将得而止焉。彼将处乎不淫之度，而藏乎无端之纪[三]，游乎万物之所终始，壹其性，养其气，合其德，以通乎物之所造。夫若是者，其天守全，其神无卻，物奚自入焉？夫醉者之坠车，虽疾不死。骨节与人同而犯害与人异，其神全也，乘亦不知也，坠亦不知也，死生惊惧不入乎其胸中，是故遻（è）物不慴（shè）[四]。彼得全于酒而犹若是，而况得全于天乎？圣人藏于天，故莫之能伤也。复仇者不折镆干；虽有忮心者，不怨飘瓦。是以，天下平均，故无攻战之乱，无杀戮之刑者。由此道也，不开人之天而开天之天。开天者德生，开人者贼生。不厌其天，不忽于人，民几乎以其真。

仲尼适楚，出于林中，见痀偻者承蜩犹掇之也。仲尼曰："子巧乎？有道邪？"曰："我有道也。五六月，累丸二而不坠则失者锱铢[五]，累三而不坠则失者十一，累五而不坠犹掇之也。吾处身也若厥株，拘吾执臂也若槁木之枝[六]。虽天地之大万物之多，而唯蜩翼之知，吾不反不侧，不以万物易蜩之翼，何为而不得？"孔子顾谓弟子曰："用志不分，乃凝于神，其痀偻丈人之谓乎。"颜渊问仲尼曰："吾尝济乎觞深之渊，津人操舟若神，吾问焉曰：'操舟可学邪？'曰：'可。善游者数能；若乃夫没人，则未尝见舟而便操之也。'吾问焉而不吾告。敢问何谓也？"仲尼曰："善游者数能，忘水也；若乃夫没人之未尝见舟而便操之也，彼视渊若陵，视舟之覆犹其车却也。覆却万方陈乎前而不得入其舍[七]，恶往而不暇？以瓦注者巧，以钩注者惮，以黄金注者殙（hūn）[八]，其巧一也，而有所矜，则重外也。凡外重者内拙。"

田开之见周威公。威公曰："吾闻祝肾学生，吾子与祝肾游，亦何闻焉？"田开之曰："开之操拔篲以待门庭，亦何闻于夫子。"威公曰："田子无让，寡人愿闻之。"开之曰："闻之夫子曰'善养生者若牧羊然，视其后者而鞭之'。"威公曰："何谓也？"田开子曰："鲁有单豹者，岩居而水饮，不与民共利，行年七十而犹有婴儿之色，不幸遇饿虎，饿虎杀而食之；有张毅者，高门悬薄无不走也[九]，行年四十而有内热之病以死。豹养其内而虎食其外，毅养其外而病攻其内。此二子者皆不鞭其后者也。”仲尼曰：“无入而藏，无出而阳[十]，柴立其中央。三者若得，其名必极。夫畏途者，十杀一人则父子兄弟相戒也，必盛卒徒而后敢出焉，不亦知乎？人之所取畏者衽席之上饮食之间，而不知为之戒者，过也。”

祝宗人玄端以临牢筴[十一]，说彘曰：“汝奚恶死？吾将三月豢汝，十日戒，三日齐[十二]，藉白茅，加汝肩尻乎雕俎之上，则汝为之乎？”为彘谋，曰：“不如食以糠糟而错之牢筴之中[十三]。”自为谋，则苟生有轩冕之尊死得于腞楯之上聚偻之中则为之[十四]。为彘谋则去之，自为谋则取之，所异彘者何也？

桓公田于泽[十五]，管仲御。见鬼焉，公抚管仲之手曰：“仲父何见？”对曰：“臣无所见。”公反，诶（xī）诒（dài）为病[十六]，数日不出。齐士有皇子告敖者曰：“公则自伤，鬼恶能伤公？夫忿滀之气[十七]，散而不反则为不足，上而不下则使人善怒，下而不上则使人善忘，不上不下中身当之则为病。”桓公曰：“然则有鬼乎？”曰：“有，沉有履[十八]，灶有髻，户内之烦壤雷霆处之[十九]，东北方之下者倍阿鲑蠪（lóng ）跃之，西北方之下者则泆阳处之。水有罔象，丘有峷（shēn），山有夔，野有彷徨，泽有委蛇。”公曰：“请问委蛇之状何如？”皇子曰：“委蛇其大如毂，其长如辕，紫衣而朱冠。其为物也恶闻雷车之声，则捧其首而立。见之者殆乎霸。”桓公辴然而笑曰：

“此寡人之所见者也。”于是正衣冠与之坐，不终日而不知病之去也。

纪渻子为王养斗鸡。十日而问：“鸡已乎？”曰：“未也。方虚憍而恃气[二十]。”十日又问，曰：“未也。犹应响景。”十日又问，曰：“未也。犹疾视而盛气[二十一]。”十日又问，曰：“几矣，鸡虽有鸣者，已无变矣，望之似木鸡矣。其德全矣，异鸡无敢应者，反走矣。”

孔子观于吕梁，县水三千仞[二十二]，流沫四十里，鼋鼍鱼鳖之所不能游也。见一丈夫游之，以为有苦而欲死也，使弟子并流而拯之[二十三]。数百步而出，被发行歌而游于塘下。孔子从而问焉曰：“吾以子为鬼，察子则人也。请问蹈水有道乎？”曰：“亡。吾无道，吾始乎故，长乎性，成乎命。与齐俱入[二十四]，与汩偕出[二十五]，从水之道而不为私焉。此吾所以蹈之也。”孔子曰：“何谓‘始乎故，长乎性，成乎命’？”曰：“吾生于陵而安于陵，故也；长于水而安于水，性也；不知吾所以然而然，命也。”

梓庆削木为鐻（jù）[二十六]，鐻成，见者惊犹鬼神。鲁侯见而问焉曰：“子何术以为焉？”对曰：“臣工人，何术之有？虽然，有一焉：臣将为鐻，未尝敢以耗气也，必齐以静心，齐三日而不敢怀庆赏爵禄，齐五日不敢怀非誉巧拙，齐七日辄然忘吾有四枝形体也[二十七]。当是时也，无公朝，其巧专而外骨消[二十八]。然后入山林，观天性形躯至矣然后成见鐻，然后加手焉，不然则已。则以天合天[二十九]，器之所以疑神者，其是与。”

东野稷以御见庄公，进退中绳，左右旋中规。庄公以为文弗过也[三十]，使之钩百而反。颜阖遇之，入见曰：

“稷之马将败。”公密而不应。少焉，果败而反。公曰：“子何以知之?”曰：“其马力竭矣而犹求焉，故曰败。”工倕旋而盖规矩，指与物化，而不以心稽，故其灵台一而不桎。忘足，履之适也；忘腰，带之适也；知忘是非，心之适也：不内变，不外从，事会之适也。始乎适而未尝不适者，忘适之适也。

有孙休者，踵门而诧于扁庆子曰[三十一]：“休居乡不见谓不修，临难不见谓不勇，然而田原不遇岁[三十二]，事君不遇世，宾于乡里[三十三]，逐于州部[三十四]，则胡罪乎天哉？休恶遇此命也?”扁子曰：“子独不闻夫至人之自行邪？忘其肝胆，遗其耳目，芒然彷徨乎尘垢之外[三十五]，逍遥乎无事之业，是谓为而不恃，长而不宰。今汝饰知以惊愚，修身以明污，昭昭乎若揭日月而行也。汝得全而形躯，具而九窍，无中道夭于聋盲跛蹇，而比于人数亦幸矣，又何暇乎天之怨哉？子往矣。”孙子出。扁子入，坐有间，仰天而叹。弟子问曰：“先生何为叹乎?”扁子曰：“向者休来，吾告之以至人之德，吾恐其惊而遂至于惑也。”弟子曰：“不然。孙子之所言是邪？先生之所言非邪？非固不能惑是；孙子所言非邪？先生所言是邪？彼固惑而来矣，又奚罪焉?”扁子曰：“不然。昔者有鸟止于鲁郊，鲁君说之，为具太牢以飨之，奏《九韶》以乐之，鸟乃始忧悲眩视不敢饮食。此之谓以己养养鸟也。若乎以鸟养养鸟者，宜栖之深林，浮之江湖。食之以委蛇，则平陆而已矣[三十六]。今休款启寡闻之民也[三十七]，吾告以至人之德，譬之若载鼷以车马，乐鴳以钟鼓也，彼又恶能无惊乎哉?”

【略注】

［一］命：生命，包括肉体生命，主要指精神生命。［二］为：即下“为形”，养身。［三］无端：循环。［四］遻：遇。［五］丸：喻蝉。坠：丧失。锱铢：极轻微。［六］拘：限制。执：拘捕。［七］舍：喻心。［八］殙：气绝，休克。［九］高门悬薄：代权贵之门。悬薄：挂簾子。［十］出：超过。阳：外露。［十一］玄端：祭服。玄：原作“元”，是避讳改。筴：小箕，喻圈。［十二］齐：通“斋”。［十三］错：通“措”，放置。［十四］腞楯：有画饰的载灵柩的车。聚偻：从文意看，指多重棺椁。［十五］田：通“畋”。［十六］诶：叹声。诒：欺骗，惊疑。［十七］滀：水聚集。［十八］沉：宫室深邃，内室。［十九］烦壤：垃圾。烦：混乱。［二十］憍：骄傲。［二十一］疾：急速。气：闻。［二十二］县：通“悬”。［二十三］并：岸与水流相并，沿岸跑到对应位置下水施救。［二十四］齐：通“脐”，喻漩涡。［二十五］汩：水涌出，喻波浪。［二十六］鐻：乐器名。［二十七］枝：通“肢”。［二十八］骨：通“滑”，乱。［二十九］天合天：我的本性与树的本性融合。［三十］文：可能是“造父”脱误，仍从字译。［三十一］于：原作“子”，当是形近而误。［三十二］田原：作动词。岁：收成，丰年。［三十三］宾：通“摈”。［三十四］部：衙署，治所。［三十五］芒然：无心的样子。芒：通“茫”。［三十六］平：等同。陆：陆地鸟。前言海鸟（参见《至乐》）。句谓顶多当陆地鸟养，不能当人养。［三十七］款启：缓慢开窍。

【直译】

看透养生的实情的人，不追求对养生没有作用的；看透生命的实情的人，不追求智力无法办到的。养身必须把物质放在先，物质有余可是身体养不好的人有过了。保有生命必须先不要离开形体，形体不离开却生命消失了的人有过了。生命到来不能推却，生命离开不能阻止。可悲啊，世人认为养身足够保存生命。可是养身果真不足够保存生命，那么世人怎么值得养身？虽然不值得养身却不能不养身，大概养身不可避免了。想避免养身不如弃世。弃世就无羁绊，无羁绊就心正气平，心正气平便生命再生，再生就接近保存生命了。世事为什么值得抛弃？生命为什么也值得忘怀？抛弃世事就身不劳累，忘怀生命就精神不亏损。形体健全精神兴复，与天是一样的。天地是万物的父母，聚合就生成物体，离散就成为新开始。形体和精神不亏损，这叫胜任变化。精而又精，反而辅助造化。

列子问关尹："至人在水里行无阻碍，在火中走不灼热，在万物之上活动却不惧怕，请问凭什么达到这境界？"关尹说："这是保持纯真气质，不是智谋巧诈果断勇敢之类。坐下，我告诉你：凡是有外观形状声音颜色的，都是物。物与物凭什么相差很远啊？为什么足够达到领先？这些都是神色罢了。那么物起始于无形态，又终止于无发展。懂得这点并穷究它的人，物欲怎么能阻止他呢？他将身处不过分的程度，怀藏无端点的准则，游心万物的始终，保全他的本性，保养他的元气，聚合他的旺气，去与万物起始的状态融通。像这样的人，他的天性保持完备，他的精神没有伤痕，物欲从哪里侵入？酒醉的人摔下车，即使摔伤不会摔死。骨头关节和别人的相同可是受害和别人不同，是他的精神没分散，乘车也不知道，坠车也不知道，生死惊惧不进入他胸中，因此遇物不怕。他从喝酒得到神全就还如此，更何况从天性得到神全呢？圣人保全本性，所以没有什么能伤害他。报仇的人不损折镆铘干将；即使有嫉恨心的人，也不怨恨飘落的瓦片。因此，天下人平等，所以没有攻战的动乱，没有杀戮的刑罚。通过这途径，不开启人主宰而开启天主宰。开启天主宰是本性增生，开启人主宰是伤害产生。不厌弃自己的本性，不忽视别人，民众就接近任凭自己的本性了。

仲尼去楚国，出现在树林中，看见驼背人举起手接住蝉犹如拾取它。仲尼说:“你技艺高呢?还是有道呢?”回答说:“我有道。在五六月,一连承接两只不失手就跑掉的很少,一连承接三只不失手就跑掉的仅十分之一,一连承接五只不失手就犹如拾取它。我置身像那树桩,控制我捉蝉的手臂使它像枯树枝。虽然天地广大万物众多,却只知道蝉翼,我不回头不侧视,不用万物替换蝉翼,为什么承接不到呢?”孔子回头对学生说:“用心不分散,凝聚精神,是说这驼背老人吧。”颜渊问仲尼:“我曾渡过觞深渊,摆渡人驾船如神,我问他:‘驾船能学会吗?’回答说:‘能。善于游水的人大多能;至于那潜水的人,就未曾见过船就能立即驾船。’我问原因却不告诉我。斗胆请问是说什么意思。”仲尼说:“善于游水的人大多能,是忘怀水了;至于那潜水的人未曾见过船就能立即驾船,是他看待深渊如同陆地,看待船覆没犹如那车后退。船翻车退万状摆在面前却不能进入他心里,到哪儿又不闲暇?用瓦片做赌注的轻巧,用带钩做赌注的胆怯,用黄金做赌注的晕厥。那技巧是一样的,却有吝惜的,就是重视外物。所有把外物看重的人都内心笨拙。”

田开之谒见周威公。威公说:“我听说祝肾学习养生,你和祝肾交往,也听到什么吗?”田开之说:“我拿起扫帚去投靠门下,又能从先生听到什么呢?”威公说:“田先生不要谦虚推辞,我想听听。”田开之说:“听先生说‘善于养生的人像牧羊一样,发现那落后的去鞭策它’。”威公说:“是说什么意思?”田开之说:“鲁国有个单豹,在山间居住,用水作饮食,不和人同样享受利益,活到七十岁却还有婴儿的容颜,不幸遇到饿虎,饿虎咬死他吃了他;有个张毅,高大门上挂着簾子的无不奔投,活到四十岁就患心火病致死。单豹保养他的心性却被虎吃他的身体,张毅保养他的身体却被病侵袭他的内心。这两人都是不鞭策自已的落后处的人。”仲尼说:“不要深入地潜藏,不要过分地张扬,要像无用的树木立身在隐显中间。三项如果能做到,他的名声必定最高。畏惧上路,是十次过往被杀了一人就父子兄弟互相警告,必定有众多随从然后才敢出门,不也明智吗?人们选取的可怕的是卧席之上饮食之间,却不知道对这些戒备，是过错。”

祭祀官穿着祭服来到猪圈，劝猪说：“你为什么恶恨死？我会三个月喂养你，十天准备，三天斋戒，垫上白茅草，把你的肩膀屁股放在雕饰的俎板上，那么你选取这样吗？”又替猪设想说：“不如用糟糠喂养着关在猪圈里。”为自己设想，如果活着有尊贵的官车官帽死后能在华美灵车上的多重棺材中，就选取这样。为猪设想就抛弃这些，为自己设想就选取这些，不同于猪的是什么？

齐桓公在沼泽地打猎，管仲驾车。桓公看见鬼，摸着管仲的手说：“仲父看见什么？”回答说：“我没看见什么。”桓公回朝，叹息惊疑成病，几天不出门。有个叫皇子告敖的齐国士人说：“桓公是自己伤害自己，鬼怎么能伤害桓公？愤恨积聚的气，散开不回归就形成不满足，上升不下行就使人多怒，下行不上升就使人健忘，不上升不下行中身承受它就成为病。”桓公说：“既这样，那么有鬼吗？”回答说：“有。内室有履鬼，灶屋有髻鬼，户内的垃圾里有雷霆住那里，东北方墙壁下有倍阿鲑蠪在那里跳跃，西北方墙壁下就泆阳鬼在那里住着。水中有罔象鬼，山丘有峷鬼，山岳有夔鬼，旷野有彷徨鬼，沼泽有委蛇鬼。”桓公说：“请问委蛇鬼的形象怎么样？”皇子告敖说：“委蛇鬼大如车轮内圈，它长如车前横杠，紫色衣服红色帽子。它作为物厌恶听到如雷车声，听到就捧着它的头站立。见到它的人大概会称霸。”桓公灿烂地笑着说：“这是我见到的。”于是整理衣帽和他同坐，不到一天就不知病的去向了。

纪渻子替君王培养斗鸡。十天就问：“鸡养成了吗？”回答说：“没有。正矫情骄傲依仗气势。”十天又问，回答说：“没有。还回应响声影子。”十天又问，回答说：“没有。还敏捷地看灵敏地闻。”十天又问，回答说：“差不多了，即使遇到鸣叫的鸡，已经没有反应了，看起来像木鸡了。它的本性保全了，别的鸡没有敢应战的，都转身跑了。”

孔子到吕梁观光，悬空的水三千仞，飞溅水沫四十里，是鼋鼍鱼鳖不能游的地方。看见一个男子游水，以为他有痛苦想死，派学生沿岸去拯救他。他在几百步远浮出水面，披着头发边游边唱歌游到堤下。孔子跟着他，问他："我以为你是鬼，细看你是人。请问蹈水有道吗？"回答说："没有。我没有道，我从故有开始，向习性发展，由本性成功。和漩涡一道入水，和波浪一起出水，顺从水的规律并不是偏爱它。这是我蹈水的凭借。"孔子说："什么叫'从故有开始，向习性发展，由本性成功'？"回答说："我出生在陆地就安于陆地，是故有；长在水中就安于水中，是习性；不知我这样的原因就这样，是本性。"

木匠庆削木做鐻，鐻做成了，看到的人惊诧它犹如鬼斧神工。鲁侯看见就问他："你凭什么学问做成它？"回答说："我是工人，有什么学问？虽然这样，有一条：我将做鐻，未曾敢损耗气，必定斋戒静心，斋戒三日就不敢想祝贺奖赏官爵俸禄，斋戒五日就不敢想非议称赞精巧粗劣，斋戒七日完全忘了我有四肢躯体。在这时，忘了你的朝廷，我的心灵专一就外物干扰消失。然后进入山林，观察天性形体极合适了然后成形地见到鐻，然后动手砍树，不这样就罢了。就靠本性融合本性，乐器疑为神工的原因，大概是这样吧。"

东野稷凭赶车见到庄公，进退合乎墨线，左右旋转合乎圆规。庄公认为图画也不能超过，让他如曲尺板百次往返。颜阖遇到这事，进宫谒见说："东野稷的马将失利。"庄公沉默不答应。不久果然失利回来了。庄公说："你凭什么知道这样？"回答说："那马力竭了却还苛求它，所以说将失利。"工匠倕手指旋转就胜过圆规矩尺，手指和工具相融，不用心计较，所以他的心灵专一就不受窒碍。忘怀脚，鞋合适；忘怀腰，带合适；可知忘怀是非心舒适：不从内心改变，不向外物追逐，事物恰好适宜。从适宜开始就未曾不合适，是忘怀合适的合适。

有个叫孙休的人，登门向扁庆子诧异说："我住在乡下不被说没修养，临到危难不被说不勇敢，可是耕种田地不遇丰年，侍奉国君不遇盛世，被乡邻摈弃，被州衙驱逐，那么为什么被天降罪啊？我怎么遭遇这样的命运呢？"扁庆子说："你难道没听说那些至人自主行动吗？忘怀自己的肝胆，忘怀自己的耳目，无心地徘徊在世俗之外，逍遥在无为的慧业，这叫行动就不依赖，成长也不主宰。现在你装扮聪慧来惊动愚人，修饰自身来使污浊者显现，明白得像举起日月行走。你能保全你的身躯，具备你的九窍，没有中途被聋、盲、跛瘸、夭折，你和众人比较也幸运了，又为什么无聊到怨天呢？你该走了。”孙休出去。扁庆子进屋，坐了一会儿，仰头向天叹息。学生问：“先生为什么叹息呢？”扁庆子说：“先前孙休来，我把至人的德行告诉他，我担心他惊异以至于迷惑。”学生说：“不对。孙休说的正确吗？先生说的不正确吗？不正确的本来不能使正确的迷惑；孙休说的不正确吗？先生说的正确吗？那是原本迷惑才来了，又为什么归罪先生？”扁庆子说：“不对。从前有鸟停歇在鲁都郊外，鲁君喜爱它，为它备办太牢来犒赏它，演奏《九韶》来娱乐它，鸟竟开始忧愁悲伤两眼昏花地看着不敢吃喝。这叫用养自己的方式养鸟。至于用养鸟的方式养鸟，适宜让它栖息在深林，让它漂浮在江湖。用盘曲的蛇喂它，就等同陆地鸟罢了。现在孙休是迟钝寡闻的人，我把至人的德行告诉他，譬比它好像用车马让鼷鼠乘坐，用钟鼓让鹪雀欢乐，他又怎么能不惊异呢？”

【简析】

本文从养生——修养精神生命的方面论思想修养。

养身（形）不足以保存生命，精神丧失等于没有了生命，弃世、遗生只为精神不亏损。即超越肉体生命，保全精神生命，才能形全精复，与天为一。

避免外来侵害不靠智谋巧诈果决勇敢。保全本性并提高精神境界，不仅有“莫之能伤”的养生效果，而且能使人化解仇怨，人人平等，就无攻战之乱、杀戮之刑，不致互相伤害。

用心专一不旁骛，凝神不被天地万物分散，眼前万状不入心，才会精神境界高、养生效果好。

要形体生命与精神生命并重。掌控自己，排除逃避现实的深入

隐藏和投靠权门的过分张扬，处身显隐中间，显得无才无用，警惕地立身现实自在生存。（参见《逍遥游》及《养生主》简析）

求取显贵身份、地位的人与猪没区别。

思想意识可以致病也可以去病。

不矫情、不骄傲、不仗势，不受外因扰动，泰然面对处境和对手，才是保全了本性，才能无敌。

由故有到习性，任由本性，是顺从道，才能成功。

凭自身本性与外物本性相合，净心无欲，才有神奇效果。

不苛求，不执着，不计功利，不主观立标准，就一切合适。

思想修养不能为了显低别人。精神境界最高的人超越自我，脱俗无为，灵魂自由，独立自主；包容一切，不和愚昧污浊的人计较高低。

世俗人认为养生就是保养延长形体生命，因而认为首先讲究物质条件，吃好穿好要好，不饥渴不冷冻不劳累。其结果是身体强健却精神生命丧失，肉体生命就失去了意义和价值。所以养生主要是修养精神生命，即加强思想修养；抗御外来侵害以养生，也不靠智谋巧诈果决勇敢，而靠保全本性并提高精神境界的思想修养。退一万步说，思想意识可以致病也可以去病，保养形体生命也要加强思想修养。通过思想修养，保全本性并提高精神境界，超越物欲，进而超越权、利、名的诱惑，使人人独立自主、平等包容；自己不矫情不骄傲不仗势，既不投靠钻营，也不逃避现实，还不与人计较高低，自然避免了外来侵害，更不会“形不离而生亡”。所以，养生的根本是加强思想修养，达到灵魂自由、独立自主、包容一切、平等待人。

山木

庄子行于山中，见大木枝叶盛茂，伐木者止其旁而不取也。问其故，曰："无所可用。"庄子曰："此木以不材得终其天年夫！"子出于山，舍于故人之家。故人喜，命竖子杀雁烹之。竖子请曰："其一能鸣，其一不能鸣，请奚杀？"主人曰："杀不能鸣者。"明日，弟子问于庄子曰："昨日山中之木以不材得终其天年，今主人之雁以不材死，先生将何处？"庄子笑曰："周将处乎材与不材之间。材与不材之间，似之而非也，故未免乎累。若夫乘道德而浮游则不然，无誉无訾，一龙一蛇，与时俱化而无肯专为；一上一下，以和为量，浮游乎万物之祖，物物而不物于物，则胡可得而累邪？此黄帝神农之法则也。若夫万物之情、人伦之传则不然，合则离，成则毁，廉则挫，尊则议，有为则亏，贤则谋，不肖则欺，胡可得而必乎哉？悲夫！弟子志之：其唯道德之乡乎[一]？"

市南宜僚见鲁侯，鲁侯有忧色。市南子曰："君有忧色，何也？"鲁侯曰："吾学先王之道，修先君之业，吾敬鬼尊贤，亲而行之，无须臾离居，然不免于患，吾是以忧。"市南子曰："君之除患之术浅矣。夫丰狐文豹栖于山林，伏于岩穴，静也；夜行昼居，戒也；虽饥渴隐约，犹旦胥疏于江湖之上而求食焉，定也。然且不免于罔罗机辟之患[二]。是何罪之有哉？其皮为之灾也。今鲁国独非君之皮邪？吾愿君刳形去皮，洒心去欲，而游于无人之野。南越有邑焉，名为建德之国，其民愚而朴，少私而寡欲，知作而不知藏，与而不求其报，不知义之所适，不知礼之所将，猖狂妄行，乃蹈乎大方。其生可乐，其死可葬。吾愿君去国捐俗，与道相辅而行。”君曰：“彼其道远而险，又有江山，我无舟车，奈何？”市南子曰：“君无形倨，无留居，以为舟车。”君曰：“彼其道幽远而无人，吾谁与为邻？吾无粮，我无食，安得而至焉？”市南子曰：“少君之费，寡君之欲，虽无粮而乃足。君其涉于江而浮于海，望之而不见其崖，愈往而不知其所穷，送君者皆自崖而反，君自此远矣。故有人者累[三]，见有于人者忧。故尧非有人，非见有于人也。吾愿去君之累，除君之忧，而独与道游于大莫之国。方舟而济于河，有虚船来触舟，虽有惼(biǎn)心之人不怒。有一人在其上则呼张歙之[四]，一呼而不闻，再呼而不闻，于是三呼邪？则必以恶声随之。向也不怒而今也怒，向也虚而今也实。人能虚己以游世[五]，其孰能害之？”

北宫奢为卫灵公赋敛以为钟为坛乎国门之外，三月而成上下之县[六]。王子庆忌见而问焉，曰：“子何术之设？”奢曰：“一之间无敢设也[七]。奢闻之：既雕既琢复归于朴，侗乎其无识，傥乎其怠疑[八]，萃乎芒乎其送往而迎来，来者勿禁，往者勿止，从其彊梁[九]，随其曲傅，因其自穷。故朝夕赋敛而毫毛不挫，而况有大途者乎？”

孔子围于陈蔡之间，七日不火食。大公任往吊之曰：“子几死乎？”曰：“然。”“子恶死乎？”曰：“然。”任曰：

“予尝言不死之道。东海有鸟焉，其名曰意怠。其为鸟也，翂（fēn）翂翐（chí）翐而似无能，引援而飞[十]，迫胁而栖[十一]，进不敢为前，退不敢为后，食不敢先尝，必取其绪。是故其行列不斥，而外人卒不得害，是以免于患。直木先伐，甘井先竭。子其意者饰知以惊愚，修身以明污，昭昭乎若揭日月而行，故不免也。昔吾闻之大成之人曰：‘自伐者无功，功成者堕，名成者亏。’孰能去功与名而还与众人，道流而不明居，得行而不名处[十二]，纯纯常常乃比于狂，削迹捐势，不为功名，是故无责于人，人亦无责焉。至人不闻，子何喜哉？”孔子曰：“善哉。”辞其交游，去其弟子，逃于大泽，衣裘褐，食杼（shù）栗，入兽不乱群，入鸟不乱行。鸟兽不恶，而况人乎？孔子问子桑雽曰：“吾再逐于鲁，伐树于宋，削迹于卫，穷于商周，围于陈蔡之间。吾犯此数患，亲交益疏，徒友益散，何与？”子桑雽曰：“子独不闻假人之亡与？林回弃千金之璧，负赤子而趋。或曰：‘为其布与[十三]？赤子之布寡矣。为其累与？赤子之累多矣。弃千金之璧负赤子而趋，何也？’林回曰：‘彼以利合，此以天属也。夫以利合者迫穷祸患害相弃也，以天属者迫穷祸患害相收也。’夫相收之与相弃[十四]，亦远矣。且君子之交淡若水，小人之交甘若醴；君子淡以亲，小人甘以绝。彼无故以合者，则无故以离。”孔子曰：“敬闻命矣。”徐行翔佯而归，绝学捐书，弟子无挹于前[十五]，其爱益加进。异日，桑雽又曰：“舜之将死真泠禹曰[十六]：‘汝戒之哉！形莫若缘，情莫若率。’缘则不离，率则不劳。不离不劳，则不求文以待形。不求文以待形，固不待物。”

庄子衣大布而补之，正緳（xié）系履而过魏王[十七]。魏王曰："何先生之惫邪？"庄子曰："贫也，非惫也。士有道德不能行，惫也；衣弊履穿，贫也，非惫也。此所谓非遭时也。王独不见夫腾猿乎？其得楠梓豫章也，揽蔓其枝而王长其间，虽羿蓬蒙不能眄睨也；及其得柘棘枳枸之间也，危行侧视，振动悼慄，此筋骨非有加急而不柔也，处势不便，未足以逞其能也。今处昏上乱相之间而欲无惫，奚可得邪？此比干之见剖心徵也夫！"

孔子穷于陈蔡之间，七日不火食，左据槁木右击槁枝而歌猋氏之风，有其具而无其数[十八]，有其声而无宫角[十九]，木声与人声犁然有当于人心[二十]。颜回端拱还目而窥之。仲尼恐其广己而造大也，爱己而造哀也，曰："回，无受天损易，无受人益难，无始而非卒也。人与天一也，夫今之歌者其谁乎[二十一]？"回曰："敢问'无受天损易'。"仲尼曰："饥溺寒暑穷桎不[二十二]，行天地之行也，运物之泄也[二十三]，言与之偕逝之谓也[二十四]。为人臣者，不敢去之。执臣之道犹若是，而况乎所以待天乎？""何谓'无受人益难'？"仲尼曰："始用四达[二十五]，爵禄并至而不穷，物之所利，乃非己也，吾命有在外者也。君子不为盗，贤人不为窃，吾若取之何哉？故曰，鸟莫知于鷾鸸，目之所不宜处不给视，虽落其实，弃之而走。其畏人也而袭诸人间社稷，存焉尔。""何谓'无始而非卒'？"仲尼曰："化其万物而不知其禅之者[二十六]，焉知其所终？焉知其所始？正而待之而已耳。""何谓'天与人一'邪？"仲尼曰："有人天也，有天亦天也。人之不能有天，性也。圣人晏然体逝而终矣[二十七]。"

庄周游乎雕陵之樊，睹一异鹊自南方来者，翼广七尺，目大运寸[二十八]，感周之颡而集于栗林。庄周曰："此何鸟哉？翼殷不逝，目大不睹。"蹇裳躩（jué）步[二十九]，执弹而留之。睹一蝉方得美荫而忘其身；螳螂执翳而搏之，见得而忘其形；异鹊从而利之，见利而忘其真。庄周怵然曰："噫，物固相累，二类相召也。"捐弹而反走，虞人逐而谇之。庄周反入，三月不庭。蔺且从而问之："夫子何为顷间甚不庭乎？"庄周曰："吾守形而忘身，观于浊水而迷于清渊[三十]。且吾闻诸夫子曰'入其俗从其俗'。今吾游于雕陵而忘吾身，异鹊感吾颡游于栗林而忘其真，栗林虞人以吾为戮，吾所以不庭也。"

阳子之宋，宿于逆旅。逆旅有妾二人，其一人美，其一人恶，恶者贵而美者贱。阳子问其故，逆旅小子对曰："其美者自美，吾不知其美也；其恶者自恶，吾不知其恶也。"阳子曰："弟子记之，行贤而去自贤之行，安往而不爱哉！"

【略注】

[一] 乡：通"向"。 [二] 罔：通"网"。机辟：弩身，代弓箭。[三] 有：占有。 [四] 张歙：张口闭口，喊。 [五] 虚己：以自己为虚无。 [六] 县：通"悬"。 [七] 间：通"闲"。[八] 怠疑：通"佁儗"。 [九] 从：通"纵"。彊：通"强"。[十] 引援：引来援助。 [十一] 迫胁：挨近身边。胁：腋下至腰上。 [十二] 得：通"德"。 [十三] 布：古代货币。[十四] 之：当是衍文。 [十五] 挹：舀出。 [十六] 真泠：通"叮咛"。 [十七] 正：使正，整理。緳：带子。 [十八] 具：陈述，代内容。数：技艺，代节奏。 [十九] 宫、角：两个

音阶，代音律。 ［二十］犁：杂色，借代声音错杂。［二十一］谁：何。句指现在唱歌只为受天受人。 ［二十二］不：通“否”。［二十三］泄：发散，发展。 ［二十四］这是个用“之”助宾语前置的句子，“言”当是因误解衍出的。 ［二十五］用：以。［二十六］禅：禅让，喻转化。 ［二十七］逝：经过。［二十八］运：南北距离。 ［二十九］裳：裙（古代男女都穿）。躩：疾行。［三十］渊：代水。

【直译】

庄子在山中行走，看见大树枝叶茂盛，伐木人停在树旁却不采用。问他原因，说：“无处可用。”庄子说：“这树因不成材能享尽它的自然寿命啊！”庄子出山，住在老朋友家里。老朋友高兴，叫童仆杀雁煮雁。童仆请示说：“这一只能鸣，这一只不能鸣，请问杀哪只？”主人说：“杀不能鸣的。”第二天，学生问庄子：“昨天山中的树因不成材能享尽它的自然寿命，今天主人的雁因不成材被杀，先生将置身哪种境界？”庄子笑着说：“我将处在成材和不成材中间。成材和不成材中间，似是而非，所以不能避免忧患。如果任由本性去浮游就不如此，无赞誉无诋毁，一如龙腾一如蛇蛰，与时势一道变化而不肯独断行动；一上一下，以和谐为尺度浮游到万物的本原，支配物欲而不被物欲支配，那么怎么可能有忧患呢？这是黄帝神农的法则。至于奇妙的万物、活跃的人类就不如此，有聚合就有分离，有成就便有损毁，清廉就受挫折，谦逊就遭非议，有为就受损害，贤能就被图谋，不成器就被欺侮，怎么能够固执啊？可悲啊！弟子们记住这点：一定只趋向本性吧。”

市南宜僚谒见鲁侯，鲁侯显出忧郁神色。市南宜僚说：“你显出忧郁神色，是为什么？”鲁侯说：“我学习古代帝王的主张，奉行前代国君的事业，我敬奉鬼神尊重贤人，亲自去实行这些，没有片刻中断停止，然而不能避免患难。我因此忧郁。”市南宜僚说：“你消除患难的方法浅陋了。大狐狸花豹子栖息在山林，潜伏在岩洞，是守静；夜间出动白天深居，是警戒；即使又饥又渴也隐藏捡束，还每天都远到江湖上去找饮食，是坚定。这样仍免不掉网罗弓箭这些祸患。这样有什么罪过呢？是它们的皮招来这些灾祸。现在鲁国难道不是你的皮吗？我希望你掏空形体抛弃皮，洗净心灵消除欲望，去畅游到无人的旷野。南越有个地方，名叫建德国，那里的人无知纯朴，很少私心很少欲望，知道劳作不知道收藏，给予就不图别人回报，不知义适合的范围，不知礼奉行的地方，随心任意无拘行动，就践行大道。他们活着能快乐，他们死了能安葬。我希望你抛弃鲁国舍弃世俗，与道协同行进。”鲁侯说：“那样我的道路又遥远又艰险，又有山河，我没有车船，怎么办？”市南宜僚说：“你不要表现出傲慢，不要留恋现状，以这作为车船。”鲁侯说：“那样我的道路幽远又无人，我和谁成为邻居？我没有粮食，我没有俸禄，怎么能到达呢？”市南宜僚说：“减少你的费用，减少你的物欲，即使没有粮食也是能够的。你将渡江又航海，遥望岸却不见那岸，越往前走就越不知道江海的尽头，送你的人都从岸边回去，你由此远去了。所以役使人的人烦劳，被人役使的人忧伤。所以尧不役使人，不被人役使。我希望你去掉你的烦劳，消除你的忧伤，就独自和道在广大虚净的领域漫游。并船渡黄河，有空船来撞船，即使有狭隘心的人也不发怒。有一个人在那船上就会呼喊他，一次呼喊不听，两次呼喊不听，于是三次呼喊吗？就必定用恶毒的话伴随它。先前不发怒可是现在发怒，因为先前船空着现在船上有人。人能无己去悠游人世，难道谁能伤害他？”

北宫奢替卫灵公收税敛财用来在城门外铸钟筑坛，三个月完成坛上坛下挂着钟。王子庆忌看见就问他：“你创设了什么方法？”北宫奢说：“全心空闲没敢创设。我听说：已雕已琢回归到纯朴，幼稚般无知，迷惘般痴呆，相处茫然般送往迎来，来的不禁止，去的不挽留，放纵那些强暴的，听任那些曲附的，任凭它们自行终止。所以朝夕收税敛财丝毫不受挫，更何况有宽阔道路的人呢？”

孔子在陈国蔡国边境被围困，七天没生火煮饭吃。大公任去慰问他说："你接近死亡了吧?"回答说："是的。""你恶恨死吗?"回答说："是的。"大公任说："我尝试说说不死的方法。东海有种鸟，它的名字叫意怠。它作为鸟，飞得又慢又低就显得无能，成群才飞行，相拥才栖息，前进不敢抢先，后退不敢落后，吃不敢先尝，必定吃那些残余。因此它在队伍里不被排斥，因而外人终究不能加害，靠这样避免灾祸。端正的树先被砍伐，甘甜的井先被汲干。你大概想装扮聪慧来惊动愚人，修饰自身来使污浊者显现，明白得像举着日月行走，所以不免灾祸。从前我听大有成就的人说：'自夸的人无功，功成的人堕落，名成的人毁坏。'谁能抛弃功和名去归还给众人，主张流行却不显出自居，品德传扬却不以名声自居，专一恒常就接近狂妄，减少行迹抛弃权势，不图功名，因此不要求别人，别人也不要求他。至人不扬名，你为什么喜好呢?"孔子说："好哇。"告别他的朋友，离开他的学生，逃到大沼泽，穿兽皮衣和粗麻布短衣，吃杼树果栗树果，进入兽群不致兽乱跑，进入鸟群不致鸟乱飞。鸟兽不厌恶，更何况人呢?孔子问子桑雽："我两次被鲁侯驱逐，在宋国被威吓，在卫国被驱逐，在商地周地受困厄，在陈国蔡国边境被围困。我遭遇这许多患难，亲戚朋友更疏远，学生朋友更离散，为什么呢?"子桑雽说："你难道没听说假地人逃亡吗?林回抛弃价值千金的璧玉，背着小孩跑。有人说：'图他的钱财吗?小孩的钱财少了。图他的累赘吗?小孩的累赘多了。抛弃价值千金的璧玉背着小孩跑，是为什么?'林回说：'璧玉由利益关联，小孩由天性关联。由利益关联的，被困顿灾祸患难伤害逼近就抛弃它；由天性关联的，被困顿灾祸患难伤害逼近就收留他。'抛弃它和收留他，也差远了。而且君子交友淡如水，小人交友甜如醴；君子平淡却友爱，小人甜蜜却绝情。那些无故关联的，就无故分离。"孔子说："真诚领教了。"慢慢行走徘徊彷徨地回去，尽弃学说舍弃书籍，学生没比先前减少，他们的敬爱更加增进。后来，子桑雽又说："舜将死叮咛禹说：'你谨慎啊!外表不如因循，内心不如率真。'因循就不失本性，率真就不劳心神。不失本性不劳心神，就不寻找文饰来准备表现。不寻找文饰来准备表现，一定不依赖外物。”

庄子用大块布当衣服还补过它，理顺带子系住鞋子就去访问魏王。魏王说：“为什么先生这样困顿?”庄子说：“是贫穷，不是困顿。士人有合道之德不能传扬，是困顿；衣服破烂鞋子穿孔，是贫穷，不是困顿。这是常说的没遇到好时代。大王难道没见过那腾跃的猿猴吗？它遇到楠树梓树豫章树，把那些树枝当藤蔓抓拉就像当王统治那林间，即使羿和蓬蒙也不能斜视它们；等到它们处于柘树荆棘枳树丛中，就忧惧地走侧着眼看，有一点儿响动都心惊肉颤，这不是它们的筋骨存在紧缩因而不柔软，是处的形势不利，不足够施展它们的本领。现在面临昏庸的国君作乱的卿相夹攻还想不困顿，怎么可能呢？这是比干被剖心的征兆啊!”

孔子在陈国蔡国边境被围困，七天没生火煮饭吃，左肩靠着枯树右手敲击枯枝地唱着神农时的歌谣，有歌词却无曲调，有歌声却无音律，击木声和人唱声交错正合人心。颜回正身拱手转眼窥视他。仲尼担心他宽慰自己酿成大事，爱护自己造成悲哀，就说：“颜回，不接受天意会减损容易，不接受人意会增加困难，没有开始就不会终结。人和天是一样的，现在唱歌还为什么呢?”颜回说：“斗胆请问‘无受天损易’。”仲尼说：“挨饿被淹遇寒遇暑困顿受刑与否，是实行天地的运行，是运行万物的变化，是说和天地万物同往。做别人的臣民，不敢摆脱他。守做臣的准则还如此，更何况用来对待天的呢?”“什么叫‘无受人益难’?”仲尼说：“由四面通达开始，官爵俸禄并至而且不穷尽，是外物带来的好处，就不是自己有的，而是我命中有由外来的。君子不实施偷盗，贤人不从事窃取，我如果索取爵禄为什么啊？所以说，鸟没有比鷾鸸聪慧的，眼睛不适宜的地方不予审视，即使失落自己的果实，也抛弃它就逃跑。它畏惧人就因袭智慧于人类社会，生存在这里罢了。”“什么叫‘无始而非卒’?”仲尼说：“化生这万物却不知那使它们转化的因素，怎么知道它们的终结，怎么知道它们的开始？正视转化等待转化罢了。”“什么叫‘天与人一’呢?”仲尼说:“有人是自然的，有天也是自然的。人不能又是天，是本性。圣人安静地体悟经历就完了。”

庄周在雕陵周边游玩，看到从南方飞来的一只奇异的鹊鸟，翅膀宽七尺，眼睛大一寸，触着庄周的额头就停在栗树林。庄周说:“这是什么鸟啊?翅膀大不善飞，眼睛大看不见。”提起裙子快步上前，拿起弹丸等待它。看见一只蝉正获得好树荫就忘了它的身体;螳螂利用掩蔽物去抓蝉，见有收获就忘了自己的身体;奇异的鹊鸟跟随它以它为利益，见到利益就忘了自己的本性。庄周警觉地说:“唉，万物确实互相连累，利和害互相招致。”抛弃弹丸就往回跑，管栗树林的人追赶着责问他。庄周回家进屋，三个月不出厅堂。蔺且跟随他，问他:“先生为什么近来很久不出厅堂呢?”庄周说:“我保持形象就忘掉自身，看到浊水就辨不清清水。而且我听先生说‘进入这种习俗就随从这种习俗’。现在我在雕陵游玩就忘了我自身，异鹊触着我额头飞到栗树林就忘了它的本性，栗树林管理人认为我杀戮，是我不出厅堂的原因。”

阳子到宋国，住在旅馆。旅馆小伙子有两个小老婆，其中一个美，其中一个丑，丑的受宠爱美的被轻视。阳子问其中缘故，旅馆小伙子回答说:“那美的自以为美，我不知道她美;那丑的自认为丑，我不知道她丑。”阳子说:“学生们记住，践行善却消除自以为善的行为，到哪里不受喜爱啊!”

【简析】

本文从为人处世论思想修养。

残酷现实使人进退维谷动辄得咎，清廉就受挫折，谦逊就遭非议，有为就受损害，贤能就被图谋，不肖就被欺侮，处于材与不材之间也未免乎累，只有保全本性，游心崇高精神境界中(参见《逍遥游》简析)，才能不被欲望支配，与时势一道变化，去随顺处世。“乘道德而浮游”，“胡可得而累邪”?

超越私欲己意、权位、既得利益和统治思想等，在高旷精神境界中任本性无拘束行动，才是无己。无己的人像无人的船，不招人怨，就能远害。

回归质朴本性，净心不用权谋，大度一概包容，来无禁，去勿止，强梁曲傅都由它自生自灭，就不受挫折。

思想修养用来使愚昧污浊的人相形见丑，是矫饰自夸行为。要超越自我中心和主观排他，超越功、利、名，才能不离本性，不劳心神，不事矫伪地处事待人；摆脱依赖，显出无能，才能避免忧患（参见《逍遥游》简析）。

身处困境不能施展才能，是不遇时，遇到昏君乱相是被扼杀的征兆。

要正视事变，体悟人生，偕同天地运行万物变化，顺天顺人地处世。

现实充满杀机，贪得忘形体贪利忘本性就会招来危害。所以要摆脱欲望，保全本性。

思想修养不能自以为善，要不断提高精神境界。

充满杀机的残酷专制现实使人生命难保，更不能施展才志，迫使人韬晦显出无能，但不是由此消极颓废，而是游心精神境界中，超越权位、功名、利益等欲望，进而超脱人定的思想规范，不被统治者牢笼成奴才，把人生的遭遇事变视同天地万物的运行变化来正视和对待。为此强化思想修养，凭崇高精神境界的广大包容性和强大抗压力，达到灵魂自由而独立自主，包容一切而顺应遭遇，从而正视和应对残酷现实，绝不逃避。庄子认为这种思想修养是无止境的，要“行贤而去自贤之行”，不懈加强思想修养。这是多么积极的庄子！为什么历代无数解说都梦呓成庄子消极逃避现实呢？这是否定《庄子》积极救人心求民主的思想，以利于维护专制统治的阴险用心使然。

田子方

田子方侍坐于魏文侯，数称谿工。文侯曰："谿工，子之师邪？"子方曰："非也，无择之里人也[一]。称道数当，故无择称之。"文侯曰："然则子无师邪？"子方曰："有。"曰："子之师谁邪？"子方曰："东郭顺子。"文侯曰："然则夫子何故未尝称之？"子方曰："其为人也真人，貌而天虚，缘而葆真，清而容物，物无道正容以悟之，使人之意也消。无择何足以称之？"子方出，文侯傥然终日不言，召前立臣而语之曰："远矣，全德之君子。始吾以圣知之言仁义之行为至矣，吾闻子方之师，吾形解而不欲动，口钳而不欲言，吾所学者直土梗耳。夫魏真为我累耳！"

温伯雪子适齐，舍于鲁。鲁人有请见之者，温伯雪子曰："不可。吾闻中国之君子明乎礼义而陋于知人心，吾不欲见也。"至于齐，反舍于鲁，是人也又请见。温伯雪子曰："往也蕲见我，今也又蕲见我，是必有以振我也。"出而见客，入而叹。明日见客，又入而叹。其仆曰："每见之客也必入而叹，何也？"曰："吾固告子矣，中国之民明乎礼义而陋乎知人心。昔之见我者，进退一成规一成矩，从容一若龙一若虎[二]。其谏我也似子，其道我也似父[三]，是以叹也。"仲尼见之而不言。子路曰："吾子欲见温伯雪子久矣，见之而不言，何邪?”仲尼曰：“若夫人者，目击而道存矣，亦不可以容声矣。”

颜渊问于仲尼曰：“夫子步亦步，夫子趋亦趋，夫子驰亦驰，夫子奔逸绝尘[四]，而回瞠若乎后矣[五]。”夫子曰：“回何谓邪?”曰：“夫子步亦步也，夫子言亦言也；夫子趋亦趋也，夫子辩亦辩也；夫子驰亦驰也，夫子言道回亦言道也；及奔逸绝尘而回瞠若乎后者，夫子不言而信，不比而周，无器而民滔乎前[六]，而不知所以然而已矣。”仲尼曰：“恶，可不察与?夫哀莫大于心死，而人死亦次之。日出东方而入于西极，万物莫不比方[七]。有目有趾者待是而后成功[八]，是出则存，是入则亡。万物亦然，有待也而死[九]，有待也而生。吾一受其成形而不化以待尽，效物而动，日夜无隙而不知其所终，薰然其成形。知命不能规乎其前，丘以是日徂。吾终身与汝交，一臂而失之，可不哀与?汝殆著乎吾所以著也，彼已尽矣，而汝求之以为有，是求马乎唐肆也。吾服汝也甚忘，汝服吾也亦甚忘。虽然，汝奚患焉?虽忘乎故吾，吾有不忘者存。”

孔子见老聃，老聃新沐，方将被发而干，慹（zhé）然似非人[十]。孔子便而待之，少焉见曰：“丘也眩与，其信然与?向者先生形体掘若槁木[十一]，似遗物离人而立于独也。”老聃曰：“吾游心于物之初。”孔子曰：“何谓邪?”曰：“心困焉而不能知，口辟焉而不能言[十二]。尝为汝议乎其将[十三]：至阴肃肃，至阳赫赫，肃肃出乎天，赫赫发乎地。两者交通成和，而物生焉，或为之纪而莫见其形，消息满虚，一晦一明，日改月化，日有所为而莫见其功，生有所乎萌[十四]，死有所乎归，始终相反乎无端而莫知其所穷[十五]，非是也且孰为之宗?”孔子曰：“请问游是。”老聃曰：“夫得是至美至乐也。得至美而游乎至乐，谓之至人。”孔子曰：“愿闻其方。”曰：“草食之兽不疾易薮，水生之虫不疾易水，行小变而不失其大常也，喜怒哀乐不入于胸次。夫天下也者万物之所一也，得其所一而同焉，则四肢百体将为尘垢[十六]，而死生终始将为昼夜，而莫之能滑，而况得丧祸福之所介乎？弃隶者若弃泥涂[十七]，知身贵于隶也。贵在于我而不失于变。且万化而未始有极也。夫孰足以患心？已为道者解乎此。”孔子曰：“夫子德配天地而犹假至言以修心，古之君子孰能脱焉?”老聃曰：“不然。夫水之于汋（zhuó）也[十八]，无为而才自然矣[十九]；至人之于德也，不修而物不能离焉[二十]，若天之自高地之自厚日月之自明夫！何修焉?”孔子出，以告颜回曰：“丘之于道也，其犹醯鸡与[二十一]？微夫子之发吾覆也，吾不知天地之大全也。”

庄子见鲁哀公，哀公曰：“鲁多儒士，少为先生方者。”庄子曰：“鲁少儒。”哀公曰：“举鲁国而儒服，何谓少乎?”庄子曰：“周闻之，儒者冠圜冠者知天时，履句屦者知地形，缓佩玦者事至而断[二十二]。君子有其道者未必为其服也，为其服者未必知其道也。公固以为不然，何不号于国中曰：‘无此道而为此服者，其罪死。’”于是哀公号之，五日而鲁国无敢儒服者。独有一丈夫儒服而立乎公门，公即召而问以国事，千转万变而不穷[二十三]。庄子曰：“以鲁国而儒者一人耳，可谓多乎?”

百里奚爵禄不入于心，故饭牛而牛肥，使秦穆公忘其贱与之政也。有虞氏死生不入于心，故足以动人。

宋元君将画图，众史皆至[二十四]，受揖而立舐笔和墨在外者半。有一史后至者，儃（tǎn）儃然不趋，受揖不立因之舍。公使人视之，则解衣般礴裸[二十五]。君曰："可矣，是真画者也。"

文王观于臧，见一丈夫钓，而其钓莫钓，非持其钓。有钓者也[二十六]，常钓也。文王欲举而授之政，而恐大臣父兄之弗安也；欲终而释之，而不忍百姓之无天也。于是旦而属之夫夫曰[二十七]："昔者寡人梦见良人，黑色而髯，乘驳马而偏朱蹄，号曰：'寓政于臧丈人，庶几乎民有瘳乎。'"诸大夫蹴然曰："先君王也。"文王曰："然则卜之。"诸大夫曰："先君之命，王其无它，又何卜焉？"遂迎臧丈人而授之政。典法无更，偏令无出。三年，文王观于国，则列士坏植散群[二十八]，长官者不成德，斔（yǔ）斛不敢入于四竟[二十九]。列士坏植散群则尚同也，长官者不成德则同务也，斔斛不敢入于四竟则诸侯无二心也。文王于是焉以为大师，北面而问曰[三十]："政可以及天下乎？"臧丈人昧然而不应，泛然而辞，朝令而夜遁[三十一]，终身无闻。颜渊问于仲尼曰："文王其犹未邪，又何以梦为乎？"仲尼曰："默。汝无言。夫文王尽之也，而又何论刺焉？彼直以循斯须也。"

列御寇为伯昏无人射，引之盈贯，措杯水其肘上发之。适矢复沓[三十二]，方矢复寓。当是时犹象人也[三十三]。伯昏无人曰："是射之射，非不射之射也。当与汝登高山，履危石，临百仞之渊，若能射乎？"于是无人遂登高山，履危石，临百仞之渊，背逡巡，足二分垂在外，揖御寇而进之。御寇伏地汗流至踵。伯昏无人曰："夫至人者上闚青天，下潜黄泉，挥斥八极，神气不变。今汝怵然有恂目之志，尔于中也殆矣夫!”

肩吾问于孙叔敖曰：“子三为令尹而不荣华，三去之而无忧色，吾始也疑子，今视子之鼻间栩栩然，子之用心独奈何?”孙叔敖曰：“吾何以过人哉?吾以其来不可卻也，其去不可止也，吾以为得失之非我也，而无忧色而已矣。我何以过人哉?且不知其在彼乎，其在我乎?其在彼也亡乎我，在我也亡乎彼。方将踌躇，方将四顾，何暇至乎人贵人贱哉?”仲尼闻之曰：“古之真人，知者不得说，美人不得滥，盗人不得劫，伏戏黄帝不得友。死生亦大矣，而无变乎已，况爵禄乎?若然者，其神经乎大山而无介，入乎渊泉而不濡，处卑细而不惫，充满天地，既以与人己愈有。”

楚王与凡君坐，少焉，楚王左右曰“凡亡”者三。凡君曰：“凡之亡也不足以丧吾存。夫凡之亡也不足以丧吾存，则楚之存不足以存存[三十四]。由是观之，则凡未始亡而楚未始存也。”

【略注】

[一] 无择：田子方自称。 [二] 从容：形容词作名词，举动。[三] 道：通“导”。 [四] 绝尘：离开地面。 [五] 瞠若：瞠目的样子。 [六] 器：标志名分、爵位的器物，借代权势。[七] 比方：比并。 [八] 是：代日出日落的自然规律，借喻本性。 [九] 有待：保全本性。待：凭借的，本性。 [十] 慹：通“蛰”。 [十一] 掘：通“倔”。 [十二] 辟：通“避”。[十三] 将：帅，喻主旨。 [十四] 乎：当是衍文。下句同。[十五] 相反：互相反复。 [十六] 四肢百体：全身各部分。

[十七] 隶者：附属物。 [十八] 汋：激水声。 [十九] 才：资质，资格。 [二十] 至人包容万物，即与万物一体。[二十一] 醯鸡：甕中小虫。下“覆”指甕盖。 [二十二] 缓：形容词作名词，宽带。 [二十三] 穷：使困厄。 [二十四] 史：官名。[二十五] 般礴：伸开双腿坐。 [二十六] 也：当是衍文。[二十七] 夫夫：当是“大夫”之误。 [二十八] 列士：众多下级吏。坏：因喻体“植”而用。植：木柱，喻团伙头目。[二十九] 斔：通“斞”，量器。竟：通“境”。 [三十] 北面：面向北，卑己以尊重对方。古人以面向南为尊。 [三十一] 令：闻令。[三十二] 沓：合，搭上箭。 [三十三] 象：通“像”，偶像。[三十四] 意为有我存在，楚国可能灭亡。反唇相讥的外交辞令。

【直译】

田子方陪魏文侯坐，多次称赞谿工。文侯说：“谿工是你的老师吗？”子方说：“不是，是我的乡邻。他讲述大多恰当，所以我称赞他。”文侯说：“既这样，那么你没有老师吗？”子方说：“有。”文侯说：“你的老师是谁呢？”子方说：“是东郭顺子。”文侯说：“既这样，那么你为什么未曾称赞他？”子方说：“他作为人是真人，谦恭如同天宇空旷，随顺就保全本性，高洁就包容万物，有人不循道就端正容颜去感悟他，使别人的意图消失。我怎么足够称赞他？”子方出去，文侯惊疑地整天不说话，召唤面前站着的臣子，告诉他们说：“高深啊，保全本性的君子。起初我认为圣智的言论仁义的行为最好了，我听到田子方的老师，我身体松散不想动，嘴巴钳住不想说，我学的只是尘土细枝罢了。魏国真是我的累赘啊！”

温伯雪子去齐国，住宿在鲁国。有个鲁国人请求见他，温伯雪子说：“不行。我听说中原的君子彰显礼义却很少了解人的本心，我不想见。”到过齐国，归途住在鲁国，这人又请求相见。温伯雪子说：“过去求见我，现在又求见我，这人必定有法提高我。”出去见客人，进屋就感叹。第二天见客人，又进屋就感叹。他的随从说:“每次见这客人必定进屋就感叹,是为什么?”温伯雪子说:“我本来告诉你了,中原的人彰显礼义却小看人的本心。先前见我的人,进退全合规全合矩,举动全如龙全如虎。他劝谏我像儿子,他引导我像父亲,因此感叹。”仲尼谒见他不说话。子路说:“你想见温伯雪子很久了,见到他又不说话,为什么呢?”仲尼说:“像这人,眼睛接触就道具备了,也不可以随便说话了。”

颜渊问仲尼:“先生迈步我也迈步,先生快走我也快走,先生奔跑我也奔跑,先生奔跑如飞,我就干瞪眼落后了。”孔子说:“你说什么呀?”颜渊说:“先生迈步我也迈步,是先生论说我也论说;先生快走我也快走,是先生雄辩我也雄辩;先生奔跑我也奔跑,是先生宣传主张我也宣传主张;等到先生奔跑如飞我就干瞪眼落后了,是先生不说话就被信从,不拉拢就能普及,没权势却人们涌到面前,你不知道这样的原因就完成了。”仲尼说:“嗨,能不考察吗?悲哀没有比本性消亡大的,人死也在其次。太阳从东方升起到西边落下,万物没有什么不相同。有眼睛有脚趾的人凭借本性然后成功。本性显现就生存,本性隐没就灭亡。万物也如此,保全本性地死,保全本性地生。我一旦禀受本性生成形体就不改变地等到生命尽头,仿照万物地行动,像日夜不间断就不知道自己的终结,像香气般自己完成显现。知道命运不能谋划在它前面,我因此一天天地过去。我终身和你相交,在一交臂间就失去交情,能不哀伤吗?你大概标举我显露的凭借,那些已经没有了,可是你寻求那些就以为有,这是到空虚的市场找马。我征服你很快忘记,你顺从我也很快忘记。虽然如此,你忧虑什么呢?虽然忘记过去的我,我有不被遗忘的存在。”

孔子去见老聃,老聃刚洗完头,正要披着头发晾干,一丝不动好像不是人。孔子安心地等他,一会儿见面说:“我眼花了呢,还是真这样呢?刚才先生形体僵直好像枯树,好像抛弃万物脱离人群地成就孤独。”老聃说:“我让心灵神游到万物的本原。”孔子说:“是说什么呢?”老聃说:“心困惑就不能感知,口回避就不能说话。尝试为你说说它的要义:最阴肃肃,最阳赫赫,赫赫出自天,肃肃出自地。两者交错沟通成为中和，于是万物生化了，或者成为万物生化的法则却不表现在万物生化的形态，消失生长盈满空虚互相更替，一隐微一明显，每日改变每月变化，每天有作用却不见那成效，生有发端，死有归宿，始终循环到没有开端也不知道它的尽头，不是这样又谁是它的本原?”孔子说：“请问游心于此。”老聃说：“懂得这循环是最美好最快乐的。获得最美好又游心到最快乐，就称他至人。”孔子说：“希望听听这方面。”老聃说：“吃草的兽不憎恨变换草泽，在水中生长的虫不憎恨变换水域，是适应小变化不丧失自己的大常规，喜怒哀乐不进入到胸中。天下是万物一样拥有的，得到这万物一样拥有的就和万物同等享有它，那么全身都将是尘垢，就死生终始将成为昼夜，就没有什么能扰乱心，又何况得失祸福介入呢？抛弃身外物像抛弃污泥，是知道自身比身外物可贵。可贵在我就不在变化中失去自我。而且千变万化就从来没有尽头啊。什么足够忧心？已经践行道的人懂得这点。”孔子说：“先生品德与天地媲美却还借至言来修养心性，古代的君子谁能超过你?”老聃说：“不对。水发出声音，无为就凭资质自己这样了；至人保全本性，不矫饰就万物不能离开他，如天自然高地自然厚日月自然明亮啊！矫饰什么呢?”孔子出来，告诉颜回说：“我探索道，大概犹如醯鸡吧？要不是老子开启我的蒙蔽，我不知道天地的大全。”

庄子见到鲁哀公，哀公说：“鲁国有很多儒士，很少人吸取先生的学说。”庄子说：“鲁国缺少儒士。”哀公说：“全鲁国人穿儒服，为什么说缺少呢?”庄子说：“我听说，儒士戴圆顶帽子的知道天时，穿方形鞋子的知道地势，宽腰带系玉玦的遇事就果断。君子掌握这种学说的未必穿这种服装，穿这种服装的未必懂得这种学说。你一定认为不如此，为什么不在都城中发布命令说：‘没掌握儒学却穿儒服的，他的罪该处死。’”于是哀公发布命令，五天就鲁国没有敢穿儒服的人。只有一个男子穿着儒服站在哀公门外，哀公立即召来他拿国家大事询问他，千变万化却没难倒他。庄子说：“在鲁国就只有一个儒士，可以说多吗?”

百里奚不让官爵俸禄进入心里，所以喂牛就牛肥，使秦穆公忘掉他卑贱授给他政权。有虞氏不把生死放在心里，所以足够感动人。

宋元君要画图画，众官都到来，接受吩咐后站立在门外舐笔磨墨的有一半人。有一个迟到的官，悠闲地不快走，接受吩咐后不站立就回到住房。宋元君派人去观察他，就见他脱衣裸体伸腿坐着。宋元君说："行了，这是真正的画师。"

文王在臧地视察，看到个男子钓鱼，可是他的钓钩没有钓饵，没有握住他的钓竿。有钓饵，是常人钓鱼。文王想起用他授给他政权，又担心大臣和父辈人兄弟们不舒服；想最终放弃这念头，又不忍心百姓没有仰赖。于是早晨告诉大夫说："昨夜我梦见个善良人，黑皮肤络腮胡，骑杂色马又是半红蹄，号召说：'委托政权给臧地老人，接近国民有救啊。'"各位大夫恭敬地说："是前代君王。"文王说："既这样，那么占卜验证它。"各位大夫说："前代国君命令，大王一定不要疑虑，又何必占卜呢？"于是迎接臧地老人并授给他政权。典章法度没更改，偏颇的政令没发出。三年，文王在国都视察，就众小吏失去了头目解散了团伙，管官的人不树立威德，量器不敢从四面国境进入。众小吏失去头目解散团伙就是崇尚同心，管官的人不树立威德就是共同努力，量器不从四面国境进入就是诸侯没有二心。文王于是以他为太师，面向北问他："政令能推行到天下吗？"臧地老人沉默不回答，浮泛地谦让，早上听说当晚就逃走，终身没有音信。颜渊问仲尼："文王难道还不服众吗？还凭借梦干什么呢？"仲尼说："沉默。你不要说话。是文王详尽虑事，你又为什么评论指责他？他只是临时用这让人顺从。"

列御寇为伯昏无人射箭，拉弓满达箭头，放杯水在他手肘上射箭。刚射出箭又搭上箭，正射箭又放杯水。在这种时候他犹如木偶人。伯昏无人说："这是有心射箭的射法，不是无心射箭的射法。遇到和你登高山，踏危石，靠近百仞深潭，你能射箭吗？"于是伯昏无人登上高山，踏着危石，靠近百仞深潭，背向潭后退，脚十分之二悬空，作揖请列御寇靠拢他。列御寇趴在地上汗水流到脚跟。伯昏无人说：“至人向上窥青天，向下涉黄泉，指点八极，神色不变。现在你恐惧到有心惊目眩的情态，你想射中危险了啊!”

肩吾问孙叔敖：“你三次做令尹却不显出荣耀，三次罢令尹却没有忧色。我起初怀疑你，现在看你脸上有欢快的样子，你的用意独特到什么样?”孙叔敖说：“我凭什么超过别人呢？我因官职到来不能推却，官职离去不能阻止，我就认为得官失官不是我，因而无忧色罢了。我凭什么超过别人呢？况且不知道得失在令尹呢，还是在我呢？得失在令尹就与我无关，在我就与令尹无关。我正要从容自得，正要扫视四周，哪有空闲想到人贵人贱呢?”孔丘听到这话说：“古代的真人，智者不能劝说，美人不能越轨，强盗不能威胁，伏羲黄帝不能交友。死生也算大事了，却没有改变自己，何况官爵俸禄呢？像这样的人，他的精神历经大山也无阻隔，进入深渊也不沾湿，处于卑贱也不觉困顿，充满天地，已经把精神传给别人自己更富有。”

楚王和凡国国君同坐，一会儿，楚王身边的人说“凡国灭亡”三次。凡君说：“凡国灭亡不足够失去我的存在。凡国灭亡不足够失去我的存在，那么楚国存在不足够以存在为存在。由此看来，就是凡国从没灭亡、楚国从没存在。”

【简析】

本文针对专制统治者论思想修养。

统治者保全本性，养成天宇般广阔的胸怀，包容万物，才懂得仁义圣智等统治思想和言行只是尘土细枝，国柄真是累赘。

提倡和施行专制统治思想规范的统治者忽视人的本性。保全本性的人体现道，让人一接触就悟得道。

东出西入是太阳的本性。万物同样都因依本性生灭。心死（本性损毁精神消亡）是人生最大悲哀。保全本性，提高精神境界，才会不被人遗忘。

事物时刻变化，循环无穷，要适应变化不失本性，不在物欲中失去自我，与万众同有共享天下，视自身为尘垢，视生死为昼夜，就能得失、祸福、喜怒、哀乐不入心乱心，就心灵至美至乐，不需矫饰就万众不离开他。

空有矫饰性外表的官吏并无治国之才。

官爵俸禄以至生死不入于心的统治者才能感动人。

突破专制规范约束、任本性真率无拘的官吏，才是有真才的官吏。

统治者不用诱饵，能轻视甚至抛弃权柄，才能无为而天下大治，才会被百姓仰赖。

精神境界最高的人才能在居高临深的险境中神色不变，稳操胜券。

生死都不能改变自己，就能超越爵禄得失的荣辱忧喜，不被各色人物、各种处境征报，人格独立，胸怀广阔，精神充满天地。

不为国柄失去自我还能战胜别国。

专制统治者的思想核心是无限膨胀的强烈私欲，视天下为私有财产，企图长生或带到地府，从而永远占有。因此，从诸侯王（庄子时代没有天子）到众官吏都在自己权限内放纵自己的私欲己意，唯我独尊、唯利是图，企图永远独占统治范围以至更大范围内的一切，为此用仁义圣智矫饰自己以欺人，约束别人以治人。自己丧失本性，也损毁别人的本性，造成主子和奴才的森严等级和尖锐对立。所以针对统治者（不只是君王）要求他们养成天下是万众共同拥有的应该与万众共同享有的公天下和平等民主的思想。这是非常了不起的。统治者（不只是君王）有了这思想才可能视自身如尘垢，就不是唯我独尊、唯利是图的专制者了，就能轻视权柄，正确对待权、利、生、死，消除爵禄得失带来的喜怒哀乐。因而庄子期望统治者（不只是君王）加强思想修养：保全本性并提高精神境界，像臧地老人那样以轻视甚至抛弃权柄为思想基础和前提，做到国柄、官爵、俸禄、生死不入心，不因私欲己意治民扰民，才能在公天下和平等民主的思想素质基础上无为而无不为地治好天下。

知北游

知北游于元水之上，登隐弅（fěn）之丘而适遭无为谓焉。知谓无为谓曰："予欲有问乎若，何思何虑则知道，何处何服则安道，何从何道则得道？"三问而无为谓不答也。非不答也，不知答也。知不得问[一]，反于白水之南，登狐阕之丘而睹狂屈焉。知以之言也问乎狂屈。狂屈曰："唉，予知之，将语若，中欲言而忘其所欲言。"知不得问，反于帝宫，见黄帝而问焉。黄帝曰："无思无虑始知道，无处无服始安道，无从无道始得道。"知问黄帝曰："我与若知之，彼与彼不知也，其孰是邪？"黄帝曰："彼无为谓真是也，狂屈似之，我与汝终不近也。夫知者不言，言者不知。故圣人行不言之教。道不可致，德不可至[二]，仁可为也，义可亏也，礼相伪也。故曰失道而后德，失德而后仁，失仁而后义，失义而后礼。礼者道之华而乱之首也[三]。故曰为道者日损，损之又损之，以至于无为，无为而无不为也。今已为物也，欲复归根，不亦难乎？其易也，其唯大人乎？生也死之徒，死也生之始，孰知其纪？人之生，气之聚也，聚则为生，散则为死。若死生为徒，吾又何患？故万物一也。是其所美者为神奇，其所恶者为臭腐。臭腐复化为神奇，神奇复化为臭腐。故曰通天下一气耳，圣人故贵一。"知谓黄帝曰："吾问无为谓，无为谓不应我，非不应我，不知应我也。吾问狂屈，狂屈中欲告我，而不我告，非不我告，中欲告而忘之也。今予问乎若，若知之，奚故不近?”黄帝曰：“彼其真是也，以其不知也；此其似之也，以其忘之也；予与若终不近也，以其知之也。”狂屈闻之，以黄帝为知言。天地有大美而不言，四时有明法而不议，万物有成理而不说。圣人者原天地之美而达万物之理。是故至人无为大圣不作，观于天地之谓也。今彼神明至精，与彼百化，物已死生方圆莫知其根也。扁然而万物[四]，自古以固存。六合为巨，未离其内；秋豪为小，待之成体。天下莫不沉浮，终身不故。阴阳四时运行各得其序，惛然若亡而存，油然不形而神，万物畜而不知。此之谓本根，可以观于天矣。

啮缺问道于被衣。被衣曰：“若正汝形，一汝视，天和将至；摄汝知，一汝度，神将来舍。德将为汝美，道将为汝居[五]。汝瞳焉如新生之犊而无求其故[六]。”言未卒，啮缺睡寐。被衣大说，行歌而去之，曰：“形若槁骸，心若死灰，真其实知[七]，不以故自持，媒媒晦晦[八]，无心而不可与谋，彼何人哉?”

舜问乎丞曰：“道可得而有乎?”曰：“汝身非汝有也，汝何得有夫道?”舜曰：“吾身非吾有也，孰有之哉?”曰：“是天地之委形也。生非汝有，是天地之委和也；性命非汝有，是天地之委顺也；孙子非汝有，是天地之委蜕也。故行不知所往，处不知所持，食不知所味，天地之强阳气也，又胡可得而有邪?”

孔子问于老聃曰：“今日晏间，敢问至道。”老聃曰：“汝齐戒，疏瀹而心，澡雪而精神，掊击而知。夫道窨然难言哉，将为汝言其崖略。夫昭昭生于冥冥，有伦生于无形，精神生于道。形本生于精，而万物以形相生[九]。故九窍者胎生，八窍者卵生。其来无迹，其往无崖，无门无房，四达之皇皇也。邀于此者[十]，四肢彊[十一]，思虑恂达[十二]，耳目聪明，其用心不劳，其应物无方。天不得不高，地不得不广，日月不得不行，万物不得不昌，此其道与。且夫博之不必知，辩之不必慧，圣人以断之矣。若夫益之而不加益，损之而不加损者，圣人之所保也。渊渊乎其若海，魏魏乎其终则复始也[十三]。运量万物而不匮，则君子之道彼其外与万物皆往资焉而不匮，此其道与！中国有人焉，非阴非阳，处于天地之间直且为人，将反于宗。自本观之，生者喑醷（yì）物也[十四]，虽有寿夭，相去几何？须臾之说也，奚足以为尧桀之是非？果蓏有理，人伦虽难，所以相齿[十五]，圣人遭之而不违，过之而不守。调而应之，德也；偶而应之，道也；帝之所兴王之所起也。人生天地之间，若白驹之过郤，忽然而已。注然勃然[十六]，莫不出焉；油然漻然[十七]，莫不入焉。已化而生，又化而死。生物哀之，人类悲之。解其天弢[十八]，堕其天袟（zhì）。纷乎宛乎，魂魄将往乃身从之，乃大归乎？不形之形，形之不形，是人之所同知也，非将至之所务也[十九]。此众人之所同论也，彼至则不论，论则不至。明见无值，辩不若默。道不可闻，闻不若塞。此之谓大得。”

东郭子问于庄子曰：“所谓道，恶乎在？”庄子曰：“无所不在。”东郭子曰：“期而后可。”庄子曰：“在蝼蚁。”曰：“何其下邪？”曰：“在稊（tí）稗[二十]。”曰：“何其愈下邪？”曰：“在瓦甓。”曰：“何其愈甚邪？”曰：

"在屎溺。"东郭子不应。庄子曰:"夫子之问也,固不足质。正获之问于监市履狶(xī)也[二十一]:每下愈况。汝唯莫必无乎逃物[二十二]。至道若是,大言亦然。周遍咸三者异名同实,其指一也[二十三]。尝相与游乎无何有之宫,同合而论,无所终穷乎?尝相与无为乎,澹而静乎,漠而清乎,调而闲乎。寥已吾志[二十四],无往焉而不知其所至,去而来而不知其所止。吾已往来焉而不知其所终,彷徨乎冯闳,大知入焉而不知其所穷。物物者与物无际,而物有际者,所谓物际者也。不际之际,际之不际者也。谓盈虚衰杀,彼为盈虚非盈虚,彼为衰杀非衰杀,彼为本末非本末,彼为积散非积散也。

婀荷甘与神农同学于老龙吉。神农隐几阖户昼瞑。婀荷甘日中奓(zhà)户而入曰:"老龙死矣。"神农隐几拥杖而起,曝(bó)然放杖而笑曰:"天知予僻陋慢訑(dàn)[二十五],故弃予而死。已矣,夫子无所发予之狂言而死矣夫!"弇(yǎn)堈(gāng)吊闻之,曰:"夫体道者,天下之君子所系焉。今于道秋豪之端万分未得处其一焉,而犹知藏其狂言而死,又况夫体道者乎?视之无形,听之无声,于人之论者谓之冥冥,所以论道而非道也。"于是泰清问乎无穷曰:"子知道乎?"无穷曰:"吾不知。"又问乎无为,无为曰:"吾知道。"曰:"子之知道亦有数乎[二十六]?"曰:"有。"曰:"其数若何?"无为曰:"吾知道之可以贵可以贱可以约可以散。此吾所以知道之数也。"泰清以之言也问乎无始曰:"若是,则无穷之弗知与无为之知,孰是而孰非乎?"无始曰:"不知深矣,知之浅矣;弗知内矣,知之外矣。"于是泰清中而叹曰:"弗知乃知乎，知乃不知乎！孰知不知之知？”无始曰：“道不可闻，闻而非也；道不可见，见而非也；道不可言，言而非也。知形形之不形乎？道不当名。”无始曰：“有问道而应之者，不知道也。虽问道者，亦未闻道。道无问，问无应。无问问之，是问穷也；无应应之，是无内也。以无内待问穷，若是者，外不观乎宇宙，内不知乎太初[二十七]。是以不过乎昆仑，不游乎太虚。”

光曜问于无有曰：“夫子有乎，其无有乎？”光曜不得问，而孰视其状貌[二十八]。窅然空然，终日视之而不见，听之而不闻，搏之而不得也。光曜曰：“至矣，其孰能至此乎？予能有无矣，而未能无无也，及为无有矣，何从至此哉？”

大马之捶钩者，年八十矣，而不失豪芒。大马曰：“子巧与，有道与？”曰：“臣有守也。臣之年二十而好捶钩，于物无视也，非钩无察也。”是用之者假不用者也，以长得其用，而况乎无不用者乎？物孰不资焉？

冉求问于仲尼曰：“未有天地可知邪？”仲尼曰：“可。古犹今也。”冉求失问而退。明日复见曰：“昔者吾问‘未有天地可知乎’，夫子曰‘可。古犹今也’。昔者吾昭然，今者吾昧然。敢问何谓也？”仲尼曰：“昔者昭然也，神者先受之[二十九]；今者昧然也，且又为不神者求邪？无古无今，无始无终。未有子孙而有子孙，可乎？”冉求未对，仲尼曰：“已矣，未应矣。不以生生死，不以死死生，死生有待邪？皆有所一体[三十]。有先天地生者物邪？物物者非物，物出不得先物也。犹其有物也[三十一]，犹其有物也无已。圣人之爱人也终无已者，亦乃取于是者也。”

颜渊问乎仲尼曰："回尝闻诸夫子曰'无有所将，无有所迎'，回敢问其游[三十二]。"仲尼曰："古之人外化而内不化，今之人内化而外不化。与物化者，一不化者也。安化安不化？安与之相靡[三十三]？必与之莫多。狶韦氏之囿，黄帝之圃，有虞氏之宫，汤武之室[三十四]，君子之人，若儒墨者师，故以是非相齑也，而况今之人乎？圣人处物不伤物。不伤物者，物亦不能伤也。唯无所伤者，为能与人相将迎。山林与？皋壤与？使我欣欣然而乐与？乐未毕也，哀又继之。哀乐之来吾不能御，其去弗能止。悲夫！世人直为物逆旅耳。夫知遇而不知所不遇，知能能而不能所不能[三十五]，无知无能者，固人之所不免也。夫务免乎人之所不免者，岂不亦悲哉！至言去言，至为去为，齐知之所知则浅矣。"

【略注】

[一] 问：告诉。 [二] 德：本性。至：从高下到地。 [三] 华：从中剖开，破坏。 [四] 扁：通"遍"。 [五] 居：占有。 [六] 瞳：眼珠，带词尾"焉"成形容词，睁开眼的样子。 [七] 真：使归真。 [八] 媒：通"昧"。 [九] 意为由形体不同互相区别分出万物。 [十] 邀于：招到。 [十一] 四肢：代身体。 [十二] 恂：通"徇"，迅速。 [十三] 魏魏乎：高大的样子。魏：通"巍"。 [十四] 喑醷：形容气郁结。 [十五] 齿：次列，作动词。 [十六] 注：聚集。 [十七] 油：水势大；漻：水流通；喻迅猛发展。 [十八] 弢：弓袋；下"袟"：书函；皆借喻人的躯壳。 [十九] 所务：致力的目标。[二十] 稊稗：稻中杂草，或说异名，或说两种。 [二十一] 监市：管市场的人。履狶：通过脚踢测猪肥瘦。 [二十二] 无乎逃：当是"无逃乎"。 [二十三] 指：指向，字义范围。 [二十四] 已：

通“矣”。[二十五] 天：称老龙吉。訑：通“诞”。[二十六] 数：道理，思路。[二十七] 太初：天地未分前的混沌元气，道的本原。[二十八] 孰：通“熟”。[二十九] 神者：抽象的。之：复指“神者”。[三十] 所一体：统一整体的关系。[三十一] 犹：通“猷”，道，道是“物物者”。有：通“友”。[三十二] 游：以水流走喻语言意向。[三十三] 靡：随风倒。[三十四] 与下文不连贯，当有脱文。今以囿圃宫室代时世范围译通。[三十五] 知：当是衍文。

【直译】

知向北游历到元河上，登上隐弅山就刚好遇到无为谓。知对无为谓说：“我想问问你，怎样思索怎样考虑就能懂得道，怎样处理怎样顺服就能安于道，怎样带动怎样引导就能掌握道？”三个问题无为谓都不回答。不是不回答，是不知道答案。知得不到回答，回到白水南边，登上狐阕丘就看到狂屈。知用这些话问狂屈。狂屈说：“唉，我知道这些，将告诉你，内心想说却忘了自己想说的。”知得不到回答，回到帝宫，见到黄帝，又问。黄帝说：“不思索不考虑才懂得道，不处理不顺服才安于道，不带动不引导才掌握道。”知问黄帝：“我和你知道这些，无为谓和狂屈不知道，这样谁正确呢？”黄帝说：“那无为谓真正正确，狂屈好像正确，我和你终究没接近。知道的不说，说的不知道。所以圣人奉行不说的传授。道不能招致，德不能降低，仁可能装扮，义可能折扣，礼互相虚伪。所以说失去道然后有德，失去德然后有仁，失去仁然后有义，失去义然后有礼。礼毁坏道开启乱。所以说提倡道的言行每天减少，减少它又减少它，以至于无为，无为就没有什么不成功。现在已经成为物，想回归本原，不也困难吗？如果容易，大概只有大人吧？生是死的仆役，死是生的开始，谁知道其中的法则？人生成，是气凝聚，气聚合就是生，气消散就是死。死生是仆役，我又忧虑什么？所以万物是平等的。这样那些认为美好的人当作神奇，那些认为丑恶的人当作臭腐。臭腐又变成神奇，神奇又变成臭腐。所以说普天下是一样的气罢了，圣人必定以平等为贵。”知对黄帝说：“我问无为谓，无为谓不回答我，不是不回答我，而是不知道回答我。我问狂屈，狂屈内心想告诉我，又不告诉我，不是不告诉我，是内心想告诉又忘了它。现在我问你，你知道它，为什么说没接近?”黄帝说：“那无为谓真正正确，因为他不知道；这狂屈好像正确，因为他忘了它；你和我终究没接近，因为我们知道它。”狂屈听到这话，认为黄帝说的是睿智的话。天地有大美却不说出，四季有明确法则却不阐明，万物有现成原理却不说明。圣人根究天地的大美，又通晓万物的原理。因此至人无为大圣不作，是说借鉴天地。现在天地的神奇视力最明亮，加上天地百般变化，万物已经生成死灭成方成圆还不知道这样的根源。普遍性万物，自古就原本存在。六合是广大，没离开天地之内；秋毫是细小，依赖天地生成形体。天下没有什么不是有沉有浮，不会终身依旧。阴阳四季运行各守自己的顺序，意识不清好像消亡却存在，生气浓厚不见形迹就神妙，万物顺应却不自知。这叫根本，可以借鉴天了。

啮缺向被衣询问道。被衣说：“你端正你的形象，专一你的视力，自然和顺将达到；收敛你的权谋，纯一你的思虑，精神将回归。本性将被你完美，道将被你获得。你如梦初醒像新生的牛犊就不寻求自己的老样子。”话没说完，啮缺就睡着了。被衣很高兴，边走边唱歌离开他说：“身体像干尸，心灵如死灰，使自己的实践、知识回归本性，不用老样子制约自己，迷迷糊糊，无心计就不能和他谋求，他是怎样的人啊!”

舜问丞：“道可以获得并拥有吗?”丞说：“你的身体都不是你拥有的，你怎么能拥有那道?”舜说：“我的身体不是我拥有，谁拥有它呢?”丞说：“这是天地付托的形体。生命不是你拥有的，是天地付托的和气；性命不是你拥有的，是天地付托的顺序；子孙不是你拥有的，是天地付托的蜕变物。所以行走不知道去处，安居不知道维系，饮食不知道品味，是天地的强盛阳气，又怎么能获得并拥有呢?”

孔子问老聃:“今天安闲,斗胆请问至道。”老聃说:“你斋戒,疏通你的心灵,洗净你的精神,破除你的智谋。道深远难述说啊,将为你说说它的轮廓。明显从昏暗产生,有序从无形产生,精神从道产生。形体的根基从精神产生,可是万物由形体互相产生。所以九窍的怀胎生育,八窍的产卵生育。道来无痕迹,道去无界限,无门径无去处,广阔的四通八达。获得道的人,身体强健,思维敏捷通达,耳聪目明,他用心不疲劳,他适应外物圆通。天不能不高旷,地不能不广阔,日月不能不运行,万物不能不兴盛,这一定是那道啊。而且丰富它不一定聪明,辩说它不一定聪明,圣人因为明断这些了。至于增加它却不更多,损减它却不更少,是圣人保持的。深广啊像大海,高大啊它终结就又开始。衡量万物就不穷尽,那么君子得道他一定向外让万物都去借助他却不匮乏,这一定是道啊!中原有个人,不阴不阳,处在天地中间只暂且做人,将回归本原。从本原看,生命是气凝聚成物,虽然有长寿夭折,相差多少呢?片刻的言论,怎么足够判断尧和桀的是非?木果草果有原理,人际伦常虽然繁难,用来互相排序的依据,圣人遇到它就不回避,超越它就不固执。协调理顺它,是德;平等理顺它,是道,是帝王兴起的凭借。人生在天地间,像白色骏马闪过缝隙,一瞬罢了。丛聚蓬勃,没有什么不出现;迅猛发展,没有什么不加入。已变化就生,又变化就死,生物为此哀伤,人类为此悲痛。脱去自己先天的躯壳,摆脱自己先天的皮囊。纷杂曲折,魂魄将离开就身体随从它,就死了吧?由不成形到成形,从成形到不成形,这是人共同表现的,不是将成至人追求的。这是众人共同讨论的,那些至人就不讨论,讨论达不到极点。明知没有价值,辩论不如缄默。道不能听到,听取不如塞耳。这叫大收获。”

东郭子问庄子:“你说的道在哪里呢?”庄子说:“无处不在。”东郭子说:“约定才可以。”庄子说:“在蝼蚁。”东郭子说:“怎么这样低级呢?”庄子说:“在稊稗。”东郭子说:“怎么这样更低级呢?”庄子说:“在瓦砖。”东郭子说:“怎么这样更过分呢?”庄子说:“在屎尿。”东郭子不回应。庄子说:“你提问本来不值得质疑。正获向管市场的人问用脚踢来测猪肥瘦:越往下越明白。你只有不固执于不撇开物。至道如此,重大言论也是这样。周遍咸三字读音不同实质相同,它们的含义一样。尝试共同在什么也没有的心胸中畅游,融洽地论说,没有止境吧?尝试共同无为吧,淡泊宁静吧,淡漠高洁吧,协和闲暇吧。我的思想虚静了,没有向往就不知自己的目的地,去又来就不知自己的停息处。我已经往来就不知自己的终止处,徘徊到空旷中,大智的人进入也不知穷尽处。支配物的和物没有分界,可是物有界限,是常说的物与物之间。不成界限的界限,界限不是界限。说到圆满空虚衰弱死亡,它叫盈虚不是盈虚,它叫衰亡不是衰亡,它叫本末不是本末,它叫聚散不是聚散。”

婀荷甘和神农一起向老龙吉求学。神农靠着书案关门睡白日觉。婀荷甘中午推开门进屋说:“老龙死了。”神农傍着书案抱着拐杖站起,“啪”地丢下拐杖笑着说:“他知道我偏执鄙陋傲慢放肆,所以抛弃我死去。完了,先生没有排开我的放肆言论就死了啊。”弇堈吊听到这事说:“体悟道是天下君子攸关的事。现在对道连毫毛尖的万分未能占它的一分,就还知道老龙吉留下他的放肆言论死了,更何况体悟道的人!看道没有形象,听道没有声音,在人们的谈论中称它高深,是谈论道就是否定道的原因。”于是泰清问无穷:“你懂得道吗?”无穷说:“我不懂。”又问无为,无为说:“我懂得道。”泰清说:“你懂得道也有思路吗?”无为说:“有。”泰清说:“那思路怎么样?”无为说:“我懂得道能贵能贱能聚能散。这是我用来了解道的思路。”泰清拿这些话问无始说:“像这样,那么无穷不懂得和无为懂得哪个正确哪个不正确呢?”无始说:“不懂得高深了,懂得肤浅了;不懂得是内行了,懂得是外行了。”于是泰清从内心感叹说:“不懂得是懂得啊,懂得是不懂得啊!谁懂得不懂得的懂得?”无始说:“道不能听到,听到就不是;道不能看见,看见就不是;道不能言传,说出就不是。懂得表现的形象不是原形吗?

道不应当说明。”无始说：“有人问道就回答他，是不懂得道。即使问道的，也是不懂得道。道不要问，问不要答。无需问却问它，这是问到尽头；无需答却回答他，这是没有头脑。凭没有头脑对待问到尽头，像这样的人，对外界不认识宇宙，在内心不懂得本原。因此不能超越昆仑，不能游心太空。”

光曜问无有：“先生有呢，还是没有呢？”光曜没得到回答，就仔细看他的相貌。深远的样子空虚的样子，整天看他也看不出什么，听他也听不出什么，捉摸他也捉摸不到什么。光曜说：“到极点了，还有谁能达到这境界吗？我能做到无了，却不能没有无，等到达到无就有了，从哪里达到这境界啊？”

大马的打造钩的工匠八十岁了，却不差错丝毫。大马说：“你有技巧呢，还是有道呢？”工匠说：“我有恒心。我二十岁就喜好打造钩，对他物没看过，不是钩就不观察。这是用心凭借不用心，因此长期得到它的效果，更何况不可不用心的呢？事物有什么不借助不用心呢？

冉求问仲尼：“没有天地的时代可以了解吗？”仲尼说：“可以。古代犹如现在。”冉求放弃询问就离去。第二天又见面时说：“昨天我问‘没有天地的时代可以了解吗’，先生说‘可以。古代犹如现在’。昨天我明白，今天我茫然。斗胆请问说的什么意思？”仲尼说：“昨天明白，是先接受了抽象的；今天不明白，或许又是进行具体的探求吧？没有古代就没有现在，没有开始就没有终结。没有子孙就已有子孙可能吗？”冉求没回答，仲尼说：“罢了，别回答了。不由生产生死，不由死消灭生，死和生存在对立吗？都存在整体关系。有比天地先产生的事物吗？支配物的不是物，物显现不能比物早。道一定爱物，道一定爱物没有穷尽。圣人爱人终究没有穷尽，也就是取法这点。”

颜渊问仲尼：“我曾经听先生说‘不要有送走的，不要有迎来的’，我斗胆请问这话的意思。”仲尼说：“古人外表变化内心不变化，今人内心变化外表不变化。随事物变化，是全不变化。哪方面变化哪方面不变化？怎么与变化相顺应？必须参与变化不自负。狶韦氏的苑囿里，黄帝的园圃里，有虞氏的宫殿里，商汤王周武王的房屋里，成为君子的人，像儒家墨家大师，故意用是非互相粉碎，又何况现在的人呢？圣人对待外物不伤损外物。不伤损外物的人，外物也不能伤损他。只有没有伤损的人，才能和人互相往来。山林吗？沼泽吗？使我们欣然高兴吗？快乐还没有结束，悲哀又接着它。哀乐到来我不能抵御，哀乐离去不能阻止。可悲啊！世人只是外物的旅舍罢了。知道遇到的却不知道没遇到的，胜任胜任的却不胜任不胜任的，无知无能，本来是人不能避免的。务求避免人不能避免的，岂不也可悲吗？最好的语言是抛弃语言，最好的行为是抛弃行为，使智力知道的齐全就肤浅了。”

【简析】

本文从道的高度论思想修养。

道体现于物，即物的本性，因此万物都能体现道，万物都是平等的，不用像推行仁义礼等人定规范一样探求和言传道。一些人带动引导另一些人，那是以主观意识（私欲己意、统治思想）损毁本性，损毁道。不言无为就获得道体现道，是借鉴天地的根本原理。

纯正自身，净心凝神，不用智诈，才能保持本性完美，获得道。

任本性非有意的行为就是天地的强盛阳气（道）的体现。所以道不能主观获取和占有。

道是广阔四达的强阳之气，使天高地广，使日月运行，使万物昌盛，使人生成崇高精神境界。君子得道就让万物都借助他还不匮乏，就能用平等协调理顺人际关系，凭这成为帝王。人有崇高精神境界就能洞察、包容一切，抛开喧嚣一时的是而非不予计较，就可以不听不言不论。

道无处不在，体现于万物，但物不是道。支配物的道与物无界限，但物与物有界限。只有不固执于不撇开物才能悟道。以虚净心与外物无际相融才能悟到不即不离的道。

道玄妙高深，无形无声，不能看见，不能听见，不能言传，与表现的形象不是原形同理，说出来的道就不是道。所以谈论道就等于否定道，想听见看见说明道的人达不到崇高精神境界。

想做到无就成了有，无欲无为才能无无。

做任何事都要净心——用心专一，才有好效果。用心专一要凭借不用心——心无旁骛。不用心而用心专一，就什么事都能做好。这也是不失己要凭借无己、无不为要凭借无为的原理。

道支配事物，事物在头脑中反映出来不可能先于事物的存在。事物的对立统一变化发展都是整体关系，古今亦然，所以据今可知前后。要效法道无限爱物而无限爱人。

无言无为地参与变化不自负，即顺应遭遇，就能不伤物也不被物伤，超越哀乐地与外物往来。这是提升内心，超越自我，包容一切。

人的言行不免带有主观因素（自身的私欲己意、社会的统治思想等），所以表现出来的形象不是原形，表述出来的道不是至道。因此要加强思想修养：保全本性并提高精神境界，排除主观意识、人定规范和标准，使心胸广阔虚净，才能客观地洞察一切，参与变化适应万变，从而灵魂自由，独立自主；超越哀乐与物往来，从而包容一切，无限爱人。这是提升内心，顺应外界。

《庄子》中道的根本内涵是天地万物及其变化的本质属性和客观规律，更须排除主观因素才能真正体悟这道。不听不言不论是思想修养中的无为——不掺入主观因素去听取、理解和言传，从而达到合道的思想修养的目标——客观地体悟和对待一切。客观才能认清现实的残酷性和阴险性，避免凭主观意愿轻用吾身而被摧残或奴化；客观才公正，公正才公平，才能做到平等包容，以崇高精神境界消除自我中心和主观排他，包容各种不同以至相反的见解和人物，平等对待，协调融通。这是从道的高度要求思想修养，从道的高度主张摒弃专制统治思想，养成民主平等心性。

庚桑楚

老聃之役有庚桑楚者，偏得老聃之道[一]，以北居畏垒之山。其臣之画然知者去之[二]，其妾之挈然仁者远之[三]，拥肿之与居[四]，鞅掌之为使[五]。居三年，畏垒大壤[六]。畏垒之民相与言曰：“庚桑子之始来，吾洒然异之。今吾日计之而不足，岁计之而有余，庶几其圣人乎？子胡不相与尸而祝之[七]，社而稷之乎[八]？”庚桑楚闻之，南面而不释然，弟子异之。庚桑子曰：“弟子何异于予？夫春气发而百草生，正得秋而万宝成。夫春与秋岂无得而然哉？天道已行矣。吾闻至人尸居环堵之室[九]，而百姓猖狂不知所如往[十]。今以畏垒之细民而窃窃欲俎豆予于贤人之间[十一]，我其杓之人邪？吾是以不释于老聃之言。”弟子曰：“不然。夫寻常之沟，巨鱼无所还其体，而鲵鳝为之制[十二]；步仞之丘陵，巨兽无所隐其躯，而孽狐为之祥。且夫尊贤授能，先善与利，自古尧舜以然，而况畏垒之民乎？夫子亦听矣。”庚桑子曰：“小子来，夫函车之兽介而离山[十三]，则不免于网罟之患；吞舟之鱼砀而失水[十四]，则蚁能苦之。故鸟兽不厌高，鱼鳖不厌深。夫全其形生之人藏其身也不厌深眇而已矣[十五]。且夫二子者又何以称扬哉？是其于辩也[十六]，将妄凿垣墙而殖蓬蒿也。简发而栉[十七]，数米而炊，窃窃乎又何足以济世哉[十八]！举贤则民相轧，任知则民相盗，之数物者不足以厚民。民之于利甚勤，子有杀父，臣有杀君；正昼为盗，日中穴阫（pēi）。吾语汝：大乱之本必生于尧舜之间，其末存乎千世之后，千世之后其必有人与人相食者也。”南荣趎（chú）蹵然正坐曰：“若趎之年者已长矣，将恶乎托业以及此言邪[十九]？”庚桑楚曰：“全汝形，抱汝生，无使汝思虑营营[二十]，若此三年则可以及此言矣。”南荣趎曰：“目之与形[二十一]，吾不知其异也，而盲者不能自见；耳之与形，吾不知其异也，而聋者不能自闻；心之与形，吾不知其异也，而狂者不能自得；形之与形亦辟矣，而物或间之邪？欲相求而不能相得。今谓趎曰‘全汝形，抱汝生，勿使汝思虑营营’，趎勉闻道达耳矣[二十二]。”庚桑楚曰：“辞尽矣，曰奔蜂不能化藿蠋[二十三]。越鸡不能伏鹄卵[二十四]，鲁鸡固能矣。鸡之与鸡，其德非不同也，有能有不能者，其才固有巨小也。今吾才小，不足以化子，子胡不南见老子？”

南荣趎赢粮，七日七夜至老子之所。老子曰：“子自楚之所来乎？”南荣趎曰：“唯。”老子曰：“子何与人偕来之众也[二十五]？”南荣趎惧然顾其后。老子曰：“子不知吾所谓乎？”南荣趎俯而惭，仰而叹曰：“今者吾忘吾答，因失吾问。”老子曰：“何谓也？”南荣趎曰：“不知乎人谓我朱愚[二十六]，知乎反愁我躯；不仁则害人，仁则反愁我身；不义则伤彼，义则反愁我己。我安逃此而可？此三言者，趎之所患也。愿因楚而问之。”老子曰：“向吾见若眉睫之间，吾因以得汝矣。今汝又言而信之。若规规然若丧父母，揭竿而求诸海也。汝亡人哉？惘惘乎！汝欲反汝情性而无由入，可怜哉。”南荣趎请入就舍，召其所好，去其所恶，十日自愁，复见老子，老子曰：“汝自洒濯，熟哉郁郁乎[二十七]？然而其中津津乎犹有恶也。夫外韄（hù）者不可繁而捉，将内揵（jiàn）；内韄者不可缪而捉[二十八]，将外揵。外内韄者道德不能持，而况放道而行者乎？”南荣趎曰：“里人有病，里人问之，病者能言其病，然其病病者犹未病也[二十九]。若趎之闻大道，譬犹饮药以加病也。趎愿闻卫生之经而已矣。”老子曰：“卫生之经，能抱一乎[三十]？能勿失乎？能无卜筮而知吉凶乎？能止乎？能已乎？能舍诸人而求诸己乎？能翛然乎？能侗然乎[三十一]？能儿子乎？儿子终日嗥而嗌不嗄，和之至也；终日握而手不掜（nǐ），共其德也；终日视而目不瞚（shùn），偏不在外也[三十二]。行不知所之，居不知所为，与物委蛇而同其波[三十三]。是卫生之经已。”南荣趎曰：“然则是至人之德已乎？”曰：“非也，是乃所谓冰解冻释者能乎[三十四]？夫至人者相与交食乎地，而交乐乎天，不以人物利害相撄，不相与为怪，不相与为谋，不相与为事，翛然而往，侗然而来，是谓卫生之经已。”曰：“然则是至乎？”曰：“未也。吾固告汝曰‘能儿子乎’？儿子动不知所为，行不知所之，身若槁木之枝而心若死灰矣。若是者祸亦不至，福亦不来。祸福无有，恶有人灾也？”

宇泰定者发乎天光，发乎天光者人见其人[三十五]。人有修者乃今有恒[三十六]。有恒者人舍之，天助之[三十七]。人之所舍，谓之天民；天之所助，谓之天子。学者，学其所不能学也；行者，行其所不能行也；辩者，辩其所不能辩也。知止乎其所不能，知至矣。若有不即是者，天钧败之。备物以将形，藏不虞以生心[三十八]，敬中以达彼。若是而万恶至者，皆天也而非人也，不足以滑成[三十九]，不可内于灵台[四十]。灵台者，有持而不知其所持而不可持者也。不见其诚己而发[四十一]，每发而不当。业入而不舍，每更为失。为不善乎显明之中者，人得而诛之；为不善乎幽间之中者，鬼得而诛之。明乎人明乎鬼者，然后能独行。券内者行乎无名，券外者志乎期费。行乎无名者唯庸有光，志乎期费者唯贾人也。人见其跂[四十二]，犹之魁然[四十三]。与物穷者物入焉，与物且者其身不能容，焉能容人？不能容人者无亲，无亲者尽人。兵莫憯于志，镆铘为下；寇莫大于阴阳，无所逃于天地之间。非阴阳贼之，心则使之也。道通其分也，其成也毁也。所恶于分者[四十四]，其分也以备。所以恶乎备者，其有以备。故出而不反见其鬼，出而得是谓得死。灭而有实，鬼之一也，以有形者象无形者而定矣[四十五]。

出无本，入无窍。有实而无乎处，有长而无乎本剽[四十六]。有所出而无窍者有实。有实而无乎处者，宇也；有长而无本剽者，宙也。有乎生有乎死有乎出有乎入，入出而无见其形，是谓天门。天门者无有也。万物出乎无有。有不能以有为有，必出乎无有，而无有一无有，圣人藏乎是。古之人其知有至矣。恶乎至？有以为未始有物者，至矣尽矣，弗可以加矣；其次以为有物矣，将以生为丧也，以死为反也，是以分已；其次曰始无有，既而有生，生俄而死，以无有为首，以生为体，以死为尻。孰知有无死生之一守者[四十七]，吾与之为友。是三者虽异，公族也[四十八]，昭景也著戴也[四十九]，甲氏也著封也，非一也。有生，黬（jiān）也，披然曰移是。尝言移是，非所言也。虽然，不可知者也[五十]。腊者之有膍（pǐ）胲（gāi）[五十一]，可散而不可散也。观室者周于寝庙，又适其偃焉。为是举移是。请尝言移是：是以生为本，以知为师，因以乘是非。果有名实，因以己为质，使人以己为节因以死偿节。若然者，以用为知，以不用为愚；以彻为名，以穷为辱。移是今之人也。是蜩与学鸠同于同也。蹍（zhǎn）市人之足则辞以放骜，兄则以妪[五十二]，大亲则已矣。故曰至礼有不人，至义不物，至知不谋，至仁无亲，至信辟金。彻志之勃，解心之缪，去德之累，达道之塞。富贵显严名利六者，勃志也；容动色理气意六者，缪心也；恶欲喜怒哀乐六者，累德也；去就取与知能六者，塞道也。此四六者不荡胸中则正，正则静，静则明，明则虚，虚则无为而无不为也。道者德之钦也，生者德之光也，性者生之质也。性之动谓之为，为之伪谓之失。知者接也，知者谟也。知者之所不知，犹睨也[五十三]。动以不得已之谓德，动无非我之谓治，名相反而实相顺也。羿工乎中微而拙乎使人无己誉，圣人工乎天而拙乎人。夫工乎天而俍（liáng）乎人者[五十四]，唯全人能之。唯虫能虫[五十五]，唯虫能天[五十六]。全人恶天，恶人之天，而况吾天乎人乎？一雀适羿，羿必得之，威也。以天下为之笼，则雀无所逃。是故汤以胞人笼伊尹[五十七]，秦穆公以五羊之皮笼百里奚。是故非以其所好笼之而可得者，无有也。介者拸（chǐ）画[五十八]，外非誉也[五十九]。胥靡登高而不惧[六十]，遗死生也。夫复謵（xí）不馈而忘人[六十一]。忘人因以为天人矣。故敬之而不喜，侮之而不怒者，唯同乎天和者为然。出怒不怒，则怒出于不怒矣。出为无为，则为出于无为矣。欲静则平气，欲神则顺心。有为也欲当，则缘于不得已。不得已之类圣人之道。

【略注】

[一] 偏：半。 [二] 画然：形容词作动词，谋划。 [三] 挈：举起。 [四] 拥肿：通“臃肿”，代病苦的人。 [五] 鞅掌：劳苦的人。 [六] 壤：通“穰”，丰收。 [七] 尸：神像，当作神。 [八] 社：土神庙；谡：谷神庙；都作动词，为……建庙。 [九] 环堵：四面各仅一丈长土墙。 [十] 猖狂：不受拘束。 [十一] 俎豆：祭器，作动词。 [十二] 制：法则，标准。 [十三] 函：包容。介：孤独。 [十四] 砀：通“荡”。[十五] 深眇：涵养高深，处身低下。 [十六] 是：以……为是。于：取。辩：治理。 [十七] 简：分别。 [十八] 窃窃：明察；浅陋；均通。 [十九] 托、业：凭借，从事。此言：藏身深眇。 [二十] 营营：往来盘旋。 [二十一] 与：跟从，从属。[二十二] 意思是没感化心灵。 [二十三] 藿：豆叶。蠋：虫名。[二十四] 伏：趴下孵卵。 [二十五] 意为和庚桑楚一起招来这么多麻烦，南荣趎误解为和许多人一起来。 [二十六] 朱：通“铢”，钝。 [二十七] 郁郁乎：茂盛的样子。 [二十八] 缪：交错。 [二十九] 病病：生病。未病：未成忧患。 [三十] 抱：扶持，抚养。一：纯一，代本性。 [三十一] 侗然：幼稚无知的样子。 [三十二] 偏：在侧边。与“不在外”重复强调心不在外物。 [三十三] 委蛇：盘曲的蛇，喻委曲随顺。 [三十四] 冰解冻释：喻化解胸中块垒。 [三十五] 见：通“现”，使显现。[三十六] 今：此。有恒：保持常态（不被外物扰动）。 [三十七] 舍：投宿，借代投奔。 [三十八] 藏：大肚能容。 [三十九] 成：通“诚”。 [四十] 内：通“纳”。 [四十一] 发：表露心迹。 [四十二] 跂：代脚，作动词。 [四十三] 犹：画。魁

然：汤勺的样子，喻赴汤蹈火捞取。 [四十四] 所：后当脱“以”。 [四十五] 象：通“像”。 [四十六] 剽：通“標”末梢。 [四十七] 守：把握，保持。 [四十八] 公：共同。族：品类。 [四十九] 著：后省“于”。下句同。 [五十] 可：后当脱“不”。 [五十一] 腊：腊祭，代祭祀。膍胲：牛胃、牲蹄，代祭品。 [五十二] 以：使用。妪：妇人。 [五十三] 睨：表示轻蔑。 [五十四] 偯：良工，作动词。 [五十五] 虫：泛指动物。 [五十六] 天：主宰者。 [五十七] 胞：通“庖”。[五十八] 移：加。画：自制。 [五十九] 非：非议，诋毁。[六十] 胥靡：服劳役的囚徒。 [六十一] 謵：吓得说不出话。馈：祭享鬼神。

【直译】

老聃有个叫庚桑楚的佣人，半解老聃的学说，住在北方畏垒山。那些谋划计谋的仆人离开他，那些标榜仁义的女仆疏远他，病苦的人和他相处，劳苦的人被他支使。住上三年，畏垒丰收。畏垒的人共同说：“庚桑楚刚来，我们惊奇地觉得他怪异。现在我们从度日衡量他就不足，从年成衡量他就有余，大概他是圣人吧？你为什么不共同神化他向他祈福，为他建庙呢？”庚桑楚听到这消息，面向南不开心，学生对此感到奇怪。庚桑楚说：“你们为什么对我诧异？春气勃发就百草生长，正逢秋天就万物成熟。春季和秋季难道没有来由就这样吗？自然规律已经运作了。我听说至人闲居陋室，就百姓自由无拘不知目的。现在因畏垒的小民私下商议想供奉我在贤人中间，我难道是标准的人吗？我因此想到老聃的话就不开心。”学生说：“不对。七八尺宽的水沟，大鱼没有回转它身体的地方，可是小鱼认为它合适；四丈多高的丘陵，巨兽没有隐藏它身体的地方，可是妖怪狐狸认为它吉祥。况且尊重贤人授权能人，把好处和利益放在前，从古代尧舜就认为正确，又何况畏垒的人呢？先生也听任了吧。”庚桑楚说：“你们过来，能吞下车的兽孤独地离开山，就不能避免网罗的祸害；能吞下船的鱼放荡地失去水，就蚂蚁也能使它痛苦。所以鸟兽不满足山高，鱼鳖不满足水深。保全自己的身体本性的人隐藏自身不满足高深卑微就行了。况且尧舜又凭什么被颂扬呢？认为他们从事治理对，将荒诞地挖院墙去种蓬蒿。分发数梳头，数米粒煮饭，斤斤计较又怎么足够济世呢！举用贤人就人们互相倾轧，任用智者就人们互相暗算，这几种做法不足够使人淳厚。人们对利益很企望，就有子杀父，有臣杀君；就在白天做盗贼，在中午挖墙洞。我告诉你们：大乱的根源必定在尧舜中间产生，它的后果存在到千代以后，千代以后必定有人与人相吃的。”南荣趎恭敬地端坐着说：“像我这样年纪的人已经老大了，将凭什么来达到这里说的呢？”庚桑楚说：“保全你的形体，保养你的本性，不要使你的心想着到处钻营，像这样三年就能达到这里说的了。”南荣趎说：“眼睛从属形体，我不知道它奇特，可是瞎子不能自己看见；耳朵从属形体，我不知道它奇特，可是聋子不能自己听到；心脏从属形体，我不知道它奇特，可是疯子不能自己想好；表现从属形体又偏颇了，就是物欲有时离间它吧？想探求它却不能求得它。现在对我说‘保全你的形体，保养你的本性，不要使你的心想着到处钻营’，我努力听说都到耳朵里了。”庚桑楚说：“话说到尽头了，叫作土蜂不能使虫变化。越地的鸡不能孵化鸿鹄蛋，鲁地的鸡原本能孵化了。鸡属于鸡类，它们的属性不是不同，有能有不能，是它们的才能原本有大小。现在我才能小，不足够使你转变，你何不到南方去见老子？”

南荣趎带足粮食，七天七夜走到老子住所。老子说：“你从庚桑楚的住所来的吧？”南荣趎说：“是的。”老子说：“你怎么和人一起招来这么多？”南荣趎吃惊地回头看自己身后。老子说：“你不知道我说的吧？”南荣趎低头惭愧，仰头感叹说：“现在我忘了我的答语，就耽误我提问。”老子说：“说什么意思？”南荣趎说：“不聪明吧别人说我愚钝，聪明吧反而使我自身悲哀；不仁爱就伤害人，仁爱就反而使我自己悲哀；不仗义就伤害人，仗义反而使我自己悲哀。我怎么避开这样就合适。这里说的三点，是我忧虑的。希望经由庚桑楚来请教这些。”老子说：“先前我看到你眉宇间，我就由此懂得你了。现在你又说了就确信它了。你手脚无措地像失去了父母，拿竹竿到大海探寻他们。你是死人吗？失意啊！你想使你的真情本性回归却无从归入，可悲啊！”南荣子请求进屋住下，招致自己喜好的，消除自己厌恶的，十天独自苦想，又去见老子。老子说：“你自己洗心，有丰硕成果吧？可是你心中还浓厚地存在着恶意。外在束缚不能繁杂地接受，要在内心杜绝；内在束缚不能错乱地接受，要从外部杜绝。内外受束缚就本性不能保持，又何况放弃道去行动呢？”南荣趎说：“邻里人有病，邻里人慰问他，病人能说出自己的病情，这样他生病还不严重。如果我听说大道，好比吃药还加病。我希望听听养生的常道罢了。”老子说：“养生的常道，是能保全本性吧？是能不失去本性吧？是能不占卜就知道吉凶吧？是能止步吧？是能罢休吧？是能放过别人要求自己吧？是能自由无拘吧？是能天真无欲吧？是能像婴儿吧？婴儿整天哭叫却咽喉不嘶哑，是谐和的极致；整天曲掌却手不卷曲，是合乎他的本性；整天观看却眼睛不眨，是心不在外物。行动不知目标，平常不知做什么，与外物委曲随顺同波逐流。这是养生的常道了。”南荣趎说：“既这样，那么这是至人的本性了吧？”老子说：“不是，这是所谓消除胸中块垒的人胜任的吧？至人都从地获得饮食，从天获得快乐，不因人和物的利害扰乱自己，不随利害立异，不随利害用计，不随利害处事，自由无拘地去，天真无欲地来，这叫养生的常道了。”南荣趎说：“既这样。那么这是极致吗？”老子说：“未达极致。我已经告诉你说‘能像婴儿吗’？婴儿举动不知目的，行动不知目标，身如枯枝心如死灰了。像这样灾祸也不降临，幸福也不来到。祸福都没有，哪有人为灾害呢？”

器宇安闲镇定的人焕发天然光辉，焕发天然光辉的人别人荐举这人。有修养的人才这样保持泰定。保持泰定的人人们投奔他，上天帮助他。人们投奔的人，称他为天民；上天帮助的人，称他为天子。学习，是学那些不能学的；实践，是践行那些不能行的；辩论，是辩论那些不能辩的。知道停止在自己不能处，聪明极了。如果有不靠近这样的人，自然平衡击败他。准备物资来养形，包容性不忧虑来活心，敬慎内心去达到那样。像这样却万恶到来，都是天意不是人为，不足够扰乱真诚，不能接纳到内心。心灵，是存在掌控但不知道自己怎样掌控就不能掌控的。没看到它使自己真诚就表露，常常表露就不恰当。既已接纳就不放开，常常更加成为过失。在明显处干坏事，人们能惩罚他；在暗地里干坏事，鬼神能惩罚他。光明地对人光明地对鬼，然后可以独自行走。契合内心的人奉行不求名声，契合形体的人企图达到钱财多。奉行不求名声的人虽平凡也有光彩，企图达到钱财多的人只是奸商。别人见他奔走钻营，描绘他成汤勺的样子。对别人完全包容的人别人归向他，和别人不和的人自身不能容，怎么能容人呢？不能容人的人没有亲近感，没有亲近感的人弃绝人。武器没有比人心更使人惨痛的，镆铘剑是次等；敌军没有比阴阳更大的，在天地间无处可以逃避。不是阴阳伤害他，是心就致使这样。用道看透这素质，它形成是损毁道。厌恶这素质的原因，是这素质已经具备。厌恶具备的原因，是这素质有了还具备。所以，本性出离就不回归显出他是鬼，本性出离还得意这叫得死。精神消亡还有形体，是鬼的一种，因为有形人像无形人就肯定了。

出没有根源，入没有窍隙。有实体却没有处所，有增长却没有本末。有出处却没有窍隙的有真实性。有真实性却没有处所，是空间；有增长却没有本末，是时间。有生有死有出有入，出入却不见它的形体，这叫天门。天门是没有。万物出于没有。有不能由有产生有，必定出自没有，而且没有全没有，圣人心怀这点。古人大概认识有高度。达到了什么程度？有人认为不曾有事物，达到极点尽头了，不能增高了；其次认为有事物了，奉行把生看成死亡，把死看成回归，这已经有区分了；再次认为最初没有，以后有生，生不久又死，把无视作脑袋，把生视作躯体，把死视作臀部。谁懂得把有无生死一样对待，我和他交朋友。这三种认识虽然不同，是同类，如昭姓景姓由于受尊崇显著，甲姓由于受封赏显著，不是一样。有人黑，公然说改变这肤色。尝试说说“改变这肤色”，是非议他说的。虽然如此，是不可不晓示的。祭祀有祭品，是可以分又不可以分的。台观房间遍官庙，还去偏僻隐蔽处。为此举出“改变这肤色”。请尝试说说“改变这肤色”：这是以生存为根本，以见解为老师，因而计较是非。结果有名声实质之别，于是以自己为本体，让别人以自己为法度就以死报偿这法度。像这样的人，以求用为聪明，以不求用为愚昧；以通达为闻名，以困顿为耻辱。“改变这肤色”是当今的人。这是蝉和学鸠由相同聚集。踩到市人的脚就以放肆道歉，踩到哥哥的脚就求嫂子，踩到父亲的脚就不被追究了。所以说最守礼存在不论人情，最守义不用信物，最聪明不用计谋，最仁爱不分亲疏，最诚信排除金钱。除去意志勃兴，解脱思想捆绑，除掉本性束缚，打通道的阻塞。富有、尊贵、显赫、威势、扬名、获利六项，勃兴意志；容貌、行动、颜色、名分、赌气、主观六项，捆绑思想；憎恶、欲望、喜好、愤怒、悲哀、快乐六项，束缚思想；抛开、趋就、获取、给予、聪明、才能六项，阻塞道。这四个六项不激荡在胸中就纯正，纯正就心静，心静就心明，心明就心净，心净就无为又没有不成功。道是本性钦敬的，生命是本性照耀的，本性是生命的本质。本性移易称它有为，行为矫伪称它过失。知识是接收来的，知识是思考到的。聪明人不懂得道，犹如斜视。行动因为不得已叫本性，行动没有不由于己意叫修治，表述不同实质一致。羿善于射中细小物却不擅长使人不赞美自己，圣人擅长自然却不擅长人为。擅长自然又擅长人为，只有完人能这样。只有动物能成为动物，只有动物能成为主宰。完人恶恨主宰，恶恨别人主宰，更何况自己主宰别人呢！一只雀鸟遇到羿，羿必定捕获它，是凭力量。把天下作为雀笼，那么雀鸟无处逃身。因此汤王用厨师职位来牢笼伊尹，秦穆公用五张羊皮来牢笼百里奚。因此不是用他喜好的牢笼他就能得到，是没有的。孤独的人加以自制，是置毁誉于度外。囚徒登高也不怕，是忘了生死。反复受惊吓不祭祀鬼神就忘了人生。忘怀人生因而成为天人了。所以尊敬他却不喜欢，侮辱他却不发怒，只有偕同自然和谐的人是这样。显出愤怒不愤怒，那么愤怒出于不愤怒了。显出成就却无为，那么成就出于无为了。想安静就使心气平和，想有精神就顺应心性。有为要恰当，就出于不得已。不得已属于圣人之道。

【简析】

本文从精神生命论思想修养。

统治者心胸狭小私欲膨胀，用举贤任能诱人趋利，使人互相倾轧暗算，致使天下大乱，以致人吃人。面临这样的时世，需要藏身于卑微地位、不思钻营投靠的崇高深沉的精神境界。

应对进退维谷的现实，须放过别人、要求自己，委曲随顺、摆脱内外束缚，以保全本性即保持纯真童心，不被利害扰乱自己，不用心计处事，就天真无欲、自由无拘，就无福无灾无人祸。

有修养才泰定，才得人助得天助。这不是学、行、辩能达到的，敬慎内心才能达到。包容性不思虑，内心光明，就不奔走钻营，平凡也光彩；不容人的心灵比利剑敌军更可怕，损毁道也害己，使人失去精神生命，使活人成为鬼。所以必须自己掌控心灵，提高精神境界。

事物都由无到有生灭循环，要超越有无生死。尊己范人企图显达是计较是非的狭小心胸，要真诚平等待人。心灵虚净，与道相同，就无为却无不成功。本性是生命的本质，要保全本性，不要喜好主宰人，有喜好就被权贵牢笼，要超越毁誉、生死、喜怒，使行为出于不得已。

专制统治的所谓举贤任能，既是牢笼人为奴才的诱饵，又是造成和维护森严等级的手段，真正贤能的人就被摧残，实际上使人处于仁义智也不是、不仁不义不智也不是的进退维谷的境地（参见《徐无鬼》）。处此时世，精神境界就是生命，全生卫生就必须保养精神生命。从自身说，失去精神生命就活人成了鬼。从现实说，没有强大精神力量就要么被残酷现实压垮，要么因心藏私欲己意被牢笼成奴才。心灵光明磊落，无私欲己意就灵魂自由，能广泛包容就随顺遭遇，就平凡卑微也光彩。既然思想修养能使人安于卑微而高尚地傲然卓立于残酷现实中，又何须逃避！有了这种独立自主包容一切的精神生命，就能真诚平等地包容别人而不规范、主宰别人，无主观欲求，就不钻营投靠，就能免被牢笼成奴才。这是民主自由的精神生命。

徐无鬼

徐无鬼因女商见魏武侯。武侯劳之曰："先生病矣。苦于山林之劳，故乃肯见于寡人。"徐无鬼曰："我则劳于君，君有何劳于我[一]？君将盈耆欲[二]，长好恶，则性命之情病矣；君将黜耆欲，掔（qiān）好恶，则耳目病矣[三]。我将劳君，君有何劳于我？"武侯超然不对[四]。少焉，徐无鬼曰："尝语君吾相狗也：下之质执饱而止[五]，是狸德也；中之质若视日；上之质若亡其一。吾相狗又不若吾相马也。吾相马：直者中绳，曲者中钩，方者中矩，圆者中规，是国马也，而未若天下马也。天下马有成材，若恤若失，若丧其一。若是者超轶绝尘[六]，不知其所。"武侯大悦而笑。徐无鬼出，女商曰："先生独何以说吾君乎[七]？吾所以说吾君者，横说之则以《诗》《书》《礼》《乐》，从说之则以《金板》《六弢》[八]，奉事而大有功者不可为数，而吾君未尝启齿。今先生何以说吾君，使吾君说若此乎？"徐无鬼曰："吾直告之吾相狗马耳。"女商曰："若是乎？"曰："子不闻夫越之流人乎？去国数日，见其所知而喜；去国旬月，见其所尝见于国中者喜；及期年也，见似人者而喜矣。不亦去人滋久思人滋深乎？夫逃虚空者[九]，藜藋柱乎鼪鼬之迳，踉位其空[十]，闻人足音跫然而喜矣[十一]，而况乎兄弟亲戚之謦欬其侧者乎[十二]？久矣夫，莫以真人之言謦欬吾君之侧乎！”

徐无鬼见武侯，武侯曰：“先生居山林，食芧栗，厌葱韭，以宾寡人久矣夫[十三]。今老邪？其欲干酒肉之味邪？其寡人亦有社稷之福邪？”徐无鬼曰：“无鬼生于贫贱，未尝敢饮食君之酒肉，将来劳君也。”君曰：“何哉？奚劳寡人？”曰：“劳君之神与形。”武侯曰：“何谓邪？”徐无鬼曰：“天地之养也一，登高不可以为长，居下不可以为短[十四]。君独为万乘之主，以苦一国之民以养耳目鼻口夫！神者不自许也！夫神者好和而恶奸。夫奸，病也，故劳之。唯君所病之何也？”武侯曰：“欲见先生久矣，吾欲爱民而为义偃兵，其可乎？”徐无鬼曰：“不可。爱民，害民之始也；为义偃兵，造兵之本也。君自此为之，则殆不成。凡成美，恶器也。君虽为仁义，几且伪哉！形固造形，成固有伐，变固外战。君亦必无盛鹤列于丽谯之间[十五]，无徒骥于锱坛之宫[十六]，无藏逆于得，无以巧胜人，无以谋胜人，无以战胜人。夫杀人之士民，兼人之土地，以养吾私与吾神者，其战不知孰善，胜之恶乎在？君若勿已矣，修胸中之诚以应天地之情而勿撄夫！民死已脱矣，君将恶乎用夫偃兵哉！”

黄帝将见大隗乎具茨之山，方明为御，昌宇骖乘，张若謵朋前马，昆阍滑稽后车。至于襄城之野，七圣皆迷，无所问途。适遇牧马童子，问途焉曰：“若知具茨之山乎？”曰：“然。”“若知大隗之所存乎？”曰：“然。”黄帝曰：“异哉小童。非徒知具茨之山，又知大隗之所存，请问为天下。”小童曰：“夫为天下者亦若此而已矣，又奚事焉？予少而自游于六合之内，予适有瞀病，有长者教予曰：‘若乘日之车而游于襄城之野。’今予病少痊，予又且复游于六合之外。夫为天下亦若此而已，予又奚事焉。”黄帝曰：“夫为天下者则诚非童子之事。虽然，请问为天下。”小童辞。黄帝又问，小童曰：“夫为天下者亦奚以异乎牧马者哉？亦去其害马者而已矣。”黄帝再拜稽首，称天师而退。

知士无思虑之变则不乐，辩士无谈说之序则不乐，察士无凌谇之事则不乐，皆囿于物者也。招世之士兴朝[十七]，中民之士荣官，筋力之士矜难，勇敢之士奋患，兵革之士乐战，枯槁之士宿名[十八]，法律之士广治，礼教之士敬容，仁义之士贵际。农夫无草莱之事则不比[十九]，商贾无市井之事则不比，庶人有旦暮之业则劝，百工有器械之巧则壮[二十]。钱财不积则贪者忧，权势不尤则夸者悲。势物之徒乐变[二十一]，遭时有所用不能无为也。此皆顺比于岁不物于易者也。驰其形性，潜之万物，终身不反，悲夫！

庄子曰：“射者非前期而中谓之善射，天下皆羿也，可乎？”惠子曰：“可。”庄子曰：“天下非有公是也而各是其所是，天下皆尧也，可乎？”惠子曰：“可。”庄子曰：“然则儒墨杨秉四[二十二]，与夫子为五，果孰是邪？或者若鲁遽者邪？其弟子曰：‘我得夫子之道矣，吾能冬爨鼎而夏造冰矣。’鲁遽曰：‘是直以阳召阳，以阴召阴，非吾所谓道也。吾示子乎吾道。’于是为之调瑟：废一于堂，废一于室，鼓宫宫动，鼓角角动，音律同矣。夫或改调一弦，于五音无当也，鼓之，二十五弦皆动，未始异于声而音之君已。且若是者邪？”惠子曰：“今夫儒墨杨秉且方与我以辩，相拂以辞，相镇以声，而未始吾非也，则奚若矣?”庄子曰：“齐人蹢子于宋者[二十三]，其命阍也不以完。其求钘钟也以束缚，其求唐子也而未始出域。有遗类矣夫。楚人寄而蹢阍者，夜半于无人之时而与舟人斗，未始离于岑，而足以造于怨也。”

庄子送葬过惠子之墓，顾谓从者曰：“郢人垩慢其鼻端若蝇翼[二十四]，使匠石斫之。匠石运斤成风，听而斫之[二十五]，尽垩而鼻不伤。郢人立不失容。宋元君闻之，召匠石曰：‘尝试为寡人为之。’匠石曰：‘臣则尝能斫之。虽然，臣之质死久矣。’自夫子之死也，吾无以为质矣，吾无与言之矣。”

管仲有病，桓公问之曰：“仲父之病病矣，可不谓云[二十六]?至于大病，则寡人恶乎属国而可?”管仲曰：“公谁欲与?”公曰：“鲍叔牙。”曰：“不可。其为人絜廉善士也，其于不己若者不比之，又一闻人之过终身不忘。使之治国，上且钩乎君，下且逆乎民。其得罪于君也，将弗久矣。”公曰：“然则孰可?”对曰：“勿已，则隰朋可。其为人也，上忘而下畔，愧不若黄帝，而哀不己若者。以德分人谓之圣，以财分人谓之贤。以贤临人未有得人者也，以贤下人未有不得人者也。其于国有不闻也，其于家有不见也。勿已，则隰朋可。”

吴王浮于江，登于狙之山，众狙见之恂然弃而走，逃于深蓁。有一狙焉，委蛇攫搔，见巧乎王。王射之，敏给搏捷矢[二十七]。王命相者趋射之，狙执死。王顾谓其友颜不疑曰：“之狙也伐其巧恃其便以敖予[二十八]，以至此殛也，戒之哉。嗟乎，无以汝色骄人哉。”颜不疑归而师董梧以助其色，去乐辞显。三年而国人称之。南伯子綦隐几而坐，仰天而嘘。颜成子入见曰："夫子物之尤也，形固可使若槁骸，心固可使若死灰乎？"曰："吾尝居山穴之中矣，当是时也，田禾一睹我而齐国之众三贺之。我必先之，彼故知之；我必卖之，彼故鬻之。若我而不有之[二十九]，彼恶得而知之？若我而不卖之，彼恶得而鬻之？嗟乎，我悲人之自丧者，吾又悲乎悲人者，吾又悲乎悲人之悲者。其后而日远矣。"

仲尼之楚，楚王觞之。孙叔敖执爵而立，市南宜僚受酒而祭曰："古之人乎，于此言已。"曰："丘也闻不言之言矣，未之尝言，于此乎言之：市南宜僚弄丸而两家之难解，孙叔敖甘寝秉羽而郢人投兵。丘愿有喙三尺？"彼之谓不道之道。故德总乎道之所一，而言休乎知之所不知，至矣。道之所一者，德不能同也；知之所不能知者，辩不能举也。名若儒墨而凶矣。故海不辞东流，大之至也。圣人并包天地，泽及天下，而不知其谁氏。是故生无爵，死无谥，实不聚，名不立，此之谓大人。狗不以善吠为良，人不以善言为贤，而况为大乎？夫为大不足以为大，而况为德乎？夫大备矣莫若天地[三十]，然奚求焉而大备矣？知大备者，无求无失无弃，不以物易己也。反己而不穷，循古而不摩，大人之诚。

子綦有八子，陈诸前，召九方歅曰："为我相吾子，孰为祥？"九方歅曰："梱也为祥。"子綦瞿然喜曰[三十一]："奚若？"曰："梱也将与国君同食以终其身。"子綦索然出涕曰[三十二]："吾子何为以至于是极也？"九方歅曰："夫与国君同食，泽及三族，而况父母乎？今夫子闻之而泣，是御福也。子则祥矣，父则不祥。”子綦曰：“歎，汝何足以识之而梱祥邪[三十三]？尽于酒肉入于鼻口矣，而何足以知其所自来？吾未尝为牧，而牂生于奥[三十四]；未尝好田，而鹑生于宎（yǎo）[三十五]，若勿怪何邪？吾所与吾子游者游于天地，吾与之邀乐于天，吾与之邀食于地。吾不与之为事，不与之为谋，不与之为怪。吾与之乘天地之诚，而不以物与之相撄；吾与之一委蛇，而不与之为事所宜。今也然有世俗之偿焉。凡有怪征者必有怪行，殆乎。非我与吾子之罪，几天与之也，吾是以泣也。”无几何而使梱之于燕，盗得之于道。全而鬻之则难，不若刖之则易。于是乎刖而鬻之于齐，适当渠公之街[三十六]，然身食肉而终。

啮缺遇许由曰：“子将奚之？”曰：“将逃尧。”曰：“奚谓邪？”曰：“夫尧，畜畜然仁，吾恐其为天下笑，后世其人与人相食与。夫民不难聚也，爱之则亲，利之则至，誉之则劝，致其所恶则散。爱利出乎仁义，捐仁义者寡利仁义者众夫！仁义之行唯且无诚，且假乎禽贪者，是以一人之断制利天下，譬之犹一覕（miè）也[三十七]。夫尧知贤人之利天下也，而不知其贼天下也。夫唯外乎贤者知之矣。”

有暖姝者，有濡需者，有卷娄者。所谓暖姝者，学一先生之言则暖暖姝姝而私自说也[三十八]，自以为足矣，而未知未始有物也[三十九]，是以谓暖姝者也。濡需者，豕虱是也，择疏鬣，自以为广宫大囿，奎蹄曲隈乳间股脚[四十]，自以为安室利处，不知屠者之一旦鼓臂布草操烟火，而己与豕俱焦也。此以域进，此以域退，此其所谓濡需者也。卷娄者舜也。羊肉不慕蚁，蚁慕羊肉，羊肉羶也。舜有羶行，百姓悦之。故三徙成都，至邓之虚而十有万家[四十一]。尧闻舜之贤，举之童土之地，曰冀得其来之泽。舜举乎童土之地，年齿长矣，聪明衰矣，而不得休归，所谓卷娄者也。是以神人恶众至，众至则不比。不比则不利也，故无所甚亲，无所甚疏，抱德炀和以顺天下，此谓真人。于蚁弃知，于鱼得计[四十二]，于羊弃意。以目视目，以耳听耳，以心复心。若然者其平也绳，其变也循。古之真人以天待之，不以人入天，古之真人。得之也生失之也死，得之也死失之也生，药也。其实堇也、桔梗也、鸡廱也、豕零也[四十三]，是时为帝者也，何可胜言。

勾践也以甲楯三千栖于会稽[四十四]。唯种也能知亡之所以存，唯种也不知身之所以愁[四十五]。故曰鸱目有所适，鹤胫有所节，解之也悲。故曰风之过河也有损焉，日之过河也有损焉。请只风和日相与守河，而河以为未始其撄也，恃源而往者也。故水之守土也审，影之守人也审，物之守物也审。故目之于明也殆[四十六]，耳之于聪也殆，心之于殉也殆[四十七]，凡能其于府也殆[四十八]。殆之成也不给改，祸之长也兹萃[四十九]。其反也缘功，其果也待久。而人以为己宝[五十]，不亦悲乎？故有亡国戮民无已，不知问是也。故足之于地也践，虽践，恃其所不蹍而后善博也[五十一]；人之于知也少，虽少，恃其所不知而后知天之所谓也：知大一，知大阴，知大目，知大均，知大方，知大信，知大定，至矣。大一通之，大阴解之，大目视之，大均缘之，大方体之，大信稽之，大定持之。尽有天，循有照，冥有枢，始有彼则。其解之也似不解之者，其知之也似不知之也，不知而后知之。其问之也不可以有崖，而不可以无崖。颉滑有实，古今不代，而不可以亏，则可不谓大扬搉乎[五十二]？阖不亦问是已，奚惑然焉？以不惑解惑，复于不惑，是尚大不惑。

【略注】

[一] 有：通“又”。 [二] 耆：通“嗜”。 [三] 耳目：借代声色享受。 [四] 超然：走神的样子。 [五] 质：箭靶，对象。 [六] 绝尘：脚不沾尘土。 [七] 说：通“悦”，使动词。[八]《金板》：或说是太公兵书。《六弢》：古兵书。 [九] 虚空：无人的空间。 [十] 踉：走得疾速。位：到位。 [十一] 跫：拟脚步声。 [十二] 謦：轻声咳嗽。欬：咳嗽。 [十三] 宾：通“摈”。 [十四] 不以社会地位视人尊卑，人格平等。[十五] 盛鹤：喻强盛的士兵。丽谯：壮美城楼。 [十六] 锱坛：宫名或祭坛名，代庙宇。 [十七] 招：牵系。 [十八] 宿：停留。 [十九] 比：和顺。 [二十] 器：工具。械：机械。 [二十一] 势：权力。物：财。 [二十二] 公孙龙字秉。 [二十三] 蹢：跛行。 [二十四] 垩：白色涂料。慢：通“墁”，涂抹。 [二十五] 听：听任。 [二十六] 云：此，指下面的话。 [二十七] 给：便捷。 [二十八] 敖：通“傲”。 [二十九] 有：通“友”。 [三十] 备：完全。 [三十一] 瞿：通“惧”。 [三十二] 索然：像绳的样子。 [三十三] 之：下述道理。 [三十四] 牂：母山羊，代羊。 [三十五] 田：通“畋”。 [三十六] 意为被渠公买去了。 [三十七] 觇：蔽不相见。 [三十八] 姝：认为美好。 [三十九] 未始有物：从来都是空话。 [四十] 股脚：大腿根。脚：末端。 [四十一] 虚：分野，地方。 [四十二] 鱼得计：相忘于水（参见《大宗师》《天运》)。上“蚁弃知”指不慕羶。下“羊弃意”指不诱蚁。 [四十三] 四者皆药名。 [四十四] 甲楯：铠甲盾牌，代士兵。 [四十五] 一心忠君即自身悲愁的原因。 [四十六] 于：超过。 [四十七] 殉：

献身。 ［四十八］府：储藏处，借代潜能。 ［四十九］兹：通“滋”。萃：草丛生。 ［五十］以为：以之（逞能）为。［五十一］善：大。 ［五十二］扬：颂扬。

【直译】

徐无鬼通过女商见到魏武侯。武侯慰劳他说：“先生劳苦了。你在山林那样劳累，仍然还肯来看我。”徐无鬼说：“我该慰问你，你又为什么慰劳我？你如果充满嗜好欲望，增长喜好厌恶，就本性真情受损了；你如果排除嗜好欲望，除去喜好厌恶，就耳目受损了。我将慰问你，你又为什么慰问我？”武侯心不在焉不回答。片刻，徐无鬼说：“尝试告诉你我识别狗：下等狗吃饱就完了，这是猫的本性；中等狗好像仰望太阳；上等狗好像排除了它的一切。我识别狗又不如我识别马。我识别马：直的部位合乎墨线，曲的部位合乎曲尺板，方的部位合乎矩尺，圆的部位合乎圆规，这是国马，还赶不上天下马。天下马有成熟的素质，又像可怜又像安逸，好像超越了它的一切。像这样的马奔跑如飞，不知自己的处境。”武侯非常高兴地笑。徐无鬼出来，女商说：“先生特意用什么使我们国君高兴的呢？我用来游说国君的是，横说他就用《诗》《书》《礼》《乐》，纵说他就用《金板》《六弢》，辅助国事就大有功绩的不能计数，可是我们国君未曾开口笑过。现在你用什么游说我们国君，使我们国君高兴如此呢？”徐无鬼说：“我只告诉他我识别狗和马罢了。”女商说：“如此吗？”徐无鬼说：“你没听说那越国的流浪人吗？离开越国几天，见到那些知己的人就欢喜；离开越国十天一月，见到他曾经在国内见过的就欢喜；等到一周年，见到像人的就欢喜了。不也是离开人越久想念人越深吗？逃到无人的空间，野草如柱立在鼪鼬的路上，匆匆走在那空间，听到人的脚步声咚咚就高兴了，更何况是兄弟亲族亲戚在他身边轻声咳嗽呢？久了啊，没有人用真人的话在我们国君身边说说啊！”

徐无鬼见到武侯，武侯说：“先生住在山林里，吃橡籽板栗，饱吃葱苗韭菜，就摈弃我久了啊。现在老了吧？大概想求取酒肉味道吧？大概我也有国家的福分吧？”徐无鬼说：“我生活在贫穷卑贱中，未曾敢吃喝国君的酒肉，是要来慰问国君。”武侯说：“为什么呢？慰问我什么？”徐无鬼说：“慰问你的精神和身体。”武侯说：“说什么呢？”徐无鬼说：“天地生养的是平等的，登高位不能变高，处下位不能变低。你独自当大国国君，就痛苦全国人来供养耳目鼻口啊！有精神境界的人不会自己认可！有精神境界的人喜欢和谐厌恶奸诈。奸诈是弊病，所以慰问你。只是你患这病是为什么呢？”武侯说：“想见到先生很久了，我想爱护国民就施行仁义止息战争，可以吗？”徐无鬼说：“不可以。爱民，是害民的开端；行义息兵，是造成战争的根源。你由此做这些，就几乎不会成功。所有成就美名，都是污秽度量。你即使施行仁义，几乎将成为虚伪啊！表现固然要做出表现，完成固然有功可夸，异化固然对外作战。你一定不要强兵如鹤陈列在壮丽城楼上，不要步兵如骏马驰骋在祖庙和宫殿，不要被贪得掩藏异化，不要用奸诈战胜人，不要用计谋战胜人，不要用战争制服人。屠杀别人的吏民，吞并别人的土地，来滋养自己的私欲和自己的心意，这种战争不知好什么，胜利在哪里呢？你如果不要这样了，培养胸中的真诚去顺应天地的情理因而不要搅扰啊！国民死亡已经脱离了，你将哪里用得着那息兵啊！”

黄帝将要到具茨山见大隗，方明为他赶车，昌寓陪乘，张若、謵朋在马前引路，昆阍、滑稽跟在车后。到了襄城郊外，七个人都迷了路，无处问路。正好遇到放马的小孩，向小孩问路说：“你知道具茨山吗？”小孩说：“知道。”“你知道大隗在哪里吗？”小孩说：“知道。”黄帝说：“小孩神奇啊。不仅知道具茨山，还知道大隗在哪里。请问治理天下。”小孩说：“治理天下也像这样就行了，还从事什么呢？我从小就自个儿在六合之内畅游，我适逢患上眼睛昏花病，有忠厚的人教我说：‘你搭乘太阳的车游到襄城郊外。’现在我的病稍微好些，我又将恢复畅游到六合之外。治理天下也像这样就行了。我又从事什么呢？”黄帝说：“治理天下就真的不是小孩的事。虽然如此，请问治理天下。”小孩推辞，黄帝又问，小孩说：“治理天下又凭什么和放马不同呢？也不过消除危害马的因素罢了。”黄帝磕了两下头口称天师，然后离去。

多智的人没有思虑的应变就不快乐，善辩的人没有谈论的机会就不快乐，明察的人没有接近责备的事就不快乐，都是被物欲局限了。系心时世的人在朝廷兴起，迎合民众的人在官场显荣，筋骨有力的人对困难自负，勇猛果敢的人从忧患奋起，掌握武器的人乐意征战，隐居苦行的人留心名声，懂得法律的人加强治理，看重礼教的人端肃仪容，讲究仁义的人重视交际。农民没有除草的事就不顺心，商人没有市场的事就不顺心，平民有日常事务就努力，工匠有器械技巧就气壮。钱财不多那么贪婪的人忧虑，权势不突出那么自大的人伤心。有权有财的人喜爱应变，遇到时机有用处不能无作为。这些人都是顺势类似光阴、不选择平和的人。驱使自己的形体和本性，让自己被万物淹没，终生不回头，可悲啊！

庄子说：“射箭的人不预定目标地射中就称他善射，天下人都是羿，可以吗？”惠子说：“可以。”庄子说：“天下没有公认的正确就各人以自己认为正确的为正确，天下人都是尧，可以吗？”惠子说：“可以。”庄子说：“儒家墨家杨朱公孙龙四家，和先生成为五家，究竟谁正确呢？或许像鲁遽吧？鲁遽的学生说：‘我获得先生的道了，我能在冬天烧鼎在夏天造冰了。’鲁遽说：‘这只是用阳气招致阳气，用阴气招致阴气，不是我说的道。我给你演示我说的道。’于是给他调节琴音：置一张琴在内室，置一张琴在堂屋，弹宫音宫弦都振动，弹角音角弦都振动，音律相同了。有时变换一根弦，在五音中没有恰当的，弹动它，二十五根弦都振动，未曾区别声调就乐音有主宰了。将像这样吗？”惠子说：“现在儒家墨家杨朱公孙龙就正和我辩论，用言辞互相反驳，用声势互相压制，却未曾认为我不正确，那么怎么样了？”庄子说：“齐国人使儿子在宋国跛行，那里任命守门人不用健全人。他们找长颈酒钟用绳索，他们找丢失的孩子就未曾超出住地。有传下来的同类了啊！寄居又跛脚守门的楚国人，半夜无人时和船夫打斗，未曾离开河岸，就足够造成怨恨。”

庄子送葬经过惠子的坟墓，回头对随从人说：“有个白色涂料粘在他鼻尖像苍蝇翅膀的郢地人，让名叫石的木匠砍掉它。木匠石挥动斧头生风，随意地砍削它，砍尽涂料却没伤到鼻子。郢人站着没变脸色。宋元君听到这消息，招来匠石说：‘尝试替我砍它。’匠石说：‘我是曾经能砍它。虽然这样，我的对象死去很久了。’从惠子死后，我没有人作为对手了，我没有能交谈的人了。”

管仲有病，齐桓公问他：“叔父的病严重了，能不说这话？如果到了大病，那么我托付国政给谁就可以呢?”管仲说：“你想给谁?”桓公说：“鲍叔牙。”管仲说：“不可以。他为人廉洁是好人，他对赶不上自己的人不接近，还一听到别人的过错一辈子不忘记。让他治国，对上将屈从国君，对下将不顺民意。他适合被国君惩罚将不久了。”桓公说：“既这样，那么谁可以?”回答说：“不能不说，那么隰朋可以。他为人，对上忘怀，对下接近，自愧赶不上黄帝，又怜爱赶不上自己的人。把美德分给人叫圣，把钱财分给人叫贤。凭贤傲视人没有得人心的，凭贤谦让人没有不得人心的。他对国事做到不独揽，他对家事做到不外扬。不能不说，那么隰朋可以。”

吴王在长江泛舟，登上猴山。众猴见到他惊慌地抛开他奔跑，逃进深草。有一只猴子，曲身如蛇抓挠，向吴王表现灵巧。吴王射它，它敏捷抓住飞快的箭。吴王命令身边人追射，猴子被抓住死去。吴王回头对他的朋友颜不疑说：“这猴子夸它灵巧仗恃它敏捷来傲视我，因此遭到这死亡，以此为戒啊。哎，不要用你的神色高傲对人啊。”颜不疑回去就拜董梧为师来控制自己的神色，抛弃爱好远离显荣。三年后国民称赞他。南伯子綦傍着书案坐着，仰头向天缓缓吐气。颜成子进门看见说：“先生是优异的人，形体固然可以使它如干尸，心灵固然可以使它如死灰吗?”子綦说：“我曾住过山洞中，在那时，田禾一来看我齐国民众就再三祝贺他。我必须先向他致意，他所以优待我；我必须出卖自已，他所以供养我。如果我不友好他，他怎么能优待我？如果我不出卖自己，他怎么能供养我？唉，我悲悯失去自我的人，我又悲悯为别人伤心的人，我又悲悯那为伤心人伤心的人。这样以后就一天天地深沉了。”

仲尼到楚国，楚王宴请他。孙叔敖端着酒杯站着，市南宜僚接过酒祝告：“古人啊，在此说话了。”仲尼说：“我听说过不用语言的说话，未曾说它，在此说它：市南宜僚玩弄弹丸就使两家的仇怨化解，孙叔敖安卧握着舞羽就使郢人放下武器。我希望有三尺长舌?”那叫不说话的说话。所以品德总归到道统一的范围，言论休止在智力不知道的范围，就到极致了。道统一的，品德并不等同；智力不能知道的，辩才不能说完。像儒者墨者闻名就不吉利了。所以大海不拒绝向东流的水，是大到极点。圣人一并包容天地，恩泽遍及天下人，还不知自己是何人。因此生前没有官爵，死后没有谥号，财物不聚集，名声不树立，这叫大人。狗不以善叫为优良，人不以善言为贤能，更何况成为大人呢？成为大人不足够认为大，更何况养德呢？大极了没有什么赶得上天地，可是追求了什么就大极了？懂得大到极点的人，无追求无丧失无抛弃，是不因物欲改变自己。回归自我就不受困顿，遵照古人还不揣摩，是大人的真诚。

子綦有八个儿子，他们排列在面前，招来九方歅说：“为我给我儿子看相，谁是福相。”九方歅说：“梱是福相。”子綦惊喜地说：“怎么样?”九方歅说：“梱将和国君同饮食地过完他的一辈子。”子綦不断线地流泪说：“我儿子为什么就达到这种极端呢?”九方歅说：“和国君同饮食，恩惠遍及三族，更何况父母呢？现在先生听到这话就哭泣，这是抵制享福。儿子有福了，父亲认为不吉祥。”子綦说：“歅，你怎么足够识破这些就认为梱是福相呢？吃尽酒肉进入口鼻了，又怎么足够知道酒肉的来路？我未曾从事放牧，就羊养在屋西南角；我未曾喜爱打猎，就鹑养在屋东北角，你不责问为什么吗？我为我儿子游心于天地，我为他们求乐于天，我为他们求食于地。我不为他们谋事功，我不为他们设计谋，不为他们图奇遇。我和他们驾驭天地的真实，就不因物欲和他们扰乱真实；我和他们完全屈曲如蛇，而不和他们选择合适的事。现在却有世俗的报偿了。凡是有怪征兆的必定有怪行为，危险啊。不是我和我儿子的罪过，差不多是天给他罪，我因此哭泣。”不久就让梱去燕国，强盗在途中抓到他。健全地出卖他就难，砍断他的脚就容易卖。于是砍断他的脚卖他到齐国，正好遇到渠公上街，这样他吃肉终身。

啮缺遇到许由说：“你将到哪里？”许由说：“将逃避尧。”啮缺说：“说什么呢？”许由说：“尧像驯服牲畜般推行仁义，我担心他被天下人讥笑，后世大概会人与人互相吞食吧。民众不难聚集，爱他他就亲近，利他他就拢来，赞美他他就努力，带来他恶恨的他就离散。喜爱利益出于仁义，舍弃仁义的人少利用仁义的人多啊！推行仁义只会没有真诚，而且被禽兽般贪婪的人凭借，因此一人在天下专断控制利益，比譬它犹如完全囊括。尧知道贤人有利天下，却不知道他们祸害天下。只有从局外看贤人的人才知道这样了。”

有暖姝人，有濡需人，有卷娄人。我说的暖姝人，是学一位先生的言论就热烈神气地私自喜悦，自以为满足了，就不知道从来没有实质，因此叫暖姝人。濡需人，是猪虱子这类，选择粗毛长毛，自己把它视为宽广宫殿巨大苑囿，腿脚弯曲处乳房间大腿沟，自己把这些地方作为安稳的房间有利的处所，不知道屠夫一旦动手铺柴草生起火，自己和猪就都烧焦。这是凭领地进取，这是因领地衰亡，这是我说的濡需人。卷娄人是舜。羊肉不爱慕蚂蚁，蚂蚁爱慕羊肉，是羊肉腥膻。舜有腥膻行为，百姓喜欢他。所以三次迁徙形成国都，到邓这个地方就聚集了十余万家。尧听说舜贤能，从不毛之地提拔他，说希望得到他招致的好处。舜在不毛之地被提拔，年龄大了，聪明衰了，却不能退休回家，是我说的卷娄人。因此神人厌恶众人趋附，众人趋附就不接近。不接近就是不图利，所以没有很亲近的，没有很疏远的，保养本性温和地顺应天下人，这叫真人。超过蚂蚁抛弃智慧，超过鱼实现谋求，超过羊抛弃意图。用眼睛看眼睛，用耳朵听耳朵，用心灵回应心灵。像这样他平直如墨线，他变化是遵循。古代的真人任天性对待人为，不把人为纳入天性，是古代的真人。得到它生存失去它死亡，得到它死亡失去它生存，是药。那些实堇、桔梗、鸡廱、猪苓，这些是适时为主的，怎么能说完。

勾践凭三千士兵栖身在会稽。只有文种能知道救亡图存的凭借，只有文种不知道自身悲愁的原因。所以说猫头鹰的眼睛有适应的时间，鹤的小腿有适应的长度，去掉这些就痛苦。所以说风吹过河有损耗，日光照过河有损耗。希望风和日共同呵护河，而河觉得从来没有这些干扰，是依仗源源而来的水。所以水审慎地保持土壤，影审慎地保持人形，万物审慎地保持物性。所以眼睛过分明察危险，耳朵过分灵敏危险，心智过分思虑危险，凡是功能将超过潜能都危险。危险形成又不予以改变，祸患增长日益聚集。它走向反面凭借事功，那结果要等很久。因而人们以“能”为自己的珍宝，不也可悲吗？所以出现亡国杀人没有尽头，是不知道探讨这点。所以脚对待地是践踏，虽然践踏，依靠那不踩踏然后博大；人对知识是缺少，虽然缺少，依靠那不知道然后知道天告知的：知道很纯一，知道很静默，知道很明细，知道很平衡，知道很适宜，知道很真实，知道很安定，到极点了。很纯一融通天，很静默理解天，很明细观察天，很平衡顺应天，很适宜体察天，很真实吻合天，很安定侍奉天。望尽有苍天，遵循有参照，冥思有中枢，才有那些法则。他理解那些像不理解那些，他知道那些像不知道那些，不知道然后知道那些。你询问那些不可能有边际，又不能无边际。错乱有真实，古今不替代，又不能缺少，那么能不说有大商讨吗？何不也询问这点罢了，为什么疑惑如此呢？由不迷惑解开疑惑，回归到不疑惑，这超过不迷惑。

【简析】

本文针对专制统治论思想修养。

合规矩并不优秀，超越自我才超轶绝尘。陷身文治武功就远离本性真情，就失去了笑容。

统治者所谓行仁义爱民是求美名的虚伪说法，实为害民肥己，破坏天生平等的人际关系。增进内心真诚才可能不扰民，才是真正爱民。不为私欲己意造成战争何来“为义偃兵”?

治理天下只要游心六合之外，消除私欲己意等害民的因素就行了。

各种囿于私欲己意乘势逞能骋才不选取平和的人，都是失去本性终不回头的人。

不能各是其是，囿于一隅，没有共同标准，那就会像任用不健全人，随时随地都可能造成怨恨。

要有相辅相成的人物和见解，才有神奇效果。

虚心、容人、顺民意、不专制的人才适宜托以国政。

统治者残杀有能力敢抗争的人，迫使人养成奴性，卖身投靠，失去自我。认清这现实的人深沉得心如死灰（丧我）而不失自我。

大人摒弃爵禄名利，就包容天地万物、泽及天下人还不扬名，不因物欲失去自我，回归本真的自我，无求无失无弃，就不受困厄。

要不用计谋、不谋事功、不图奇遇，不因物欲扰乱真诚。意外获益是天降罪孽。

推行仁义、任用贤能是贪婪如禽兽的专制统治者利用来囊括天下利益的遮丑伪装，将导致人吃人。

批判统治者自以为是、囿于一隅、羶行不休；提倡保全天赋本性，顺应天下民心，在道中忘我，不诱人趋附以图利名。

凡过度都危险，既要各守本性，无为韬才，又要由不知而后知增益才德，达到潜能大于功能。（参见《逍遥游》简析）

专制统治者凭权位专断谋取私利，却以仁义爱民欺骗国民，以任用贤能诱骗吏民，造成人与人不平等，人与人相吞食，都基于利用世人的私欲。统治者利用被统治者的私欲以羶诱惑世人来卖身投靠，从而谋求自己的权、利；被统治者因私欲如蚁逐羶而成为奴才。所以两者都需要加强思想修养，超越私欲己意制约的自我，回归纯真无欲的自我，也就是不在物欲横流中失去自我，才能人人像鱼在江湖中忘我一样在道中忘我：统治层的人不追求爵禄名利，消除自我中心，包容天地万物，包容各种不同以至相反的人物和见解，泽及天下人还不扬名，游心六合之外，就能无为而无不为；被统治者不失独立自主平等包容：正视专制统治的本质和假象，不露才逞能而被残杀或卖身投靠成为奴才，又大肚能容地应对现实，随顺遭遇，就能傲然立身专制现实中而不为奴不逃避。这就就能消除统治者和被统治者的尖锐对立，形成独立自主、平等包容的民主的人际关系和社会环境。这就是救人心求民主的主旨。

则 阳

则阳游于楚，夷节言之于王。王未之见，夷节归。彭阳见王果曰[一]：“夫子何不谭我于王?”王果曰：“我不若公阅休。”彭阳曰：“公阅休奚为者邪?”曰：“冬则擉(chuò)鳖于江，夏则休乎山樊。有过而问者，曰‘此予宅也’。夫夷节已不能，而况我乎？吾又不若夷节。夫夷节之为人也，无德而有知，不自许，以之神其交，固颠冥乎富贵之地，非相助以德，相助消也。夫冻者假衣于春，暍者反冬乎冷风。夫楚王之为人也形尊而严，其于罪也无赦如虎。非夫佞人，正德其孰能挠焉？故圣人其穷也使家人忘其贫，其达也使王公忘其爵禄而化卑。其于物也与之为娱矣，其于人也乐物之通而保己焉。故或不言而饮人以和，与人并立而使人化父子之宜。彼其乎归居[二]，而一闲其所施[三]。其于人心者若是其远也，故曰待公阅休。”圣人达绸缪周尽一体矣，而不知其然，性也。复命摇作而以天为师[四]，人则从而命之也。忧乎知而所行恒无几时其有止也[五]，若之何？生而美者，人与之鉴[六]，不告则不知其美于人也。若知之，若不知之；若闻之，若不闻之。其可喜也终无已，人之好之亦无已，性也。圣人之爱人也，人与之名，不告则不知其爱人也。若知之，若不知之；若闻之，若不闻之。其爱人也终无已，人之安之亦无已，性也。旧国旧都，望之畅然。虽使丘陵草木之缗入之者十九[七]，犹之畅然，况见见闻闻者也，以十仞之台县众间者也？

冉相氏得其环中以随成[八]，与物无终无始，无几无时。日与物化者，一不化者也。阖尝舍之？夫师天而不得师天，与物皆殉，其以为事也，若之何？夫圣人未始有天[九]，未始有人，未始有始，未始有物。与世偕行而不替，所行之备而不洫[十]，其合之也，若之何？汤得其司御门尹登恒，为之傅之。从师而不囿，得其随成。为之司其名之名，嬴法得其两见。仲尼之尽虑，为之傅之。容成氏曰："除日无岁，无内无外。"

魏莹与田侯牟约[十一]。田侯牟背之，魏莹怒，将使人刺之。犀首闻而耻之曰[十二]："君为万乘之君也，而以匹夫从仇，衍请受甲二十万，为君攻之，虏其人民，系其牛羊，使其君内热发于背[十三]，然后拔其国，忌也出走，然后抶（chì）其背，折其脊。"季子闻而耻之曰："筑十仞之城，城者既十仞矣，则又坏之，此胥靡之所苦也。今兵不起七年矣，此王之基也。衍乱人，不可听也。"华子闻而丑之曰："善言伐齐者乱人也，善言勿伐者亦乱人也，谓伐之与不伐乱人也者又乱人也。"王曰："然则若何？"曰："君求其道而已矣。"惠子闻之而见戴晋人。戴晋人曰："有所谓蜗者，君知之乎？"曰："然。""有国于蜗之左角者曰触氏，有国于蜗之右角者曰蛮氏，时相与争地而战，伏尸数万，逐北旬有五日而后反。"君曰："噫，其虚言与？"曰："臣请为君实之。君以意在四方上下有穷乎？"君曰："无穷。"曰："知游心于无穷，而反在通达之国[十四]，若存若亡乎？”君曰：“然？”曰：“通达之中有魏，于魏中有梁，于梁中有王，王与蛮氏有辩乎？”君曰：“无辩。”客出而君惝然若有亡也。客出，惠子见，君曰：“客，大人也，‘圣人’不足以当之。”惠子曰：“夫吹管也犹有嗃（xiāo）也，吹剑首者吷（xuè）而已矣[十五]。尧舜，人之所誉也，道尧舜于戴晋人之前，譬犹一吷也。”

孔子之楚，舍于蚁丘之浆[十六]。其邻有夫妻臣妾登极者。子路曰：“是稯（zǒng）稯何为者邪[十七]？”仲尼曰：“是圣人仆也。是自埋于民，自藏于畔，其声销，其志无穷。其口虽言，其心未尝言。方且与世违，而心不屑与之俱，是陆沉者也。是其市南宜僚邪？”子路请往召之，孔子曰：“已矣，彼知丘之著于己也，知丘之适楚也，以丘为必使楚王之召己也，彼且以丘为佞人也。夫若然者，其于佞人也羞闻其言，而况亲见其身乎？而何以为存？”子路往视之，其室虚矣。

长梧封人问子牢曰：“君为政焉勿卤莽，治民焉勿灭裂[十八]。昔予为禾，耕而卤莽之，则其实亦卤莽而报予；芸而灭裂之，其实亦灭裂而报予。予来年变齐，深其耕而熟耰之，其禾蘩以滋，予终年厌餐。”庄子闻之曰：“今人之治，其形理，其心多，有似封人之所谓，遁其天，离其性，灭其情。亡其神以众为，故卤莽其性者。欲恶之孽为性萑（huán）苇蒹葭[十九]，始萌以扶吾形，寻擢吾性，并溃漏发不择所出[二十]，漂（biāo）疽疥痈、内热、溲膏是也[二十一]。”

柏矩学于老聃，曰：“请之天下游。”老聃曰：“已矣，天下犹是也。”又请之，老聃曰：“汝将何始？”曰：“始于齐。”至齐，见辜人焉，推而强之[二十二]，解朝服而幕之，号天而哭之曰：“子乎子乎，天下有大灾，子独先离之[二十三]。”曰[二十四]：“莫为盗，莫为杀人。荣辱立然后睹所病，货财聚然后睹所争。今立人之所病，聚人之所争，穷困人之身，使无休时，欲无至此得乎？古之君人者，以得为在民，以失为在己；以正为在民，以枉为在己。故一形有失其形者，退而自责。今则不然，匿为物而愚不识，大为难而罪不敢，重为任而罚不胜，远其途而诛不至，民知力竭则以伪继之。日出多伪，士民安得不伪？夫力不足则伪，知不足则欺，财不足则盗。盗窃之行，于谁责而可乎？”

蘧伯玉行年六十而六十化，未尝不始于是之而卒诎之以非也，未知今之所谓是之非五十九年非也。万物有乎生而莫见其根，有乎出而莫见其门。人皆尊其知之所知，而莫知恃其知之所不知而后知，可不谓大疑乎？已乎？已乎？且无所逃此？所谓然与，然乎？

仲尼问于大史大弢、伯常骞、狶韦曰：“夫卫灵公饮酒湛乐不听国家之政[二十五]，田猎毕弋不应诸侯之际[二十六]，其所以为灵公者何也？”大弢曰：“是因是也。”伯常骞曰：“夫灵公有妻三人，同滥而浴，史鰌奉御而进所[二十七]，搏币而扶翼。其慢若彼之甚也，见贤人若此，其肃也？是其所以为灵公也。”狶韦曰：“夫灵公也死，卜葬于故墓，不吉；卜葬于沙丘而吉，掘之数仞得石椁焉，洗而视之有铭焉，曰‘不冯其子，灵公夺而里之’。夫灵公之为灵也久矣。之二人何足以识之[二十八]？”

少知问于大公调曰：“何谓丘里之言？”大公调曰：

“丘里者合十姓百名而以为风俗也。合异以为同，散同以为异。今指马之百体而不得马，而马系于前者，立其百体而谓之马也。是故丘山积卑而为高，江河合水而为大，大人合并而为公。是以自外入者有主而不执，由中出者有正而不距[二十九]。四时殊气，天不赐，故岁成；五官殊职[三十]，君不私，故国治；文武大[三十一]，人不赐，故德备；万物殊理，道不私，故无名。无名故无为，无为而无不为。时有终始，世有变化。祸福淳淳至[三十二]，有所拂者而有所宜。自殉殊面，有所正者有所差。比于大泽，百材皆度；观于大山，木石同坛。此之谓丘里之言。”少知曰：“然则谓之道足乎？”大公调曰：“不然。今计物之数，不止于万而期曰‘万物’者，以数之多者号而读之也。是故天地者形之大者也，阴阳者气之大者也，道者为之公，因其大而号以读之则可也。已有之矣，乃将得比哉？则若以斯辩譬犹狗马，其不及远矣。”少知曰：“四方之内六合之里，万物之所生恶起？”大公调曰：“阴阳相照相盖相治，四时相代相生相杀。欲恶去就于是桥起[三十三]，雌雄片合于是庸有。安危相易，祸福相生，缓急相摩，聚散以成。此名实之可纪精微之可志也[三十四]。随序之相理，桥运之相使，穷则反，终则始，此物之所有。言之所尽，知之所至，极物而已。睹道之人，不随其所废，不原其所起，此议之所止。”少知曰：“季真之莫为，接子之或使，二家之议，孰正于其情，孰偏于其理？”大公调曰：“鸡鸣狗吠，是人之所知。虽有大知不能以言读其所自化，又不能以意其所将为。斯而析之，精至于无伦[三十五]，大至于不可围。或之使莫之为，未免于物而终以为过。或使则实，莫为则虚。有名有实，是物之居；无名无实，在物之虚。可言可意，言而愈疏。未生不可忌，已死不可阻，死生非远也，理不可睹。或之使莫之为，疑之所假。吾观之本，其往无穷；吾求之末，其来无止。无穷无止，言之无也与物同理[三十六]。或使莫为，言之本也与物终始[三十七]。道不可有，有不可无，道之为名，所假而行。或使莫为，在物一曲夫，胡为于大方？言而足则终日言而尽道，言而不足则终日言而尽物。道，物之极，言默不足以载。非言非默，议其有极。”

【略注】

[一] 彭阳：即则阳。 [二] 其：后跟“乎”，当是“期”之误。[三] 所施：施行的。 [四] 命：天赋，指本性。摇：摆动。[五] 有：通“又”。 [六] 与之鉴：和他比较，给他评价。[七] 缗入：吞没。缗：钓丝，作动词，吞钓丝。 [八] 成：和解。 [九] 有：通“囿”。下同。 [十] 洫：护城河，喻设防。[十一] 魏：国名，代魏王。田侯：齐王。侯：爵位名。 [十二] 犀首：古官名，《史记》用来代称公孙衍。下文也自称“衍”。[十三] 意指脊背生恶疮。 [十四] 通：往来交好。达：以物相送。 [十五] 呹：喝。 [十六] 浆：可能脱字，卖饮料的人家。 [十七] 稯：禾束，喻聚在一起。 [十八] 灭裂：决裂，完全撕破脸。 [十九] 孽：通“蘖”，树砍后重生苗。萑苇、蒹葭：皆芦苇，代野草。 [二十] 溃漏：以水决口和渗漏喻失去本性。 [二十一] 漂疽疥癰：泛指恶疮。漂：通“瘭”。溲膏：小便如膏，遗精。 [二十二] 强：强制定型。 [二十三] 离：通“罹”。 [二十四] 曰：当是衍文。 [二十五] 灵：用于昏乱之君的谥号。湛：深厚，浓厚。 [二十六] 田：通“畋”。毕：长柄网。弋：带绳箭。 [二十七] 御：侍奉。 [二十八] 前两人

说的是被谥（称）为“灵”的原因，这里说的才是回答成为昏乱之君的原因。 [二十九] 距：通“拒”。 [三十] 五官：朝廷的主要官员。 [三十一] 大：前当脱“殊”。 [三十二] 淳淳：一对一。淳：面对。 [三十三] 桥：喻关联。 [三十四] 纪：通“记”。 [三十五] 伦：同类可比。 [三十六] 之：助宾语前置。 [三十七] 始终立足物的层面论说。

【直译】

则阳游历到楚国，夷节向楚王说起他。楚王不接见他，夷节回家。彭阳见到王果说：“先生何不向楚王谈起我？”王果说：“我赶不上公阅休。”彭阳说：“公阅休是做什么的呢？”王果说：“他冬天在江中刺鳖，夏天在山林休息。有人访问，他说‘这是我的住所’。夷节已经办不到，又何况我呢？我又赶不上夷节。夷节为人无德有智，不自己称许自己，因此使他的交际神奇。本来对富贵场痴迷，不是凭德性相助，相助消失了。受冻的人向春天借衣服，中暑的人在冷风中回到冬天。楚王为人表现高贵威严，他对待罪人不宽免像猛虎。除非那些奸佞人，正派人难道谁能折服他？所以圣人如果困顿就让家人忘怀自己的贫穷，如果显达就让王公忘怀自己的官位俸禄因而变谦卑。他对待事物随事物获取欢乐了，他对待人以接物圆通为乐来保全自己。所以有时不说话就凭和气给人享受，和人在一起就使人变得如父子相宜。他希望回归平常，就使他的行为完全安静了。他超过常人心性像这样远，所以说等待公阅休。”圣人达到摆脱束缚周全地包容一切了，却不知道会这样，是本性。回归天赋摆脱作为就以自然为师，人们就追随他因而称圣人。忧虑地筹谋就行为经常没多久一定又中止，对这怎么办？生来就美，是别人给他当镜子，不告诉就不知道自己比别人美。好像知道这样，好像不知道这样；好像听说这样，好像没听说这样。他值得欣喜终究没有止境，别人喜欢他也没有止境，是本性。圣人爱人，是人们对他评说，不告诉就不知道自己爱人。好像知道这样，好像不知道这样；

好像听说这样，好像没听说这样。他爱人终究没有止境，别人满意他也没有止境，是本性。故国故都，望到它就舒心。即使让丘陵草木吞没它十分之九，还是那样舒心，何况是看见显现听到名声的，如把十仞高的台悬在众人中间呢？

冉相氏获得道的核心就随遇圆通，与外物无开端无终结，无征兆无时机。每天随外物变化的人，是全不变化的人，何曾舍弃道的核心？效法自然却不做到效法自然，和外物都成殉葬品，还把这当回事，对这种人怎么办？圣人未曾拘泥天赋，未曾拘泥人为，未曾拘泥源起，未曾拘泥外物。与时世同行就不被废弃，行为完美就不设防，他合乎道，对他怎么样？商汤王满意他的管官门的尹登恒，因此以他为师傅。跟他学习却不受局限，获得那随遇圆通。因此主持他的称号的命名，满足标准得到他们双方体现。仲尼竭尽思虑，因此以他为师傅。容成氏说：“去掉日就没有年，没有内就没有外。”

魏莹和田牟有约定，田牟违背约定，魏莹愤怒，将派人刺杀他。公孙衍听到就以之为耻说：“你是大国的国君，却用一个普通人从事复仇，我请求接受二十万士兵，为你攻打田牟，俘虏他的国民，牵走他的牛马，使那国君内热从背部发生，然后攻占他的国土，使田忌出逃，然后鞭打他的背，打断他的脊梁。”季子听到以之为耻说：“筑七八丈高的城墙，城墙已经七八丈高了，就又毁坏它，这是服役人感到痛苦的。现在战争不发生已经七年了，这是统治天下的基础。公孙衍是捣乱的人，不能听从。”华子听到就以之为丑恶说：“喜好说攻打齐国的人是捣乱的人，喜好说不要攻打的人也是捣乱的人，说攻打齐和不攻打齐都是捣乱人的人也是捣乱的人。”魏王说：“既这样，那么怎么办？”华子说：“寻求那道就行了。”惠子听到这事就让戴晋人谒见。戴晋人说：“有叫蜗牛的，君王知道吗？”魏王说：“知道。”“在蜗牛左角有触氏国，在蜗牛右角有蛮氏国，经常与对方为争地作战，倒下的尸体好几万，追逐败兵十五天然后返回。”魏王说：“哟，大概是假话吧？”戴晋人说：“我希望为你落实它。你认为意图在四方上下有止境吗?”魏王说:“没有止境。”戴晋人说:“权诈游心到无止境,就在相交的国家中背叛,这情况有呢,这情况无呢?”魏王说:“是这样?”戴晋人说:“相交国中有魏国,魏国境内有梁地,梁地中有大王,大王和蛮氏有区别吗?”魏王说:“没有区别。”客人出去魏王惊疑得像丢失了什么。客人离开,惠子谒见,魏王说:“客人,是大人,‘圣人’不足够适合他。”惠子说:“吹竹管还有响声,吹剑头只吸入吹气罢了。尧舜,是人们称赞的,在戴晋人面前称道尧舜,譬比犹如吹气全被吸掉。”

孔子到楚国,住在蚁丘的卖浆人家里。卖浆人的邻居有夫妻、男仆、女仆登上房顶的。子路说:“这些人成伙地做什么呢?”仲尼说:“这是圣人之徒。这人自己隐藏在民间,自己藏身在田间,他的名声消失,他的思想无穷。他的嘴巴虽说话,他的内心未曾说话。正将和时世背离,就心不屑于和时世偕同,这是沦落的人。大概是市南宜僚吧?”子路请求去召唤他,孔子说:“罢了。他知道我了解他,知道我到楚国,认为我必定让楚王召唤他,他会认为我是奸佞人。像这样,他对奸佞人以听到他的话为羞耻,更何况亲眼见到其人呢?你为什么认为还在?”子路去看他们,那屋子空了。

长梧的守疆人告诉子牢说:“你执政了不要鲁莽,治民了不要绝情。从前我种庄稼,耕耘就鲁莽它,庄稼的果实也鲁莽地回报我;除草就对禾苗绝情,庄稼的果实绝情地回报我。我次年改变整治,深深耕地仔细播种,那禾苗茂盛地生长,我全年饱餐。”庄子听到这消息说:“现在的统治者,他表面依理,他内心自负,又像封人说的,隐去他的天赋,失去他的本性,灭绝他的真情。因而众多作为消亡他的精神,所以使他的性情鲁莽。私欲恶念一再生成成为本性的野草,刚萌芽还支持自己的形体,渐渐地拔掉自己的本性,决口渗漏一齐发生不选择时空,这像毒疮、内热、遗精。”

柏矩向老聃学习,说:“请到天下游历。”老聃说:“罢了,天下犹如这里。”又请求这事,老聃说:“你将从哪里开始?”柏矩说:

"从齐地开始。"到了齐地，见到被杀示众的死人，推动摆放他，脱下官服遮住他，呼天号地哭他说："你呀你呀，天下有大灾，你独先遭灾。不要是偷盗，不要是杀人。荣辱形成然后看到忧虑，财货积聚然后看到争夺。现在树立人们忧虑的荣辱，积聚人们争夺的财货，使人自身困顿贫穷，使困苦没有消失的时候，想不走到这地步可能吗？古代统治人的人，认为合理在国民，认为过失在自己；认为正确在国民，认为理屈在自己。所以有一个人失去自己的身体，就反过来责备自己。现在就不这样，暗箱设立标准来愚弄不知道的人，大大进行责难来惩罚不勇敢的人，沉重规定任务来处罚不胜任的人，延长那路途来杀戮走不到的人，国民智慧力气用尽就用做假对付他。每天发出许多欺诈政令，吏民怎么能不做假？力气不足就做假，知识不足就欺骗，钱物不足就偷盗。盗窃盛行，对谁究责就可以呢？"

遽伯玉六十岁就六十年变化，未曾不从认为自己正确开始又最终用不正确折服自己，不知现在说的正确不是五十九年的不正确。万物有发生却不见它们的根源，有出现却不见它的门径。人们都重视自己智力知道的，就没有人知道由自己的智力不知道的然后知道，能不说大迷惑吗？罢了吗？罢了吗？将无处逃避这样？说的对吧，对吗？

仲尼问史官大弢、伯常骞和狶韦："卫灵公喝酒很快乐不处理国家的政事，打猎布网射箭不应酬诸侯的交际，他成为灵公的原因是什么？"大弢说："这是因为这样。"伯常骞说："灵公有三个妻子，同浴盆沐浴，史鳕奉命侍候就进浴室，举着缯帛扶着臂掖。他傲慢像那样的过分，对待贤人像这样，难道恭敬吗？这是他称为灵公的原因。"狶韦说："灵公死后，在旧墓地卜葬，不吉利；在沙丘卜葬就吉利，挖地几丈挖到石棺，清洗就看到石棺上有铭文，说'不依靠他的儿子，灵公夺去以这为住宅'。灵公成为幽灵很久了。这两人怎么足够知道原因？"

少知问大公调："称什么像乡村的言论？"大公调说："乡村聚

合十姓百人就由此形成风俗。整合不同由此形成相同，分散相同由此变成不同。现在指点马体的各个部分就找不到马，可是马关联到各个部分，长成马体各部分就称它马。因此山丘累积低就变高，江河汇合水就变大，大人包容平等就变公正。因此从外界进入的有根本就不选取，从内心发出去的有定准就不受阻。四季不同气候，上天不施予，所以年成丰收；五官不同功能，国君不偏爱，所以国家清平；文武不同专长，别人不外加，所以本性完美；万物不同原理，道不偏向，所以不求名声。不求名声所以无为，无为就无不成功。时间有始终，社会有变化。祸福相倚，有违逆就有相宜。各自献身不同方面，有正确就有偏差。和大泽比较，各种材料都有限度；和大山对照，木石同居土台。称这像乡村的言论。”少知说："既这样，那么称它道，够得上吗？”大公调说：“不对。现在计算物的数量，不止一万却必定说‘万物’，是用多的数统称它。因此天地是大的形体，阴阳是大的气体，道是天地阴阳的总括，因为它大用来号称这个就可以。已有它了，竟然还能比拟吗？那么如果把这区别譬如狗和马，大概差距远了。”少知说：“四方之内六合之中，万物产生起始于什么？”大公调说：“阴阳互相照应互相遮掩互相梳理，四季互相代替互相生成互相消失。希求厌恶避开趋就于是关联发生，雌雄分合于是常有。安危互相代替，祸福互相生出，缓急互相摩擦，聚散就相并。这是名声实质可以记载精细隐微可以记载的。顺应次序的互相调整，关联运行的相互促进，到尽头就回转，到终点就开始，这是事物的属性。语言的止境，知识的极点，穷尽事物罢了。看见道的人，不寻踪那些衰落的，不探源那些兴起的，这是议论的终止处。”少知说：“季真的‘没人造成’，接子的‘有人支使’，两家的议论，谁合道的实情，谁偏离道的原理？”大公调说：“鸡叫狗咬，这是人知道的。即使有大智慧也不能用语言解说鸡狗的自然变化，也不能预料鸡狗将要做的。由此分析，精细到无与伦比，广大到不能包围。‘有人支使’‘没人造成’，都没超越物就终究因此成为过失。‘有人支使’就偏实，‘没人造成’就偏虚。有名称有实体，这是平常的物；无名称无实体，着眼虚构的物。可表述可料想，表述就更粗疏。没生不能避忌，已死不能依仗，死生并不遥远，原理不能看见。‘有人支使’‘没人造成’都是迷惑的凭借。我从本源考察它们，它们过去没有穷尽；我从末尾探求它们，它们未来没有休止。没有穷尽没有休止，排除言论和万物同原理。‘有人支使’‘没人造成’，言论的根基和万物相始终。道不能占有，占有不能不论，道被称说，是凭借来流传。‘有人支使’‘没人造成’，偏在事物一隅啊，怎么成为大道？说就完满那么整天说就全是道，说就不完满那么整天说全是物。道，是物的中正准则，说和不说都不足够承载。不言说不沉默，言论一定有中正准则。”

【简析】

本文从目标效果论思想修养。

专制统治者自高逞威，凶恶如虎。而思想境界高的人不言不行，凭和气感化人，圆通周全地包容一切，其无限爱人的本性像天生丽质，人告而后己知，像故乡和十仞高台使人望之畅然。

不离道的核心就能随遇圆通，内在素质高，明确事物的相对性，突破认识的局限性，才能对外圆通。

思想境界高的人视君王争胜为蜗角争雄，哪还说争斗方式呢。

思想境界高的人远避奸佞人。

表面依理、内心自负、绝情治民的统治者私欲恶念丛生，他失去了本性，失去了精神生命。

古代的人君认为国民正确，过失在自己，知道自责；专制统治者通过欺诈、愚弄、惩罚、杀戮等手段逼迫国民做假、欺骗、偷盗，所以，人民犯错应该追究统治者的责任。谴责专制统治者的罪过就能救民救世。

要懂得不断否定自己的思想认识是由不知然后知的必然进程。

成为昏乱之君的原因是失去了精神生命，早已成了“鬼之一”

(参见《庚桑楚》段3)。

语言和认知都会存在局限。物体现道，但物不是道。万物都有体现道的本性，不外加干扰就都完美。悟道的人有崇高精神境界（“有主”“有正”），能包容一切外在的人、事、物，让相辅相成和相反相成的事物互相调整、互相促进，不根究其来龙去脉，就中出者畅行无碍。

专制统治者自己本性损毁，失去精神生命，为私欲己意陷身蜗角争雄，还以欺诈、愚弄、惩罚、杀戮等手段迫使国民做假、欺骗、偷盗；被统治者思想认识局限在物的层面，就会因私欲被专制统治逼向诱向邪路，进而像统治者那样失去精神生命。加强思想修养，不断更新思想认识，达到悟道的思想境界，就能包容各种人物、各种见解，让其各自独立自主，互相平等包容，人人随遇圆通地应对外界，饮人以和，无言而化，就外在事物互相调整互相促进，内在精神畅行无碍，就都逍遥自在。这样就万物都独立自主、平等包容，从而形成民主自由的理想社会。这是思想修养的目标和效果。

外　物

外物不可必，故龙逢诛，比干戮，箕子狂，恶来死，桀纣亡。人主莫不欲其臣之忠，而忠未必信，故伍员流于江，苌弘死于蜀，藏其血三年而化为碧。人亲莫不欲其子之孝，而孝未必爱，故孝己忧而曾参悲。木与木相摩则然，金与火相守则流，阴阳错行则天地大絯（hài）[一]。于是乎有雷有霆，水中有火，乃焚大槐[二]，有甚忧两陷而无所逃。螴蜳（chén dūn）不得成，心若县于天地之间，慰暋（hún）沉屯[三]。利害相摩，生火甚多，众人焚和，月固不胜火[四]，于是乎有僓（tuǐ）然而道尽[五]。

庄周家贫，故往贷粟于监河侯。监河侯曰："诺，我将得邑金，将贷子三百金，可乎？"庄周忿然作色曰："周昨来，有中道而呼者，周顾视车辙中有鲋鱼焉。周问之曰：'鲋鱼来，子何为者邪？'对曰：'我，东海之波臣也。君岂有斗升之水而活我哉？'周曰：'诺，我且南游吴越之王激西江之水而迎子，可乎？'鲋鱼忿然作色曰：'吾失我常与，我无所处，吾得斗升之水然活耳。君乃言此，曾不如早索我于枯鱼之肆。'"

任公子为大钩巨缁，五十犗（jiè）以为饵[六]，蹲乎会稽，投竿东海，旦旦而钓，期年不得鱼。已而大鱼食之，牵巨钩錎（xiàn）没而下[七]，骛扬而奋鬐[八]，白波若山，海水震荡，声侔鬼神，惮赫千里[九]。任公子得若鱼，离而腊之。自制河以东苍梧以北[十]，莫不厌若鱼者。已而后世辁才讽说之徒皆惊而相告也[十一]。夫揭竿累，趣灌渎，守鲵鲋，其于得大鱼难矣。饰小说以干县令，其于大达亦远矣。是以未尝闻任氏之风俗，其不可与经于世亦远矣。

儒以《诗》《礼》发冢，大儒胪传曰[十二]：“东方作矣，事之何若?”小儒曰：“未解裙襦，口中有珠。”“诗固有之曰：‘青青之麦，生于陵陂。生不布施，死何含珠为?’接其鬓，擪（yè）其颡（huì），儒以金椎控其颐[十三]，徐别其颊，无伤口中珠。”

老莱子之弟子出薪遇仲尼，反以告曰：“有人于彼，修上而趋下[十四]，末偻而后耳，视若营四海，不知其谁氏之子。”老莱子曰：“是丘也，召而来。”仲尼至，曰：“丘，去汝躬矜与汝容知，斯为君子矣。”仲尼揖而退，蹙然改容而问曰：“业可得进乎?”老莱子曰：“夫不忍一世之伤，而骜万世之患[十五]，抑固窭邪[十六]？亡其略弗及邪[十七]？惠以欢为骜，终身之丑，中民之行进焉耳。相引以名，相结以隐，与其誉尧而非桀，不如两忘而闭其所誉。反无非伤也，动无非邪也。圣人踌躇以兴事，以每成功。奈何哉，其载焉终矜尔[十八]。”

宋元君夜半而梦人被发窥阿门[十九]，曰：“予自宰路之渊，予为清江使河伯之所，渔者余且得予。”元君觉，使人占之，曰：“此神龟也。”君曰：“渔者有余且乎?”左右曰：“有。”君曰：“令余且会朝。”明日余且朝。君曰：“渔何得?”对曰：“且之网得白龟焉，其圆五尺。”君曰：

“献若之龟。”龟至，君再欲杀之，再欲活之，心疑，卜之，曰：“杀龟以卜，吉。”乃刳龟，七十二钻而无遗策[二十]。仲尼曰：“神龟能见梦于元君而不能避余且之网，知能七十二钻而无遗策不能避刳肠之患，如是则知有所困，神有所不及也。虽有至知，万人谋之[二十一]……鱼不畏网而畏鹈鹕。去小知而大知明，去善而自善矣。婴儿生无石师而能言，与能言者处也。”

惠子谓庄子曰：“子言无用。”庄子曰：“知无用始可与言用矣。夫地非不广且大也，人之所用容足耳。然则厕足而垫之致黄泉[二十二]，人尚有用乎？”惠子曰：“无用。”庄子曰：“然则无用之为用也亦明矣。”

庄子曰：“人有能游且得不游乎？人而不能游且得游乎？夫流遁之志决绝之行，噫，其非至知厚德之任与？覆坠而不反，火驰而不顾[二十三]，虽相与为君臣，时也。易世而无以相贱，故曰至人不留行焉。夫尊古而卑今，学者之流也。且以狶韦氏之流观今之世夫，孰能不波[二十四]？唯至人乃能游于世而不僻，顺人而不失己。彼教不学[二十五]，承意不彼。目彻为明，耳彻为聪，鼻彻为颤，口彻为甘，心彻为知，知彻为德。凡道不欲壅，壅则哽[二十六]，哽而不止则跈（niǎn），跈则众害生。物之有知者恃息，其不殷非天之罪。天之穿之，日夜无降，人则顾塞其窦。胞有重阆，心有天游。室无空虚[二十七]，则妇姑勃豀[二十八]；心无天游，则六凿相攘[二十九]。大林丘山之善于人也，亦神者不胜[三十]。德溢乎名[三十一]，名溢乎暴，谋稽乎誸（xián），知出乎争，柴生乎守[三十二]，官事果乎众宜。春雨日时[三十三]，草木怒生，铫耨于是乎始修，草木之到植者过半而不知其然[三十四]。静然可以补病，眥㓕（miè）可以休老[三十五]，宁可以止遽。虽然，若是劳者之务也，非佚者之所未尝过而问焉？圣人之所以駴天下[三十六]，神人未尝过而问焉；贤人所以駴世，圣人未尝过而问焉；君子所以駴国，贤人未尝过而问焉；小人所以合时，君子未尝过而问焉。演门有亲死者，以善毁爵为官师[三十七]，其党人毁而死者半。尧与许由天下，许由逃之；汤与务光天下，务光怒之。纪他闻之，帅弟子而踆（qūn）于窾水，诸侯吊之。三年，申徒狄因以踣（bó）河。”

荃者所以在鱼[三十八]，得鱼而忘荃；蹄者所以在兔[三十九]，得兔而忘蹄；言者所以在意，得意而忘言。吾安得忘言之人而与之言哉！

【略注】

[一] 絯：通“骇”。 [二] 槐：代树。 [三] 心悬不安时的复杂情绪。瞀：勉力。屯：艰难。 [四] 月：或脱字或误字。从上下文作肉旁看。 [五] 僓：娴雅。火气旺就表面文雅也心躁无措。 [六] 犗：健壮的牛。 [七] 錎：车环，连环。 [八] 鬐：通“鳍”。 [九] 惮：使畏惧、震惊。赫：通“吓”。 [十] 制：通“淛”，浙江。 [十一] 辁：通“铨”，衡量。 [十二] 胪：传告。 [十三] 儒：柔顺。 [十四] 趋：促，短。 [十五] 骜：通“傲”。 [十六] 窭：贫而简陋。此指德智贫乏。 [十七] 亡：无，非。 [十八] 载：始。焉：于此。 [十九] 被：通“披”。阿门：拱门或圆门。 [二十] 钻：钻研，探究。遗策：失误的占验。策：占卜的蓍草，代占验。 [二十一] 与下文间当有脱文。 [二十二] 厕：通“侧”。 [二十三] 火：喻急。 [二十四] 波：水涌动。 [二十五] 教：使。申言至人不失己。 [二十六] 哽：塞在喉。 [二十七] 空虚：人际空间。

［二十八］勃谿：兴起沟壑。［二十九］六凿：喜怒哀乐好恶六情攻心。［三十］胜：胜过，超过。［三十一］溢：水外流，喻传扬。［三十二］柴：用木围四周，形象说封闭。［三十三］日时：按日按时。［三十四］到植：达到栽种，成苗。［三十五］眥：眼眶。搣：按摩，［三十六］騋："骇"古体。［三十七］毁：居丧哀痛伤身。官师：官职名。［三十八］荃：香草，代钓饵。或作"筌"，捕鱼竹器。［三十九］蹄：绊住脚的绳、网或方法。

【直译】

对待外物不能固执，所以龙逢被杀，比干被杀，箕子被逼疯，恶来被杀死，夏桀商纣灭亡。君王没有谁不想他的臣民尽忠，可是忠诚不一定被信任，所以伍员漂尸长江，苌弘死在蜀地，收藏他的血三年变成碧玉。父母没有谁不想自己的儿子尽孝，可是孝不一定被喜爱，所以孝己忧伤曾参伤心。木头和木头互相摩擦就燃烧，金属和火在一起就熔化，阴阳错乱运行就天地大惊动。于是有雷霆，雨中有闪电，就焚烧大树，有人很忧虑天塌地陷就无处逃难。像蜳蜳不能安宁，心像悬在天地之间，自慰自勉消沉畏难。利害互相摩擦，发火很多，众人焚毁和气，肉体本来经不住火烧，于是有娴雅样子也主意全没了。

庄周家境贫穷，特意去向监河侯借粟米。监河侯说："好，我即将收到封地的租税，将借给你三百金，可以吗？"庄周气愤得变了脸色说："我昨天来时，听到在路上呼救的声音，我环顾看到车辙中有鲋鱼。我问它：'鲋鱼，你是做什么的？'它回答：'我是东海的水臣。你难道有一斗一升的水来救活我吗？'我说：'好，我即将向南游说吴王越王拦阻长江水来迎接你，可以吗？'鲋鱼气愤得变了脸色说：'我失去我日常凭借，我无处安身，我得到一斗一升的水就存活了。你竟说这话，岂不像提前到干鱼铺索取我。'"

任公子做大钓钩粗钓丝，用五十头牛做钓饵，蹲在会稽，投竿到东海，天天钓，一周年没钓到鱼。不久大鱼吃钓饵，拉大钓钩打着旋下沉，奔驰飞起舒张鱼鳍，白波如山，海水震荡，声同鬼神，震惊威吓千里。任公子得到这样的鱼，分割它晒干它。从浙江往东苍梧往北，没有人不饱吃这鱼。不久后社会上品评人才婉言解说的人都惊奇地互相转告。举起钓竿钓丝，趋向灌溉沟渠，守候鲵鱼鲋鱼，这对于钓到大鱼困难了。粉饰浅陋琐碎的言论去求县官，这对于大显贵也远了。因此未曾听到任公子的风俗，他不能参与治理社会也远了。

儒生用《诗》《礼》盗墓，大儒生传话告诉说："东方发白了，事情怎么样?"小儒生说："还没解衣裙，口中含有珠。""《诗经》确实有这话：'青青的麦苗，生长在山坡。活着不施舍，死后含珠干什么?'抓住他的头发，按压他的面颊，柔顺地用金属锤撬开他的下巴，慢慢分开他的腮帮，不要损伤口中珍珠。"

老莱子的学生出去打柴遇到仲尼，回来告诉说："有个人在那里，长长的上身短促的下肢，衰老曲背向后张着耳朵，看来像经营天下，不知他是哪姓人。"老莱子说："这是孔丘，召唤他来。"仲尼到来，老莱子说："孔丘，去掉你身上的矜持和你表面的聪明，就成君子了。"仲尼作揖后退，恭敬地改变脸色问："德业可能进步吗?"老莱子说："不忍受一生的悲伤，却傲视万代的祸患，或许本来浅陋吧？不是自己的谋略达不到吧？仁爱以喜乐为骄傲，结束自身的羞愧，中等人的行为就进步到这里了。用名声引导人，用怜悯凝聚人，与其赞美尧非议桀，不如两者都忘掉就杜绝那些赞美的人。反省无不是忧伤，感触无不是邪念。圣人从容自得地兴起事业，因而经常成功。怎么办啊，你从此结束矜持就行了。"

宋元君半夜梦见人披发在门口窥视说："我来自宰路渊，我替清江出使河伯那里，渔人余且抓到我。"元君醒来，派人对这事占卜，说："这是神龟。"元君说："渔人有余且吗?"身边人说："有。"元君说："命令余且到朝廷见面。"第二天余且朝见。元君说："打鱼获得什么了?"回答说："我网到白龟了，它方圆五尺。"

元君说："献出你的龟。"龟送到，元君两次想杀它，两次想让它活着，心中犹豫，对这占卜，说："杀龟用它占卜，吉利。"就挖空龟，占卜七十二次无不灵验。仲尼说："神龟能到梦中见元君却不能逃脱余且的网，智力能七十二次占卜无不灵验却不能逃脱挖肠的灾祸，如此就是智慧有受困的，神力有达不到的。即使有最好的智力，万人图谋他……鱼不怕网却怕鹈鹕。去掉小聪明就大智慧彰显，去掉以为好就自然好了。婴儿生来没有大师就能说话，是和能说话的人相处。"

惠子对庄子说："你的言论无用。"庄子说："知道无用正好可以和他谈功用了。地不是不又广又大，人使用的容纳脚罢了。既这样，那么傍着脚使地下陷达到黄泉，对人还有用吗？"惠子说："无用。"庄子说："既这样，那么无用是有用也明白了。"

庄子说："人有可能交往还能不交往吗？人如果不可能交往还能交往吗？趋向隐遁的思想坚决果断的行为，唉，这些不是最聪明有大德的放任吗？翻覆不回头，急驰不回顾，即使互相成为君臣，是时机。改变时世就无法轻视时世，所以说至人不留心行为了。重视古代轻视现在，是学者的倾向。况且用狶韦氏的倾向看当今社会，谁能不波动？只有至人才能畅游现实不逃向僻处，顺应别人不丧失自我。他使自己不仿效，接受人意不那样。眼睛通晓是明亮，耳朵通晓是灵敏，鼻孔通晓是敏感，嘴巴通晓是食欲好，心灵通晓是智商高，见解通晓是任本性。凡是道不应该堵塞，堵塞就哽塞，哽塞不止就被践踏，被践踏就众多害处产生。有知觉的物依靠呼吸，呼吸不深不是天的过错。天透出气息，日夜不减少，人却反而堵塞自己的孔窍。体内有双重空间，心中有如天的畅游场所。家里没有空间，就婆媳分歧；心中没有如天的畅游场所，就六情互相扰乱。大林丘山被人喜爱，也是精神力量不能取胜。德行由名声传扬，名声由张显传扬，计谋由紧急考量，智慧由竞争生出，封闭由防范产生，官事由众人认为适宜出成果。春雨适时，草木蓬勃生长，农具在这时开始修缮，成苗的草木超过半数还不知道自己如此。安静能补救疾病，眼部按摩能抑制衰老，安宁能防止急躁。虽然如此，像这些是劳碌人的事，不是闲逸人未曾过问的吗？圣人使天下人惊骇的凭借，神人未曾过问它；贤人使世俗人惊骇的凭借，圣人未曾过问它；君子使全国人惊骇的凭借，贤人未曾过问它；小人迎合时势的凭借，君子未曾过问它。演门有死了父亲的人，因善于表现哀伤封官做了官师，他的乡邻居丧哀伤致死的达半数。尧传给许由天下，许由逃跑；汤传给务光天下，务光为此发怒。纪他听到这事，带领学生退居窾水，诸侯慰问他。三年，申徒狄因而跳河。”

荃是用来找鱼的，得到鱼就忘掉荃；绊绳是用来找兔的，得到兔就忘掉绊绳；语言是用来表达情意的，得知情意就忘掉语言。我怎么找到忘言的人去和他交谈啊！

【简析】

本文从人际交往论思想修养。

人际交往可能事与愿违，就是君臣父子之间也可能互相龃龉、互相攻克。这就使人乱了方寸。

危难时人际关系更脆弱，常常遭遇虚伪应酬。

在物欲世界，给众人大实惠才能得到好评，才能参与治理社会。

要超越毁誉，消除矫伪，不故作矜持，顺任本性，才能自由无拘。

不必依赖智慧神力，不要耍小聪明，不自以为是自然就好了。

主观地取一点而去其余，就使有用成为无用。实际上认为无用的原本是有用的。

只有至人才能畅游现实不逃向荒野、顺应别人不失去自我。心胸不像天一样广阔，不像道一样无滞碍，就会被七情六欲搅扰。逃向山林是精神力量不能战胜现实。因果自然相生，不同人不同境界，境界相同取向相同。

超越语言的情意相投才是难得的真诚交往。

物欲世界，“各有稻粱谋”；专制社会，人与人相食。因而人心险恶，世态炎凉，人际交往常常虚伪应酬，甚至明枪暗箭，即使君臣父子之间也互相龃龉、互相攻克。统治者及其帮凶总是矫诈虚伪又苛求别人。民众要么被统治者逼使诱使成牢笼中的奴才，要么逃避现实藏身荒芜僻远的地方。只有精神境界最高的人才能“游于世而不僻，顺人而不失己”。要在现实中与人交往，做到既顺应别人，又不失自我，还避免龃龉相克，就需要人们提高精神境界，洞察世态人心，摒弃权、利和毁誉，不自以为是，而“心有天游”，包容一切，消除矫伪言行，倾注真诚情意。人们若都这样，人际间真诚交往，真实情谊如春草自生。

可惜后人没领悟到庄子期盼人们提高精神境界去真诚交往增进人际情谊的意旨，误以为庄子主张“至老死而不相往来”去逃避人际斗争，因而哪能在现实中找到庄子企盼的这种情意相容的真诚交谊呢？

寓　言

寓言十九，重言十七，卮言日出[一]，和以天倪。寓言十九，藉外论之。亲父不为其子媒，亲父誉之不若非其父者也。非吾罪也，人之罪也：与已同则应，不与已同则反，同于已为是之，异于已为非之。重言十七，所以已言也[二]，是为耆艾[三]。年先矣而无经纬本末以期年耆者，是非先也。人而无以先人，无人道也。人而无人道，是之谓陈人。卮言日出，和以天倪，因以曼衍，所以穷年。不言则齐，齐与言不齐，言与齐不齐也。故曰无言。言无言，终身言未尝言，终身不言未尝不言。有自也而可，有自也而不可；有自也而然，有自也而不然。恶乎然？然于然。恶乎不然？不然于不然。恶乎可？可于可。恶乎不可？不可于不可。物固有所然，物固有所可，无物不然，无物不可。非卮言日出，和以天倪，孰得其久？万物皆种也，以不同形相禅，始卒若环，莫得其伦，是谓天均。天均者天倪也。

庄子谓惠子曰："孔子行年六十而六十化。始时所是，卒而非之。未知今之所谓是之非五十九年非也。"惠子曰："孔子勤志服知也？"庄子曰："孔子谢之矣，而其未之尝言。孔子云：夫受才乎大本[四]，复灵以生，鸣而当律，言而当法。利义陈乎前而好恶是非，直服人之口而已矣。使人乃以心服而不敢蘁（wǔ），立定天下之定。已乎已乎，吾且不得及彼乎！”

曾子再仕而心再化，曰：“吾及亲仕，三釜而心乐[五]。后仕三千钟而不洎，吾心悲。”弟子问于仲尼曰：“若参者可谓无所县其罪乎[六]？”曰：“既已县矣。夫无所县者可以有哀乎？彼视三釜三千钟如观雀蚊虻相过乎前也[七]。”

颜成子游谓东郭子綦曰：“自吾闻子之言，一年而野，二年而从，三年而通，四年而物，五年而来[八]，六年而鬼入，七年而天成，八年而不知死不知生，九年而大妙。生有为，死也。劝公以其死也有自也[九]，而生阳也无自也[十]。而果然乎？恶乎其所适，恶乎其所不适？天有历数[十一]，地有人据，吾恶乎求之[十二]？莫知其所终，若之何其无命也？莫知其所始，若之何其有命也？有以相应也，若之何其无鬼邪[十三]？无以相应也，若之何其有鬼邪？”

众罔两问于景曰：“若向也俯而今也仰，向也括而今也被发[十四]，向也坐而今也起，向也行而今也止，何也？”景曰：“搜搜也，奚稍问也[十五]？予有而不知其所以。予蜩甲也，蛇蜕也？似之而非也。火与日，吾屯也；阴与夜，吾代也。彼吾所以有待邪？而况乎以有待者乎？彼来则我与之来，彼往则我与之往，彼强阳则我与之强阳[十六]，强阳者又何以有问乎？”

阳子居南之沛，老聃西游于秦，邀于郊[十七]，至于梁而遇老子。老子中道仰天而叹曰：“始以汝为可教，今不可也。”阳子居不答，至舍，进盥漱巾栉，脱屦户外，膝行而前曰：“向者弟子欲请夫子，夫子行不闲，是以不敢。

今闲矣，请问其过。”老子曰：“睢睢盱盱[十八]，而谁与居？大白若辱，盛德若不足。”阳子居蹵然变容曰：“敬闻命矣。”其往也，舍者迎将，其家公执席[十九]，妻执巾栉，舍者避席，炀者避灶。其反也，舍者与之争席矣。

【略注】

[一] 卮：能容四斗的酒器。卮言：如卮之言，喻圆通包容的话。 [二] 已言：使言论必然、一定，即提高言论的信度。 [三] 耆艾：五六十岁的人，代有名望的人。 [四] 大本：根本，天地。 [五] 釜：量器。下“钟”同。古人用粮食作俸禄。 [六] 县：通“悬”，揭示。 [七] 曾子自己暴露出有看重俸禄多少的罪过。 [八] 来：招致。 [九] 意即劝人有为。 [十] 生阳：形成生命。 [十一] 历数：运行定数。 [十二] 之：代其所适、所不适。 [十三] 鬼：灵魂，精神生命。 [十四] 括：捆束。被：通“披”。 [十五] 稍：小，琐碎。 [十六] 强：当是“殭”（死尸）误为“强”的古体“彊”再变成“强”。阳：有活力，活动。 [十七] 意为出行后才邀约（可能才互知消息）。 [十八] 睢：仰视。盱：瞪眼。 [十九] 席：铺在地上坐的用具。也代座位。“避席”指敬而远之，“争席”指打成一片了。

【直译】

蕴含寓意的话十分之九，重述他人的话十分之七，圆通包容的话每天发出，用自然平衡来中和。蕴含寓意的话十分之九，是借外在事物谈自己的见解。父亲不为自己的儿子说媒，是父亲赞美儿子不如不是他父亲的人赞美他。不是自己的过错，是别人的过错：和己意相同就应和，和己意不同就反对，和己意相同就认为他正确，和己意不同就认为他不正确。重述他人的话十分之七，是提高言论信度的凭借，这是借助长者。年龄占先了却没有经天纬地的经历来合乎年长，这种人不是先导。人无法引导人，是不走人的正道。人不走人的正道，这种人叫陈腐人。圆通包容的话每天发出，用自然平衡来中和，因而延展推广，是用来穷尽天年的。不说就平等，平等和说话不一致，说话和平等不一致。所以说不要说话。说不要说话，因为终身说话未曾说话，终身不说话未曾没说话。有缘起就可以，有缘起又不可以；有缘起就正确，有缘起又不正确。正确在哪里？正确在事物正确，不正确在哪里？不正确在事物不正确。可以在哪里？可以在事物可以。不可以在哪里？不可以在事物不可以。事物原本有正确性，事物原本有可适性，没有事物不正确，没有事物不可以。不是圆通包容的话每天发出，用自然平衡来中和，什么能一定长久？万物都有种类，以不同形态传承种类，始终像圆环，没有人找得到它的次序，这叫自然平衡。自然平衡是天倪。

庄子对惠子说："孔子六十岁就六十年变化。起初时认为正确的，最终又否定它。不知道现在说的正确不是五十九年的不正确。"惠子说："孔子是勤劳立志从事求知吗？"庄子说："孔子谢绝求知了，可是他未曾说这话。孔子说：从天地禀受品质，还魂而生，说话相当于法令，出言相当于法则。私欲己意放在前确定好恶是非，只能使人口服罢了。假如人们竟从内心信服而不敢违逆，立刻达到天下安定。罢了啊罢了啊，我将不能达到那样啊。"

曾子两次做官内心就两次变化，说："我惠及父母做官，俸禄三釜就心里快乐。后来做官三千钟却不惠及父母，我心中悲伤。"学生问仲尼："像曾参可以说无处揭出他的罪过吧？"仲尼说："已经揭示了。无处揭示可能有悲哀吗？他看待三釜和三千钟如同看到鸟雀、蚊虻互相从他眼前飞过。"

颜成子游对东郭子綦说："自从我听到你的言论，一年还粗野，二年就顺从，三年就看透，四年还选择，五年就包容，六年就神秘入心，七年就自然平和，八年就不知生不知死，九年就大美妙。活着有为，就是死。用这死劝勉人是有来由的，可是生成阳气是没有来由的。就果真如此吗？人们适应什么呢？人们不适应什么呢？天有运行规律，地又被人占据，我怎么探求这些？没有人知道自己终结的情况，怎么自己没有生命？没有人知道自己开始的情况，怎么自己有生命？有法适应生死，怎么会没有灵魂？无法适应生死，怎么会有灵魂？”

众多影子的淡影问影子：“你先前俯身现在仰身，先前束发现在披发，先前坐着现在站起，先前行动现在停止，是为什么？”影子说：“找话说，琐碎地问什么？我存在却不知道自己存在的原因。我是蝉壳，是蛇皮？像这些又不是。火光和日光，使我显现；阴暗和黑夜，使我消失。那样是我存在依赖的原因吧？又何况还存在依赖呢？形、光到来我就和它们到来，形、光离开我就和它们离开，形、光静动我就和它们静动，静动又凭什么有疑问呢？”

阳子居向南去沛地，老聃向西游秦地，在郊外邀约，到梁地就遇到老子。老子在路上仰头向天感叹说：“起初以为你可以教诲，现在不可以。”阳子居不回答，进到旅舍，献上梳洗的面巾梳子，把鞋脱在门外，跪着走到老子面前说：“先前我想请教先生，先生赶路不空，因此不敢。现在空了，请问我的过错。”老子说：“傲慢粗暴，你和谁相处？太白如同玷辱，大德如同不足。”阳子居恭敬地改变脸色说：“恭敬受教了。”他来时，旅店的人迎送，那些旅店的男主人拿坐席，女主人拿毛巾梳子，住旅舍的人离开座位，烧火的人躲到灶边。他回去时，旅舍的人和他争座位了。

【简析】

本文阐明圆通包容思想（《庄子的主要思想》）的语言表达方式。

寓言借寓意达己意，比自己说理更易被人接受；重言借助能引导人的人的话增强说服力；天天用圆通包容的话来中和平衡，才合乎事物实际和客观原理，从而长久正确适用。

把私欲己意放在前去确定好恶是非，只能使人口服。使人心服才能使天下安定，所以要内省不懈自励，对外圆通包容。

心系利益就是罪过。

有崇高精神境界才能适应一切。

譬喻要顺应存在依赖性的现实（参见《逍遥游》段1）。

傲慢粗暴令人敬而远之，圆通包容地随和处世才能与人平等随和地相处。

崇高的精神境界是人的精神生命，是人的灵魂。有灵魂就能不心系利益，不以私欲己意为前提决定好恶是非，就能与人平等相处、随和应对现实。这样就随遇圆通地包容一切。这样的思想言论才能令人心服，才会长久正确、适用。所以虽然寓言易被人接受，重言能增强说服力，却还必须天天有卮言来调节以达到中和平衡。卮言是庄子自己思想学说的意旨，寓言是使这意旨易被接受的形式，重言是加强这意旨的说服力的佐证。寓言、重言都只不过是借用来凸出自己的圆通包容的思想言论（参见《天下》段7）的语言形式罢了。

让　王

尧以天下让许由，许由不受；又让于子州支父，子州支父曰："以我为天子，犹之可也[一]。虽然，我适有幽忧之病，方且治之，未暇治天下也。"夫天下至重也，而不以害其生，又况他物乎？唯无以天下为者，可以托天下也。舜让天下于子州支伯，子州支伯曰："予适有幽忧之病，方且治之，未暇治天下也。"故天下大器也，而不以易生。此有道者之所以异乎俗者也。舜以天下让善卷，善卷曰："余立于宇宙之中，冬日衣皮毛，夏日衣葛絺[二]。春耕种，形足以劳动；秋收敛，身足以休息。日出而作，日入而息，逍遥于天地之间，而心意自得。吾何以天下为哉？悲夫，子之不知余也。"遂不受。于是去而入深山，莫知其处。舜以天下让其友石户之农。石户之农曰："捲捲乎后之为人[三]，葆力之士也[四]。"以舜之德为未至也。于是夫负妻戴，携子以入于海，终身不反也。

大王亶父居邠，狄人攻之，事之以皮帛而不受，事之以犬马而不受，事之以珠玉而不受，狄人之所求者土地也。大王亶父曰；"与人之兄居而杀其弟，与人之父居而杀其子，吾不忍也。子皆勉居矣，为吾臣与为狄人臣奚以异？且吾闻之，不以所用养害所养。"因杖筴而去之。民相连而从之，遂成国于岐山之下。夫大王亶父可谓能尊生矣。能尊生者虽富贵不以养伤身，虽贫贱不以利累形。今世之人居高官尊爵者皆重失之，见利轻亡其身，岂不惑哉？越人三世弑其君，王子搜患之，逃乎丹穴，而越国无君，求王子搜不得，从之丹穴[五]。王子搜不肯出，越人薰之以艾，乘以王舆。王子搜援绥登车，仰天而呼曰："君乎君乎，独不可以舍我乎？"王子搜非恶为君也，恶为君之患也。若王子搜者可谓不以国伤生矣。此固越人之所欲得为君也。

韩魏相与争侵地，子华子见昭僖侯[六]。昭僖侯有忧色。子华子曰："今使天下书铭于君之前，书之言曰'左手攫之则右手废，右手攫之则左手废，然而攫之者必有天下'。君能攫之乎？"昭僖侯曰："寡人不攫也。"子华子曰："甚善。自是观之，两臂重于天下也。身亦重于两臂，韩之轻于天下亦远矣，今之所事者，其轻于韩又远。君固愁身伤生以忧戚不得也？"僖侯曰："善哉，教寡人者众矣，未尝得闻此言也。"子华子可谓知轻重矣。

鲁君闻颜阖得道之人也，使人以币先焉。颜阖守陋闾[七]，苴布之衣[八]，而自饭牛。鲁君之使者至，颜阖自对之。使者曰："此颜阖之家与？"颜阖对曰："此颜阖之家也。"使者致币，颜阖曰："恐听者谬而遗使者罪，不若审之。"使者还反，审之复来，求之则不得已。故若颜阖者，真恶富贵也。故曰道之真以治身，其绪余以为国家[九]，其土苴以治天下[十]。由此观之，帝王之功圣人之余事也，非所以完身养生也。今世俗之君子多危身弃生以殉物，岂不悲哉？凡圣人之动作也，必察其所以之与其所以为[十一]。今且有人于此，以随侯之珠弹千仞之雀，世必笑之，是何也？则其所用者重而所要者轻也。夫生者岂特随侯之重哉[十二]？

子列子穷，容貌有饥色。客有言之于郑子阳者曰[十三]：“列御寇盖有道之士也，居君之国而穷，君无乃为不好士乎？”郑子阳即令官遗之粟。子列子见使者，再拜而辞。使者去，子列子入，其妻望之而拊心曰：“妾闻为有道者之妻子皆得佚乐，今有饥色，君过而遗先生食，先生不受，岂不命邪？”子列子笑谓之曰：“君非自知我也，以人之言而遗我粟。至其罪我也，又且以人之言。此吾所以不受也。”其卒，民果作难而杀子阳。

楚昭王失国，屠羊说走而从于昭王。昭王反国，将赏从者。及屠羊说，屠羊说曰：“大王失国，说失屠羊[十四]；大王反国，说亦反屠羊。臣之爵禄已复矣，又何赏之言？”王曰：“强之。”屠羊说曰：“大王失国非臣之罪，故不敢伏其诛；大王反国非臣之功，故不敢当其赏。”王曰：“见之。”屠羊说曰：“楚国之法，必有重赏大功而后得见。今臣之知不足以存国，而勇不足以死寇，吴军入郢，说畏难而避寇，非故随大王也。今大王欲废法毁约而见说，此非臣之所以闻于天下也。”王谓司马子綦曰：“屠羊说居处卑贱而陈义甚高。子綦为我延之以三旌之位[十五]。”屠羊说曰：“夫三旌之位，吾知其贵于屠羊之肆也；万钟之禄，吾知其富于屠羊之利也。然岂可以食爵禄而使吾君有妄施之名乎？说不敢当。愿复反吾屠羊之肆。”遂不受也。

原宪居鲁，环堵之室茨以生草，蓬户不完，桑以为枢而瓮牖，二室褐以为塞，上漏下湿，匡坐而弦。子贡乘大马，中绀而表素，轩车不容巷，往见原宪。原宪华冠縰

(xǐ) 履[十六]，杖藜而应门。子贡曰："嘻，先生何病？"原宪应之曰："宪闻之，无财谓之贫，学而不能行谓之病。今宪贫也，非病也。"子贡逡巡而有愧色。原宪笑曰："夫希世而行，比周而友，学以为人，教以为己，仁义之慝，舆马之饰，宪不忍为也。"

曾子居卫，缊袍无表，颜色肿哙，手足胼胝，三日不举火，十年不制衣，正冠而缨绝，捉衿而肘见，纳履而踵决，曳縰而歌商颂，声满天地，若出金石。天子不得臣，诸侯不得友。故养志者忘形，养形者忘利，致道者忘心矣。

孔子谓颜回曰："回，来，家贫居卑，胡不仕乎？"颜回对曰："不愿仕。回有郭外之田五十亩，足以给飦粥；郭内之田十亩，足以为丝麻。鼓琴足以自娱，所学夫子之道足以自乐也。回不愿仕。"孔子愀然变容曰："善哉回之意。丘闻之，知足者不以利自累也，审自得者失之而不惧，行修于内者无位而不怍。丘诵之久矣，今于回而后见之，是丘之得也。"

中山公子牟谓瞻子曰："身在江海之上，心居乎魏阙之下[十七]，奈何？"瞻子曰："重生。重生则利轻。"中山公子牟曰："虽知之，未能自胜也。"瞻子曰："不能自胜则从，神无恶乎。不能自胜而强不从者，此之谓重伤。重伤之人无寿类矣。"魏牟，万乘之公子也，其隐岩穴也，难为于布衣之士，虽未至乎道，可谓有其意矣。

孔子穷于陈蔡之间，七日不火食，藜羹不糁，颜色甚惫，而弦歌于室。颜回择菜，子路子贡相与言曰："夫子再逐于鲁，削迹于卫，伐树于宋，穷于商周，困于陈蔡，杀夫子者无罪，藉夫子者无禁。弦歌鼓琴，未尝绝音，君子之无耻也若此乎?”颜回无以应，入告孔子。孔子推琴喟然而叹曰：“由与赐细人也，召而来，吾语之。”子路子贡入。子路曰：“如此者可谓穷矣。”孔子曰：“是何言也！君子通于道之谓通，穷于道之谓穷。今丘抱仁义之道，以遭乱世之患，其何穷之为？故内省而不穷于道，临难而不失其德。天寒既至，霜露既降，吾是以知松柏之茂也。陈蔡之隘于丘其幸乎?”孔子削然反琴而弦歌[十八]。子路扢（qì）然执干而舞。子贡曰：“吾不知天之高也地之下也。”古之得道者穷亦乐，通亦乐，所乐非穷通也。道德于此则穷通为寒暑风雨之序矣。故许由娱于颍阳而共伯得乎共首。

舜以天下让其友北人无择，北人无择曰：“异哉后之为人也，居于畎亩之中而游尧之门，不若是而已，又欲以其辱行漫我，吾羞见之。”因自投清泠之渊。汤将伐桀，因卞随而谋。卞随曰：“非吾事也。”汤曰：“孰可?”曰：“吾不知也。”汤又因瞀光而谋，瞀光曰：“非吾事也。”汤曰：“孰可?”曰：“吾不知也。”汤曰：“伊尹何如?”曰：“强力忍垢，吾不知其他也。”汤遂与伊尹谋伐桀，克之。以让卞随，卞随辞曰：“后之伐桀也，谋乎我，必以我为贼也；胜桀而让我，必以我为贪也。吾生乎乱世，而无道之人再来漫我以其辱行，吾不忍数闻也。”乃自投稠水而死。汤又让瞀光曰：“知者谋之，武者遂之，仁者居之，古之道也。吾子胡不立乎?”瞀光辞曰：“废上非义也，杀民非仁也，人犯其难，我享其利，非廉也。吾闻之曰：‘非其义者不受其禄，无道之世不践其土。’况尊我乎？吾不忍久见也。”乃负石而自沉于庐水。

昔周之兴，有士二人处于孤竹，曰伯夷叔齐。二人相谓曰：“吾闻西方有人似有道者，试往观焉。”至于岐阳，武王闻之，使叔旦往见之，与盟曰：“加富二等，就官一列。”血牲而埋之。二人相视而笑曰：“嘻，异哉，此非吾所谓道也。昔者神农之有天下也，时祀尽敬而不祈喜。其于人也忠信尽治而无求焉，乐与政为政，乐与治为治，不以人之坏自成也，不以人之卑自高也，不以遭时自利也。今周见殷之乱而遽为政，上谋而下行货，阻兵而保威，割牲而盟以为信，扬行以说众，杀伐以要利，是推乱以易暴也。吾闻古之士遭治世不避其任，遇乱世不为苟存。今天下闇，周德衰，其并乎周以涂吾身也，不如避之以絜吾行。”二子北至于首阳之山，遂饿而死焉。若伯夷叔齐者，其于富贵也，苟可得已则必不赖，高洁戾行，独乐其志，不事于世。此二士之节也。

【略注】

［一］犹：通“摇”。　［二］葛：蔓草，茎纤维可织布。絺：葛布，葛布衣。　［三］捲捲：通“拳拳”，忠心勤谨。后：帝。　［四］葆：草茂盛，喻精力旺盛。　［五］从：通“踪”。　［六］前“子”：尊称。　［七］闾：里门，代住房。　［八］苴布：麻布，代粗布。　［九］国家：诸侯国。　［十］土苴：泥土小草，喻卑微。　［十一］所以之：往的原因。所以为：行为的凭借。　［十二］随侯：借代随侯珠。　［十三］客：食客。子：郑国国君是子爵。　［十四］屠羊：屠羊说的职业。　［十五］三旌：代诸侯的三卿。　［十六］华：花，开花，喻破烂。縰履：绑着鞋。縰：束发的帛条。下文中借喻头发。　［十七］魏阙：宫外台观，

代朝廷。　[十八] 削：状陡直，形容坐姿正直。反：回归。

【直译】

尧把天下让给许由，许由不接受；又让给子州支父，子州支父说："让我做天子，动摇我可以。虽然如此，我适逢有内藏的堪忧的病，正要治疗它，没空闲治理天下。"天下最重大，却不因天下妨害自己的生命，又何况别的东西呢？只有不拿天下经营的人，才能托付天下。舜让天下给子州支伯，子州支伯说："我适逢有内藏的堪忧的病，正要治疗它，没空闲治理天下。"所以天下是重大器物，却不用天下交换生命。这是有道的人不同于世俗人的原因。舜把天下让给善卷，善卷说："我立身在时空中，冬天穿皮毛衣，夏天穿葛布衣。春天耕种，身体足够劳动；秋天收割，身体能够休养。太阳出来就劳作，太阳下山就休息，在天地之间逍遥，就自我心情自在。我用天下做什么呢？可悲啊，你不了解我。"于是不接受，从此离去进入深山，没有人知道他的去处。舜把天下让给他的朋友石户的农民。石户的农民说："君王为人每天忠心勤谨，是精力旺盛的人。"认为舜的品德没达到极点。于是丈夫背妻子顶，牵着子女就进入海域，一辈子不返回。

太公亶父住在邠地，狄族人攻打他，用兽皮丝绸侍奉狄人却不接受，用狗马侍奉狄人却不接受，用珍珠宝玉侍奉狄人却不接受，狄人要的是土地。太公亶父说："和人家的哥哥相处却让他的弟弟被杀，和人家的父亲相处却让他的儿子被杀，我不忍心。你们都尽力安居了，作我的臣民和作狄人的臣民凭什么区别？而且我听说，不因用来养人的土地危害供养的人。"于是扬马鞭离开邠地。民众不间断地跟随他，于是在岐山下形成国都。太公亶父可以说能重视生命了。能重视生命的人即使富贵也不因供养伤害身体，即使贫贱也不因求利妨害身体。当今社会身居高官职高爵位的人都看重丢失官职爵位，见到利益就轻视失去自己的身体，岂不糊涂吗？越国人杀了他们的三代国君，越王的儿子搜忧虑这事，逃到丹穴，因而越国没有国君，找王子搜找不到，寻踪他到丹穴。王子搜不肯出洞，越国人用艾草薰他，用君王车载他。王子搜拉着车绳登车，仰头向天呼喊："当国君呀当国君呀，难道不能放掉我吗?"王子搜不是恶恨当国君，是恶恨当国君的灾祸。像王子搜可以说不因国柄伤害生命了。这一定是越国人想得到他当国君的原因。

韩国和魏国互相争夺土地，华子谒见昭僖侯。昭僖侯有忧愁的表情，华子说："现在让天下人在你面前书写铭文，书写的话说'左手抓取它就右手砍掉，右手抓取它就左手砍掉，可是抓取它的人必定占有天下'。你能抓取它吗?"昭僖侯说："我不抓取。"华子说："很好。由此看来，两臂比天下重要。身体又比两臂重要，韩国比天下轻又远了，现在争夺的，它比韩国轻更远。你一定愁苦自身伤害生命来忧虑悲伤得不到吗?"昭僖侯说："好啊，教导我的人多了，未曾能听到这番话。"华子可以说知道轻重了。

鲁国国君听说颜阖是得道的人，派人拿着礼物去向他致意。颜阖住着简陋房，穿着粗布衣，还自己喂牛。鲁君的使者到来，颜阖自己应答他。使者说："这是颜阖的家吗?"颜阖回答："这是颜阖的家。"使者送上礼物，颜阖说："恐怕听到的话错误因而留下使者的罪过，不如详细考察它。"使者返回去，问详细了再来，找颜阖就找不到了。所以像颜阖，是真厌恶富贵。所以说道的真谛在修身，道的残余在治国，道的尘芥在治天下。由此看来，帝王的功业是圣人的余事，不是用来完善自身保养生命的。现在世俗的君子大多为了自身放弃生命去为物欲殉葬，难道不可悲吗？凡是圣人的行动，必定明察行为的目的、行为的条件。现在要是这里有个人，用随侯的珍珠作弹丸打千仞高的雀鸟，世人必定讥笑他，这是为什么？就是他使用的贵重而求取的轻微。生命难道仅仅是随侯珠这样贵重吗?

列子受困顿，容貌有饥色。有个把这事告诉郑国国君阳的门客说："列御寇是有道的人，住在你的国家却受困顿，你莫非是不喜欢贤士吗?"郑子阳就命令官吏送给他粮食。列子见到使者，拜了两拜就谢绝。使者离去，列子进屋，他的妻子望着他拍着胸口说："我听说作有道的人的妻子儿女都能逸乐，现在有饥色。国君受责备就送给你吃的，你不接受，难道不要命吗？"列子笑着对她说："国君不是自己了解我，凭别人的话送给我粮食。到他加罪我时，也将凭别人的话。这是我不接受的原因。"最后，国民果然发难杀掉郑子阳。

楚昭王亡了国，屠羊说逃跑就跟着昭王。昭王返回国都，将要赏赐随从人。奖赏到屠羊说，屠羊说说："大王亡了国，我失了业；大王回国，我也复业。我的爵禄已经恢复了，还说什么奖赏？"昭王说："强迫他。"屠羊说说："大王亡国不是我的罪过，所以不敢承受自己被杀；大王回国不是我的功劳，所以不敢接受自己被奖赏。"昭王说："召见他。"屠羊说说："依楚国的法律，必定要有应当重赏的大功然后才能召见。现在我智力不足够保存国家，勇气不足够和敌人拼死，吴军进入郢都，我怕死就逃避敌人，不是特意追随大王。现在大王想毁坏法律地召见我，这不是我用来闻名天下的。"昭王对司马子綦说："屠羊说地位下贱说出道理却很高尚。你替我用三卿的官位聘请他。"屠羊说说："三卿的官位，我知道那比杀羊的店铺贵重；万钟的俸禄，我知道那比杀羊的收益丰富。然而我岂能获食官位俸禄因而让我们国君有乱施恩惠的名声呢？我不敢接受。希望再回到我杀羊的店铺。"于是不接受。

原宪住在鲁国，一平方丈的土墙屋用鲜草覆盖，草编的门还不完整，桑条做门枢破甕做窗户，两间屋用粗麻布作隔帘，房上漏雨地下潮湿，端坐弹琴。子贡乘着大马，内穿青红丝衣外穿素白丝衣，高大车马不能被街巷容纳，去见原宪。原宪戴着破烂帽子穿着破烂鞋子，拄着藜草拐杖在门口应答。子贡说："啊，先生为什么困苦？"原宪应答他说："我听说，没有财富说他贫穷，学了却不能践行说他困苦。现在我是贫穷，不是困苦。"子贡退后面带愧色。原宪笑着说："迎合世俗地行动，攀附周旋地交友，学识用来调治别人，教化用来助益自己，仁义的奸邪、车马的装饰，都是我不忍心做的。”

曾子住在卫国，粗劣絮物的袍子没有表层，面容浮肿，手脚生茧，三天不生火煮饭，十年不缝制新衣，整理帽子就断了帽带，拉拢衣襟就露出手肘，穿上鞋子就后跟破裂，捋发唱商颂，歌声满天地，好像出自金石乐器。天子不能以他为臣，诸侯不能以他为友。所以修养心性的人忘掉形体，保养形体的人忘掉利益，达到道的人使心淡忘了。

孔子对颜回说：“颜回，来，家境贫穷处境下贱，为什么不去做官呢？”颜回回答：“不愿做官。我有墙外土地五十亩，足够供给稀饭；墙内土地十亩，足够生产丝麻。弹琴足够娱乐自己，学到的先生的学说足够使自己快乐。我不愿做官。”孔子吃惊地变了脸色说：“好啊你的心意。我听说，知足的人不因利益妨碍自己，安定自得的人失利也不惧怕，在内心进行修养的人没有名位也不惭愧。我念叨这些很久了，现在在你身上才见到这些，这是我的收获。”

中山公子牟对瞻子说：“身在江海上，心系魏阙下，怎么办？”瞻子说：“重视生命。重视生命就利益被轻视。”公子牟说：“虽然知道这样，不能战胜自己。”瞻子说：“不能战胜自己就随顺，精神没有恶劣吧。不能战胜自己又倔强不随顺，这叫双重受伤。双重受伤的人没有长久善果了。”魏牟是拥有万辆兵车的公子，他隐居岩穴比普通人难做到，虽然没达到道，可以说有那愿望了。

孔子在陈国蔡国边境被围困，七天没生火煮饭吃，喝不加米粒的野菜汤，面色很疲惫，却在屋里弹琴唱歌。颜回挑野菜，子路子贡共同说：“先生两次被鲁王驱逐，在卫国被驱逐，在宋国受威吓，在商地周地受困顿，在陈国蔡国间被围困，杀戮先生的人无罪，凌辱先生的人不受禁止。边弹琴边唱歌，未曾中断，君子不知耻像这样吗？”颜回无法回答，进屋告诉孔子。孔子推开琴深深叹息说：“子路子贡是小人，叫来，我告诉他们。”子路子贡进屋。子路说：“像这样可以叫困顿了。”孔子说：“这是什么话！君子通晓道叫通达，缺失道叫困顿。现在我胸怀仁义之道，因遇到昏乱社会的祸患，难道是什么困顿？所以在内心自省就不缺失道，面临患难就不丧失自己的品德。天寒已经到来，霜露已经降临，我因此知道松柏茂盛。陈蔡间的困窘对我大概是幸事吧？”孔子危坐继续弹琴唱歌。子路兴奋地执盾起舞。子贡说：“是我不知天高地低。”古代得道的人困顿也自乐，显达也自乐，快乐的不是困顿显达。合道之德达到这境界就困顿显达只是寒暑风雨的序列了。所以许由在颍水北自乐，共伯在共首山自得。

舜把天下让给他的朋友北人无择，北人无择说：“君王做人奇怪啊，处在农村中却往来尧的官门，不如此罢休，还想用他的耻辱行为玷污我。我以见到他为羞耻。”于是自己投进清泠渊。商汤王将攻打夏桀王，于是找卞随商量。卞随说：“不是我的事。”汤王说：“谁可以？”卞随说：“我不知道。”汤王又找瞀光商量，瞀光说：“不是我的事。”汤王说：“谁可以？”瞀光说：“我不知道。”汤王说：“伊尹怎么样？”瞀光说：“他强力忍受耻辱，我不知道别的。”汤王就和伊尹商量攻打夏桀，战胜了夏桀。把天下让给卞随，卞随谢绝说：“君王攻打夏桀，和我商量，必定认为我奸诈；战胜桀又让天下给我，必定认为我贪婪。我生在乱世，而且无道的人两次用他的耻辱行为来玷污我，我不忍心多次听到。”于是自己投身稠水淹死。汤王又让天下给瞀光说：“智者谋划它，武士完成它，仁人占有它，是自古的准则。你为什么不当王呢？”瞀光谢绝说：“废除君上不义，杀害国民不仁，别人受那些谴责，我享受这权利，不高洁。我听过这说法：‘不是那有义的人不接受他的俸禄，无道的社会不踏它的土地。’何况推尊我呢？我不忍心长久看到。”于是背着石头自沉入庐水。

从前周朝兴起时，有两位志士住在孤竹国，叫伯夷叔齐。二人对对方说：“我听说西方有个好像有道的人，尝试去看看吧。”到了岐山南边，武王听到这事，派弟弟姬旦去见他们，向他们立誓说：“发给俸禄二品，封给官位一品。”杀牲歃血然后埋掉它。两人对看着笑着说：“咦，奇怪啊，这不是我们说的有道。从前神农拥有天下，按时祭祀竭尽敬意却不求吉庆。他对人真诚守信竭力疏导却不向人索取，乐意参与政事就从事政事，乐意参与治理就从事治理，不用别人衰败成就自己，不用别人卑贱抬高自己，不因遇到时机利己。现在周王发现商朝混乱就急着夺取政权，对上图谋对下收买，仗恃武力保持威势，杀牲盟誓作为信用，宣扬美行来取悦民众，屠杀攻打来求取利益，这是推动暴乱来代替暴虐。我听说古代的贤士遇到清平社会不逃避自己的责任，遇到昏乱社会不采取苟且偷生。现在天下黑暗，周王德行败坏，与其和周朝合作来抹黑我们自身，不如避开它来纯洁我们的行为。”两人向北逃到首阳山，就饿死在那里。像伯夷叔齐，他们对富贵，如果能够作罢就必定不投靠，高尚纯洁到行动，独自以自己的志向为乐，不求于世。这是两人的气节。

【简析】

本文论述要轻视权势、富贵，重视保民命、保人性。

悟道的人不用天下危害生命，宁愿自食其力不愿接受天下。只有不用天下经营的人才能托付天下。

君王、官吏不见到权势利益就轻视失去自己特别是国民的生命，是国民愿意他们执政的原因。

懂得不为争夺国土愁苦身心伤害生命，是知道轻重。

道的真谛在于提高自己的精神境界，要超趋富贵，不要像用随侯珠打千仞雀那样为物欲殉葬。

颂扬疏远不能自己明察的国君。

颂扬甘居卑贱不接受爵禄。

颂扬不迎合世俗，不攀附钻营，不用仁义治人，不求富贵利己，甘处贫贱不失精神生命。

悟道的人超越主观意欲，也就超越利益、形体，在崇高精神境界中自由逍遥。

净心自得的人不因利益妨碍自己，没有名位也不惭愧。

重视精神生命，轻视利益，才能悟到道。随顺而不固执私欲己意，才算有悟道愿望。

得道的人如同凌寒而茂的松柏，视穷达为寒暑风雨的序列。

授予天下是用君王的辱行玷污人，颂扬宁死不接受天下、不让权柄玷污精神生命。

统治者应“不以人之坏自成也，不以人之卑自高也，不以遭时自利也”。颂扬不苟且偷生地投靠德行败坏的统治者，宁死也要保持高尚纯洁的精神境界。

文中生命指人的精神生命和国民的生命。人要提高精神境界才能战胜自己，悟到道的真谛，不为物欲殉葬。统治者只有提高精神境界，战胜私欲己意制约的自我，重视精神生命，才能不利用权势名位谋取私利，进而重视国民的生命。被统治者提高精神境界，战胜私欲己意制约的自我，重视精神生命，才能不迎合世俗，不攀附投靠权贵，不钻营卖身求富贵，才能甘居贫贱不计名位，才能避免为物欲殉葬，免被牢笼免成奴才。但现实是统治者多坏德辱行，世人多物欲横流，所以真正重视精神生命的人只有高擎自己灵魂、宁死不受污不卖身的少许几人！

盗跖

孔子与柳下季为友。柳下季之弟名曰盗跖。盗跖从卒九千人，横行天下，侵暴诸侯，穴室枢户[一]，驱人牛马，取人妇女，贪得忘亲，不顾父母兄弟，不祭先祖。所过之邑，大国守城，小国入保，万民苦之。孔子谓柳下季曰：“夫为人父者必能诏其子，为人兄者必能教其弟。若父不能诏其子，兄不能教其弟，则无贵父子兄弟之亲矣。今先生世之才士也，弟为盗跖，为天下害，而弗能教也，丘窃为先生羞之。丘请为先生往说之。”柳下季曰：“先生言为人父者必能诏其子，为人兄者必能教其弟，若子不听父之诏，弟不受兄之教，虽今先生之辩，将奈之何哉？且跖之为人也，心如涌泉，意如飘风，强足以距敌，辩足以饰非，顺其心则喜，逆其心则怒，易辱人以言，先生必无往。”孔子不听，颜回为御，子贡为右，往见盗跖。盗跖乃方休卒徒太山之阳，脍人肝而餔（bǔ）之。孔子下车而前，见谒者曰：“鲁人孔丘闻将军高义，敬再拜谒者。”谒者入通，盗跖闻之大怒，目如明星，发上指冠，曰：“此夫鲁国之巧伪人孔丘非邪？为我告之：尔作言造语妄称文武，冠枝木之冠[二]，带死牛之胁，多辞缪说[三]，不耕而食，不织而衣，摇唇鼓舌，擅生是非以迷天下之主，使天下学士不反其本，妄作孝弟，而侥幸于封侯富贵者也。子之罪大极重，疾走归，不然，我将以子肝益昼餔之膳。”孔子复通曰：“丘得幸于季，愿望履幕下。”谒者复通，盗跖曰：“使来前。”孔子趋而进，避席反走，再拜盗跖。盗跖大怒，两展其足，案剑瞋目，声如乳虎曰：“丘来前，若所言顺吾意则生，逆吾心则死。”孔子曰：“丘闻之：凡天下有三德，生而长大，美好无双，少长贵贱见而皆说之，此上德也；知维天地，能辩诸物，此中德也；勇悍果敢，聚众率兵，此下德也。凡人有此一德者，足以南面称孤矣。今将军兼此三者，身长八尺二寸，面目有光，唇如激丹，齿如齐贝，音中黄钟，而名曰盗跖。丘窃为将军耻不取焉。将军有意听臣，臣请南使吴越，北使齐鲁，东使宋卫，西使晋楚，使为将军造大城数百里，立数十万户之邑，尊将军为诸侯，与天下更始，罢兵休卒，收养昆弟，共祭先祖。此圣人才士之行，而天下之愿也。”盗跖大怒曰：“丘来前，夫可规以利而可谏以言者，皆愚陋恒民之谓耳。今长大美好，人见而悦之者，此吾父母之遗德也。丘虽不吾誉，吾独不自知邪？且吾闻之，好面誉人者，亦好背而毁之。今丘告我以大城众民，是欲规我以利，而恒民畜我也，安可久长也？城之大者莫大乎天下矣，尧舜有天下，子孙无置锥之地；汤武立为天子，而后世绝灭。非以其利大故邪？且吾闻之，古者禽兽多而人少，于是民皆巢居以避之，昼拾橡栗暮栖木上，故命之曰有巢氏之民。古者民不知衣服，夏多积薪，冬则炀之，故命之曰知生之民。神农之世，卧则居居，起则于于。民知其母不知其父，与麋鹿共处，耕而食，织而衣，无有相害之心，此至德之隆也。然而黄帝不能致德，与蚩尤战于涿鹿之野，流血百里。尧舜作，立群臣。汤放其主，武王杀纣。自是之后，以强凌弱，以众暴寡。汤武以来皆乱人之徒也。今子修文武之道，掌天下之辩，以教后世；缝衣浅带，矫言伪行，以迷惑天下之主，而欲求富贵焉，盗莫大于子。天下何故不谓子为盗丘，而乃谓我为盗跖。子以甘辞说子路而使从之，使子路去其危冠，解其长剑，而受教于子。天下皆曰孔丘能止暴禁非。其卒之也，子路欲杀卫君而事不成，身菹于卫东门之上。是子教之不至也[四]。子自谓才士圣人邪？则再逐于鲁，削迹于卫，穷于齐，围于陈蔡，不容身于天下。子教子路菹此患，上无以为身，下无以为人，子之道岂足贵邪？世之所高，莫若黄帝。黄帝尚不能全德而战涿鹿之野，流血百里。尧不慈，舜不孝，禹偏枯[五]，汤放其主，武王伐纣，文王拘羑里。此六子者世之所高也，孰论之，皆以利惑其真而强反其情性，其行乃甚可羞也。世之所谓贤士伯夷叔齐[六]，伯夷叔齐辞孤竹之君而饿死于首阳之山，骨肉不葬；鲍焦饰行非世，抱木而死；申徒狄谏而不听，负石自投于河，为鱼鳖所食；介子推至忠也，自割其股以食文公，文公后背之，子推怒而去，抱木而燔死；尾生与女子期于梁下，女子不来，水至不去，抱梁柱而死。此六子者无异于磔犬流豕操瓢而乞者，皆离名轻死[七]，不念本养寿命者也。世之所谓忠臣者，莫若王子比干、伍子胥。子胥沉江，比干剖心。此二子者世谓忠臣也，然卒为天下笑。自上观之，至于子胥比干，皆不足贵也。丘之所以说我者，若告我以鬼事，则我不能知也；若告我以人事者，不过此矣，皆吾所闻知也。今吾告子以人之情：目欲视色，耳欲听声，口欲察味，志气欲盈。人上寿百岁，中寿八十，下寿六十，除病瘦死丧忧患，其中开口而笑者，一月之中不过四五日而已矣。天与地无穷，人死者有时。操有时之具而托于无穷之间，忽然无异骐骥之驰过隙也。不能说其志意养其寿命者，皆非通道者也。丘之所言皆吾之所弃也。亟去走归，无复言之。子之道狂狂汲汲诈巧虚伪事也，非可以全真也，奚足论哉。”孔子再拜趋走，出门上车，执辔三失，目芒然无见，色若死灰，据轼低头，不能出气。归到鲁东门外，适遇柳下季。柳下季曰：“今者阙然数日不见，车马有行色，得微往见跖邪[八]？”孔子仰天而叹曰：“然。”柳下季曰：“跖得无逆汝意若前乎？”孔子曰：“然。丘所谓无病而自灸也，疾走料虎头编虎须，几不免虎口哉！”

子张问于满苟得曰：“盍不为行[九]？无行则不信，不信则不任，不任则不利。故观之名，计之利，而义真是也。若弃名利，反之于心[十]，则夫士之为行，不可一日不为乎？”满苟得曰：“无耻者富，多信者显，故观之名，计之利，而信真是也。若弃名利，反之于心，则夫士之为行，抱其天乎。”子张曰：“昔者桀纣贵为天子，富有天下；今谓臧聚曰‘汝行如桀纣’[十一]，则有怍色有不服之心者，小人所贱也。仲尼墨翟穷为匹夫，今谓宰相曰‘子行如仲尼墨翟’，则变容易色称不足者，士诚贵也。故势为天子未必贵也，穷为匹夫未必贱也。贵贱之分在行之美恶。”满苟得曰：“小盗者拘，大盗者为诸侯，诸侯之门义士存焉。昔者桓公小白杀兄入嫂，而管仲为臣；田成子常杀君窃国，而孔子受币。论则贱之，行则下之，则是言行之情悖战于胸中也，不亦拂乎？故书曰‘孰恶孰美？成者为首，不成者为尾’。”子张曰：“子不为行，即将疏戚无伦，贵贱无义，长幼无序，五纪六位将何以为别乎[十二]？”满苟得曰：“尧杀长子，舜流母弟，疏戚有伦乎？汤放桀，武王伐纣，贵贱有义乎？王季为適[十三]，周公杀兄，长幼有序乎？儒者伪辞，墨者兼爱，五纪六位将有别乎？且子正为名，我正为利，名利之实，不顺于理，不监于道，吾日与子讼于无约[十四]。曰，小人殉财，君子殉名，其所以变其情易其性则异矣，乃至于弃其所为而殉其所不为则一也[十五]。故曰无为小人，反殉而天；无为君子，从天之理。若枉若直，相而天极，面观四方，与时消息[十六]；若是若非，执而圆机，独成而意，与道徘徊。无转而行，无成而义，将失而所为；无赴而富[十七]，无殉而成，将弃而天。比干剖心，子胥抉眼，忠之祸也；直躬证父，尾生溺死，信之患也；鲍子立干，申生不自理，廉之害也；孔子不见母，匡子不见父，义之失也。此上世之所传下世之所语以为士者，正其言必其行，故服其殃离其患也。”

无足问于知和曰：“人卒未有不兴名就利者，彼富则人归之，归则下之，下则贵之。夫见下贵者，所以长生安体乐意之道也。今子独无意焉？知不足邪？意知而力不能行邪？故推正不忘邪？”知和曰：“今夫此人以为与己同时而生同乡而处者，以为夫绝俗过世之士焉。是专无主正，所以览古今之时是非之分也，与俗化世，去至重，弃至尊，以为其所为也，此其所以论长生安体乐意之道，不亦远乎？惨怛之疾，恬愉之安，不监于体；怵惕之恐，欣欢之喜，不监于心。知为为而不知所以为。是以贵为天子，富有天下，而不免于患也。”无足曰：“夫富之于人无所不利，穷美究执，至人之所不得逮，贤人之所不能及，侠人之勇力而不为威强[十八]，秉人之知谋以为明察，因人之德以为贤良，非享国而严若君父。且夫声色滋味权势之于人，心不待学而乐之，体不待象而安之[十九]。夫欲恶避就固不待师，此人之性也。天下虽非我，孰能辞之?”知和曰：“知者之为故：动以百姓，不违其度[二十]。是以足而不争，无以为故不求。不足故求之，争四处而不自以为贪。有余故辞之[二十一]，弃天下而不自以为廉。廉贪之实，非以迫外也，反监之度。势为天子而不以贵骄人，富有天下而不以财戏人。计其患，虑其反，以为害于性，故辞而不受也，非以要名誉也。尧舜为帝而雍，非仁天下也，不以美害生也。善卷许由得帝而不受，非虚辞让也，不以事害己。此皆就其利，辞其害，而天下称贤焉，则可以有之。彼非以兴名誉也。”无足曰：“必持其名，苦体绝甘，约养以持生，则亦久病长阨而不死者也。”知和曰：“平为福有余为害者，物莫不然，而财其甚者也。今富人耳营钟鼓管籥之声，口嗛于刍豢醪醴之味[二十二]，以感其意，遗忘其业，可谓乱矣。侅（gāi）溺于冯气[二十三]，若负重行而上也，可谓苦矣。贪财而取慰，贪权而取竭，静居则溺，体泽则冯，可谓疾矣。为欲富就利，故满若堵耳而不知避，且冯而不舍[二十四]，可谓辱矣。财积而无用，服膺而不舍[二十五]，满心戚醮[二十六]，求益而不止，可谓忧矣。内则疑劫请之贼，外则畏寇盗之害，内周楼疏[二十七]，外不敢独行，可谓畏矣。此六者天下之至害也，皆遗忘而不知察。及其患至，求尽性竭财，以反一日之无故，而不可得也。故观之名则不见，求之利则不得，缭意体而争此[二十八]，不亦惑乎？”

【略注】

［一］枢：门臼，作动词。　［二］枝木：形象说装饰。　［三］缪：通“谬”。　［四］至：到位，正确。　［五］偏枯：心偏心死。（参见《天地》段 3 说后世之乱自禹始，《天运》段 7 说禹使人心变诈，结党使天下人听从。）　［六］　伯夷叔齐：当是传抄中重写字衍出的。［七］离：附着，执着。　［八］得微：莫非。［九］盍：何不。不：当是衍文。　［十］心：本心。　［十一］臧：奴隶。聚：众。　［十二］五纪六位：具体所指说法不一。泛指人际伦常规范和地位角色。　［十三］季：排行第三。適：通“嫡”。［十四］无约：没有受阻、理曲的情况。　［十五］为：有，本性是本有的，财名是本无的。　［十六］消息：消长。　［十七］赴：趋往，走向。富：精神充实，自信。　［十八］不：从并列几句看当是“以”之误。　［十九］象：表现在外（身体）。　［二十］度：胸怀。　［二十一］余：末。　［二十二］嗛：含。［二十三］侅：噎。冯：盛。　［二十四］冯：马疾行。　［二十五］服膺：牢记在心。　［二十六］戚醮：烦忧竭虑。醮：占尽。［二十七］疏：陈列。　［二十八］缭：缠绕。

【直译】

孔子和柳下季是朋友。柳下季的弟弟名叫盗跖。盗跖的追随人众有九千人，横行天下，侵犯欺凌诸侯，挖墙壁开门窗，赶走别人的牛马，夺走别人的妻子女儿，贪图获得忘掉爱心，不顾念父母兄弟，不祭祀祖先。他经过的地方，大国退守城内，小国躲进堡垒，万民因他愁苦。孔子对柳下季说：“作为父亲必定能教训他的儿子，作为哥哥必定能教导他的弟弟。如果父亲不能教训自己的儿子，哥哥不能教导自己的弟弟，就不以父子兄弟的亲情为贵了。现在先生是社会的能人，弟弟是盗跖，是天下的祸害，却不能教导，我私下为你因这事感到羞愧。我希望替你去说服他。”柳下季说：“先生说作为父亲必定能教训他的儿子，作为哥哥必定能教导他的弟弟，如果儿子不听从父亲的教训，弟弟不接受哥哥的教导，即使现在你有口才，将把他怎么办呢？况且跖为人，心思如涌泉，意气如旋风，健壮足够抗拒对手，口才足够掩饰错误，顺他的心就喜欢，不顺他的心就发怒，轻易用语言侮辱人，你一定不要去。”孔子不听，让颜回为他赶车子贡陪坐身右，去见盗跖。盗跖正在太山南面休整兵众，切人肝吃人肝。孔子下车上前，见到通报人说：“鲁国人孔丘听说将军看重情义，恭敬地拜两拜通报官。”通报人进去通报，盗跖闻言大怒，眼睛如明星，头发上竖冲动帽子，说：“这是鲁国的奸诈虚伪人孔丘不是吗？替我告诉他：你编造言语狂乱称颂文王武王，戴华丽帽子，束牛皮腰带，繁文谬论，不耕种就吃饭，不纺织就穿衣，摇唇鼓舌，任意制造是非去迷惑天下的君王，使天下学习的人不回归自己的本性，荒诞地提倡孝悌，企图侥幸地被封侯享富贵。你的罪恶最大最重，赶快滚回去，不然，我将用你的肝添作白天吃的食物。”孔子又请通报说：“我从柳下季获得友谊，希望在帐幕下望见足下。”通报人又通报，盗跖说：“让他来面前。”孔子快步走进去，离开位置向后退，两次跪拜盗跖。盗跖大怒，向两边展开他的双脚，握剑瞪眼，声如乳虎说：“孔丘上前来，你说的顺我心意就活，不顺我心意就死。”孔子说：“我听说：所有天下人有三种美德，生来高大，美好无双，年轻人长辈人高贵人下贱人见到都喜欢他，这是上等美德；智虑思及天地，才能明辨万物，这是中等美德；勇猛果敢，聚集众人统率士兵，这是下等美德。凡是有其中一种美德的人，足够面向南称王了。现在将军同时具备这三种美德，身高八尺二寸，面目有光辉，嘴唇如鲜亮的朱砂，牙齿如整齐的贝壳，声音合乎黄钟律，可是名叫盗跖。我私下替你感到耻辱不选取它。将军有心听我劝，我希望向南出使吴国越国，向北出使齐国鲁国，向东出使宋国卫国，向西出使晋国楚国，让他们为将军建造几百里的大城，设置几十万户的封地，尊奉将军为诸侯，和天下人重新开始，罢休士兵，收养兄弟，共同祭祀祖先。这是圣人能人的行为，也是天下人的愿望。”盗跖大怒说：“孔丘上前来，可以用利益规劝可以用语言谏劝的人，都叫愚陋常人罢了。现在我高大美好，别人见到就喜欢我，这是我父母遗传的美德。你即使不称赞我，我难道不了解自己吗？而且我听说，喜欢当面称赞人的人，也喜欢背后毁谤人。现在你用大城众民来告诫我，这是想用利益来规劝我，就把我当常人容留，怎么可能长久？大城没有哪个比天下大了，尧舜拥有天下，子孙无立锥之地；汤武做天子，可是天下灭绝后代断绝。不是因为那利益大的缘故吗？而且我听说，古代禽兽多人口少，于是人都筑巢居处来避兽，白天拾橡栗晚上住树上，所以命名这些人叫有巢氏人。古代人们不知道穿衣服，夏天多积存柴草，冬天就用它烤火，所以命名这些人叫知道生存的人。神农的时代，人们睡下就安安静静，起来就悠然自得。人们知道自己的母亲不知道自己的父亲，和麋鹿共处，耕种吃饭，纺织穿衣，没有互相谋害的思想，这是崇高的至德。然而黄帝不能达到至德就和蚩尤在涿鹿原野作战，流血百里。尧舜兴起，设立群臣。商汤流放他的君主，周武王杀死商纣王。从此以后，凭强大欺凌弱小，凭人多欺侮人少。汤武以来都是祸乱人的人。现在你提倡文王武王的治术，控制天下的言论，来教化后代；宽松衣服宽大腰带，矫饰语言矫伪行为去迷惑天下的君主，就想求取富贵，强盗没有比你大的。天下人为什么不称你为盗丘，却居然称我为盗跖。你用甜言劝说子路使他听从你，使子路摘掉他的高帽，解下他的长剑，来向你接受教育。天下人都说孔丘能阻止暴行制止错误。那结局是，子路想杀卫君可是事情没成功，自身被在卫都东门上剁成肉酱。这是你教导不正确。你自称能人圣人吗？两次被鲁君驱逐，在卫国被驱逐，在齐国受困，在陈国蔡国边境被围困，在天下不能容身；你教导子路也遭到被砍成肉酱这种灾祸，上无法为自身，下无法为别人，你的主张难道值得重视吗？世人尊崇的，没有谁赶得上黄帝。黄帝尚且不能达到全德还在涿鹿原野作战，血流百里。尧不慈爱，舜不孝顺，禹心偏死，商汤流放他的君主，周武攻打商纣，文王被囚禁在羑里。这六人是世人尊崇的，仔细说来，都是因利益迷失他们的本性以致严重违反他们的性情，他们的行为是很可耻的。世人说的贤人，伯夷叔齐谢绝孤竹国的君位饿死在首阳山，骨肉没有埋葬；鲍焦矫饰行为非议社会，抱着树死去；申徒狄谏君不听，背着石头自投到黄河，被鱼鳖吃掉；介子推最忠君，自己割自己的大腿肉去喂晋文公，文公后来背弃他，子推生气离去，抱着树被烧死；尾生和女子约定在桥下相会，女子不来，水来了也不离开，抱着桥柱被淹死。这六人和献祭的狗、祭水的猪、持瓢乞讨的人没有区别，都是执着名轻视死，不爱惜本性保养寿命的人。世人说的忠臣，没有谁赶得上王子比干和伍子胥。子胥被沉江，比干被挖心。这二人是世人说的忠臣，可是最终被天下人讥笑。从上述看来，直到子胥和比干，都不值得重视。你用来游说我的，如果用鬼神事告诉我，那么我不能了解；如果用人事告诉我，不过这些了，都是我听到知道的。现在我把人的实情告诉你：眼睛想看颜色，耳朵想听声音，嘴巴想品味道，志气想要满足。人长寿一百岁，中寿八十岁，短寿六十岁，除掉疾病、衰老、死者祭葬、忧患，其中开口笑的时间，一月中不过四五天罢了。天地无尽期，人死有时限。拿有时限的人身去寄托在无尽期的天地间，短暂得和骏马闪过缝隙没有区别。不能使自己心情喜悦、保养自己寿命的人，都不是通晓道的人。你说的都是我抛弃的。赶快离开滚回去，不要再说。你的主张是疯狂执着地追求奸诈虚伪的事，不能保全本性，怎么值得讨论呢?”孔子拜了两拜快步逃跑，出门上车，抓握缰绳三次失手，眼睛迷糊看不见，脸色如死灰，靠着车前横杠低着头，不能呼吸。回到鲁都东门外，刚好遇到柳下季。柳下季说：“最近好几天没见面，车马有远行的样子，莫非去见跖吗?”孔子仰头朝天叹息说：“是啊。”柳下季说：“跖莫非如前述不顺你的心意吗?”孔子说：“是的。我是所谓无病自灸，急速跑去摸虎头捋虎须，几乎不能避免入虎口啊!”

子张问满苟得：“为什么不修饰行为？无举措就不被相信，不被相信就不被任用，不被任用就不获利益。所以盯着这名声，谋求这利益，因而意义真是这样。如果抛弃名利，使自己回归到本性，那么士人修饰行为，也不能一天不修饰吧?”满苟得说：“无耻的人富有，大受信任的人显达，所以盯着这名声，谋求这利益，就相信真是这样。如果抛弃名利，使自己回归到本性，那么士人修饰行为，是保全自己的天性啊。”子张说：“从前夏桀商纣贵为天子，富有天下；现在对奴隶们说‘你们的行为如同桀纣’，就有愧色有不服的心态，是小人都看不起的。仲尼墨翟困顿时是普通人，现在对宰相说‘你的行为如同仲尼墨翟’，就改变脸色自称赶不上，是士人真正重视的。所以得势成为天子未必被重视，困顿成为匹夫未必被轻视。被重视被轻视的区分在行为善恶。”满苟得说：“小盗被拘禁，大盗成诸侯，诸侯家里义士存在。从前齐桓公姜小白杀死哥哥纳入嫂嫂，可是管仲辅佐他；田成子常杀死国君盗窃齐国，可是孔子接受他的礼物。谈论就认为这些行为卑贱，行为就比这些行为卑劣，那么这是言行的心理在胸中逆反交战，不也反常吗？所以书中说‘谁恶谁善？成功的是头，不成功的是尾’。”子张说：“你不修饰行为，就将亲疏没次序，贵贱无等次，长幼无位次，五纪六位将凭什么区别?”满苟得说：“尧杀掉长子，舜流放胞弟，亲疏有次序吗？商汤流放夏桀，周武攻打商纣，贵贱有等次吗？王季立为太子，周公杀死哥哥，长幼有位次吗？儒家矫伪言论，墨家普遍施爱，五纪六位将有区别吗？而且你正在追求名，我正在追求利，名利的实质，不顺理，不明道，我整天和你争辩到没完没了。再说，小人为财殉葬，君子为名殉葬，他们改变自己的真情移易自己的本性的原因就不同了，竟然到了抛弃自己有的去殉葬自己没有的就是一样的。所以说不要做小人，回头为你的本性献身；不要做君子，顺从自然的原理。至于曲至于伸，要看你的天赋极限，观察四方，随时变化；至于肯定至于否定，把握你的圆通素质，独自形成你的思想，随道进退。不转变你的行为，不平和你的情理，将失去你的本性；不走向你的自信，不献身你的平和，将弃置你的天性。比干被挖心，子胥被挖眼，是忠君的祸患；直躬证实父亲偷羊，尾生被淹死，是守信的灾患；鲍子站着饿死，申生不自己申辩，是高洁的祸害；孔子不见母亲，匡章不见父亲，是守义的过失。这些前代流传的后代谈论的认为是士人的人，规正自己的语言坚定自己的行为，所以受这样的灾祸遭这样的患难。”

无足问知和：“人终究没有不张扬名趋就利的，他富贵别人就归附他，归附就比他低下，比他低下就尊重他。被下人尊重，是用来使生气增长使身体安康使心情欢乐的途径。现在你难道无心这样？是见解达不到呢？还是心里知道却能力不能实行呢？还是特意推崇纯正不忘怀呢？”知和说：“现在这些人认为和自己同时生同乡住的人就是那超越世俗的人。这是专断没有掌握正道来观察古今时势区分是非的眼光，随世俗变化，丢掉最重要的，抛弃最尊贵的，把这作为自己的行为，这样他用来谈论使生气增长使身体安康使心情欢乐的准则，不也差远了吗？惨痛的疾苦，恬静的安乐，不被形体监察；惊悲的恐惧，欢欣的喜悦，不被内心监察。知道发出行为却不知道行为的原因。因此贵为天子，富有天下，却不能避免祸患。”无足说：“富贵对人无处不有利，穷尽美好完全掌握，是至人不能赶上的，是贤人不能企及的，挟持别人的勇气力量就作为威武强盛，掌控别人的智谋作为明察，凭借别人的德泽作为贤良，不享有国柄也威严好像君父。而且声色滋味权势对于人，内心不等学习就以这些为快乐，身体不等体验就以这些为安逸。欲求厌恶远离趋就本来不等待师传，这些是人的本性。天下人即使非议我，谁能使我去掉这些？”知和说：“聪明的人造成定例：依百姓行动，不违背百姓的意愿。因此知足不争夺，不去争竞所以不追求。不知足所以企求富贵，到处争夺却不认为自己贪婪。有限度所以辞让富贵，抛弃天下还不认为自己高洁。高洁贪婪的实质，不是因被外因逼迫，是反省观照的程度。得势成为天子却不凭尊贵傲视人，富有天下却不凭财富嘲弄人。考虑富贵的后患，考虑富贵的反面，认为损害本性，所以辞让不接受，不是因为求取名声。尧舜当帝王就和谐，不是仁爱天下人，是不因肥己损害生命。善卷和许由得到帝位却不接受，不是假意辞让，是不因政事危害自己。这些都是趋就那些好处，避免那些害处，因而天下人称为贤明，就能享有贤名。他们不是为了提高名誉。”无足说：“必须控制自己的名声，使身体受苦杜绝甜美，节约供养来保持生命，就也是长久困厄又不死。”知和说：“适中是福过分是害，事物没有什么不如此，财富是其中厉害的。现在的富人耳朵欣赏钟鼓管籥的声音，嘴巴品尝肉食美酒的滋味，来影响自己的意图，遗忘自己的事务，可以叫迷乱了。被盛气吞没，如背着重物行走又上山坡，可以叫困苦了。贪图财富来获取快慰，贪图权势去用尽心机，安居就消沉，身体油光就兴奋，可以说患病了。为想致富趋就利，所以积财如墙高了还不知道避忌，还强求不歇息，可以说耻辱了。财富聚集却没有使用，念念不忘，满心烦忧，追求增多不停止，可以说堪忧了。对内就恐怕强迫要求的伤害，对外就畏惧抢劫偷盗的伤害，卧室四周高楼罗列，外出不敢独自行走，可以说害怕了。这六项是天下的最大祸害，都遗忘就不知道明察。等到这些祸患来临，想用尽心思竭尽钱物，仅仅换回一天没有事故，也不可能。所以盯着的名就看不见，谋求的利就得不到，束缚身心去争夺名利，不也糊涂吗?”

【简析】

本文阐明要超越权势名利的观点。

统治者对造反者，讨伐是贼喊捉贼，招降是用利诱驯。帝王是因利迷失本性、祸乱人的人，圣贤忠臣不爱惜本性，为物欲钻营投靠，因而沦为专制统治的乞丐、殉葬品。

士人保养本性，随时变化，随道进退。娇饰奸诈以至于言行相悖的“士”，是窃国大盗的帮凶。这些人抛弃本性，言行虚伪，难免遭受殉名殉利的祸患。亲疏尊卑长幼诸次序和五纪六位等专制规范，是牢笼奴才、造成森严等级的诱骗手段，是统治者言行相悖的欺人之谈。专制社会只有“成者为首不成者为尾”的美恶标准和殊死暴力。

富贵损害本性，束缚身心去兴名求利是冒天下之至害。贵为天子，富有天下，也不能避免祸害。只有依百姓行动，不违百姓心意，从而知足不争，不凭尊贵傲视人，不凭富有嘲弄人，才是超越权势名利，才能避免祸害。

在专制社会，政权得失依靠暴力，成则为王败则为寇，由此导致统治者和被统治者水火不容。统治者就用亲疏、尊卑、长幼、五纪六位等统治规范来强制约束、诱骗驱使被统治者去钻营投靠，使之沦为奴才，从而造成森严等级，以维护专制统治。这样就使人们在权势名利的争逐中沉浮，争权争利争名成为人间普遍现象。统治者争权争利祸害众人，一般人争利争名祸害自己，最终都逃不脱为私欲己意殉葬的祸患。只有超越权势利名即超越私欲己意制约的自我，保全本性并提高精神境界，才能统治者依百姓行动，不违百姓心愿；被统治者不去钻营投靠，卖身为奴，就都不争夺，才不再害人害己。统治者和被统治者都不争夺就没有统治者和造反者的对立和斗争，从而步入全社会人人独立自主、平等包容的民主社会。

说 剑

昔赵文王喜剑，剑士夹门而客三千余人。日夜相击于前，死伤者岁百余人，好之不厌。如是三年，国衰，诸侯谋之。太子悝患之，募左右曰："孰能说王之意止剑士者，锡之千金。"左右曰："庄子当能。"太子乃使人以千金奉庄子。庄子弗受，与使者俱往见太子曰："太子何以教周？锡周千金。"太子曰："闻夫子明圣，谨奉千金以币从者[一]。夫子弗受，悝尚何敢言？"庄子曰："闻太子所欲用周者，欲绝王之喜好也。使臣上说大王而逆王意，下不当太子，则身刑而死，周尚安所事金乎？使臣上说大王，下当太子，赵国何求而不得也？"太子曰："然。吾王所见唯剑士也。"庄子曰："诺。周善为剑。"太子曰："然吾王所见剑士，皆蓬头突鬓垂冠，曼胡之缨[二]，短后之衣，瞋目而语难，王乃说之。今夫子必儒服而见王，事必大逆。"庄子曰："请治剑服。"治剑服，三日乃见太子。太子乃与见王。王脱白刃待之。庄子入殿门不趋，见王不拜。王曰："子欲何以教寡人？"使太子先，曰："臣闻大王喜剑，故以剑见王。"王曰："子之剑何能禁制？"曰："臣之剑十步一人，千里不留行[三]。"王大悦之，曰："天下无敌矣。"庄子曰："夫为剑者示之以虚，开之以利[四]，后之以发，先之以至，愿得试之。"王曰："夫子休，就舍待命，令设戏请夫子。”王乃校剑士[五]，七日，死伤者六十余人，得五六人，使奉剑于殿下，乃召庄子。王曰：“今日试使士敦剑[六]。”庄子曰：“望之久矣。”王曰：“夫子所御杖长短何如[七]？”曰：“臣之所奉皆可，然臣有三剑，唯王所用，请先言而后试。”王曰：“愿闻三剑。”曰：“有天子剑，有诸侯剑，有庶人剑。”王曰：“天子之剑何如？”曰：“天子之剑以燕谿石城为锋，齐岱为锷，晋魏为脊，周宋为镡[八]，韩魏为夹，包以四夷，裹以四时，绕以渤海，带以常山，制以五行，论以刑德，开以阴阳，持以春夏，行以秋冬。此剑直之无前，举之无上，案之无下，运之无旁。上决浮云，下绝地纪[九]。此剑一用，匡诸侯，天下服矣。此天子之剑也。”文王芒然自失曰：“诸侯之剑何如？”曰：“诸侯之剑以知勇士为锋，以清廉士为锷，以贤良士为脊，以忠圣士为镡，以豪杰士为夹。此剑值之亦无前，举之亦无上，案之亦无下，运之亦无旁。上法圆天以顺三光，下法方地以顺四时，中和民意以安四乡[十]。此剑一用，如雷霆之震也，四封之内无不宾服而听从君命者矣。此诸侯之剑也。”王曰：“庶人之剑何如？”曰：“庶人之剑，蓬头突鬓垂冠，曼胡之缨，短后之衣，瞋目而语难，相击于前，上斩颈领，下决肝肺。此庶人之剑，无异于斗鸡，一旦命已绝矣，无所用于国事。今大王有天子之位，而好庶人之剑，臣窃为大王薄之。”王乃牵而上殿，宰人上食，王三环之。庄子曰：“大王安坐定气，剑事已毕奏矣。”于是文王不出宫三月，剑士皆服毙其处也。

【略注】

[一] 币：礼物，作动词。 [二] 曼：延展。胡：颔下垂肉，代

颈项。　［三］留行：被阻止行动。　［四］开：启发。　［五］校：较量，考核。　［六］敦：治理，委婉说比。　［七］杖：兵器，借代剑。　［八］镡：把柄下端突出部分。　［九］纪：基址。　［十］四乡：代诸侯国全境。

【直译】

从前赵文王喜欢剑术，剑士在门里门外当食客的三千多人。日夜在赵王面前互相击剑，每年死伤一百多人，爱好比剑不满足。如此三年，赵国衰弱，诸侯图谋赵国。太子悝担忧这事，招募身边人说：“谁能说服大王的心意停养剑士，赐给他千金。”身边人说：“庄子应该办得到。”太子于是派人用千金奉请庄子。庄子不接受，和使者一道去见太子说：“太子拿什么吩咐我？赐我千金。”太子说：“听说先生圣明，恭敬地奉献千金去赠送仆从。先生不接受，我还敢说什么？”庄子说：“听说太子想使用我的原因，是想杜绝大王的爱好。假如我对上劝说大王却不顺大王心意，对下不合太子心意，那么我受罚死去，我还何处用金子呢？假如我对上能说服大王，对下合太子心意，在赵国求什么还得不到？”太子说：“对。我父王接见的只有剑士。”庄子说：“好。我善于击剑。”太子说：“可是我父王接见的剑士，都蓬头凸鬓低垂帽子，垂到颈项的帽缨，裁短后襟的衣服，圆瞪眼睛盛怒语咽，大王才喜欢他。现在先生必定穿儒服去见父王，事情必定大不顺利。”庄子说：“希望备办剑士服装。”备办剑士服装，三天后才见太子。太子就带他见赵王。赵王拔出闪光的剑等待他。庄子进殿门不快走，见赵王不跪拜。赵王说：“你想用什么教导我？”庄子让太子在前面，说：“我听说大王喜欢剑术，特意凭剑术谒见大王。”赵王说：“你的剑术能制止什么？”庄子说：“我的剑术十步杀一人，千里不受阻。”赵王为此高兴说：“天下无敌了。”庄子说：“击剑的人用假象明示对方，用有利诱导对方，落后对方地奋起，抢先对方地达到，希望能试试它。”赵王说：“先生休息，到旅舍待命，我命令安排竞赛请先生。”赵王于是挑选剑士，七天，死伤六十多人，选出五六人，让他们捧着剑到宫殿下，这才召唤庄子。赵王说："今天尝试让剑士练剑。"庄子说："盼望这事很久了。"赵王说："先生掌握的剑长短怎么样？"庄子说："我拿的都可以，然而我有三把剑，希望大王选用，请先说定然后比试。"赵王说："希望听听三把剑。"庄子说："有天子剑，有诸侯剑，有庶人剑。"赵王说："天子剑怎么样？"庄子说："天子剑用燕谿石城作剑锋，用齐国岱山作剑刃，用晋国魏国作剑脊，用周国宋国作剑鼻，用韩国魏国作剑柄，用四境部族作剑鞘，用四季作剑囊，用渤海作环套，用常山作佩带，用五行控制，用赏罚评论，按阴阳开启，按春夏维持，按秋冬运用。这剑前伸它无再前，上举它无再上，下按它无再下，运用它无边际。向上驱尽浮云，向下穿透地底。这剑一用，匡正诸侯，天下人便心服了。这是天子剑。"赵王茫然自失说："诸侯剑怎么样？"庄子说："诸侯剑用智勇人作剑锋，用清廉人作剑刃，用贤良人作剑脊，用忠圣人作剑鼻，用豪杰人作剑柄。这剑前伸它也无再前，上举它也无再上，下按它也无再下，运用它也无边际。向上效法圆形天顺应日月星，向下效法方形地顺应四季，在中间谐和民意去安定全境。这剑一用，如雷霆震动，四方封疆之内没有不屈从驯服因而听从国君命令的了。这是诸侯剑。"赵王说："庶人剑怎么样？"庄子说："庶人剑，蓬头凸鬓低垂帽子，垂到颈项的帽缨，裁短后襟的衣服，瞪圆眼睛盛怒语咽，在面前互相攻击，向上斩颈项，向下穿肝肺。这是庶人剑，和斗鸡没区别，一旦生命已死亡了，对国事毫无作用。现在大王有天子的地位，却喜好庶人剑，我私下替大王轻视这做法。"赵王于是牵着庄子上殿，管膳食的官奉上饮食，赵王环绕宴席三周。庄子说："大王安坐静下心气，剑术的事已完全上奏了。"于是赵王不出宫三个月，剑士都在自己住处自杀。

【简析】

本文用剑术喻治术，阐明单靠武力制胜只如斗鸡游戏，谈不上治国；用圣贤、忠义、智勇、清廉去规范人、牢笼人，虽能使人屈从驯服，却不是高明的治术；高明的治术是以包容天下的广阔胸怀，遵循阴阳五地相反相成相生相克的客观规律去包容开导不同以至相反的见解和人群，遵循事物发展的客观规律去维持和推动社会发展，匡正好统治阶层的人，就天下人心服。这是平等、包容、疏导的民主治国思想。这正是《庄子》的思想精髓——提高人尤其是统治者的精神境界去实现社会民主，也正合《庄子》构思奇特、汪洋恣肆的特点和风格，却被许多人断言“绝非庄子学派的作品”，当然更非庄子著述。岂不怪哉！

渔 父

孔子游乎缁帷之林，休坐乎杏坛之上，弟子读书，孔子絃歌鼓琴。奏曲未半，有渔父者下船而来，须眉交白，被发揄袂，行原以上，距陆而止，左手据膝右手持颐以听，曲终而招子贡子路二人俱对。客指孔子曰："彼何为者也？"子路对曰："鲁之君子也。"客问其族，子路对曰："族孔氏。"客曰："孔氏者何治也？"子路未应，子贡对曰："孔氏者性服忠信，身行仁义饰礼乐选人伦[一]，上以忠于世主，下以化于齐民，将以利天下。此孔氏之所治也。"又问曰："有土之君与？"子贡曰："非也。""侯王之佐与？"子贡曰："非也。"客乃笑而还行，言曰："仁则仁矣，恐不免其身苦心劳形以危其真。呜乎，远哉其分于道也。"子贡还报孔子，孔子推琴而起曰："其圣人与？"乃下求之至于泽畔，方将杖拏而引其船[二]，顾见孔子，还乡而立[三]。孔子反走，再拜而进。客曰："子将何求？"孔子曰："曩者先生有绪言而去[四]，丘不肖，未知所谓。窃待于下风，幸闻咳唾之音以卒相丘也[五]。"客曰："嘻，甚矣子之好学也。"孔子再拜而起曰："丘少而修学，以至于今六十九岁矣，无所得闻至教，敢不虚心？"客曰："同类相从，同声相应，固天之理也。吾请释吾之所有而经子之所以[六]。子之所以者人事也：天子诸侯大夫庶人，此四者自正，治之美也；四者离位而乱莫大焉。官治其职，人忧其事，乃无所陵。故田荒室露，衣食不足，征赋不属[七]，妻妾不和，长少无序，庶人之忧也。能不胜任，官事不治，行不清白，群下荒怠，功美不有，爵禄不持，大夫之忧也。廷无忠臣，国家昏乱，工技不巧，贡职不美，春秋后伦[八]，不顺天子，诸侯之忧也。阴阳不和，寒暑不时，以伤庶物；诸侯暴乱，擅相攘伐，以残民人；礼乐不节，财用穷匮，人伦不饬，百姓淫乱，天子有司之忧也[九]。今子既上无君侯有司之势，下无大臣职事之官，而擅饬礼乐选人伦以化齐民，不泰多事乎？且人有八疵，事有四患，不可不察也。非其事而事之，谓之摠；莫之顾而进之，谓之佞[十]；希意道言[十一]，谓之谄；不择是非而言，谓之谀；好言人之恶，谓之谗；析交离亲，谓之贼；称誉诈伪以败恶人，谓之慝；不择善否，两容颊适[十二]，偷拔其所欲，谓之险。此八疵者外以乱人，内以伤身，君子不友，明君不臣。所谓四患者，好经大事，变更易常以挂功名，谓之叨[十三]；专知擅事，侵人自用[十四]，谓之贪；见过不更，闻谏愈甚，谓之很；人同于己则可，不同于己虽善不善，谓之矜，此四患也。能去八疵，无行四患，而始可教已。”

孔子愀然而叹，再拜而起曰：“丘再逐于鲁，削迹于卫，伐树于宋，围于陈蔡，丘不知所失而离此四谤者，何也？”客悽然变容曰：“甚矣子之难悟也。人有畏影恶迹而去之走者，举足愈数而迹愈多，走愈急而影不离身，自以为尚迟，疾走不休，绝力而死。不知处阴以休影，处静以息迹，愚亦甚矣。子审仁义之间，察同异之际，观动静之变，适受与之度，理好恶之情，和喜怒之节，而几于不免矣。谨修而身，慎守其真，还以物与人，则无所累矣。今不修之身而求之人，不亦外乎[十五]？”孔子愀然曰：“请问何谓真？”客曰：“真者精诚之至也。不精不诚不能动人，故强哭者虽悲不哀，强怒者虽严不威，强亲者虽笑不和。真悲无声而哀，真怒未发而威，真亲未笑而和。真在内者，神动于外，是所以贵真也。其用于人理也，事亲则慈孝，事君则忠贞，饮酒则欢乐，处丧则悲哀。忠贞以功为主，饮酒以乐为主，处丧以哀为主，事亲以适为主。功成之美，无一其迹矣。事亲以适，不论所以矣；饮酒以乐，不选其具矣；处丧以哀，无问其礼矣。礼者世俗之所为也，真者所以受于天也，自然不可易也，故圣人法天贵真，不拘于俗。愚者反此，不能法天而恤于人，不知贵真，禄禄而受变于俗[十六]，故不足。惜哉，子之早湛于人伪，而晚闻大道也。”孔子又再拜而起曰：“今者丘得遇也，若天幸然。先生不羞而比之服役[十七]，而身教之。敢问舍所在，请因受业而卒学大道。”客曰：“吾闻之，可与往者与之至于妙道，不可与往者不知其道，慎勿与之，身乃无咎。子勉之，吾去子矣，吾去子矣。”乃刺船而去，延缘苇间。

颜渊还车，子路授绥，孔子不顾，待水波定不闻拏音而后敢乘。子路旁车而问曰[十八]：“由得为役久矣，未尝见夫子遇人如此其威也[十九]。万乘之主千乘之君见夫子未尝不分庭伉礼[二十]，夫子犹有倨敖之容[二十一]。今渔者杖拏逆立，而夫子曲腰磬折；言，拜而应，得无太甚乎？门人皆怪夫子矣：渔人何以得此乎？”孔子伏轼而叹曰：“甚矣由之难化也，湛于礼义有间矣，而朴鄙之心至今未去。

进，吾语汝。夫遇长不敬失礼也，见贤不尊不仁也。彼非至人不能下人。下人不精不得其真，故长伤身。惜哉，不仁之于人也祸莫大焉，而由独擅之。且道者万物之所由也，庶物失之者死，得之者生；为事逆之则败，顺之则成。故道之所在，圣人尊之。今渔父之于道可谓有矣，吾敢不敬乎？”

【略注】

[一] 选：使齐整，使合规范。　[二] 拏：古以“奴”为声，通“橹”。　[三] 乡：通“向”。　[四] 绪：余。　[五] 咳唾：恭维语。　[六] 所以：认为的。　[七] 属：聚集。　[八] 春秋：诸侯朝见天子的时节，代指朝见。后伦：落后于同等诸侯。[九] 天子有司：表示自卑不敢直称天子，如以“王左右”称王。下“君侯有司”同。　[十] 佞：才能。　[十一] 道：通“导”。[十二] 颊适：用面容满足。　[十三] 叨：通“饕”，贪。[十四] 用：效劳。　[十五] 外：表面。　[十六] 禄禄：通“碌碌”，庸碌。　[十七] 服役：服役的人，借喻学生。　[十八] 旁：通“傍”。　[十九] 威：通“畏”。　[二十] 伉：对等。[二十一] 敖：通“傲”。

【直译】

孔子游到缁维林，坐在杏坛上休息，学生读书，孔子唱歌弹琴。乐曲没奏到一半，有个渔人下船走来，胡须眉毛都白，披着头发挥动袖子，从沙滩往上，到陆地停下来，左手按着膝盖右手撑着下巴倾听，曲终就招来子贡子路两人一起对话。客人指着孔子说：“他是做什么的？”子路回答：“是鲁国的君子。”客人问他的姓氏，子路回答：“姓孔。”客人说：“姓孔的人从事什么？”子路没回答，子贡回答：“姓孔的人生性习惯忠君守信，亲身践行仁义修饰礼乐制定人际伦常，向上去忠于君主，向下去教化平民，将以此使天下顺利。这是姓孔的人从事的。”又问：“是有领地的君主吗？”子贡说：“不是。”“是侯王的辅佐吗？”子贡说：“不是。”客人就笑着往回走，自语说：“仁爱就仁爱了，恐怕不免他自身苦心劳形却危害他的本性。唉，他离道远啊！”子贡回去报告孔子，孔子推开琴站起身说：“一定是圣人吧？”于是下杏坛到湖边找渔人，渔人正将拿桨撑开他的船，回头看见孔子，转身对面站着。孔子退后，拜了两拜才走上前。渔人说：“你将寻求什么？”孔子说：“先前先生话没说完就离开了，我不才，不知说的意思。我小心在下位期待，希望听到美妙的话因而终究帮助我。”渔人说：“噫，你好学得很了。”孔子拜了两拜起身说：“我年轻时就从事学习，直到现在六十九岁了，无处听到最好的教导，岂敢不虚心？”客人说：“同类互相追随，同声互相应和，本来是自然原理。我希望解说我怀有的看法来明析你的认识。你认知的是人事：天子诸侯大夫庶人，这四种人各自正己，是完美的治理；四种人背离位分就是最大混乱。官吏履行自己的职责，人人用心自己的事务，就没有越位的。所以田地荒芜房屋破烂，衣食不足，赋税没备齐，妻妾不和睦，长幼无秩序，是庶人的忧虑。能力不胜任，官事没办好，行为不清白，下属怠工，功业美名没有，官位俸禄不保，是大夫的忧虑。朝廷无忠臣，国家没清平，工艺技术不精巧，贡物赋税不美好，朝见落在后，不能让天子顺心，是诸侯的忧虑。阴阳不和谐，寒暑不准时，因而伤害众物；诸侯暴乱，擅自互相攻打，因而残害人民；礼乐无节制，财力穷尽，人际伦常没整治，百姓迷乱，是天子的忧虑。现在你既然上无君王诸侯的权势，下无大臣执政的官位，却擅自整顿礼乐制定人际伦常来教化平民，不是太多事吗？况且为人有八种毛病，处事有四种祸患，不能不明察。不是自己的事却做它，称这叫总揽；没有人关心的事却进取它，称这叫逞才；迎合君意引导言论，称这叫谄媚；不辨是非地说话，称这叫阿谀；喜欢说别人的坏话，称这叫谗毁；分离交情亲情，称这叫伤害；称赞欺诈虚伪去败坏人，称这叫邪恶；不辨好坏，两面逢迎，暗中取得自己爱好的，称这叫阴险。这八种毛病向外就迷乱别人，向内就伤害自身，君子不结交，明君不使用。前说的四患是：喜欢经营大事，改变常理常情去谋取功名，称它叫贪功；专用权诈专断处事，侵害别人补益自己，称它叫贪婪；发现错误不改正，听到规劝变本加厉，称它叫狠毒；别人赞同自己就可以，不赞同自己虽然好也不认为好，称它叫自负，这是四种忧患。能去掉八种毛病，不经历四种忧患，你才可以教诲。”

孔子忧惧地感叹，拜了两拜起身说：“我两次被鲁君驱逐，在卫国被驱赶，在宋国受威胁，在陈国蔡国边境被围困，我不知道错处，却遭到这四种非难，是为什么？”客人凄苦地改变了脸色说：“你难醒悟太严重了。害怕影子恶恨足迹就离开影子足迹逃跑的人，投足越多就足迹越多，跑得越快也影子不离身，自己认为还慢，快跑不停，耗尽力气死去。不懂得置身阴暗去消除影子，安处静止去消除足迹，愚蠢也严重了。你在仁义之间探究，在同异之际考察，观察动静的变化，调适接受给予的标准，疏导好恶的感情，调和喜怒的分寸，而且接近不能罢休了。谨慎修养你的身心，谨慎保全你的本性，把物和人复原，就没有忧患了。如果不修养自身却向别人寻找没有忧患，不也肤浅吗？”孔子忧惧地说：“请问什么叫本性？”客人说：“本性是最精诚。不精诚不能感动人，所以勉强哭虽悲泣不哀伤，勉强怒虽严厉不威武，勉强亲近虽笑不和悦。真悲伤不哭也哀伤，真愤怒没发作就威严，真亲近没笑容也和悦。本性存在于内心，奇妙影响在外表，这是以本性为贵的原因。本性用到人伦上，侍奉父母就孝顺，侍奉国君就忠贞，饮酒就欢乐，对待丧事就悲哀。忠贞以立功为主，饮酒以享乐为主，对待丧事以致哀为主，侍奉父母以顺应为主。美好的效果形成，不要使它的轨迹单一了。侍奉父母为顺应，不论用的方式了；饮酒为作乐，不选择它的器具了；对待丧事为致哀，不问它的礼仪了。礼仪是由世俗制定的，本性是从先天禀受的，是自然的不能改变的，所以圣人效法天以本性为贵，不被世俗约束。愚人与此相反，不能效法天就忧虑人，不知道以本性为贵，庸碌地被世俗改变，所以不知足。可惜啊，你早已被人为虚伪浸渍，而且听到大道太迟了。”孔子又拜两拜，起身说：“现在我能遇到你，是天大的幸事。先生不感到羞辱就把我等同仆从，亲自教导我。斗胆请问住所在哪里，希望接受学业最终学到大道。”客人说：“我听说，可以和他往来的人和他成就深微的学说，不可以和他往来的人不让知道自己的学说，小心不要授予他，自身才没有罪过。你努力吧，我离开你了。”于是撑船离去，向芦苇中前进。

颜回倒转车，子路递给登车拉绳，孔子不回头，等到水波平静听不到桨声然后才敢上车。子路靠着车问：“我能当仆役很久了，未曾见到先生对人如此这般敬畏。天子诸侯看到先生未曾不平等相待，先生还有傲慢的表情。现在渔人拿着桨迎面站着，先生却弯腰鞠躬；对话，跪拜然后回答，莫非太过分呢？学生都埋怨先生：渔人凭什么能这样？”孔子伏在车前横杠上感叹说：“子路难教化太厉害了，被礼义浸渍有段时间了，然而粗朴鄙陋的心性至今没消除。上前，我告诉你。遇到长者不恭敬是失礼，见到贤人不尊重是不仁。他不是至人不能使人谦下。对别人谦下不精诚不能获得别人的真情，所以经常损伤自身。可惜啊，不仁对于人祸患没有更大的，可是子由总是随便这样。而且道是万物的来由，万物失道的死亡，得道的生存；做事逆道就失败，顺道就成功。所以道存在的人，圣人敬重他。现在渔人对于道可以说存在了，我敢不尊敬吗？”

【简析】

本文论述治国修身与道的关系。

天子诸侯大夫庶人各自正己不越位，为人处事避免八疵四病；所有统治者不为私欲己意专权独断，不扰民，这才是最好的治理，才合道。

摆脱忧患不能“不修之身而求之人”，不能不正己——加强自身思想修养。修身要不拘于俗，要摆脱礼制等专制规范的禁锢，要珍惜和保全先天禀受的不可改变的最真诚的本性。

谁精诚，谁就保全了本性，谁就存在道，谁就受尊敬。

道包容一切，体现于天地万物。人的本性即道的体现。摆脱人定的虚伪的专制规范，做到真诚，就保全了本性。这种人身上就存在道。这种人就该受尊敬。人人保全了本性，就各自正己了，就都不越位，社会就能达到合乎道的最好的治理了。

列御寇

列御寇之齐，中道而反，遇伯昏瞀人。伯昏瞀人曰："奚方而反[一]？"曰："吾惊焉。"曰："恶乎惊？"曰："吾尝食于十浆而五浆先馈。"伯昏瞀人曰："若是则汝何为惊已？"曰："夫内诚不解，形谍成光[二]，以外镇人心，使人轻乎贵老，而齑其所患。夫浆特为食羹之货，多余之赢[三]，其为利也薄，其为权也轻，而犹若是，而况于万乘之主乎？身劳于国而知尽于事，彼将任我以事而效我以功。吾是以惊。"伯昏瞀人曰："善哉，观乎！汝处已，人将保汝矣。"无几何而往，则户外之屦满矣。伯昏瞀人北面而立，敦杖蹙之乎颐，立有间，不言而出。宾者以告列子，列子提屦跣而走暨乎门曰："先生既来，曾不发药乎[四]？"曰："已矣，吾固告汝曰'人将保汝'，果保汝矣。非汝能使人保汝，而汝不能使人无保汝也。而焉用之感豫出异也？必且有感摇而本才又无谓也。与汝游者又莫汝告也，彼所小言，尽人毒也。莫觉莫悟，何相孰也[五]？巧者劳而知者忧，无能者无所求，饱食而敖游，泛若不系之舟，虚而敖游者也。"

郑人缓也呻吟裘氏之地，祇三年而缓为儒，河润九里泽及三族。使其弟墨，儒墨相与辩，其父助翟[六]。十年而缓自杀。其父梦之曰："使而子为墨者予也，阖胡尝视其良[七]，既为秋柏之实矣。”夫造物者之报人也，不报其人而报其人之天。彼故使彼。夫人以己为有以异于人以贱其亲，齐人之井饮者相捽也。故曰今之世皆缓也自是。有德者以不知也，而况有道者乎？古者谓之遁天之刑。圣人安其所安，不安其所不安；众人安其所不安，不安其所安。庄子曰：“知道易，勿言难。知而不言，所以之天也；知而言之，所以之人也。古之人天而不人。”朱泙漫学屠龙于支离益，单千金之家[八]，三年技成，而无所用其巧。圣人以必不必，故无兵；众人以不必必之，故多兵。顺于兵，故行有求兵，恃之则亡。小夫之知，不离苞苴竿牍[九]，敝精神乎蹇浅[十]，而欲兼济道物，太一形虚[十一]。若是者迷惑于宇宙形累，不知太初。彼至人者归精神乎无始，而甘冥乎无何有之乡。水流乎无形，发泄乎太清[十二]。悲哉乎，汝为知在毫毛，而不知大宁。

宋人有曹商者，为宋王使秦。其往也得车数乘，王说之益车百乘。反于宋，见庄子曰：“夫处穷闾阨巷[十三]，困窘织屦，槁项黄馘者[十四]，商之所短也；一悟万乘之主而从车百乘者，商之所长也。”庄子曰：“秦王有病召医，破痈溃痤者得车一乘，舐痔者得车五乘，所治愈下得车愈多。子岂治其痔邪？何得车之多也。子行矣。”

鲁哀公问于颜阖曰：“吾以仲尼为贞干，国其有瘳乎？”曰：“殆哉圾乎[十五]。仲尼方且饰羽而画[十六]，从事华辞，以支为旨，忍性以视民而不知不信，受乎心，宰乎神，夫何足以上民[十七]？彼宜女与？予颐与，误而可矣。今使民离实学伪，非所以视民也。为后世虑，不若休之，难治也。”

施于人而不忘，非天布也，商贾不齿。虽以事齿之，神者勿齿。为外刑者金与木也，为内刑者动与过也。宵人之离外刑者，金木讯之；离内刑者，阴阳食之。夫免乎外内之刑者，唯真人能之。孔子曰："凡人心险于山川，难于知天。天犹有春秋冬夏旦暮之期，人者厚貌深情，故有貌愿而益，有长若不肖[十八]，有顺懁（juàn）而达[十九]，有坚而缦，有缓而釬（hàn）[二十]。故其就义若渴者，其去义若热。故君子远使之而观其忠，近使之而观其敬，烦使之而观其能，卒然问焉而观其知，急与之期而观其信，委之以财而观其仁，告之以危而观其节，醉之以酒而观其侧[二十一]，杂之以处而观其色，九征至，不肖人得矣。正考父一命而伛，再命而偻，三命而俯循墙而走，孰敢不轨[二十二]？如而夫者，一命而吕巨[二十三]，再命而于车上儛，三命而名诸父，孰协唐许？贼莫大乎德有心而心有睫[二十四]，及其有睫也而内视，内视而败矣。凶德有五，中德为首。何为中德？中德也者，有以自好也而吡（pǐ）其所不为者也。"

穷有八极，达有三必，形有六府。美髯长大壮丽勇敢[二十五]，八者俱过人也，因以是穷。缘循偃佒(yāng)[二十六]，困畏[二十七]，不若人，三者俱通达。知慧外通勇动多怨，仁义多责。达生之情者傀，达于知者肖；达大命者随，达小命者遭。

人有见宋王者，赐车十乘，以其十乘骄稚庄子。庄子曰："河上有家贫恃纬萧而食者，其子没于渊得千金之珠。其父谓其子曰：'取石来锻之。夫千金之珠必在九重之渊而骊龙颔下。子能得珠者，必遭其睡也。使骊龙而寤，子尚奚微之有哉。’今宋国之深非直九重之渊也，宋王之猛非直骊龙也，子能得车者，必遭其睡也。使宋王而寤，子为齑粉夫。”或聘于庄子，庄子应其使曰：“子见夫牺牛乎？衣以文绣，食以刍叔[二十八]，及其牵而入于太庙，虽欲为孤犊，其可得乎？”

庄子将死，弟子欲厚葬之。庄子曰：“吾以天地为棺椁，以日月为连璧，星辰为珠玑，万物为赍送，吾葬具岂不备邪？何以加此？”弟子曰：“吾恐乌鸢之食夫子也。”庄子曰：“在上为乌鸢食，在下为蝼蚁食，夺彼与此，何其偏也。”以不平平，其平也不平；以不征征[二十九]，其征也不征。明者唯为之使，神者征之。夫明之不胜神也久矣，而愚者恃其所见入于人，其功外也，不亦悲乎？

【略注】

[一] 方：谷生未结实，喻半途而废。 [二] 谍：间谍，伪装。光：明亮，明白。 [三] 多：只是。余：整数后的零数。 [四] 药：喻有补益的话。 [五] 孰：通“熟”。 [六] 翟：墨翟。 [七] 阖：通“盍”。胡：任意。良：通“埌”。 [八] 单：通“殚”。 [九] 苞苴：礼物或贿赂物。竿牍：简牍，书信。 [十] 蹇：跛行，喻不正常行为。 [十一] 太一：作使动词，使有元气。 [十二] 发泄：散发。太清：天上。 [十三] 闾：二十五家，代居民区。阨：通“隘”。 [十四] 馘：耳朵，借代脸。 [十五] 圾：通“岌”。 [十六] 饰羽：装饰舞羽（道具），喻矫饰虚伪。 [十七] 上民：在民上，在民前。 [十八] 若：形容词词尾，……的样子。 [十九] 顺：倾向。慢：性急。[二十] 釬：臂铠，喻坚硬。 [二十一] 侧：独特，个性。 [二十二] 轨：法则。 [二十三] 吕：脊骨。 [二十四] 睫：眼皮毛，代目。 [二十五] 丽：并驾，与人平等。 [二十六] 佚：体不

伸。［二十七］困：能力贫乏。［二十八］叔：通“菽”。［二十九］征：虚。

【直译】

列御寇去齐国，中途就返回，遇到伯昏瞀人。伯昏瞀人说：“为什么中途就返回?”列御寇说：“我震惊了。”伯昏瞀人说：“震惊什么呢?”列御寇说：“我曾在十家卖浆店喝浆就有五家先馈赠。”伯昏瞀人说：“像这样你为什么震惊了?”列御寇说：“内心确实不理解，容貌却装成明白，用外表征服人心，使人轻视看重老练，就粉碎自己的忧虑。卖浆人只是卖吃喝的东西，只是零头的赢利，他们获得利润少，他们采取权变小，可是还像这样，又何况拥有万辆兵车的君主呢？身体被国事劳累而智力被政事耗尽，齐君将把事情委任给我就用成效来考核我。我因此震惊。”伯昏瞀人说：“好哇，鉴戒呀！你退隐了，人们也将归依你。”不久就去，就门外摆满鞋子了。伯昏瞀人面向北站着，竖起拐杖使它撑着下巴，站了一会儿，没说话就离去。接待的人把这事告诉列子，列子提着鞋子赤脚跑到门口说：“先生已经来了，竟然不发话吗?”伯昏瞀人说：“罢了，我原来告诉过你‘人们将会归依你’，果然归依你了。不是你能使人归依你，而是你不能使人不归依你。你怎么由此感到犹豫露出诧异？必将触动你的本性还不能说清体会。和你交游的人又没有谁告诉你，他们略微说的，全是对人放毒。没有人省悟没有人理解，怎么深知这点？灵巧的人劳累聪明的人忧虑，无能的人无欲求，吃饱饭就遨游，自由自在像没拴系的船，是净心遨游的人。”

郑国人缓在裘氏这地方诵读，仅仅三年缓就成为儒生，像黄河滋润九里一样泽及三族。让他的弟弟学墨家学说，儒学和墨学互相辩论，他们的父亲帮助墨学。十年后缓自杀。他父亲梦见他说：“让你儿子学墨学的人是我，为什么不随便尝试看看我的坟墓，已经有秋天柏树的果实了。”造化报应人，不依据这人报应而依据他的命运报应。命运那样所以使他那样。人们认为自己有法比别人特殊因而轻视自己的父亲，等同在井边饮水的人互相扭打。所以说现在的世人都像缓一样，认为自己正确。有德的人认为不明智，又何况有道的人呢？古人称它违背任自然的罪过。圣人满意自己的安静，不满意自己的不安静；众人满意自己的不安静，不满意自己的安静。庄子说："懂得道容易，不说困难。知道又不说，是达到任自然的凭借；知道就说它，是达到人为的原因。古代的人任自然就不人为。"朱泙漫向支离益学杀龙，耗尽千金家产，三年技术熟练，却无处使用他的技巧。圣人认为必然不必做，所以没有伤害；众人认为不必然必做它，所以伤害多了。顺应伤害，所以行为存在寻求伤害，依仗这样就灭亡。小人的智慧，离不开赠送礼物和写信，被别扭浅薄疲惫精神，还想兼济天下引导万物，使有形物无形物都有元气。像这样是被宇宙形体聚集迷惑，不知道道的本原。那些至人使精神返回到没开始的状态，就在什么也没有的地方甜蜜地冥思。水流动到没有形状，还挥发到天空。可悲啊，你发挥智慧在毫毛，就不知道大安宁。

有个叫曹商的宋国人，替宋王出使秦国。他去时得到几辆车，秦王高兴了增加车一百辆。他回到宋国，见到庄子说："住在穷乡窄巷，困窘地编织草鞋，颈项枯瘦脸色发黄，是我的短处；一旦使大国国君醒悟就使百辆车跟从，是我的长处。"庄子说："秦王生病召唤医生，舔破脓疮舔去脓液的人获得一辆车，舔痔疮的人获得五辆车，治的病越肮脏得的车越多。你难道舔他的痔疮吗？为什么获得这么多车呢？你该走了。"

鲁哀公问颜阖："我把仲尼视为栋梁，国家大概有救吧？"颜阖说："危险啊危险啊。仲尼正好将矫饰虚伪地谋划，修饰浮华文辞，把分支当作主旨，凭残忍心性去看待民众就不了解不信任，容入内心，主宰意识，怎么足够领导民众？他配合你吗？我休息吧，误国就可以了。现在使国民脱离真实学习虚伪，不是用来看顾国民的做法。为后代考虑，不如休止这念头，他难以治国"。

施恩给别人而不忘记，不是自然布施，奸商也不与他同列。即使因事与他同列，精神也不与他同列。作为体外惩罚的是金属刑具和木制刑具，作为内心惩罚的是不静和过失。小人遭受体外惩罚的，用金属刑具木制刑具审问他；遭受内心惩罚的，由阴阳扰乱他。避免内外惩罚，只有真人能这样。孔子说："所有人心比山川险恶，比了解天还难了解。天还有春夏秋冬早晚的期限，人厚着脸皮深藏感情，所以有表面朴实却求利益的，有忠厚的样子却不正派的，有表现急躁却通情达理的，有强硬却宽松的，有宽松却刚愎的。所以那趋就义如解渴的人，他抛弃义如避火。所以君子在远处用他就看他的忠诚，在近处用他就看他的恭敬，在烦乱中用他就看他的才能，突然问他就看他的智慧，紧急给他限期就看他的信用，把钱物委托给他就看他的仁心，把危险告诉他就看他的操守，拿酒醉他就看他的个性，让他混杂着居住就看他的色心，九项验证做到，不成器的人就找到了。正考父一次被任命就拱背，二次被任命就弯腰，三次被任命就趴下沿墙壁跑，谁敢不作为法则？像你们这些人，一次被任命就如脊骨高傲，二次被任命就在车上跳舞，三次被任命就直呼各位父辈人的名字，谁和唐尧许由相同？伤害没有比施恩有用意而且用意有名目大的，等到他有名目就由内心审视，由内心审视就失败了。恶劣德行有五种，中德是魁首。什么是中德？中德是有法认为自己好就诋毁自己不采纳的。"

困顿有八种根基，通达有三种必然，就像身体有六个脏腑。美貌、多须、颀长、魁梧、强壮、自主、勇猛、果敢，八项都超过众人，就因此困顿。依赖屈从，低能怯懦，赶不上别人，三种人都通达。智慧向外表达，大胆行动多遭怨恨，施仁义多遭责难。通晓人生实情的人博大，通晓见闻的人渺小；通晓天命的人随和，通晓机遇的人遭殃。

有个谒见宋王的人，受赐十辆车，凭他的十辆车向庄子夸耀。庄子说："黄河边有个家境贫穷靠编织草席吃饭的人，他儿子潜入水潭得到价值千金的珍珠。那父亲对他的儿子说：'拿石头来砸碎它。价值千金的珍珠必定在九重深的水潭且在骊龙下巴底下。你能得到珠，必定遇到骊龙睡觉。如果骊龙醒着，你还有什么小收获？’现在深沉的宋国不只是九重深的水潭，凶猛的宋王不只是骊龙，你能得到车，必定遇到宋王昏睡。如果宋王醒着，你成为细粉啊。”有人聘请庄子，庄子回答他的使者说：“你见过那作祭品的牛吗？拿彩绣衣服给它穿，拿青草大豆给它吃，等到它被牵着进入祖庙，即使想成为孤独的小牛，难道可能吗？”

庄子将要死去，学生想厚葬他。庄子说：“我用天地作棺材，用日月作双璧，用星星作珠宝，用万物作陪葬，我的葬具难道不齐备吗？为什么增加这些？”学生说：“我们担心乌鸢吃掉先生。”庄子说：“在地上被乌鸢吃，在地下被蝼蚁吃，从那里夺来给这个，是多么偏心。”把不公平认为公平，那公平是不公平；把不虚净认为虚净，那虚净是不虚净。聪明人只被聪明驱使，有精神境界的人使自己虚净。聪明不能战胜精神境界很久了，可是愚昧人依仗自己见到的陷入人为，他的效果是表面的，不也可悲吗？

【简析】

本文阐明在超越自我的精神境界中自在逍遥，以应对残酷专制的现实。

不露智巧才能，心无欲求，才能避免任我以事而效我以功，净心遨游就自在逍遥。

不被纷繁的事物迷惑，不自以为是地言行，不非客观必然地作为，才能无伤害；净心不想济世导物，任由自然，才能在精神世界中自在逍遥。

给统治者舔屁股，才能讨得其欢心，才能求得仕途亨通。

矫饰虚伪的统治者残忍矫伪地对待国民，迫使国民也虚伪，只会误国，使谁都不能自在逍遥。

人心险恶难测，表里不一。巧立名目别有用心地施恩图报，伤害最大，不齿于人，必遭内外之刑。自鸣得意，是己非人，是恶劣德行之首。

在有优点就困顿、做奴才庸才就显达的现实中，通晓天命人性的人才博大随和，投机钻营的人渺小遭殃。

得到统治者带给的机遇，不粉身碎骨也失去自我。

看重形体一类世俗聪明是愚见，很可悲；有超越自我的崇高精神境界，才心灵虚净，才精神充实。

残酷专制统治迫使人虚伪，造成人心难测；统治者残忍虚伪，巧立名目别有用心地施恩图报，还自鸣得意，是己非人，就迫使国民虚伪。有才有能就受困顿，自鬻为奴才显达；希望济世导物，显出智巧才能，不拒别有用心的施恩（牢笼奴才），就会身为齑粉，或失去自我去给统治者舔屁股。所以只有在无己而不失己的似虚而实的精神境界中才能获得自在逍遥。与《逍遥游》形成全书首尾呼应。

天　下

天下之治方术者多矣，皆以其有为不可加矣。古之所谓道术者，果恶乎在？曰无乎不在。曰神何由降？明何由出？圣有所生，王有所成，皆原于一。不离于宗，谓之天人；不离于精，谓之神人；不离于真，谓之至人；以天为宗，以德为本，以道为门，兆于变化，谓之圣人；以仁为恩，以义为理，以礼为行，以乐为和，薰然慈仁，谓之君子。以法为分，以名为表，以参为验，以稽为决，其数一二三四是也，百官以此相齿，以事为常。以衣食为主蕃息，畜藏老弱孤寡为意，皆有以养民之理也。古之人其备乎，配神明[一]，醇天地[二]，育万物，和天下，泽及百姓，明于本数，系于末度，六通四辟，小大精粗，其运无乎不在。

其明而在数度者，旧法世传之史尚多有之；其在于诗书礼乐者，邹鲁之士搢绅先生多能明之[三]。诗以道志[四]，书以道事，礼以道行，乐以道和，易以道阴阳，春秋以道名分[五]。其数散于天下而设于中国者，百家之学时或称而道之。天下大乱，贤圣不明，道德不一，天下多得一察焉以自好。譬如耳目鼻口皆有所明，不能相通；犹百家众技也皆有所长，时有所用。虽然，不该不遍[六]，一曲之士也。判天地之美，析万物之理，察古人之全，寡能备于天地之美，称神明之容[七]。是故内圣外王之道，闇而不明，郁而不发，天下之人各为其所欲焉以自为方。悲夫，百家往而不反，必不合矣。后世之学者，不幸不见天地之纯、古人之大体，道术将为天下裂。

不侈于后世[八]，不靡于万物[九]，不晖于数度，以绳墨自矫，而备世之急。古之道术有在于是者，墨翟禽滑釐闻其风而说之。为之大过，已之大循。作为非乐，命之曰《节用》。生不歌，死无服[十]。墨子泛爱兼利而非斗。其道不怒，又好学而博，不异[十一]，不与先王同，毁古之礼乐。黄帝有《咸池》，尧有《大章》，舜有《大韶》，禹有《大夏》，汤有《大濩》，文王有《辟雍之乐》，武王周公作《武》。古之丧礼，贵贱有仪，上下有等，天子棺椁七重，诸侯五重，大夫三重，士再重。今墨子独生不歌死不服，桐棺三寸而无椁，以为法式。以此教人，恐不爱人；以此自行，固不爱己，未败墨子道。虽然，歌而非歌，哭而非哭，乐而非乐，是果类乎？其生也勤，其死也薄，其道大觳（què），使人忧，使人悲。其行难为也，恐其不可以为圣人之道。反天下之心，天下不堪。墨子虽能独任，奈天下何？离于天下，其去王也远矣。墨子称道曰：“昔者禹之湮洪水决江河而通四夷九州也[十二]，名山三百，支川三千，小者无数，禹亲自操橐耜，而九杂天下之川[十三]。腓无胈，胫无毛，沐甚雨，栉疾风，置万国。禹大圣也，而形劳天下也如此。”使后世之墨者多以裘褐为衣，以跂蹻为服[十四]，日夜不休，以自苦为极，曰不能如此非禹之道也，不足谓墨。相里勤之弟子、五侯之徒、南方之墨者苦获、已齿、邓陵子之属，俱诵《墨经》，而倍谲不同[十五]，相谓别墨。以坚白同异之辩相訾[十六]，以觭偶不仵之辞相应[十七]，以巨子为圣人，皆愿为之尸[十八]，冀得为其后世，至今不决。墨翟禽滑釐之意则是，其行则非也，将使后世之墨者必自苦，以腓无胈胫无毛相进而已矣。乱之上也治之下也。虽然，墨子真天下之好也，将求之不得也。虽枯槁不舍也，才士也夫！

不累于俗，不饰于物，不苟于人，不忮于众，愿天下之安宁以活民命，人我之养毕足而止，以此白心。古之道术有在于是者，宋钘尹文闻其风而悦之。作为华山之冠以自表，接万物以别宥为始，语心之容，命之曰，心之行以聏（ér）合欢[十九]，以调海内，请欲置之以为主。见侮不辱，救民之斗；禁攻寝兵，救世之战。以此周行天下，上说下教。虽天下不取，强聒而不舍者也，故曰上下见厌而强见也。虽然，其为人太多，其自为太少，曰“请欲固置五升之饭足矣”。先生恐不得饱弟子，虽饥不忘天下。日夜不休，曰“我必得活哉”！图傲乎，救世之士哉！曰“君子不为苛察，不以身假物”，以为无益于天下者明之不如已也。以禁攻寝兵为外，以情欲寡浅为内，其小大精粗，其行适至是而止。

公而不当[二十]，易而无私，决然无主[二十一]，趣物而不两[二十二]，不顾于虑，不谋于知，于物无择，与之俱往。古之道术有在于是者，彭蒙、田骈、慎到闻其风而说之。齐万物以为首，曰“天能覆之而不能载之，地能载之而不能覆之，大道能包之而不能辩之。知万物皆有所可有所不可，故曰选则不遍，教则不至，道则无遗者矣”。是故慎到弃知去己而缘不得已，泠汰于物[二十三]，以为道理，曰：

“知不知将薄知，而后邻伤之者也。”謑（xī）髁无任[二十四]，而笑天下之尚贤也；纵脱无行，而非天下之大圣。椎拍輐（wàn）断[二十五]，与物宛转，舍是与非，苟可以免不师知，虑不知前后，魏然而已矣[二十六]。推而后行，曳而后往，若飘风之还，若羽之旋，若磨石之隧。全而无非，动静无过，未尝有罪，是何故？夫无知之物无建己之患，无用知之累，动静不离于理，是以终身无誉，故曰“至于若无知之物而已。无用贤圣夫，块不失道”。豪杰相与笑之曰：“慎到之道非生人之行，而至死人之理。”适得怪焉。田骈亦然。学于彭蒙，得不教焉？彭蒙之师曰：“古之道人至于莫之是莫之非而已矣。其风窢（xù）然[二十七]，恶可而言？”常反人不见观，而不免于魭（wǎn）断。其所谓道非道，而所言之韪不免于非。彭蒙、田骈、慎到不知道。虽然，概乎皆尝有闻者也。

以本为精，以物为粗，以有积为不足，澹然独与神明居。古之道术有在于是者，关尹、老聃闻其风而悦之。建之以常无有，主之以太一，以濡弱谦下为表[二十八]，以空虚不毁万物为实。关尹曰：“在己无居，形物自著。其动若水，其静若镜，其应若响，芴乎若亡，寂乎若清，同焉者和，得焉者失，未尝先人而常随人。”老聃曰：“知其雄，守其雌，为天下谿；知其白，守其辱，为天下谷；人皆取先，己独取后，曰受天下之垢；人皆取实，己独取虚，无藏也故有余[二十九]，岿然而有余；其行身也徐而不费，无为也而笑巧；人皆求福，己独曲全，曰苟免于咎；以深为根，以约为纪，曰坚则毁矣，锐则挫矣。”常宽容于物，不削于人，可谓至极。关尹、老聃乎，古之博大真人哉！

芴漠无形，变化无常，死与？生与？天地并与？神明往与？芒乎何之[三十]？忽乎何适[三十一]？万物毕罗，莫足以归。古之道术有在于是者，庄周闻其风而悦之。以谬悠之说荒唐之言无端崖之辞，时恣纵而不傥[三十二]，不以觭见之也。以天下为沉浊，不可与庄语，以卮言为曼衍，以重言为真，以寓言为广。独与天地精神往来而不敖倪于万物[三十三]，不谴是非以与世俗处。其书虽瑰玮而连犿（fān）无伤也，其辞虽参差而諔（chú）诡可观。彼其充实不可以已，上与造物者游，而下与外死生无终始者为友。其于本也[三十四]，宏大而辟深闳而肆[三十五]；其于宗也，可谓稠适而上遂矣。虽然，其应于化而解于物也，其理不竭，其来不蜕。芒乎昧乎，未之尽者。

惠施多方，其书五车。其道舛驳，其言也不中。历物之意曰："至大无外，谓之大一；至小无内，谓之小一。无厚不可积也，其大千里。天与地卑，山与泽平。日方中方睨，物方生方死。大同而与小同异，此之谓小同异；万物毕同毕异，此之谓大同异。南方无穷而有穷，今日适越而昔来。连环可解也。我知天下之中央燕之北越之南是也。泛爱万物，天地一体也。"惠施以此为大观于天下而晓辩者。天下之辩者相与乐之：卵有毛；鸡三足；郢有天下；犬可以为羊；马有卵；丁子有尾[三十六]；火不热；山出口；轮不蹍地[三十七]；目不见；指不至；至不绝；龟长于蛇；矩不方；规不可以为圆；凿不围枘；飞鸟之景未尝动也；镞矢之疾而若不行不止之时[三十八]；狗非犬；黄马骊牛三；白狗黑；孤驹未尝有母；一尺之捶日取其半万世不竭[三十九]。辩者以此与惠施相应，终身无穷。桓团、公孙龙辩者之徒。饰人之心，易人之意，能胜人之口，不能服人之心，辩者之囿也。惠施日以其知与人之辩，特与天下之辩者为怪，此其柢也。然惠施之口谈自以为最贤，曰："天地其壮乎？施存雄而无术。"南方有倚人焉曰黄缭[四十]，问天地所以不坠不陷、风雨雷霆之故。惠施不辞而应，不虑而对，遍为万物说，说而不休，多而无已，犹以为寡，益之以怪。以反人为实，而欲以胜人为名，是以与众不适也。弱于德，陈于物，其途隩（yù）矣[四十一]。由天地之道观惠施之能，其犹一蚊一虻之劳者也，其于物也何庸？夫充一尚可，曰愈贵道几矣。惠施不能以此自宁，放于万物而不厌，卒以善辩为名。惜乎，惠施之才骀荡而不得[四十二]，逐万物而不反[四十三]，是穷响以声，形与影竞走也，悲夫！

【略注】

[一] 配：配享，祭祀。 [二] 醇：好酒，作动词，洒酒祭奠。 [三] 搢绅：插笏（上朝执的手板）于腰带，借代官吏。 [四] 道：通"导"，引导，疏通。 [五] 名分：作动词，摆正地位、身份，《论语》所谓"正名"。 [六] 该：通"赅"。 [七] 容：法度。 [八] 侈：张开的样子。 [九] 靡：使披靡。 [十] 服：丧礼规定的服饰，代丧礼标准。墨家主张薄葬，就达不到丧礼的标准。 [十一] 不异：不分贵贱亲疏地爱。 [十二] 四夷九州：中原及四周。 [十三] 九杂：交汇。九：通"鸠"，汇合。杂：交错。 [十四] 跂：通"屐"，木鞋。蹻：通"屩"，草鞋。 [十五] 倍：通"背"。谲：变异。 [十六] 坚白同异之辩：强作区别的辩说。 [十七] 觭：通"奇"，单数。仵：匹敌，对等。

［十八］尸：代表死者受祭的人。［十九］行：奉行的，指宽容。聏：调和。［二十］当：遮蔽，今所谓暗箱操作。［二十一］决然：开口子引水流的样子。［二十二］趣：趋向。两：成对。［二十三］泠：清凉，代水。汰：淘洗。［二十四］謑：耻，作意动词。髁：股骨，支撑人站立、行走。借喻独立自主。［二十五］椎拍：敲击拍打，喻促使。輐断：圆滑判断。后“魭断”同。［二十六］魏：像高台，喻不动。［二十七］窢然：风吹拂的样子。得道如受轻风。［二十八］濡：柔顺；容忍。［二十九］有余：指心胸宽广。［三十］芒：通“茫”。［三十一］忽：通“惚”。［三十二］傥：自失。［三十三］敖倪：通“傲睨”。［三十四］于：取。［三十五］辟：开拓，作形容词。闳：高大。句即汪洋恣肆意。［三十六］丁子：多释为蝌蚪，据文意当是无尾之物。人可称丁，尊称人为子，当指人。［三十七］蹍：踩；踏。［三十八］镞矢：轻锐的箭。［三十九］捶：“椎”之误。［四十］倚：通“畸”。［四十一］隩：水岸内曲处，喻曲折阴暗。［四十二］骀：劣马，喻庸才。荡：放纵。［四十三］逐：逐一谈论。

【直译】

天下研究道术的人很多，都认为自己有建树不能超越了。古人说的道术果真在哪里？回答是无处不在。问精神从何处产生？聪明从何处产生？圣人有产生的因素，帝王有形成的因素，都起源于纯一。不背离本原，称他天人；不背离纯粹，称他神人；不背离本性，称他至人；以天为本原，以德为根本，以道为门径，预见变化，称他圣人；以仁为恩泽，以义为法则，用礼规范行为，用乐促成和谐，温和仁慈，称他君子。用法作辨别，用名作显扬，用参与作验证，用考核作决定，那列数一二三四是这种，百官凭这些选择录用，以侍奉为常规。以衣食为主种植养殖，供养关怀老弱孤寡是心愿，都存在为着养民的原理。古人大概完美吧，祭祀神灵，祭奠天地，养育万物，调和天下，泽及百姓，明白根本道理，关联到琐碎标准，六合通行四季开豁，大小精粗，古道运行无处不在。

那些明显地体现于礼数法度的道术，旧时法典、世代流传的史书还大多有这些；那些存在于《诗》《书》《礼》《乐》中的，邹鲁的儒生、官吏先生大多能明白这些。《诗》用来引导情意，《书》用来引导处事，《礼》用来引导行为，《乐》用来引导和谐，《易》用来推导阴阳，《春秋》用来引导正名。它的礼数散布到天下而创立于中原的，百家的学说有时有人称道它。天下大乱，圣贤不显著，道德不一致，天下人大多得到一孔之见因此就自认为好。譬如耳目口鼻都有感知，不能互相贯通；犹如百家众技都有长处，各有适用的时候。虽然如此，不完备不周遍，是完全扭曲的。分辨天地的完美，剖析万物的原理，考察古人的完善，很少能具备天地的完美，适合神明的标准。因此内藏成圣人外行成帝王的道，晦暗不显著，阻滞不弘扬，天下人为了自己的欲望去各自创立道术。可悲啊，百家分道扬镳就不回头，必定不能融合了。后代学习的人，不幸见不到天地的纯一、古人的本质，道术将被社会撕裂。

不能弘扬到后世，不能影响到万物，不能辉映到礼数法度，用规范矫正自己，来预备社会急需。古代有属于这方面的道术，墨翟禽滑釐听到这风尚就喜欢它。论定它太过分，完成它太遵循。写成非乐，命名它叫《节用》。活着不唱歌奏乐，死后不达到丧葬标准。墨子广泛施爱均衡利益反对斗争。他主张不动气，又好学就博识，兼爱，不和先王相同，废除古代的礼乐。黄帝有《咸池》，尧有《大章》，舜有《大韶》，禹有《大夏》，汤有《大濩》，文王有《辟雍之乐》，武王周公作《武》。古代的丧礼，贵贱有准则，上下有等级，天子内外棺七层，诸侯五层，大夫三层，士两层。现在墨子独特地活着不唱歌奏乐，死后不达到丧葬标准，用三寸厚的桐木棺材还没有外棺，以此为法度。用这教育人，恐怕不爱人；用这自己践行，实在不爱自己，却未能毁坏墨子的主张。虽然如此，当歌却不歌，当哭却不哭，当乐却不乐，这些果真有人响应吗？他活着勤俭，他死后薄葬，他的主张很刻薄，使人担心，使人伤心，使主张流行难办到，恐怕那主张不能成为圣人之道。违反天下人的心理，天下人不能忍受。墨子虽然能独自做到，把天下人怎么样？失去天下人，他离当帝王也远了。墨子宣扬说："从前禹治洪水掘开长江黄河又疏通四夷九州的水道，名山三百座，支流三千条，小山川无数，禹亲自操持土筐铁锹，就使天下的江河交汇。腿肚子没肉，小腿上没毛，淋着大雨，冒着狂风，安定万国。禹是大圣人，可是为天下人亲身劳苦如此。"使后代学墨学的人大多用兽皮粗布做衣服，穿木屐草鞋，日夜不休息，把苦自己作为准则，说不能这样是非议禹的主张，不足够称墨学。相里勤的学生、五侯的徒弟、南方的墨者苦获、已齿、邓陵子这类人，都诵读《墨经》，却相反异化，互相称作另类墨学。用坚白异同的辩论互相诋毁，用奇偶不协调的言辞互相对付，把巨子作为圣人，都希望成为他的代表，希望成为他的承传人，至今不能分胜负。墨翟禽滑釐的愿望就正确，他们的行为就不正确，将使后世学墨学的人必须苦自己，凭腿肚子无肉小腿上无毛互相争先罢了。是乱的上等治的下等。虽然如此，墨子真正爱天下人，将找不到这种人了。即使身体干枯也不放弃，是有品质的人啊！

不被世俗妨碍，不受外物矫饰，不和别人苟同，不被众人忌恨，希望天下安宁来让民众活命，养育人我都足够就休止，以此表明心意。古代有这方面的道术，宋钘尹文听到这风尚就喜欢它。缝制华山冠来显示自己，应接万物以格外宽宏为起点，谈到内心宽容，论定它说，内心宽容就带来融洽欢乐，从而调和天下人，希望树立这种思想作为根本。受欺侮不感到耻辱，救治人们争斗；制止攻战罢休军队，救治世人征战。想把这些普遍推行到天下，对上游说对下教育。即使天下人不听取，也努力宣传不放弃，所以叫上下都厌烦他却努力显现。虽然如此，他们为别人太多，他们为自己太少，说"希望稳定安排五升米的饭就满足了"。先生恐怕不能让学生吃饱，即使挨饿也不忘天下人。日夜不休息，说"我必定能活命啊”！意图高大啊，救世的人啊！说“君子不进行苛刻挑剔，不为自身借用外物”，认为对天下人没有好处的揭示不如作罢。把制止攻战罢休军队作为对外目标，把使情浅欲少作为对内目标，它的大小精粗，他的行为刚好到此为止。

公正无阴谋，公平无私心，引导不主宰，随顺外物不对立，不关心谋划，不营求知识，对外物无选择，与外物一同往。古代有属于这方面的道术，彭蒙、田骈、慎到听到这风尚就喜欢它。把等同万物放在首位，说“天能覆盖万物却不能承载万物，地能承载万物却不能覆盖万物，大道能包容万物却不能辩说万物。知道万物都有合适的有不合适的，所以说选择就不能遍及，教育就不能达到，一同就没有遗漏了”。因此慎到抛弃智慧忘掉自己去遵循不得已，被外物洗涤，以这为原理，说：“了解不知道的将靠近知识，然后接近伤害自己。”以自主为耻而不堪用，却讥笑天下崇尚贤人；放纵轻慢无规矩，却非议天下的大圣人。促使圆滑，与外物周旋，放弃是非，如果能免除就不学习知识，思虑不知道前后，不活动罢了。推动然后前行，拖动然后后退，像旋风盘环，像羽毛旋转，像磨石运转。完全没有不是，动静都无过错，未曾有惩罚，这是什么原因？无知的物就没有树立自己的忧虑，没有发挥智力的累赘，动静不离开生理，因此终身没有好名声，所以说“达到像无知的物罢了。不要用圣贤啊，土块也不缺失道”。豪杰共同讥笑他说：“慎到的主张不是活人遵行的，因而达到死人的原理。”正好能责备他。田骈也如此。向彭蒙学习，能不教诲吗？彭蒙的老师说：“古代得道的人达到没有人认为他对没有人认为他不对就行了。那风吹拂，怎么可能言传？”常常反而别人不欣赏自己，就不免圆滑判断。他们说的道不是道，而且说的是也不免非。彭蒙、田骈、慎到不懂得道。虽然如此，大概都是曾有名声的人。

以本原为精纯，以事物为粗糙，以有积蓄为不足，淡泊地独自和精神相处。古代有属于这方面的道术，关尹、老聃听到这风尚就喜欢它。用恒常没有建立它，用元气主宰它，以柔弱谦卑为外表，以净心不损坏万物为实质。关尹说："审察自己不要停止，对照外物使自己明显。自己的动如水流，自己的静如镜明，自己的反应像回声，恍惚好像没有，心静如同清澈，与人相同是和谐，从人取得是丧失，未曾领先别人就常常随顺别人。"老聃说："知道自己杰出，坚持自己柔顺，成为天下的山沟；知道自己纯洁，坚持自己屈抑，成为天下的深谷；人们都争先，自己独居后，叫忍受天下的屈辱；人们都选择实惠，自己独选择虚净，没有隐衷所以有空余，独立地有空余；自己对待自身宽松就不费心，无为就讥笑智巧；人们全部寻找富贵，自己委曲求全，叫随便以避免祸害；以深沉为根本，以屈曲为准则，叫强硬就被毁了，尖锐就受挫了。"常常宽容外物，不削弱别人，可以说到了极点。关尹、老聃啊，是古代的博大真人啊！

模糊无形，变化无常，死亡呢？生存呢？与天地并存吗？和精神交往吗？迷茫地到哪里？恍惚地往哪里？万物全包罗，没有什么足够归附。古代有属于这方面的道术，庄周听到这风尚就喜欢它。用荒诞悠远的学说荒唐的言论没有边际的语言，时常恣意放纵却不失自我，不从单方面认识和揭示真理。认为天下沉溺污浊，不能给予严肃言论，用圆通包容的话进行延展推广，用重述别人的话表达本意，用蕴含寓意的话进行拓展。独自和天地精神往来却不傲视万物，不责问是非地和世俗人相处。他的书虽然奇特美好却委婉无妨碍，它的语言虽然参差却奇异适合欣赏。它那样充实不能尽知，向上与造化往来，向下和把生死置之度外没有终始的人交朋友。它探究本原，宏大开阔高深恣肆；它探究宗旨，可以说丰厚适中地向上穷究了。虽然如此，它适应变化地解说事物，它的真理不枯竭，它的未来不蜕化。迷茫昏暗，不能说尽它。

惠施有多方面学术，他写的书有五车。他的学说杂乱，他的语言不贴切。历述事物的意蕴说："最大无外围，称它大一；最小无内部，称它小一。没有厚度不能积累，它广大上千里。天偕同地低下，山偕同湖平坦。太阳正中天正偏斜，事物正产生正消亡。大的异同就和小的异同不同，这叫小同异；万物完全相同完全相异，这叫大同异。南方没有尽头又有尽头，今天去越地却昨天到达。连环可以解开。我知道天下的中央是燕国的北边、越国的南边。广泛爱万物，天地是一体。”惠施把这些作为对天下的大体揭示来告喻诡辩的人。天下诡辩的人共同喜爱这些：蛋有毛；鸡三只脚；郢地拥有天下；狗能成为羊；马有蛋；人有尾巴；火不热；山长出嘴巴；车轮不着地；眼睛看不见；手指摸不到；到达不断绝；乌龟比蛇长；矩尺不方正；圆规不能用来画圆；凿孔不包围榫头；小鸟的影子未曾移动；飞快的利箭却像在不动不停的时候；狗不是犬；黄马和黑牛成为三；白狗黑；孤独的马驹未曾有母马；一尺长的木棒每天取掉它的一半万代取不完。诡辩的人用这些和惠施互相应对，一辈子没完。桓团、公孙龙是诡辩的这类人。矫饰人心，改变人意，能战胜人的口，不能征服人的心，是诡辩者的局限。惠施每天凭他的智慧和别人辩论，只和天下的诡辩者制造怪论，这是他们的根基。然而惠施的口头谈吐自己认为最好，说：“天地大概壮观吧？我存心称雄却无技能。”南方有特异人叫黄缭，问天地不坠落不沉陷、刮风下雨打雷闪电的原因。惠施不谦让就回应，不思考就回答，遍举万物解说，说个不停，多得没完，还认为少，用怪异来增加它。以反对别人为实质，还想以胜过别人获取名声。因此和众人不相宜。缺少德，铺陈物，他的道路曲折暗淡了。从天地之道看惠施的功能，大概犹如一蚊一虻的辛劳，那对事物有什么用？充作一种道术还可以，说更加重视道就危险了。惠施不能因此使自己宁静，放纵地谈论万物还不满足，最终凭善辩扬名。可惜啊，惠施的素质庸劣放纵又不提升，纵谈万物不知返，这是用声音止息回声，用形体和影子赛跑，可悲啊！

【简析】

本文述评自古以来的多种学术观点，映衬出《庄子》空前的思想境界和艺术造诣，是后序。

无处不在、内圣外王的古代道术皆原于纯一的原理：从根本原理到琐碎标准都体现衣食主导生产、供养老弱孤寡的养民的真纯心愿。

儒术本来是如百家众技各有长处各有可用的一家学术，却被完全扭曲成为专制统治的思想规范，就使内圣外王的古代道术不能显扬，导致天下大乱，引起天下人各自为了自己的欲望创立各自以为正确的道术，必然不融合，从而使纯一的古代道术被撕裂了。这是儒术维护专制统治的恶果。

热情称赞主张毁弃体现专制等级森严的礼乐、严格要求自己、苦己利民的墨子是求之不得的、有品质、真正爱天下人的人。可惜天下人的心理不愿苦己利民，就无奈爱人的心愿推行不通。

称赞以广阔心胸忍辱为人、为人太多自为太少、顽强努力宣传禁止攻战减少欲求的宋钘、尹文是精神境界高大的救世之士。

批判彭蒙、田骈、慎到主张的齐物是力求达到等同无知之物，以自主为耻，圆滑到“莫之是莫之非”罢了，是达到死人的原理，是不懂得道（参见《齐物论》简析）。

称赞关尹、老聃虚怀若谷，包容外物，谦卑净心，随顺人，不损人，是最深沉博大的真人。

阐明庄子以独与天地精神往来却不傲视万物、不责问是非地与世俗相处的广阔胸怀和不羁精神，包容万物，不失自我，恣意放纵，不显偏见，探究本原宗旨广博高深，由卮言延展推广到重言寓言，从对立统一体而不从单方面、适应变化去认识和揭示真理，内容无伤，语言可观，真理不枯竭，真理不移易。

惋惜惠施以反对别人为实质，靠取胜于人收获名声，与诡辩者相应和，以至内容错乱，语言不贴切，胜人口不能服人心。

儒家思想不单是学术思想，实质是禁锢民心、推行和维护专制统治的思想理论和工具、手段，所以说它导致以养民为纯一宗旨的古代道术被撕裂，引起产生众多各为私欲、自以为是的纷争学说，从而导致天下大乱，学术大乱，使不同见解不能平等并存，不能互相包容。全书批判儒家思想都意不在学术辩论，而在批判专制统治的罪恶。

述评儒术和惠施学说的两段与中间几段行文模式不同，大概因为儒术不单是一种学术，惠施陷入诡辩而有别于通常学术。